GLOBALIZATION AND DIALOGUE OF CIVILIZATION

哈佛燕京学术系列

全球化与文明对话

哈佛燕京学社 主编

图书在版编目（CIP）数据

全球化与文明对话 ／哈佛燕京学社主编. —南京：江苏教育出版社，2004.8
(哈佛燕京学术系列)
ISBN 978-7-5343-5999-6

Ⅰ.全… Ⅱ.哈… Ⅲ.国际化—研究 Ⅳ.D81

中国版本图书馆 CIP 数据核字（2004）第 092452 号

出 版 者　江苏教育出版社
社　　址　南京市马家街 31 号　邮编：210009
网　　址　http://www.1088.com.cn
出 版 人　张胜勇

书　　名　全球化与文明对话
作　　者　哈佛燕京学社
责任编辑　任晖　浦渊
集团地址　凤凰出版传媒集团有限公司
　　　　　（南京市中央路 165 号　210009）
集团网址　凤凰出版传媒网 http://www.ppm.cn
经　　销　全国新华书店
印　　刷　北京嘉恒彩色印刷有限责任公司
厂　　址　北京市海淀区四季青乡西冉村 259 号 电话：010-88435200
开　　本　940mm × 640mm　1/16
印　　张　25.5
字　　数　331 千字
版　　次　2004 年 9 月第 1 版
　　　　　2007 年 1 月第 2 版第 1 次印刷
定　　价　30.00 元
发行热线　010-68002890　68003077

编者前言

“哈佛燕京学术系列”是由哈佛大学哈佛燕京学社主编的国际中文学术论文系列。

“哈佛燕京学术系列”的基本精神将体现人文性、学术性、时代性和问题性。它提倡学术研究与人文关怀相结合的学风。

创办“哈佛燕京学术系列”的宗旨是:站在国际人文学和人文思潮发展的最前沿,发表、刊登展现当今世界人文学研究的最新的重要成果,汇集海内外的专家学者对人类面对的各种重大问题的思考,促进中文世界与国际学术界的交流论辩。

“哈佛燕京学术系列”致力于提升当代人文学的问题性,促进各大文化传统的对话,反思现代性及其核心价值,关怀文化传统的创造性转化,追踪对当今人类主流思潮的批评与回应,推动文化中国的思想精粹与其他文明的健康互动,争取中国学术在国际学界的更大空间和更强的影响力。

“哈佛燕京学术系列”期待专家学者们的关心、批评和指教。

编者手记

黄万盛

“文明对话”是我们近20年来最为关心的课题之一。20世纪80年代杜维明教授担任夏威夷“东西中心”文化与传播研究所所长时，就提出了这一课题，并召开了几次专门的学术讨论会。我在80年代中期，在上海推动建立了“东西方比较文化研究中心”，这大约是中国最早的以对话和交流为主旨的学术研究机构。此后的十几年来，“文明对话”经有识之士的积极推广，逐渐成了学术、政治、经济等各界人士的广泛共识，今天，已然成为当今世界最主要的论域，联合国更把2001年定为“文明对话年”，可见其受重视的程度。

这个论域的迅速开展，显然根源于我们生存的时代的需要。当“冷战”结束时，一些人曾经乐观地预言，世界从此进入了单一的发展模式，人类可以太平了。可是，现实恰恰相反，不仅意识形态的对抗并未全然消失，而且被意识形态对抗掩盖了的各种矛盾却竞相显现，地缘、族群、民族、国家、性别、文化和宗教的冲突骤然浮出，人类社会的风景扑朔混沌，令人惶惑。我们向何处去？这是大问题。任何个人、团体、国家、宗教、文化，都不可能不听取其他的声音，仅仅依靠自我叙述，单方面地主宰人类的今天和明天。各个文明之间的对话，倾听不同的声音，了解不同的意愿，已经成为人们处理各种事务的基本而且必需的前提。通过“文明对话”，使不同的族群、不同的利益群体理解各自的差异，了解彼此的利益所在，吸取对方的文化智慧，增进共识，创造人类共同的繁荣幸福，对此，已经没有多少疑问了。但是，把“文明对话”仅仅作为前提和手段来了解是远远不够的，“文明对话”本身就是一个意义存在，是具有深刻含义的历史文化课题。不了解这一点，甚至可能把“对话”当做“对抗”的手段，诚如此，那真是人类的大不幸。

纵览人类智慧生成和发展的历史，各个大文明传统无一不是在对话的基础上开始的，儒家的《论语》、《大学》、《中庸》多半由孔子与弟子们的对话所编成，《孟子》也是由对话构成，儒家的智慧离开了“对话”便无从谈起，借用加拿大著名的传媒学者麦克卢汉的名言，“媒介本身就是信息”（medium as message），“对话”对于文明而言，本身就是文明，就是意义和价值。不仅儒家如此，其他的文明也毫不例外，苏格拉底、柏拉图的对话是希腊理性主义最重要的组成部分；《圣经》几乎通篇都是故事，故事是对话的另种形式，而且《旧约》的很多故事就是由对话构成的。佛教的智慧同样起源于释迦牟尼和其门徒的对话。伊斯兰亦复如是。然而，从近代理性主义滥觞以来，对话作为意义的存在却日趋淡化，人们崇拜知识，以为知识可以取代智慧，从而迷恋依靠实验室和推理所制造出来的“真理”，以为掌握了这些“真理”便可以主宰人类的命运，便是人类的福祉所在。这种简单而又天真的想法横行了几百年，也确实创造了空前的辉煌。但是，生态被严重破坏，资源使用、利益分配等方面的不公平导致的阶级、族群、国家之间的激烈冲突，理性主义“真理”的傲慢，和对其他的宗教和文化的蔑视，引发了文化价值立场的对抗，如此等等，终于使人明白，知识不等于智慧，解脱人类社会的种种苦难，仅仅靠知识是绝对不够的，我们需要智慧。可是，何来智慧？“文明对话”是也！

近10年来，与“文明对话”有关的另一个现象特别令人注目：全球化的出现。资讯技术和产业的突飞猛进，国际“热钱”肆无忌惮地猖獗横行，跨国公司得心应手地征服世界各地，电器、服装、饮食、影视，甚至包括武器在内的商品消费轻而易举地突破民族和国家的边界，越来越国际化;世界迅速地趋向一体化。不容否认,从工业资本主义以来,"全球化"确实是对人类社会的最大挑战。大国或是小国、富国或是穷国、强国或是弱国,都不由自主地卷入了"全球化"的巨大潮流,原有的国际社会的政治、经济版图开始崩溃,新的格局正在形成和调整中。到目前为止,不少人还是仅仅把"全球化"看成一种经济现象,或是在"保护主义"、狭隘"民族主义"的立场反对全球化,或是在所谓"发展"和现代化立场上支持全球化,但是,这种对全球化的理解是远远不够的。社会学家阿帕杜莱曾提出全球化的五个基本方面:移民、财经、影视、科技、理念。从今天的情况来看,即使这五个方面的概括,也显得格局太小、视野狭窄了。事实上,全球化几乎冲击了人类社会的一切。

作为人文学者,我们更关心的是全球化对人的生活信念、人的价值观念、人的社会构成的影响和改造。这同我们对"文明对话"的关心是息息相关的。因为全球化的出现,文明对话变得更加必要、更加紧迫,同时,只有文明对话的充分开展,才能保障全球化的健康发展,使其不至于引发人类新一轮恶斗内耗,同时避免人类走向单一的唯消费主义、物质主义歧途。这样,就形成了这一辑的主题——全球化和文明对话。我们希望这样一个主题的提出和开展,有助于学界同道更加全面更加清醒地思考和建设中国的未来和中国对于人类的责任。

就在我们确定了主题,开始着手工作的时候,"9·11"发生了。世贸大厦在顷刻间化为灰烬,几千人丧命于烟灰瓦砾中;长期未染战火的美国本土,却在一瞬间被击中,纽约、华盛顿,这是美国的经济、文化和政治中心。美国被震撼了!世界也被震撼了!从慌乱中镇静下来的美国政府宣布发动反恐战争,迅速结成国际反恐统一战线,战争在阿富汗开打,很快摧毁了塔利班政权。现在,世贸的废墟已经打扫干净,新的世贸中心的设计规划已经出台;阿富汗的战事只剩下零星的战火。虽然反恐还在继续,但"9·11"的震撼逐渐地趋于平静。可是,对"9·11"更深层的反思,除了极少数人之外,几乎还没有开始。难道这个新纪元伊始就发生的重大灾难没有文化意义?它会被不经反省地轻松放过？我们不相信。

毫无疑问，“9·11”是恐怖主义事件，但，它的背后是有文化含义的。至少，它让我们了解未来全球化的进程决不会歌舞升平，而是充满了危机风险；开展文明对话，充分了解、尊重弱势群体的各种声音，是绝对必要的；大国、强国正因为其强大，而对世界负有更大的责任；强国、大国对弱势群体和国家耳提面命的“教导文明”的时代应当过去了，“学习文明”应当取而代之，各大文明传统是建设未来的最宝贵的资源。这对中国同样具有重要意义，一个在政治、经济上日益强大的中国，将给世界呈现什么样的文化信息？

根据以上的想法，我们辑成了这部文集，值得特别一提的有以下数篇：

乔姆斯基曾经是著名的语言哲学家，近20年来，他彻底地转向了政治学、政治哲学，从“专家”变成知识分子，是美国最有影响的左翼思想家，为了表彰他在学术思想方面的卓越成就，去年，哈佛大学授予他名誉博士学位，这是美国知识界很高的荣誉。“9·11”发生后，他以“9·11”为书名，用最快的速度发表了对美国政府长期以来的外交政策的批评，历数美国“单边主义”路线造成的各种灾难，成为反思“9·11”的一时绝响，我们不惜篇幅，将此书全文译出，供学者们了解美国知识分子的另一种声音。

《全球化与多样性》一文是联合国2001年《文明对话宣言》的第二章，由杜维明教授撰写，他是联合国文明对话“知名人士小组”（Group of Eminent Persons）的成员。这篇文章对全球化可能引发的问题作了全面评估，运用多种文化资源，对全球化时代的价值建设提出了纲领性的看法，有广泛的代表性。

刚刚故世的法国社会学家布尔迪厄是当今最有影响的思想家之一，他持反全球化的立场，是因为他对全球化所体现的“普遍主义”原则深恶痛绝。我们译出他的《论观念国际传播的社会条件》一文，供学人参考。可以比并而读的是本辑中另一位法国哲学家洛克摩尔的《哲学中的国际主义?》,他对哲学的国际主义企图所造成的后果有精辟的分析和深刻反思。

哈佛的亨廷顿因为发表“文明冲突”论而名动天下,本·拉登的下属人手一册亨廷顿的《文明的冲突》,将其视为西方对伊斯兰的主流看法的代表作。“9·11”事件之后,他对自己的观点有新的进一步解释,并对“9·11”提出了一些独特的看法,其中包括他对当代中国的看法。我们曾计划作一专访,因为他太过繁忙而作罢。正在哈佛燕京访问的周琪女士与亨廷顿常有交往,我们请她辑集亨廷顿在“9·11”之后的言论文字,择要译出,以飨读者。

“9·11”之后,哈佛燕京学社在杜维明教授的主持下,邀请在海外任教的部分华裔学者和一些哈佛燕京的访问学者,召开了“后‘9·11’和文明对话”讨论会,商讨如何以中华文明的资源应对当今世界和全球化时代。出乎意料的是,法国最有影响的社会学家莫寒以及美国的大河谷州立大学哲学系主任斯蒂芬·儒对我们的会议表示了极大的兴趣,希望参加我们的会议,了解中国学者的看法和立场,并专门为我们的会议撰写了论文,莫寒还在哈佛发表了有关全球化的专题讲演。他们的文章对我们了解关于全球化和文明对话的多元视野是有意义的。

上个世纪初,杜威访问中国,首开美国学者与中国文明的对话之旅。这个历史经验,前人多有总结,但鉴于杜威是胡适的老师,这些总结都脱不出设杜威以居高临下之尊,着眼于杜威向中国传播了什么。从文明间的平等对话去了解杜威和中国学术的互动到底有哪些结果,何等意义,却鲜有人为。现在,安乐哲教授就此提出了看法,开出了杜威与中国研究的新领域。波士顿21世纪研究中心和哈佛燕京学社对此非常重视,专门为此召开了学术讨论会,我们将此文和与会者的意见及背景一并译出,提供一个相对全面的景观。无独有偶,刘昶在最近解冻的档案中,发现了杜威当年写给美国国务院的有关中国的报告,他对杜威的中国评价作了非常富有启发的研究。我们把这两篇文章集成一组，作为文明对话的一个研究案例。

《当前学术状况的回顾与展望——许纪霖、黄万盛、杜维明三人谈》一文和美国哲学家马高利斯的《反思20世纪末的美国哲学》，对未来的学术建设提出了很多重要的议题，一个社会的健康发展不可能离开学术的发展而自生自灭，我们正处在重要的历史转折时代，我们的学术能开出什么样的领域，将会深刻地影响我们时代的生存品质，走出"分析哲学"，重建人文学，已经成为大趋势，希望有更多的人参与到人文学建设的行列。

特别值得一提的是本辑有三位女性学者的文章，于硕、张小虹、周琪在各自的研究领域中都卓有成就。如何自觉地从女性的角度去了解历史、文化、社会、政治，是我们时代的大课题，这是学术思想多元化的基本前提，在这个意义上，女性学者的成长，是中国学术繁荣的希望之光。

我们期待学界的朋友们不吝批评之词，提高和改进我们的工作，以利学术和文化的发展、繁荣。

2002年夏于哈佛

目 录

“9 · 11”

[美]诺姆 · 乔姆斯基

由衷感谢大卫 · 彼德森和西弗拉 · 斯特恩在研究最新传媒资料方面所提供的宝贵支持!

英文版编者手记

本书辑录的是诺姆 · 乔姆斯基在“9 · 11”事件后的第一个月与不同媒体采访者的对话。这些访谈多是通过电子邮件进行的,许多外国记者的母语并非英语。尽管有些访谈早在“9 · 11”发生后第 8 天就进行了,但直到本书交付印刷的 2001 年 10 月 15 日,我们仍在根据事件的最新进展对其中内容进行编辑、增补和修改。其结果是,一些注明是 9 月份进行的谈话,或许会涉及 10 月份出现的事情。此外,我们还删节了一些重复性的问答内容。但在这同时,一些重复性的事实或观点仍然被保留下来,其目的只是为了强调。

正如乔姆斯基在本书编辑过程中给我的信中所说:“这些事实已经与本来的历史完全相悖。人们不得不通过大声疾呼而让它们得到普遍关注。”

编者:格列格 · 鲁吉罗

纽约

一、1812 年战争以来绝无仅有的事件

根据2001年9月19日与意大利宣言二台(Ⅱ Manifesto)的访谈整理成文。

问:柏林墙的倒塌未造成任何生命损失,但它深刻地改变了世界政治地理面貌。你认为"9·11"袭击是否会带来同样的后果?

乔:柏林墙倒塌是一件具有重大意义的事件,它确实改变了世界政治地理的面貌,但我认为,它的方式是出人意料的。这里我暂时不想进入这个话题,容我在其他地方再作解释。

9月11日发生的令人震惊的暴行在世界事务中是前所未见的,这不是指它的规模和性质,而是指其目标。对美国来说,这是自1812年战争以来其本土首次受到攻击,甚至可说是首次受到威胁。许多评论家把它与珍珠港事件相提并论,这实在是误导。1941年12月7日受到袭击的是美国在两个殖民地的军事基地,至于美国本土,当时根本没受到任何威胁。美国人总喜欢把夏威夷称为"领土",但它那时实际上是殖民地。在过去数百年中,美国灭绝了数以百万计的土著人,征服了半个墨西哥(那其实是土著人的领土,但这是另一个问题),武力干涉周边地区,征服了夏威夷和菲律宾(杀害了成千上万的菲律宾人)。更有甚者,它在过去数百年中将武力扩张到世界的多数地区,牺牲者的数字不可胜数。如今,枪口第一次掉转方向。这确实是个戏剧性变化。

欧洲的情况也是如此,而且更富于戏剧性。的确,欧洲曾饱受杀戮蹂躏之苦,但那都源于各种内部战争。在此同时,欧洲列强以极端野蛮的方式征服了大半个世界,而从未蒙受外国受害者的打击。比如,英国没有受过印度的攻击,类似情况也适用于比利时之于刚果,意

大利之于埃塞俄比亚,法国之于利比亚(它在法国的心目中也不是一个"殖民地")。由此便不难理解欧洲何以因"9·11"恐怖罪行而受到那样大的震撼。同样,这种震撼并非因为罪行的规模。

人们无法猜测这种罪行究竟预示着什么。但有一点是明确的,这是一个全新的事件。

问:我的印象是这些打击并不会为我们提供什么新的政治内容,它无非确认了一个在"帝国"内部存在已久的问题。这个问题涉及政治的独裁和强权。你以为如何?

乔:"9·11"的袭击者无疑是罪犯。但无可争辩的是,正是美国及其欧洲前辈的中东政策给该地区人们带来的巨大痛苦和愤怒,使这些罪犯的行为获得了支持。这里当然存在着"政治的独裁和强权"问题。事件发生后,《华尔街日报》(*Wall Street Journal*)曾对阿拉伯地区"富有的穆斯林"进行观点调查,这些人包括与美国有着千丝万缕联系的银行家、专业人员和商人。他们对美国支持残暴的独裁国家以及通过"扶持那些压迫性政权"而为独立发展和政治民主化设置障碍的做法十分无奈和愤慨。不过,他们不满的基本理由有所不同:一些人针对华盛顿对伊拉克的政策,另一些人则针对美国对以色列军事占领的态度。在大量贫穷和饱受痛苦的底层人群中,类似情绪更加强烈。他们不愿看到该地区的财富流到西方或一小撮西方化精英分子手里,更反对那些腐化的、残暴的但却受到西方强权支持的统治者。这里的确存在着独裁和强权的问题。美国在事件之后当即作出的反应显然会强化这些问题。当然,这不是必然的。很多问题取决于对这些问题的考量结果。

问:美国在主宰全球化进程方面是否遇到了麻烦——不仅是就国家安全或情报系统而言?

乔:美国没有主宰经济全球化进程,当然,它在这里扮演着一个主要角色。这些全球化方案一直受到广泛的批评。原来,反对之声主要出现在南方国家,但那里的群众抗议通常可以被压制下去或干脆无人理睬。但最近几年,这种抗议也在富国中出现并受到极大关注。这些国家不无理由地感到它们正在退居守势。显然,那种把特定形态的投资者权利的"全球化"强加于人的做法之所以招致世界范围内的反对,有其深刻的原因,这里我不拟展开讨论。

问:美国从来没有使用"战争"这个字眼来描述它在伊拉克投掷"智能炸弹"、对科索沃进行"人道主义干预"的行为,现在,它却大谈反对无名敌人的战争,为什么?

乔:最初,美国使用的词是"十字军东征"(crusade)。但有人迅即指出,如果它希望在穆斯林世界寻求联盟,这样说就是极其错误的,其理由自不待言。这样,后来的说法修正为"战争"。1991 年的海湾战争当初也被称为"战争",而轰炸塞尔维亚则被称为"人道主义干预",后者并不是什么新鲜说法。这是欧洲帝国主义在 19 世纪使用的标准用语。举一些稍近的例子,最近有学者在研究"人道主义干预"的著作中引用了第二次世界大战前夕的三个"人道主义干预"例证:日本对满洲的入侵,墨索里尼对埃塞俄比亚的入侵以及希特勒对苏德台地区的占领。该作者当然不认为这个字眼是恰当的,毋宁是表明那些罪恶都戴着一个"人道主义"的面具。

干预科索沃很可能是历史上第一个"人道主义干预"的例证,但无论怎样,我们都必须意识到,急切地宣称某一干预是"人道主义"的,这是不够的,因为任何动用武力的行为都可以通过这些字眼获得合法性。十分奇怪的是,人们对美国宣称的干预科索沃的"人道主义"意图几乎没有进行什么争论。更准确地说,这些争论几乎不存在。而政府给出的正式理由也不尽一致。不过,这是另外一个问题了,我已在其他地方进行过讨论。

然而,即使是"人道主义干预"这个借口也无法以正常的方式运用于眼前的个案。因此人们只好使用"战争"这个说法。

其实，准确的说法应该是"罪行"，即罗伯特·费斯克（Robert Fisk）所强调的"反人类罪"。然而，惩罚犯罪的法律要求人们确认犯罪者，通过司法程序审判他们。这正是中东国家、梵蒂冈和许多其他国家主张的做法。问题在于，这种司法审判要求坚实的证据，并且，它还会导致人们提出一些十分危险的问题。一个最明显的问题是，人们至今还在问：究竟谁是15年前国际法庭所判决的国际恐怖主义罪行的实施者呢？①

出于这个理由，人们只好使用一个模糊字眼，例如"战争"。但称其为"反恐怖战争"总有些言过其实，除非这场"战争"真正是针对恐怖主义的。不过这一点容不得深究，因为西方强权不可能认真地看待他们自己关于恐怖主义的定义。一旦对照美国法典②或武装部队条例，人们立刻会发现，美国是世界上首屈一指的恐怖主义国家，它的那些同盟国也是如此。

围绕恐怖主义的字面含义，我或许可以引述一下政治学家斯多尔（Michael Stohl）的解释："我们必须意识到，根据惯例……必须强调的是，只有根据惯例……一个大国使用或威胁使用武力通常被描述为一种遏制外交，而不是一种恐怖主义形式。"它通常会采用"威胁和经常使用暴力的手段，这些手段如果不是为大国所使用的话，就会被描述为服务于恐怖主义的目的"。如果西方知识阶层愿意采用关于恐怖主义定义的本来含义（应当承认，这往往是不可想象的），那么反恐怖战争就会采取全然不同的形式，以符合对法典文献的大量细节解释。

---

① 指1986年国际法庭谴责美国"非法使用武力"。——译注

② "（一个）恐怖主义行为意味着任何这样一种活动：（A）它涉及一种暴力行为，或者一种危害人类生命、违反美国或任何国家刑法的行为，或者一种在美国或任何国家司法解释的范围内一旦实施就可能构成犯罪的行为；（B）从动机上说，它（1）意图威胁或胁迫一个公民群体；（2）意图凭借威胁或胁迫手段影响某一政府的政策；（3）意图凭借刺杀或绑架手段影响某一政府的行为。"《美国法典》，载《国会与政府新闻》，第98次国会，第二次例会，1984年10月19日，第二卷，西部出版公司，1984年。

我刚刚给出的引文出自阿历克斯·乔治(Alex George)编辑的评论集《西方的国家恐怖主义》(*Western State Terrorism*)。该书10年前出版,但在美国是不便谈论的。斯多尔的观点在该书中有详细的讨论。此外,这里还涉及大量具有可靠来源的文件,如政府的正式文件。而这些材料在美国都是不便谈论的。当然,在其他英语国家或世界其他地方,这种禁忌相对少些。

问:北约一开始非常沉默。只是在确定袭击究竟是来自内部还是外部之后才明确表态。你对此如何解释?

乔:我不认为那是北约犹豫的原因。人们不大会怀疑袭击是来自"外部"的。我认为北约之所以犹豫,是因为欧洲国家领导已经十分公开地表达了他们的态度。

如同任何对中东地区具有相当了解的人一样,欧洲国家领导意识到,对本·拉登的信徒和同道的唯一回答必将是对某个穆斯林人群的大规模军事打击。这将把美国及其盟国,按照法国外长的说法,引向一个"魔鬼陷阱"。

问:你能否就美国情报部门(对恐怖活动)的纵容及其作用谈些什么?

乔:我不太清楚你这个问题的意思。毫无疑问,这次打击使包括美国在内的西方情报部门感到震惊。中央情报局的确具有某种作用,事实上是很主要的作用。但那是在20世纪80年代,它与巴基斯坦以及沙特阿拉伯、英国等情报部门合作,招募、训练和武装最极端的伊斯兰原教旨主义者以通过"圣战"来反对苏联对阿富汗的入侵。

对这个话题的最佳讨论可以参见约翰·库雷(John Cooley)的著作《非神圣的战争》(*Unholy War*)。他在很长时间内一直是驻中东记者和关于该地区问题的作家。我们可以预料,现在一定有人在试图销毁(20世纪80年代的)记录,以使当时的美国看起来像一个无辜的旁观者。令我多少感到惊异的是,甚至一些素负盛名的刊物(更不要说其他出版物了)也在单纯地援引中央情报局官员的说法来"证明"这种假象。这种做法严重地违反了最基本的新闻准则。

那场战争结束后,那些"阿富汗斗士"(其中许多人不是阿富汗人,如拉登)将注意力转向其他地区,如车臣和波斯尼亚。他们在那里至少得到了美国以默许方式表达的支持。毫不奇怪,他们得到了当地穆斯林政府的善待。波斯尼亚允许许多伊斯兰志愿者获得公民权,以报答他们在当地军队中服役(卡洛塔·伽尔[Carlotta Gall],《纽约时报》,2001 年 10 月 2 日)。

1979 年,苏联人在由它扶持的阿富汗政府支持下入侵阿富汗,这情形颇有些类似当初美国先是扶持一个南越政府,然后又通过入侵来"保卫"这个受到攻击的国家。在菲律宾南部、北非以及世界其他地区,由于同样原因而出现的战斗随处可见。他们同样把矛头转向了他们的主要敌人,如沙特阿拉伯、埃及及其他阿拉伯国家,到 20 世纪 90 年代,转向了美国(本·拉登认为美国在沙特阿拉伯的军事存在就是入侵,与苏联入侵阿富汗没什么两样)。

问:在你看来,"西雅图运动"①会导致哪些后果?你是否认为它只是一种痛苦的表达,或者它有可能获得一种发展势头?

乔:"西雅图运动"无非呼应了在世界范围内出现的对经济全球化的抗议浪潮,它同样不是以西雅图为起点的。9 月 11 日的恐怖主义犯罪对于在各方面业已存在的强制性和压迫性力量来说是一个很好的礼物,它肯定会被用来——事实上已经如此——加快军事化、集权化进程,逆转社会民主化进程,使财富流向更狭小的部门,并瓦解各种形式的民主。然而,它不会遇不到反抗。我认为这种进程,除了其短期

① 指 1999 年 12 月世界贸易组织在西雅图举行会议期间出现的大规模抗议活动。——译注

效应外，很难获得成功。

问：（“9·11”事件）会给中东地区带来哪些后果？尤其是对以巴冲突？

乔：9月11日的暴行对巴勒斯坦人是一个灾难性的打击，他们立刻就意识到了这点。以色列毫不掩饰地为获得这个难得的机会而欢欣鼓舞，它现在开始毫无顾忌地镇压巴勒斯坦人。在“9·11”打击后的最初几天，以色列坦克就开进了巴勒斯坦城市（如杰宁、拉马拉和杰利科，这在历史上还是第一次）。数以十计的巴勒斯坦人被杀死。如同人们预料的那样，以色列对当地人民施以更强有力的打击。同样，这些恐怖行为也为在世界各地存在的不断升级的暴力怪圈提供了动力，如在北爱尔兰、以巴和巴尔干，以及其他地区。

问：你如何判断美国人的反应？他们看起来头脑十分冷静，但正如S.萨森（Saskia Sassen）最近在采访中所说的那样，“我们觉得自己已经处于战争状态”。

乔：（美国人的）当下反应是震动、惊骇、愤怒、恐惧，还有一种复仇的渴望。但舆论是一种混杂的东西，反主流的思想还没有时间得到展开。不过，我们从目前的主流评论中甚至可以辨别出它们的存在。例如，你可以看看今天的报纸。

问：在一次接受《墨西哥日报》的采访中，你提到我们正面对一场新型战争。你的确切意思是什么？

乔：在回答你的第一个问题时，我已经说明这为什么是一场新型战争：今天，枪口转向了不同方向，这在欧洲及由其衍生出来的其他国家的历史上是前所未有的。

问：严格说来，阿拉伯人是否必然是原教旨主义的，即西方的新的敌人?

乔:当然不是。首先,任何具有一点理性的人都不会把阿拉伯人界定为“原教旨主义者”。其次,美国和西方一般来说也并不反对这样一种宗教原教旨主义。事实上,美国是当今世界上最大的宗教原教旨主义文化,我不是指这个国家,而是指它的现行文化。在伊斯兰世界,沙特阿拉伯是除塔利班之外最极端的原教旨主义国家,但它从一开始就受到美国的庇护。而塔利班事实上不过是沙特版伊斯兰的一个旁支而已。

通常被称为“原教旨主义”的激进的伊斯兰极端主义者在20世纪80年代很得美国的赏识,因为他们是美国能找到的最棒的杀手。而在那些年中,美国的一个主要敌人是天主教会。在美国看来,它因为在拉丁美洲采取“倾向穷人”的政策而违反了教规,因此要承受巨大的痛苦。西方在选择敌人时表现出强烈的泛基督教主义倾向,但这种准则最终要服从于和服务于强权而非宗教。这方面的例子不胜枚举。

二、能否赢得反恐怖战争?

根据2001年9月20日哈特福德·库兰特(Hartford Courant)的访谈和2001年9月21日大卫·巴萨米安(David Barsamian)的采访整理而成。

问:国家的所谓反恐怖战争能否赢得胜利?如果答案是可能的,为什么?如果是否定的,布什政府应当采取什么措施以防止袭击纽约和华盛顿的事情再度发生?

乔:如果认真地考虑这个问题,我们就应意识到,在世界大多数地方,美国被视为首屈一指的恐怖主义国家,这是有充分理由的。例如,我们应当记得,1986年,国际法庭谴责美国“非法使用武力”(即国际恐怖主义)。在此之后,美国在安理会上投票否决了一项旨在要求所有国家(显然是针对美国)遵守国际法的决议。这只是无数例证中的一个。

然而落实到目前这个问题,即其他恐怖主义对我们的袭击,我们清楚地知道,怎样才能削弱威胁而不是使它升级。当北爱尔兰共和军在伦敦制造爆炸之后,没有人号召去轰炸西贝尔法斯特或波士顿(北爱共和军的主要财政支持来源于此)。反之,人们采取步骤去了解这些犯罪者,并努力解决那些使他们诉诸恐怖行为的原因。然而,在俄克拉荷马城的一幢政府大楼被炸之后,要求轰炸中东的呼声高涨,如果不是不久证明此事与中东地区无关的话,这些呼声就可能兑现。当人们发现这件事牵连到国内一个极端军事组织之后,再也没有人呼吁应当消灭蒙大拿州和爱达荷州,而是开始寻找罪犯,发现并把他送上法庭,最后对他进行宣判。同时,人们开始去了解在这桩罪案背后的痛苦的原因并将其公之于众。其实,任何犯罪,小到街头抢劫,大到大规模杀戮,都有其原因。我们通常的做法就是发现那些重要原因,并将其揭示出来。

对于犯罪,无论其规模多大,都可以通过适当的与合法的途径来解决。这里不乏先例。其中一个最明显的例子是我前面提到的,它应当是毫无争议的,因为那是出自最高国际权威的反应。

1980 年,尼加拉瓜受到美国武力打击。死亡的人数过万,整个国家被彻底摧毁,而且很难得到恢复。这种国际恐怖主义的打击往往还伴随着一种毁灭性的经济战。如同尼加拉瓜著名历史学家托马斯·沃尔克(Thomas Walker)所说,一个弱小的国家在那个报复心极重和残忍的大国孤立之下,几乎没有任何活路。经济战在这个国家造成的效果是十分严酷的,其程度甚至大大超过纽约在另一个日子中所经历的悲剧。但尼加拉瓜人并没有通过在华盛顿放置炸弹进行报复。他们诉诸国际法庭并获得支持。国际法庭责令美国停止侵略并进行实质性赔偿。美国对法庭的裁决嗤之以鼻,其回应是立刻将武力打击升级。于是尼加拉瓜只好求助于安理会,后者考虑通过一条要求所有国家遵守国际法的决议,但美国投了否决票。最后他们求助于联合国大会,该大会连续两年通过类似决议,美国和以色列都投了反对票(圣·萨尔瓦多也投了一次反对票)。尼加拉瓜做了一个国家所能做的一切。如果它足够强大,就会建立另外一个刑事法庭。但这都是些只有美国可以寻求的措施,并且一旦它这样做,任何国家都不能阻止它。然而,建立另外一个法庭是尼加拉瓜地区乃至许多国家的愿望。

必须记住,中东和北非地区的政府,例如最邪恶的、恐怖主义的阿尔及利亚政府,都将乐于加入美国的反恐怖网络行动。这种恐怖网络使它们深受其害。它们是这种网络的主要打击对象。但国际社会要求它们获得证据,它们也愿意在国际法的框架内,至少在最低限度上,满足这种要求。埃及人的立场就十分复杂。他们参与建构了将各种激进的伊斯兰力量组织起来的原初体系,本·拉登的组织就是这个体系的一部分。然而萨达特遇刺使他们成为这个体系的第一批牺牲品。从那以后,他们一直是这个体系的主要牺牲品。他们很愿意彻底粉碎它,但他们说,这一切只有在有证据表明谁是恐怖行为参与者的情况下才可能。他们愿意在安理会制定的联合国宪章的框架内行事。

如果想减少未来出现暴行的可能性,这就是一条人们应当遵循的途径。当然还有另外一条途径:以极端的暴力回敬暴力,期待着使暴力循环升级,从而导致那种可能会进一步唤起复仇呼声的更大暴行。这种状态已经为我们所熟悉。

问:“9·11”事件的哪个方面或哪些方面的意义被主流媒体忽略了?为什么说关注这些意义是十分重要的?

乔:这里有一些根本问题。

首先,我们究竟可以实施哪些行动方案?这些方案可能导致怎样的后果?我们实际上从未讨论过怎样依据法律准则而作出选择,而其他国家已经这样做了,如我刚刚提到的尼加拉瓜(它的失败是毫不奇怪的,因为没有谁可以通过法律制止美国的行动),此外,英国在对待北爱共和军时也是这样做的。当然,当美国发现俄克拉荷马爆炸案系国内罪犯所为时,它也是这样做的。类似的例子还很多。

然而,到目前为止,暴力回应的呼声淹没了一切。人们很少想到这样的事实,它不仅会以大量无辜的牺牲者为惨重代价,其中许多是阿富汗塔利班的牺牲者,而且会让本·拉登那些最狂热的信徒和他的恐怖组织感到快意。

第二个问题是:"为什么(会出现这个事件)?"这是一个很少以认真的方式提出的问题。

拒绝面对这个问题意味着作出这样一种选择,即大幅度增加这种罪行出现的可能性。这里也有一些例外。例如我前面提到,《华尔街日报》对那些"富有的穆斯林"的看法加以论列,这显然提高了它的声誉。那些人都是亲美派,可正是他们严厉地批评了美国的中东政策,其理由对于任何关注该地区情形的人来说,都是再明白不过的。在那个地区的大街上,人们的感受也是如此,只不过表现得更加严厉和愤怒。

本·拉登的恐怖组织已经完全沦落为异类。事实上,在过去20年中,它的活动已经给中东地区那些贫穷的和受压迫的人们带来了巨大伤害。这些人从来不会受到恐怖组织的眷顾。但在这同时,恐怖组织的确获取了由愤怒、恐惧和绝望交汇而成的巨大资源。因此他们正在祈祷美国作出一种暴力反应,它会动员更多的人加入到他们那令人恐惧的事业中去。

如果我们希望使暴力循环弱化而不是升级的话,这些话题应当引起我们的优先关注。

三、意识形态之战

根据2001年9月18日与贝尔格莱德B29电台的访谈,2001年9月20日艾丽萨·弗雷德(Elise Fried)和彼德·克莱斯勒

(Peter Kreysler)为德国 Funk 电台所做的访谈以及 2001 年 9 月 21 日瑞士波波洛(Giornale del Popolo)的访谈整理而成。

问:你如何看待这次事件的媒体报道?它们与海湾战争时期那种"虚构出来的一致"是否有类似之处?

乔:这里的媒体报道并不像欧洲人以为的那样一致。欧洲人之所以有这种印象,是因为他们的目光一直局限于《纽约时报》、国家公共电台和电视等媒体。即使《纽约时报》也承认,那个早晨,纽约人的各种态度与人们在媒体上看到的十分不同。这是一个很好的例证,它暗示着一个事实,主流媒体一直没有报道这种态度上的差异,当然,事情也不完全如此。然而就《纽约时报》来说,这种说法具有相当大的真实性。

现在,《纽约时报》报道说,"在纽约街头,几乎听不到……战争的喧嚣声",和平的呼声"大大超过了复仇的要求",甚至在那些为暴行的牺牲者举行的主要的"户外追思仪式"上,情况也大抵如此。事实上,我们所有的人必定会有不尽一致的情绪,或者要求了解犯罪的原因,或者,如果能够发现罪犯的话,将他们绳之以法。但我认为,或许最强烈的主导性情绪是反对盲目施暴和屠杀大量的无辜平民。

然而,非常值得关注的是,主要媒体和一般而言的知识阶层在某个危急时刻总是站在支持武力这一边的,它们试图动员人民参加到这个进程中来。的确,在轰炸塞尔维亚时,它们几乎充满一种歇斯底里的热情。海湾战争时也完全如此。

这个模式在历史上可以追溯得很远。

问:如果说恐怖主义选择世贸中心作为象征性目标,那么全球化和文化霸权是如何促成对美国的仇视的呢?

乔:这是一个西方知识分子最容易相信的说法。它豁免了他们对一些行为应当承担的责任 实际上,这些行为正是那些罪犯选择世贸中心的深层原因。难道1993年的(世贸中心)爆炸案也是出于对全球化和文化霸权问题的关注?难道20年前萨达特遇刺也是因为全球化?它难道是中央情报局扶持的“阿富汗斗士”在阿富汗乃至在今天的车臣反对俄国入侵的原因吗?

数天前,《华尔街日报》对一些富有的和拥有特权的埃及人的看法做了报道。他们聚集在一家麦当劳餐馆中,穿着入时的美国服装,激烈地抨击美国的政策。他们的抨击理由对于那些有心人是再明白不过的。仅在几天之前,该报已经刊载了中东地区那些富有的和拥有特权的人,那些亲美派,是如何猛烈批评美国政策的。这与“全球化”、麦当劳或牛仔裤究竟有什么相干?街头上人们的态度也大体相似,但要更加激烈得多。这与那些时髦的原因风马牛不相及。

不过,这些原因对于美国和西方大多数人来说是很容易接受的。这里我们可以援引9月16日《纽约时报》上的一段权威分析:“这些罪犯的行为是出于对西方珍视的价值的无比仇视,这些价值包括自由、宽容、繁荣、宗教多元和普选。”至于美国的所作所为与此无关,甚至完全不必提及(瑟格·施迈曼[Serge Schmemann]语)。这确实是一幅惬意的图景,其基本态度在我们的知识分子历史上并不少见,事实上,它几乎是一种常规。虽然它恰好与我们所知的一切完全相悖,但却不乏自吹自擂以及不加批评地支持强权等所有长处。不过,它有一个致命缺陷,那就是一旦接受了它的分析,未来暴行出现的可能性就会大大增加。而那种针对我们的暴行的恐怖程度或许会使“9·11”事件相形见绌。

至于本·拉登的恐怖组织,他们对全球化和文化霸权问题没有任何兴趣,亦如他们对中东地区那些穷困的和饱受压迫的人们漠然视之一样,这些人多年里一直受到他们的严重伤害。他们以响亮明确的声音向我们表达的是:他们的圣战旨在反对该地区那些腐化的、压迫性的和非伊斯兰的政权及其支持者,正像他们在20世纪80年代通过圣战反对苏联人一样(如今他们在车臣、埃及和其他地区都是这样做的。

这种圣战在埃及始于萨达特遇刺的1981年)。

本·拉登本人或许从未听说过"全球化"这个词。那些曾对他进行过深度采访的人(如罗伯特·费斯克)报道说,他实际上对这个世界一无所知,也不屑于知道。如果愿意,我们尽可以无视一切事实而耽于自己的任情想象之中,但这只会使我们在已有的风险情况上承担更大的风险。此外,我们也可以选择对本·拉登及其同道出现的原因熟视无睹,尽管这已经不是什么秘密。

问:美国人民是否学会了这样看待问题?他们对于事件的因果关系是否有所觉悟?

乔:很遗憾,事情并非如此,欧洲人的情况也没什么两样。人们对中东地区那些极为关键的、需要优先考虑的因素(对于那里的街头百姓来说尤其如此)几乎完全缺乏了解。一个最明显的例子是:美国对伊拉克①和以色列的军事占领奉行完全相反的政策。

在伊拉克,尽管西方人宁愿相信另外的说法,但中东地区的人们认为美国的政策在过去10年中彻底摧毁了那里的文明社会。在此同时,它强化了萨达姆·侯赛因的统治。那里的人都知道,他在犯下最恶劣暴行的时候,包括1988年用毒气残杀库尔德人,得到了美国强有力的支持。因此,当本·拉登在其听众覆盖该地区的电台上将这一切公之于众时,他的听众都深有同感,即使那些对他十分憎恶的听众也是如此。关于美国和以色列,许多最重要的事实甚至都未见诸报道,它们实际上几乎完全不为人们所知,尤其是那些精英阶层的知识分子。

当然,中东地区的民众不会分享在美国居于上风的那种惬意的幻象,那种由2000年夏季戴维营会谈所炮制的"慷慨"的和"宽怀大度"的幻象,更不要说其他令人愉悦的神话了。

---

① 指1991年伊拉克对科威特的军事入侵。——译注

在这个问题上有大量可资利用的材料，它们有着无可争辩的可信来源，问题是这些材料很少为人们知道。

问：你如何看待美国政府的反应？它代表的是哪些人的意志？

乔：像其他政府一样，美国政府主要响应的是国内那些最具实力的集团。这应当是老生常谈。这里还有一些其他影响，如民意因素——这对于任何社会，即使是野蛮的集权制度，都是如此，更不必说那些比较民主的社会。就我们目前掌握的材料来看，美国政府正想充分利用目前的机遇以强行贯彻它自己的战略方案：军事化，包括实施“导弹防御系统”和制定太空军事化的规则；削弱社会民主程序；同时削弱人们对经济“全球化”、环境状况、健康保险等问题所带来的严峻后果的关注。制定相应措施（如削减公司税）以使财富尽快流向极少数人手中。加强社会控制，以消除公共讨论和抗议。这一切都是以合乎常规和自然而然的方式进行的。至于说反应，我相信政府正在听取外国领导人和中东问题专家的意见。我猜想，政府自己的情报部门也不乏这样的警告，即大规模的军事反应或许正是本·拉登及其追随者们所期许的。但的确有一些鹰派人物，他们希望利用机会以极端的暴力打击敌人，而毫不顾及会有多少无辜平民遭受痛苦。这些无辜者也包括在美国和欧洲的居民，他们将成为不断升级的暴力循环的牺牲品。这一切对我们已不再陌生。无论在欧洲还是美国，一直都存在着大量的本·拉登分子。

问：经济全球化将西方模式传播到整个世界，美国一直是该进程的主要支持者。它经常以某种值得质疑的手段贬抑各种本土文化。今天，我们是否正在面对过去几十年中美国推行其战略决策的各种后果？美国究竟是不是一个无辜的牺牲品呢？

乔：这个话题在前面已经一般地涉及了。我对此有不同看法。一个原因在于，西方模式，尤其是美国模式，是立足于国家对经济的大规模干预。"新自由派的法则"与以往时代的自由派观点十分相似。他们持有一种双重立场:市场规则对你是好的,对我却未必如此……除非它有助于我赢得眼前的优势,使我能够处于某种有利地位以赢得竞争。

此外,在我看来,9月11日所发生的一切实际上与经济全球化毫不相干,其原因自在别处。没有什么理由可以为9月11日这样的罪行辩解,但如果说美国是一个"无辜的牺牲品",那就只有在无视这个国家及其盟国的历史记录的情况下才可能。而这些记录完全不是什么秘密。

问:所有人都认为"9·11"以后一切都变了——从限制人们的日常权利,到关于新的盟友和新的敌人的全球战略。你对此有何看法?

(编者注:这里对乔姆斯基的回答做了部分删节。他先重述了以前访谈中的一个看法,即"9·11"是自1812年以来美国本土首次遭遇外国力量的打击。)

乔:我不认为"9·11"事件会在任何严肃的意义上导致美国国内对权利的长期限制。因为这里存在着根深蒂固的文化和制度障碍。但如果美国像本·拉登及其追随者可能期待的那样,采取手段将暴力循环升级,其后果恐怕难以预料。当然,它也可以选择其他手段,即合法的和建设性的手段。在这方面有大量的先例可循。在更加自由和民主的社会中,唤起公众热情将有助于使其政策指向一个更加人道和高尚的道路。

问:国际伊斯兰恐怖组织不是不可知的,但世界范围内的情报机构和国际性的控制机制都未能预见事件的发生。龙头老大(Big Brother)的眼睛是如何被蒙蔽的呢?我们是否必须警惕出现一个更大的龙头老大呢?

乔:我对欧洲人是否广泛关注一个国际性的控制机制根本没有什

么明确的印象。至于世界范围内的情报机构,它们多年来一直存在着大量失误。关于这个问题,我和其他人都已撰文讨论,这里就不再赘述了。

即使将目标指向那些比本·拉登组织更容易对付的对手,情形也是如此。毫无疑问,本·拉登组织是相当非中心化的,它没有一个明确的垂直隶属结构,遍布世界大部分地区,已经变得非常难以渗透。各国情报机构无疑要动员其资源,付出更大努力。但许多例证告诉我们,要想真正削弱这种恐怖主义的威胁,就需要努力去了解和探讨其存在的原因。

问:本·拉登,魔鬼:这究竟是指一个敌人,还是指一个 *brand*——这个词等同于或意味着魔鬼吗?

乔:本·拉登或许直接、或许间接地符合这些描述,但更符合这些描述的可能是他的组织——他不过是该组织中的一个主要人物。但该组织是由美国及其盟国为了自己的目的而建立的,只要它服务于这些目的,就可以获得美国的支持。比之于努力寻找这些罪恶背后的原因,给敌人施加各种恶谥直至将其称为魔鬼显然更加容易。自然,这里还包含着一种很强的动机,即试图掩盖自己在这个事件中所起的作用。当然,对那些对中东地区及其近期历史多少有些了解的人来说,这是难以掩盖且已为大家所熟知的。

问:这次战争是否有演变为新的越战的危险?那时的创伤至今尚隐隐作痛。

乔:人们经常提到这样的相似性。在我看来,它揭示了数百年来的帝国主义暴力给西方知识和道德文化带来的深刻影响。越南战争始于美国对越南南方(原文如此)的打击,那里一向是美国战争的主要目标。该战争以摧毁印度支那大部分地区而告结束。除非我们愿意直面这个基本事实,否则便不可能认真地讨论越南战争。确实,美国在战争中付出了代价,但这与战争给印度支那地区带来的恶劣后果无法相提并论。苏联对阿富汗的入侵也付出了很大代价,但那并不妨碍我们断定那是一种犯罪。

四、国家犯罪

摘自2001年9月21日大卫·巴萨米安的访谈。

问:如你所知,"9·11"事件使美国民众愤怒、痛苦并感到迷惘。近来一些罪犯不断袭击清真寺,甚至锡克神庙。科罗拉多大学坐落在这里的博尔德市,这原本是一个具有自由传统的小镇,但近来它的街道墙壁上不断出现这样的标语:"阿拉伯人滚回去","炸平阿富汗"和"滚回去,黑鬼"。你如何看待恐怖袭击以后出现的这些事情?

乔:这很复杂。你所说的一切确实存在。但还存在着反主流的声音。我知道他们存在,因为我与他们有直接的联系,并听到他们的声音。

(编者注:这里对乔姆斯基的回答做了部分删节。其主要内容是前面访谈中提到的纽约市民在事件之后的不同反应,以及和平运动的出现。)

这是另外一种潮流,它要声援的是那些仅仅因为看起来肤色发黑或有一个奇特的名字便被当做侵害目标的人们。因此它是反主流。现在的问题是,我们怎么能使它深入人心。

问:为实现某种所谓的高尚目的而设法与那些被称为"不可救药的家伙"、毒品贩子和暗杀者结为联盟,你是否认为这是一个大问题?

乔:必须记住,无论在中东地区的政府中,还是在我们自己和欧洲盟国的政府中,都存在着一些最不可救药的家伙。如果要严肃地探讨这个问题,我们还需追问,什么才是一种高尚的目的?那种在1979年将苏联人拖入“阿富汗陷阱”的行为是否出于某种高尚目的(这正是布热津斯基宣称他所做的事)?当然,在1979年12月支持人们抵抗苏联入侵是一回事,但按照布热津斯基自豪的说法,先是诱使苏联入侵,然后再组织由伊斯兰狂热分子构成的恐怖主义武装以服务于美国,这就是另一回事。

还有一个应当提出的问题:如何看待美国正在拼凑的、尚处于形成过程中的联盟。我们不应忘记,美国是世界上首屈一指的恐怖主义国家。在这个包括美国、俄罗斯、印度尼西亚、埃及和阿尔及利亚等国的联盟中,所有其他盟友都乐于看到一个由美国领衔的国际体系。因为该体系可以使它们合法地实施各自的恐怖主义犯罪。例如,俄罗斯会十分高兴地在美国支持下在车臣进行残酷的战争。与此同时,这里也会出现一些抵抗俄罗斯的阿富汗斗士,他们或许会在俄罗斯境内实施恐怖行为。同样的情况还可能出现在印度,在克什米尔。印度尼西亚也会欣然领受美国对其在爱艾切(Aceh)地区的屠杀行为的支持。阿尔及利亚,正如我们刚从广播中获悉的那样,也会愉快地获得特许以扩大其国家恐怖主义的规模。(编者注:乔姆斯基所提到的广播是一则在此次访谈之前刚刚播出的新闻。)类似的情况遍布世界。

然而,并非所有国家的人都会如此轻而易举地被联盟接纳,我们毕竟需要坚持一些标准。“(10月6日),布什政府警告说,试图在下月选举中重新掌权的尼加拉瓜左翼的桑地诺政党与恐怖主义国家和组织联系密切”,因此,我们“不能考虑将它纳入政府正在组建的国际反恐怖联盟”(乔治·哥达,A0,10月6日)。国务院女发言人伊丽莎·科赫宣称:“我们早已声明,在反恐怖和支持恐怖的阵营之间,不存在任何中间立场。”尽管桑地诺组织宣称它已经“放弃了社会主义政策和以前的反美宣传,但科赫的声明(10月6日)仍表明,美国政府怀疑该组织的收敛程度”。华盛顿的怀疑是可以理解的。毕竟,尼加拉瓜曾经令人不可容忍地触犯了美国,迫使里根总统在1985年5月1日宣布国家“紧急状态”,这个过程一连几年。因为“尼加拉瓜政府的政策和行为对美国国家安全和外交政策构成了一种不同寻常的、极端严重的威胁"。同时,里根还宣布对尼加拉瓜实行禁运,"以回应因为尼加拉瓜政府在中美洲的侵略行为(指它对美国进攻的抵抗)所造成的紧急状态"。然而,国际法庭认为华盛顿的指控是没有根据的。在此一年前(1984年),里根签署法令确定5月1日为"法律节",以庆祝"法律与自由结成长达200年之久的伙伴关系",并补充说,如果没有法律,就会出现"混乱和无秩序"。但就在1985年庆祝法律节的头一天,他宣布美国将不理睬国际法庭的指控,该法庭继续谴责里根政府在进攻尼加拉瓜过程中"非法使用武力"和违反国际法,要求终止国际恐怖主义犯罪。里根的讲话使对抗行为大大升级。当然,在美国之外,5月1日一直是美国工人通过斗争赢得的团结的节日。

因此我们便可以理解,为什么美国在允许桑地诺领导下的尼加拉瓜加入由华盛顿牵头的联盟之前,先要以该组织的良好行为作为保证。目前,这个联盟欢迎其他国家参加这场正在展开的、旨在反对历时20年之久的恐怖主义的战争,包括俄罗斯、土耳其和其他可以联合的国家,但是,并非所有国家都有这个资格。

或许,我们还可以提到目前受到美国和俄罗斯联合扶持的"北方联盟",它聚合着一批有着杀戮和恐怖劣迹的军阀,正因为这样,塔利班才得到阿富汗大部分人的欢迎。进而言之,这些人几乎肯定都与阿富汗的毒品贩运有牵连。他们控制着阿富汗的主要边界,而根据报道,该国是把毒品最终销往欧洲和美国的一个(或许是主要的)转运中心。如果美国开始与俄罗斯携手向他们大量提供装备,并依赖他们发动某种形式的攻势,那么在随之而来的混乱局面和难民潮中,毒品交易肯定会增加。毕竟,我们从丰富的历史记录中已经对这些"不可救药的家伙"非常了解,这也同样适用于所谓的"高尚目的"。

问:你说美国是"首屈一指的恐怖主义国家",这或许会使许多美国人感到震惊。你能否对此作出比较详细的说明?

乔:一个最明显但远非最极端的例子就是尼加拉瓜。我说它最明显,是因为它不会引起任何争议,甚至对那些对国际法所知甚少的人来说,情况也是如此。(编者注:在本书前面,乔姆斯基对此有比较详尽的论述。)值得记住的是(尤其是在这种记忆受到一致压制的情况下),美国是被国际法庭谴责为国际恐怖主义的唯一国家,也是拒绝安理会提出的要求所有国家遵守国际法的决议的唯一国家。

美国还在继续奉行国际恐怖主义。这里还可以举出一些相对而言比较小的例子。俄克拉荷马爆炸案曾使这里的每个人感到愤怒。事件发生两天后,我们在报纸头条读到:“俄克拉荷马城看起来就像贝鲁特。”然而,我没有听到任何人提到,“贝鲁特看起来就像贝鲁特”。使我产生这个联想的一个原因是,里根政府于 1985 年在贝鲁特制造了一次恐怖爆炸,其情形与俄克拉荷马城爆炸案十分相似。根据《华盛顿邮报》(*Washington Post*)三年以后的报道,一个在清真寺外的汽车炸弹在人们离开时引爆,当场炸死 80 人,炸伤 250 人。其中绝大部分是妇女和儿童。这次袭击的目标是一个美国不喜欢的穆斯林神职人员,而此人却幸免于难。这件事目前已不再是秘密。此外,我不知道你应当怎样称呼这样一种政策,它是造成伊拉克约 100 万平民和 50 万儿童死亡的首要因素。按照美国国务卿的说法,这是我们愿意付出的代价。这样的事情真是难以名状。支持以色列的暴行则是另外一桩罪孽。

不仅如此,克林顿政府曾向土耳其提供重要支持以镇压其国内的库尔德民族。土耳其 80% 的装备来自美国,随着暴行的发展,这个数字也在增加。那真是一桩彻头彻尾的大规模暴行,其中一次最恶劣的种族清洗和灭绝运动出现在 20 世纪 90 年代。这在当时很少为人知晓,因为美国负有主要责任。一旦有人冒昧地提起此事,美国便会轻描淡写地把它当做我们致力于在全球“制止非人道罪行”过程中所犯的一个小小“过失”。

或许,我们还可以提到美国摧毁苏丹阿尔-西发(Al-Shifa)制药厂的行动。它在国家恐怖记录中仅是一个微不足道的注脚,并很快被人们淡忘。然而,如果本·拉登的组织这次摧毁的是美国一半以上的制药工业以及用以修复的各种设施,那么反应又将如何?对此我们不难想象。当然,这种类比并不公平,因为苏丹承受的后果要严酷得多。撇开苏丹的困境不谈,如果美国、以色列或英国成为这种暴行的对象,它们会怎样作出反应?就苏丹这个案例而言,我们会说,"噢,是的,太不幸了,一桩小小的失误,让我们进入下一个话题,由它去吧"。但是,世界上其他的人不会作出这样的反应。当本·拉登制造爆炸之后,他甚至在那些鄙视和恐惧他的人群中都找到了共鸣,遗憾的是,他的大部分宣传也达到了这样的效果。

尽管在美国国家恐怖记录上苏丹一案不值一提,但它具有极大的启示意义。最有趣的现象是,万一有人胆敢提及此事,人们会作出怎样的反应。我过去曾这样做过一次。"9·11"暴行后,我在回答一个记者的问题时再次提到此事。我说,出于"极端邪恶和残酷"动机而实施的"9·11""恐怖暴行"所造成的损失或许不亚于克林顿政府1998年4月轰炸苏丹的阿尔-西发制药厂所造成的后果。孰料这个并无不当的结论竟引起轩然大波,许多网站和刊物上充斥着愤怒的和狂热的谴责,对此我并不很在乎。重要的是,如此简单的一句话——如果计较起来,它还是大打了折扣,远未道出实情——在许多评论者眼中竟成为彻头彻尾的诽谤之词。在这个意义上,我们很难避免这样的结论:无论这些人如何否认,在他们看来,我们对弱者的犯罪就像呼吸空气一样不值得大惊小怪。然而,我们对以下罪过是负有责任的:作为纳税人,我们未能对因我们而产生的灾难提供大规模的补偿;我们认可了对犯罪分子的庇护和开脱;我们允许自己淡忘那些可怕的事实。所有这一切都具有极为重要的意义,亦如过去一样。

对于因破坏阿尔-西发制药厂所造成的后果,我们提供的只是一些估计。苏丹曾寻求让联合国对爆炸进行司法调查,但即使这个要求也被华盛顿阻止了。几乎没有谁试图对此展开深入调查。但这的确是我们应当做的。也许,我们应当以唤起人们的起码常识作为起点,至少对那些对人权问题仅有最低限度关注的人来说应当如此。当我们评估犯罪所造成的人员损失时,不应当仅仅关注那些在现场被谋杀的牺牲者,还应当考虑那些死于犯罪后果的人们。这是我们在考察一些人类公敌的罪行时所采取的反思性的和恰当的方式。这些人的典型代表包括希特勒等。在这个时候,我们不认为一个罪行因为缺乏明确动机便可以得到开脱,而是将其视为某种制度或意识形态结构的反映。我们不能毫不脸红地无视这样一种指控:人们在谴责希特勒在东欧所犯罪行的同时却放任了斯大林的行为。即使我们想装出一副认真的样子,也应当把同样的标准应用于自己。就苏丹的例子而言,我们要考虑的不仅是那些被巡航导弹直接杀死的人,还有那些因为这桩罪行的后果而致死的人们。我们不认为这桩罪行会因为以下事实而得到开脱:它是一种正常的决策程序或意识形态机制运作的结果。甚至不无理由地猜测,它的出现与克林顿当时的个人问题有关①(对此我一直持怀疑态度)。任何人在看待那些人类公敌的罪行时都会采取这样的态度。

心中存有这种常识,现在就来看看已经在主流媒体上披露出来的材料。这里,我有意不提那些对华盛顿申辩的有效性进行分析的文章,因为相对于对事件后果的追问,它们毫无道德价值。

在袭击发生一年后,“由于(设施被破坏)无法生产救命的药品,苏丹因轰炸而造成的生命损失还在无声无息地持续着、增加着……数以万计的人们染上并死于疟疾、结核病以及其他本可以治愈的疾病,其中许多是儿童……在苏丹,阿尔-西发为人们提供了大量可以支付得起的药品以及当地全部的兽药。它提供的药品占苏丹主要药产品的90%……由于受到制裁,苏丹无法进口足够药品以填补因药厂被炸

① 暗示克林顿为转移公众对他与莱温斯基的丑闻的关注而决定对苏丹实行军事打击。——译注

而出现的巨大空缺……华盛顿在1998年8月20日所采取的行动还在继续剥夺着苏丹人民所必需的医药品。千百万人想知道,海牙国际正义法庭将怎样纪念这个轰炸周年"(贝尔克[Jonathan Belke],《波士顿环球报》,1999年8月22日)。

德国驻苏丹大使写到:"在这个贫困的非洲国家里,人们很难评估究竟有多少人因为阿尔-西发工厂被炸而失去生命,但我们有理由猜测,其人数起码有数万之多。"(沃尔纳·道姆:《普遍主义与西方》,《哈佛国际评论》,2001年夏)

"工厂的损失对缺医少药的农村地区人口来说是一个悲剧。"(卡纳芬[Tom Carnaffin],非常熟悉被炸工厂的技术经理,引自《伦敦观察家报》,1998年,第1页)

阿尔-西发"为苏丹提供着50%的药品。它的被炸切断了这个国家氯奎的供应,而这是治疗疟疾的必需药品"。但几个月后,英国工党政府拒绝了苏丹要求在恢复药厂生产之前"紧急援助氯奎药品"的请求。(温托尔[Patrick Wintour],《观察家》,1998年12月)

阿尔-西发药厂是"唯一生产TB药物的厂家。苏丹的10万患者对该药的需求为每人每月1英镑。大多数患者以及他们的丈夫、妻子或孩子无力承担昂贵的进口药品,他们对未来可能出现的感染只有听之任之。在这个幅员广大以放牧为主的国家中,阿尔-西发还是唯一一家生产兽药的工厂。它主要生产用于杀死寄生虫的药物。这类寄生虫可以由牲畜传染给放牧者,它是苏丹婴儿死亡的主要病因"(阿斯蒂尔[James Astill],《保卫者报》[*Guardian*],2001年10月2日)。

无声的死亡数字在继续攀升。

这些材料均出自那些颇受尊敬的记者之手,并刊登在名刊之上。唯一的例外是前面引述的那则由贝尔克提供的内容最翔实的材料。他是近东基金会地区项目经理,其材料均来自他在苏丹的切身感受。该基金会是一家成立于第一次世界大战时期的声誉卓著的发展机构。它为中东和非洲穷国提供技术援助,主张开展草根性、本土性的发展方案。它与美国各大学、慈善组织和国务院密切合作,包括与著名的中东外交官和在中东教育与发展方面卓有建树的人物密切合作。

根据这些可信赖的分析,我们可以说,就人口比例而言,轰炸阿尔-西发与本·拉登组织对美国的一次性袭击依稀仿佛,它造成"数万平民(许多是儿童)的痛苦并最终死于那些本来可以轻易治愈的疾病"。当然,正如前面所说,即使这种类比也并不公平。苏丹是"世界上最不发达的地区之一。它的恶劣气候、分散的人口、疾病威胁以及破烂不堪的公共设施,使许多苏丹人一生都在为生存而斗争"。在这个国家,疟疾、结核病和许多其他瘟疫传播很广,脑膜炎或霍乱的周期性暴发也并不罕见。因此,患者可以支付得起的药品是绝对必需的(贝尔克与埃尔法基[Kamal Elfaki],在苏丹向近东基金会提交的报告)。进而言之,这个国家可耕地资源有限,缺乏可携带水源,死亡率居高不下,几乎没有工业,债台高筑,艾滋病肆虐,更兼受到邪恶和毁灭性的国内战争的蹂躏以及严厉的外部制裁。实际上,人们关于这个国家的内部情况的报道在很大程度上都是猜测,这也包括贝尔克所作的模棱两可的估计,即由于提供主要廉价药品和兽药品的工厂被炸,一年之内已有数以万计的人"忍受着疾病的折磨并最终死亡"。

以上我们只是勾勒了事情的表面。

人权观察在事件发生之后报告说,作为轰炸的直接后果,"所有联合国驻该地区机构中的美国雇员立即疏散,同时疏散的还有其他一些救援组织"。因此,许多救援行动被无限期推迟了,包括一个由总部设在美国的国家救援委员会管理的重要项目。该项目机构设在一个地方政府小镇,那里每天有50多名南方人濒临死亡。据联合国估计,在苏丹南部约有240万人面临饿死的危险。"终止援助"这些"处于水深火热境地的人们",可能造成"可怕的危机"。

不仅如此,美国的轰炸"将使苏丹冲突各方之间出现的缓慢和解进程陷于崩溃",并打断人们为结束内战(这场战争自1981年起已经造成了150万人死亡)而签署和平协议所作的努力。该和平协议本来可能促进"在乌干达和整个尼罗河谷地实现和平"。轰炸显然使"苏丹伊斯兰政府指望从政治转变中获益"以及"务实地介入外部世界"的想法,连同它希望解决国内危机,停止支持恐怖主义和削弱极端伊斯兰主义影响等种种努力化为泡影。(哈本德[Mark Huband],《金融时代》,1998年9月8日)

考虑到由此带来的种种后果,我们可以把美国在苏丹犯下的罪行与刺杀卢蒙巴事件等同视之,后一事件把刚果投入了数十年的杀戮和残暴统治时期。我们也可以把它与1954年推翻危地马拉民主政权的事件相提并论,后者导致了长达40年的血腥暴行。这样的例子数不胜数。

阿斯蒂尔在我们前面引述的文章中重申了哈本德在3年前得出的结论。他评论了轰炸使苏丹付出的政治代价。在轰炸之前,"这个国家一直在为摆脱集权性的军人独裁和连年不断的内战而进行努力",但"一夜之间,它又重新被投入它曾试图摆脱的那个虚弱无力的极端主义梦魇之中"。他的结论是,这种"政治代价"对苏丹造成的损害甚至远过于其"脆弱的医药系统"的毁灭所带来的后果。

阿斯蒂尔还引用了苏丹少有的制药专家之一、阿尔-西发制药厂董事会主席阿尔塔耶伯(Idris Eltayeb)博士的看法。他说,这个罪行"与摧毁双塔(指世贸大厦)的恐怖主义行为同样严重。唯一的区别在于,我们知道凶手是谁。我为(纽约和华盛顿地区的)生命损失而难过。但就数字而言,与此相当的生命损失对于一个穷国来说可能意味着更加严重的后果"。

遗憾的是,即使我们不考虑轰炸所造成的长远的政治代价,他关于"就数字而言所造成的生命损失"的谈论也可能是正确的。

这里我无意深究"与此相当的生命损失"的确切含义,因为那需要专门的工作。根据某种规模来判断罪行的大小常常是荒谬的。但这种损失的比较是完全有道理的,它在学术上也确实是一种标准。

轰炸也使美国人民付出了重大代价,这一点在"9・11"之后变得非常明显,或者说人们应当看得非常清楚。让我感到不可思议的是,人们在“9·11”以后对情报系统的各种失误进行广泛讨论时,居然没有明确提出这个问题。

美国官员证实,就在1998年导弹打击之前,苏丹拘留了两名涉嫌爆炸美国驻东部非洲大使馆的人,并通知了华盛顿。但美国拒绝了苏丹的合作姿态。在导弹打击后,苏丹“一怒之下释放了”这两个嫌疑分子。(莱森[James Risen],《纽约时报》,1999年7月30日)他们后来被证实是本·拉登的手下。最近,联邦调查局的档案又透露了另外一个使苏丹“一怒之下释放”嫌疑分子的原因。档案表明,联邦调查局曾提出要求引渡嫌犯,但被国务院拒绝。一位“中央情报局高级人士”日前把这件事以及其他拒绝苏丹合作要求的做法称为“在整个‘9·11’的不幸事件中最糟糕的情报失误”。他报告说,由于行政当局对苏丹的“非理性仇视”,苏丹要求将关于本·拉登的大量证据交给美国的要求被一再拒绝,“目前看来,这是整个事情的关键”。在苏丹要求提供的证据中,包括“大批关于本·拉登和200多位阿尔-凯达恐怖组织主要成员多年活动的情报数据,这些活动最终导致‘9·11’袭击事件的发生”。“这厚厚的文件中有关于本·拉登的许多骨干的照片和生平资料,有关于阿尔-凯达组织在全球范围内财政活动的最新信息”,但华盛顿仅仅因为对它的导弹打击目标的“非理性仇视”就拒绝接受这一切。这位中央情报局高级人士得出了这样的结论,“可以说,如果得到这些数据,我们就可能获得绝好的机会阻止‘9·11’袭击的发生”(罗斯[David Rose],《观察家报》,2001年9月30日)。

即使不把可能多达数万的苏丹牺牲者考虑在内,我们也几乎无法估算出轰炸苏丹所带来的损失。而所有这些损失都可以归咎为一次恐怖行动。之所以称其为“恐怖行动”,无非是因为我们诚实地采用了那曾经恰当地用来说明人类公敌的标准。西方出现的反应告诉我们许多关于我们自己的事情,如果可以使用一句道德格言的话,那就是:看看镜子。

或者,让我们回到"这块从没有打搅过任何人的小小的地区"——当亨利·斯蒂姆森(Henry Stimson)对西半球讲这番话时,他指的是古巴。根据美国的几乎从未受到置疑的标准,古巴在经历了1959年末以来的多年恐怖打击(包括一些非常严重的罪行)之后,应当是最有权利诉诸暴力而反对美国的。遗憾的是,一切都在继续,这不仅是指美国,也指其他恐怖主义国家。

问:你在《恐怖主义文化》一书中写到,"温和自由派为各种高尚的不同意见施加了种种限制,这是目前文化现场的主要特征"。"9·11"事件之后,他们是如何做的呢?

乔:我不喜欢一般化地讨论问题,还是让我们看一个具体例子。据9月16日的《纽约时报》报道,美国要求巴基斯坦切断对塔利班的食品援助。以前它也曾作过这种暗示,现在则明确提出来了。在华盛顿对巴基斯坦提出的各种要求中,它还"要求……取消向阿富汗平民派遣运送食品和其他物资的车队"。这些食品维持着或许数百万处于饥饿边缘的人民的生命。(伯恩斯[John Burns],伊斯兰堡:《纽约时报》)这意味着什么?它意味着数目不详的阿富汗饥民注定死亡。这些人是塔利班吗?不,他们是塔利班的牺牲品。许多人是被禁止离境的国内难民。然而,现在有声明宣称,OK,让我们着手杀死数目不详的(或许是数百万)作为塔利班牺牲品的阿富汗饥民。这是什么反应?

我几乎花了整整一天收听和收看世界各地的广播和电视。我一直在提出这个问题。但在欧洲和美国,没有任何人想到要对上述反应说点什么。在世界其他地区,甚至在欧洲周边地区,如希腊,人们对此有大量的议论。对此我们应如何看待?假定某个足够强大的政权说,让我们做点什么,以促成大量美国人死于饥饿,你是否会认为这是个严重的问题?我再说一遍,这其实不是一个妥当的类比。就阿富汗的情形而论,它经历了苏联入侵和美国策动的战争的摧残,大片国土变成废墟,人民处于绝望境地,这时听任它自生自灭,这显然是世界上最严重的人道主义危机。

问:“国家公共电台”在20世纪80年代曾被里根政府指责为“设在波托马克地区的马那瓜[①]电台”。但自从事件发生后,它也决定使各种高尚的辩论服务于自由的目的。“万事通”(All Things Considered)节目主持人诺亚·亚当(Noah Adams)在9月17日提出这样的问题:“是否应当允许暗杀?是否应当给中央情报局更大的行动自由?”

乔:不能允许中央情报局从事任何刺杀活动,但这也只是说说而已。如我已经提到的,是否应当允许它在贝鲁特实施汽车爆炸行为呢?

只是因为偶然的原因,这件事才被披露,并以显要方式刊登在主流媒体上,当然,它又被轻易遗忘了。它没有违反任何法律,再说这也不是中央情报局自已能说了算的。比如,它一直受命组织一支尼加拉瓜恐怖力量,根据美国国务院的说法,该组织的正式任务就是袭击尼加拉瓜的“软性目标”,即破坏它的农业和保健机构。我们要问,这难道是应当允许的事吗?不要忘了,就在国务院正式批准这项行动之前,国际法庭刚刚责令美国停止其国际恐怖主义行动并进行实质性赔偿。

这是一种什么行为?它建立的是一个与本·拉登的组织相似的东西。区别在于,它的创建者不是拉登本人,而是一个幕后组织。

一个更大的问题是,是否应当允许美国向以色列提供用以运载政治刺杀分子或攻击平民目标的攻击直升机?该问题不是针对中央情报局,而是针对克林顿政府。对此似乎并没有什么值得注意的反对意见。事实上,这件事甚至根本就没有报道,当然,其消息来源还是非常可靠的。

---

① 尼加拉瓜首都。——译注

问:你能否简要地界定一下恐怖主义的政治含义? 它的法理依据是什么?

乔:美国正致力于进行所谓的“低烈度战争”。这是一个官方说法。但如果将低烈度战争的标准定义和美国武装部队条例以及美国法典中关于“恐怖主义”的官方定义对照阅读,你会发现它们几乎毫无二致。恐怖主义是指为了实现某种政治、宗教或其他目的,而对平民使用胁迫手段。正因为此,袭击世贸大厦才是一桩特别骇人听闻的恐怖犯罪。

根据官方定义,恐怖主义完全是国家行为的一部分。这是一种正式说法,当然,它也不仅是美国自己的说法。因此,它并不像人们通常所说的,是“弱者的武器”。

所有这些都应当是众所周知的,但事实并非如此,这是十分可耻的。任何想对此有所了解的人都可以从阅读我前面提到的阿历克斯·乔治主编的论集开始,那里包含着大量例证。人们如果愿意对自己有所了解,就应当知道这些事情。当然,受害者对此不乏了解,但作恶者则更喜欢顾左右而言他。

五、行为选择

根据2001年9月22日与麦克·阿尔伯特(Michael Albert)的谈话整理而成。

问:出于讨论目的,让我们假定本·拉登是事件的幕后主使。果真如此,他的理由可能是什么呢? 这种事情显然不会给任何地方的贫穷的和赤手空拳的人们带来益处,更不用说巴勒斯坦人了。因此,如果他是策划者,其目的是什么呢?

乔:关于这一点必须特别谨慎。费斯克曾多次长时间采访本·拉登,他认为,奥萨马·本·拉登对美国在沙特阿拉伯的军事存在,对它支持以色列的反巴暴行,以及对它给伊拉克平民社会造成的毁灭性破坏十分愤慨,而类似的感受弥漫在中东地区民众中间,包括当地的富人和穷人,政客和其他阶层。

许多比较了解当地条件的人也对本·拉登是否有能力在阿富汗的某个洞穴中策划这桩令人难以置信的复杂行动表示怀疑。这更可能是他的组织干的,而他给这些人提供了精神支持。这些组织是非中心化的,没有垂直的隶属结构,它们彼此之间或许也只有极为有限的通讯联系。所以,当本·拉登说,他并不知道这次行动,这也许是真实的。

除此之外,本·拉登对其谈话要达到什么目的是相当清楚的,这不仅是针对任何愿意采访他的西方人,如费斯克,更重要的是针对阿拉伯语世界的听众,在那里,他的录音得到了广泛传播。出于讨论的目的,我们可以对他的目的作一个概括:他的主要打击目标是沙特阿拉伯和该地区其他腐化的和压迫性的政权,它们都不是真正的"伊斯兰"。此外,他和他的恐怖组织试图支持穆斯林抵抗任何地区的"异教徒",无论是在车臣、波斯尼亚、克什米尔、南亚、北非以及其他什么地方。他们投入并赢得了把苏联人从穆斯林阿富汗赶出去的"圣战"。在他们眼里,这些欧洲人与英国人、美国人没什么两样。他们的更大目标是将美国逐出沙特阿拉伯——这个国家对他们来说要重要得多,因为那是伊斯兰中最神圣人物的故乡。

他号召推翻由强盗和打手组成的腐败野蛮政权,他对那些被他和其他人归咎于美国的犯罪行为表示愤慨,这一切都引起了广泛共鸣,而这决不是毫无道理的。毫无疑问,他的一系列罪行极大地伤害了中东地区那些最贫穷和最受压迫的人民,例如,最近的这次袭击就大大伤害了巴勒斯坦人。但是,从外部看来完全荒谬的事从内部看来却可能完全不同。在相当真实的程度上可以说,他一直在无所畏惧地反对压迫者。因此,不论他的行为给大多数穷人带来了多大伤害,他看起来很像一个英雄。如果美国成功地杀掉他,那么作为烈士,他有可能变得更加强有力。人们将通过四处流传的录音和其他载体继续听到他的声音。显然,无论对美国还是大多数人民,他简直就是一个反抗力量的象征。

我认为,我们有足够的理由按照他的言辞来理解他。此外,他的罪行也不会使中央情报局感到意外,因为那不过是由美国、埃及、法国和巴基斯坦组织、武装和训练出来的极端伊斯兰武装的"回头一击"(backblow)而已。在其他地方,这种打击几乎当时就开始了。1981年,埃及总统萨达特遇刺,他本人就是圣战组织的最积极的创始人之一,其目的是反对苏联人。由于未受到有效遏制,这种暴力一直在延续。

从50年来的历史看,这种回头一击的情形司空见惯,包括毒品交易和暴力犯罪。举一个例子,根据这方面的著名专家库雷的说法,1990年,中央情报局官员曾"有意识地协助"埃及的极端伊斯兰神职人员S. O. A. 拉赫曼进入美国(参见《非神圣的战争》),他当时已经因为从事恐怖活动受到埃及政府通缉。1993年,他牵扯到世贸大厦爆炸案,该案的实施方案是从中央情报局的手册中学到的。而这个手册当初或许就是为反对苏联的"阿富汗斗士"编制的。该方案还要炸毁联合国大厦、纽约市的林肯和荷兰隧道,以及其他一些目标。最后,拉赫曼因为参与密谋而被判长期监禁。

问:让我们再假定,如果是本·拉登策划了这些行动,更重要的,如果人们确实害怕发生更多类似事件,那么,应当采取哪些恰当步骤才能减少或消除这种危险?美国和其他国家应当采取哪些国内或国际手段?这些手段将会导致什么后果?

乔:任何个案都是不同的,还是让我们从一些相似性上入手吧。什么是英国处理北爱共和军伦敦爆炸案的恰当方式呢?一个选择是派遣皇家空军轰炸他们的金融来源地,如波士顿;或者是秘密派遣突击队抓获与其金融系统有牵连的嫌犯,杀掉他们,或把他们送回伦敦接受审判。

先不说这些选择的可行性如何,这样做本身就是愚蠢的犯罪。另一种可能性是现实地考虑导致这种犯罪的那种理智和情感原因,尽力医治这些问题,同时根据法律来惩治罪犯。我们认为,这会更有意义。或者以俄克拉荷马联邦大楼爆炸案为例,事件刚发生,许多人立刻呼吁轰炸中东地区。这种情况差点成为现实,如果当时真的发现了哪怕一点与此有关的蛛丝马迹的话。当人们后来发现这是一些具有某种军事联系的人在国内策划的袭击,再也没有人号召去毁灭蒙大拿和爱达荷,或者是所谓的"得克萨斯共和国"——它一直号召脱离华盛顿这个压迫性和不合法的政府。反之,人们开始搜捕罪犯,发现并把他们送上法庭,最后将他们绳之以法。从一定意义上来说,这样做是明智的。人们确实努力去了解这个罪恶背后的那种痛苦原因并试图去解决它。如果我们对真正的公正多少有一些在意,并希望减少而不是增加同类犯罪出现的可能性,那么,这就是我们起码应当遵循的途径。无论具体情形如何不同,这些原则都应当是普遍适用的。它尤其适用于眼下这个个案。

问:反过来看,美国政府正试图采取怎样的步骤?如果它成功地实现了自己的计划,其后果会怎样?

乔:美国政府实际上已经向所有不参加华盛顿武力行动的势力宣战,无论它们选择什么。

世界上所有国家都面临一个"严格抉择":或者参加我们的十字军行动,或者"面临死亡和毁灭的前景"(爱泼[R. W. Apple],《纽约时报》,9月14日)。布什9月20日演讲有力地重申了这一立场。就其字面意思而言,它实际上是对世界上大多数人的宣战。但我相信,我们不应当这样从字面上来理解它。政府的方案制订者们并不想如此强烈地损害自己的利益。至于他们的实际方案,我们一无所知。但我相信,他们不会漠视这样一种来自外国首脑、中东专家以及自己的情报官员的警告:一场大规模的军事打击将杀害大量无辜平民,这或许正是"那些曼哈顿屠杀的实施者迫切期待的。军事报复将加强他们的事业,神化他们的领袖,削弱理性节制的力量,助长狂热盲从情绪。如果历史真需要一剂足以使阿拉伯和西方陷入新的可怕冲突的迷狂药的话,军事打击就可以起到这个作用"(詹金斯[Simon Jenkins],《泰晤士报》,9月14日。他像许多人那样,从一开始就坚持这个立场)。

即使杀掉本·拉登,对那些无辜平民的杀戮只能进一步加深笼罩在中东地区的仇恨、绝望和挫折感,从而动员更多的人参加他的恐怖事业。

政府的做法至少部分地取决于国内情绪,我们希望能够对此施加一些影响。至于他们要采取的行动会有什么后果,我们的说法并不比他们更有把握。但是,我们大致可以断言,如果不诉诸理性、法律和各种条约规定的义务,未来的前景可能会相当严酷。

问:许多人说,阿拉伯各国的公民本来应当担负起把恐怖主义或那些支持恐怖主义的政府从这个星球上连根铲除的责任。你怎么看?

乔:我们应当号召人民消灭恐怖主义分子,而不是通过选举让他们进入政府,并获得赞美和奖励。但我不会因此就说,我们本来应当"把我们选举出的官员,他们的幕僚,向他们献媚的知识分子以及他们的同盟者从这个星球上连根铲除",或者应当将我们的和西方各国的政府彻底摧毁,因为他们或者自己犯下了恐怖罪行,或者支持着世界范围内的各种恐怖主义势力,包括那些因为后来不听从美国的命令而从亲密朋友和同盟转变为"恐怖主义"的势力,如萨达姆·侯赛因以及许多其他与他相似的人。无论怎样,指责那些在我们支持的野蛮残暴政权下生活的人民没有承担起这种责任是相当不公正的,因为就连我们这些处于相当有利境况中的人也没有这样做。

问:许多人说,综观整个历史,一个国家受到攻击后总要进行相应反击。你怎么看?

乔:当一个国家受到攻击后,只要有能力,它总是要努力保卫自己的。根据这个准则,尼加拉瓜、南越(应为北越——译者)、古巴和其他许多国家都应当在华盛顿和其他美国城市安置炸弹,巴勒斯坦人在特拉维夫的爆炸袭击也应当得到鼓励,等等。正因为该准则使欧洲在经历了几百年野蛮厮杀后几近自我毁灭,世界各国才在第二次世界大战后推敲出一个完全不同的契约,它至少在形式上确立了这样一个原则:除非是为了反抗武装进攻而进行自卫,禁止使用一切武力,等待安理会采取措施来保障世界和平与安全。尤其应当指出的是,这里禁止一切报复。如果我们同意,国际法的基本准则不仅适用于我们不喜欢的他人,而且也适用于我们自己,那就应当说,既然美国并没有受到《联合国宪章》第51款中所界定的武装进攻,那么关于反击报复一类的考虑便没有依据。

除了国际法,我们在几个世纪中获得的经验也会清楚地告诉我们,上述那条受到许多评论家欢迎的准则究竟意味着什么。在这个拥有大规模毁灭性武器的世界上,该准则的实施只能导致文明人类这场试验的终结。正是出于这个原因,欧洲人在半个世纪前决定,让他们数百年来浸淫于其中的那种相互仇杀游戏寿终正寝。

问:"9·11"的一个后果是,许多人在看到世界各地(包括但不限于中东地区)释放出来的对美国的愤怒情感时都感到很惊恐。那些欢庆袭击世贸大厦的场面使人们感受到复仇的渴望。你对此怎么看?

乔:1965年,一支由美国支持的军队控制了印度尼西亚,组织了对成千上万的人的大屠杀,大多数牺牲者是没有土地的农民。中央情报局曾将这次屠杀与希特勒、斯大林等的罪恶相提并论。关于这场屠杀的详细报道曾在西方引起了难以控制的狂欢情绪,它表现在国家媒体和其他地方。但印尼农民从没有对我们进行过任何伤害。当尼加拉瓜最终屈服于美国的打击之后，主流媒体对政府采取的方法大加赞美，它"通过破坏经济和发动一场持久的、致命的代理人战争，使精力耗尽的当地人终于推翻了政府本身"。我们只付出了"极小的代价"，留给那些受害者的则是"毁坏的桥梁，瘫痪的电站和荒芜的田园"。这就给美国总统候选人提供了一个"赢得选举的话题"：结束"尼加拉瓜人们的贫困状态"（《时代》）。《纽约时报》宣称：我们"共同欢庆"这个结果。

世界上只有很少的人为纽约发生的罪行欢欣鼓舞。由衷的悲哀成为压倒一切的情感，即使是那些长久以来一直在美国战靴践踏下的土地上生活的人们也是如此。当然，那里无疑存在着对美国的愤怒情绪。尽管如此，我没有看到任何可以与我上面提到的那两个例子（类似情况在西方还有很多）相比拟的狂欢情绪。

问：除了这些公众反应，在你看来，此刻左右美国政策的是什么样的现实动机？布什提出的"反恐怖战争"的目的是什么呢？

乔："反恐怖战争"既非新的说法，也不是什么真正的"反恐怖战争"。我们应当记得，里根政府在20年前上任伊始就宣布（由苏联支持的世界范围内的）"国际恐怖主义"是美国及其盟国和朋友面临的最大威胁。而美国是这种恐怖主义的首要目标。因此我们应当投入一场旨在铲除这个将给人类文明带来毁灭的"毒瘤"和"瘟疫"的战争。为此，里根政府致力于发起一场国际恐怖主义战役，它无论在规模和毁灭程度上都达到了相当程度，从而导致国际法庭对美国的谴责。与此同时，它还向其他恐怖政权提供支持，如在南部非洲，美国支持的南非军队在这里屠杀劫掠，单是在里根任期内就造成了150万人死亡和600亿美元的财产损失。这种歇斯底里的国际恐怖主义在20世纪80年代中期达到了登峰造极的地步，美国及其盟国在他们号称要铲除的那个毒瘤的扩散过程中发挥了重要作用。

如果愿意，我们尽可以生活在一个安恬适意的想象世界之中。反过来说，我们也可以看看最近的历史，看看一直没有发生什么本质改变的制度结构以及正在出台的一系列方案，以决定对你提出的问题的回答。我们没有理由假定美国的长远动机或政治目标会发生哪些巨变，当然，它可能会随情境的变化而作一些战术调整。

我们还应记得，知识分子似乎还有一个高尚使命。他要表明我们的事业每隔数年就要"发生改变"，在我们大步走向光荣未来的同时，过去被置于脑后，并可以被忘却。当然，这是一个十分便利的姿态，但却不是一个值得夸耀和合理的姿态。

关于美国近来历史的文献卷帙浩繁，我们没有理由继续无视这些事实，这是没有商量的。当然，这些事实对某些受害者来说并不陌生，但即使在他们之中，也很少有人对其遭受的国际恐怖主义行动的规模和实质有明确的意识，因为他们没有这个条件。

问：你是否认为，大多数美国人会接受以下方案：用对国外平民的恐怖袭击来回敬对这里平民的恐怖袭击；通过对民权的监控和限制来消除狂热分子？

乔：我希望不会，但我们不应低估高效的宣传机器驱使人们从事非理性、杀戮和自杀行为的能量。举一个第一次世界大战时的例子，因为它离我们比较遥远，所以可以使我们在谈论时保持一种平和心态。本来，不可能会有两方都为了崇高目标而厮杀的高尚战争。但从当时战争双方来看，士兵们都怀着难以想象的热情而投入相互杀戮，这种热情又因为知识分子和其他阶层的欢呼而受到鼓舞，欢呼的声音来自左派和右派的政治家。即使在左派力量最强大的德国，情形也是如此。只有极少的人是例外，他们的名字用一张小小的名单就可以罗列。他们之中一些最卓越的人因为对这场战争的高尚性提出质疑而被投入监狱，比如罗莎·卢森堡、伯特兰·罗素和欧根尼·戴伯斯。在威尔逊宣传部门的帮助和自由派知识分子的热情支持下，一个太平洋国家在几个月之间就转向了狂热的反德立场,准备报复德国制造的野蛮罪行,而许多所谓罪行其实是英国情报部捏造的。当然,以上所说的一切并不是不可避免的。我们不应低估近年来民众斗争所获得的文明效果。我们不会因为听到了进攻命令,便义无反顾地走向灾难。

六、东方文明和西方文明

根据2001年9月20—22日与欧洲媒体的谈话纪要整理而成。访谈者包括:马各米诺(Marili Margomenou,希腊第一电视台);莫拉(Miguel Mora,西班牙El Pais电视台);列维撒勒(Natalie Levisalles,法国解放电视台)。

问:美国遭袭之后,鲍威尔国务卿说美国将修改涉及恐怖主义问题的法律,包括1976年制定的禁止刺杀外国人的法律。欧盟也将就恐怖主义制定新的法律条文。我们应当如何应对这些可能最终会限制我们自由的打击?例如,恐怖主义是否赋予了政府某种权利,即它为了调查嫌犯和阻止未来袭击就可以对我们进行监控?

乔:一种过于抽象的反应可能会起误导作用,让我们还是来考虑一个当下存在的而且又非常典型的例子吧,即什么方案可以使我们实际上放松对国家暴力手段的约束?今天早晨(9月21日),《纽约时报》刊登了M.瓦尔策的一段议论。他是一个德高望重的知识分子,一直被视为道德领袖。在这段议论中,他号召"发动一场意识形态战役以遏制任何为恐怖主义进行论证和申辩的行为,坚决拒斥它们"。其实,他也知道,他所说的那种为恐怖主义的论证和申辩是根本不存在的,至少在理智的人们那里是如此。因此,他的话可以解释为,拒绝了解恐怖行为背后的原因,因为这些行为是针对他所支持的国家的。有趣的是，在此之后他不知不觉地便把自己列入那些“为恐怖主义进行论证和申辩”的人群——他宣布自己从策略上赞成实施政治谋杀，例如以色列对巴勒斯坦人的刺杀。刺杀的理由是，以色列声称这些人支持恐怖主义，对此，它没有、也不认为有必要出示任何证据。在许多情况下，一些捕风捉影的怀疑就足够了。至于刺杀所带来的那些不可避免的“连带损失”，如殃及妇女、儿童和其他人，则可以按照标准方式来解决。到目前为止，以色列用美国提供的攻击直升机已经进行了长达10个月这样的刺杀。

瓦尔策将“刺杀”一词放进引号。这表明，他认为这个说法部分地反映了人们对“封锁伊拉克和以巴冲突所作的狂热的和极度扭曲的解释”。他这里所指的是人们对以色列和美国的批评：以色列在美国支持下在它进行野蛮军事占领长达35年的土地上实施了一系列暴行；而美国的政策则彻底摧毁了伊拉克的平民社会（在这同时却加强了萨达姆·侯赛因的统治）。虽然这类批评在美国只具有边缘性的影响，但对瓦尔策来说，这显然已经太多了。在使用“扭曲的解释”这个词时，瓦尔策或许也会联想到美国国务卿奥尔布赖特在国家电视台中的一段议论。当时有人提到约有50万伊拉克儿童死于制裁，奥尔布赖特回答说，这个后果使她意识到其政府所作的是一个“严峻的选择”，但她补充说，“我们认为这个代价是值得的”。

我从许多事实中挑选出这样一个例子，旨在说明放宽对国家行为的约束究竟是什么意思。历史告诉我们，那些暴力的和残暴的国家经常以“反恐怖”的名义来辩护它们的行为。例如，纳粹对抵抗组织的打击。而这种行为也时常得到那些德高望重的知识分子的辩护。

我们现在谈论的不是古代史。1987年12月，就在人们普遍关注国际恐怖主义的时候，联合国大会对此通过了一个重要决议，它以最强烈的语气谴责这场“瘟疫”，并号召所有国家采取有力措施消灭国际恐怖主义。该决议以153票对2票（美国、以色列）获得通过，洪都拉斯弃权。决议中最令美国不快的段落写到：“目前的决议不允许以任何方式歧视那些被剥夺了权利的人民，尤其是在殖民和种族压迫、外国占领以及其他殖民统治形式下生活的人民，依据联合国宪章而享有的自决、自由和独立权利；也不允许歧视……这些人民为达到这个目的而斗争和寻求、接受支持的权利（它应当符合《联合国宪章》和其他国际法准则）。”这些权利没有被美国和以色列以及它们当时的伙伴南非接受。对华盛顿来说，当时的“非洲国民大会”是“恐怖组织”，而南非并没有被列入古巴与其他恐怖国家的行列。当然，美国关于“恐怖主义”的解释实际上总是居于主导地位的，人类状况因此而变得日益严峻。

目前许多人热衷于谈论制定反对“恐怖主义”的全面公约，这个任务相当艰巨。其原因一直为许多报道所回避，那就是美国不会接受任何在 1987 年联合国决议中提出的冒犯性要求。如果该公约关于“恐怖主义”的定义与美国法典或武装部队条例中的那些正式定义真正一致的话，它的所有盟国也不会接受这样一种反恐怖公约。要想改变这种情况，只有删除一切关于强权国家恐怖主义的内容。

显然，回答你的问题要考虑许多因素。但历史记录具有压倒一切的意义。在某种一般的层面上，你的问题是不可回答的。它取决于特定状况和特定方案。

问：德国联邦议会已经决定德国士兵参加美国行动，但据佛萨（Forsa）研究所统计，约有 80% 的德国人反对该决议。你如何看待这件事？

乔：目前，欧洲各国还在为是否参加华盛顿的十字军而犹豫。它们担心，由于对无辜平民的大规模杀戮，美国会为本·拉登及其同道提供一个机会，使他们可以动员那些绝望和愤怒的民众加入他们的事业，而这可能会造成更加骇人听闻的后果。

问：你如何看待战争期间那些作为全球共同体成员的国家？任何

国家都要站在美国一边,否则就将被视为敌人,这在历史上已经不是第一次了,但是现在阿富汗人也在宣称同样的事情。

乔:布什政府立刻给世界各国提出了一个选择:加入我们,或面临毁灭。(编者注:乔姆斯基提到的引文出自 2001 年 9 月 14 日的《纽约时报》。)

“全球共同体”强烈地反对恐怖,既包括强权国家的大规模恐怖,也包括“9·11”的恐怖罪行。但是,“全球共同体”只说不做。当西方国家和知识分子使用“国际共同体”这个词时,他们指的是自己。例如,在大量的西方宣传中,北约便是以“国际共同体”的名义轰炸塞尔维亚的。然而只要不是把脑袋埋进沙子里,任何人都知道这次轰炸受到了世界上大部分人的几乎众口一词的反对。那些不支持富裕和强权国家的人不是“全球共同体”的一部分,就像“恐怖主义”一向是指“那些针对我们和我们朋友的恐怖行为”一样。

阿富汗政权呼吁穆斯林对它进行支持,这显然是试图效法美国。当然,这种支持的规模会小得多。即使一向与世隔绝,塔利班领导人想必也清楚地知道那些伊斯兰国家不是他们的朋友。事实上,这些国家饱受极端伊斯兰武装的恐怖袭击。20 年前,人们组织和训练这支武装是为了进行反对苏联的“圣战”,但它几乎立刻开始在世界各地实施自己的恐怖计划,埃及总统萨达特就是其刺杀活动的牺牲品。

问:在你看来,对阿富汗实施打击是一场“反恐怖战争”吗?

乔:对阿富汗的打击或许会杀死许多无辜平民。在这个已有数百万人处于饥饿死亡边缘的国家中,这个数字可能会相当巨大。无缘无故地杀死无辜平民是恐怖主义,而不是反恐怖主义战争。

问:假定对美国的恐怖袭击发生在晚上,那时世贸大厦中只有很少的人,你认为情形会怎样?换句话说,如果牺牲者没有那么多,美国政府是否还会作出现在这样的反应?由于遭到攻击的是五角大楼和双塔,华盛顿的反应在多大程度上受到了这场灾难的象征意义的影响?

乔:我觉得这里不会有什么不同。即使损失减少很多,这也仍是一桩恐怖罪行。五角大楼不止是一个“象征”,其原因自不待言。至于世贸中心,我们几乎不知道恐怖分子在实施1993年爆炸和“9 · 11”暴行时的内心想法是什么。但可以肯定地说,这与所谓“全球化”、“经济帝国主义”或“文化价值”等东西没有任何关系。本 · 拉登及其追随者,以及像实施1993年爆炸案的那些极端伊斯兰分子对此几乎毫无了解,也没什么兴趣,正如他们显然不在乎他们多年来的恐怖罪行,包括“9 · 11”犯罪,究竟会给穆斯林世界那些贫穷和受压迫的人带来多大伤害。

在“9 · 11”的直接受害者中,处于军事占领之下的巴勒斯坦人首当其冲,这是那些罪犯肯定应当想到的。但他们的着眼点并不在此,至少本 · 拉登在许多采访中已经十分雄辩地表达了他们的立场:推翻阿拉伯世界中那些腐化的和压迫性的政权,代之以真正的“伊斯兰”政权,支持穆斯林在沙特阿拉伯、车臣、波斯尼亚、北非和南亚等世界各地反对异教徒的斗争。

对西方知识分子来说,谈论某种“深层原因”(如仇视西方价值和进步潮流等)是很便利的。这可以使我们轻巧地避开以下问题:本 · 拉登恐怖组织是如何产生的?究竟是什么行为在中东引起了普遍的愤怒、恐惧和绝望情绪并为极端伊斯兰恐怖组织提供了随时可以取用的巨大资源?由于与这些问题有关的答案显而易见,同时又与我们喜欢的解释大相径庭,所以最好把它们归入那类“肤浅的”或“没有意义的”问题,转而讨论一下“深刻原因”。殊不知后者实际上更加肤浅,即使它们与目前的讨论有一定相关。

问:我们是否应把眼下发生的一切称为一场战争?

乔:关于“战争”没有一个精确的定义,比如人们常提到“反对贫穷之战”或“扫毒之战”，等等。并非只有国家之间的冲突才是战争，当然，它算是一种说法。

问：我们能否谈论两个文明的冲突？

乔：这是个时髦话题，但它没有太大意义。我们可以简要回顾一下为人们熟知的历史。印度尼西亚是伊斯兰人口最多的国家。1965年，支持苏哈托的军队在美国支持下，屠杀了成千上万民众，其中大多数是没有土地的农民。从那以后，该国成为美国的亲密伙伴。对于那场屠杀，西方曾爆发出一阵狂欢。这件事至今想起来仍令人惭愧，恨不能把它从记忆中彻底抹去。虽然苏哈托在20世纪下半叶积累了大量令人发指的屠杀、酷刑和其他罪恶的记录，但这仍不妨碍克林顿政府把他称为“像我们一样的小伙子”。此外，除塔利班之外，最极端的伊斯兰原教旨主义国家是沙特阿拉伯，但它从立国之日起就是美国的附属国。在20世纪80年代，美国在沙特、英国和其他国家支持下，伙同巴基斯坦情报机构招募、武装和训练了他们可以找到的最极端的伊斯兰原教旨主义分子，以期给入侵阿富汗的苏联造成巨大伤害。詹金斯在伦敦《泰晤士报》(*Times*)撰文指出：“这些由美国人资助的武装(大部分资金也许来自沙特)摧毁了一个温和政权，创造了一个狂热政权。其中一个受益者就是奥萨马·本·拉登。”

还是在80年代，美国和英国对它们的朋友和同盟者萨达姆·侯赛因(他虽然世俗得多，但在所谓“文明冲突”中也应当属于伊斯兰一边)提供了强大支持。而这正是萨达姆犯下各种最严重罪行的时期，如对库尔德人使用毒气，等等。

还是在80年代，美国在中美洲发动了一场战争，留下了20万经过拷打的和肢体不全的当地人的尸体，造成数百万孤儿和难民，有4个国家遭到战争蹂躏。美国的一个主要打击目标是天主教教会，在美国看来，它因为采取“倾向穷人”的政策而犯下了可怕的罪恶。

在90年代初，美国选择波斯尼亚穆斯林来充当它的巴尔干附庸，这并非是出于对波黑穆斯林利益的关注,而是出于一种讽刺性的力量角逐要求。

不必再多说了,这就是我们发现的“文明之间的对立”。我们能否说,这里存在着以拉丁美洲天主教会为一方,以美国和穆斯林世界(包括那些最残暴、最狂热的宗教分子)为另一方的“文明冲突”?当然,我并不想暗示这种荒唐的结论。然而,什么才是我们应当在理性基础上得出的结论呢?

问:你是否认为我们对“文明”这个词的使用是恰当的?一个真正文明的世界会把我们引向这样一种全球战争吗?

乔:没有任何文明社会会容忍我刚才提到的那些罪恶行径,而这些事实在美国历史上只不过是一个微小的样本,欧洲的历史甚至比这更恶劣。肯定地说,没有任何“文明世界”会将世界投入一场大规模战争,相反,它会遵守国际法规定的各种手段,这方面有大量的先例可循。

问:打击已经唤起了仇恨行为?你认为这种仇恨从何而来?

乔:对那些由中央情报局及其同道组织起来的极端伊斯兰分子来说,他们所表达的就是仇恨。当这种仇恨和暴力针对美国的敌人时,美国很乐于给他们提供支持。一旦这种由它培育的仇恨转向它自己及其盟国,它就不那么快乐了。而这种情况在过去20年中曾一再发生。对于中东地区的人民来说,造成他们各种感受的原因是相当明白的。

问:你认为西方世界的人民要怎样做才能让和平回来?

乔:这取决于这些人民想要什么。如果他们想要的是以我们早已熟悉的模式出现的暴力循环升级,那当然会呼吁美国落入本·拉登的“魔鬼陷阱”,屠杀无辜的平民。如果他们要消除暴力,那就应当运用他们的影响使掌权者走上另外一条道路,我前面已经说过,这方面有大量的先例可循。这里还包括愿意考察这些罪恶背后的原因。我们经常听人说,不能考虑这类事情,这无异于为恐怖主义辩护。这实在是愚蠢的和破坏性的见解,它根本没有评论价值。不幸的是,这种看法十分普遍。问题在于,如果我们不愿意促成针对富裕和强盛国家的暴力升级,那就必须那样做。这方面的例子很多很多,包括那些在西班牙为人们熟知的事情。(编者注:乔姆斯基正在接受西班牙媒体采访,所以他特意提到了西班牙。)

问:"9·11"是不是美国自己"招惹"来的?它们是美国政策的产物吗?

乔:在任何直接的意义上,都不能说袭击是美国政策的"产物"。但间接说来,它们的确是这种产物,这几乎是无可争议的。我们可以肯定地说,"9·11"罪犯所隶属的恐怖组织是由当初那些雇佣军蜕变而来的,而后者则是由中央情报局,埃及、巴基斯坦和法国情报部门组织、训练和装备的,并受到沙特阿拉伯等国家的资助。所有这些背景情况一直鲜为人知。如果我们相信卡特总统的国家安全事务助理布热津斯基的说法,这些军队的组建在1979年就开始了。他不无吹嘘地声称,1979年中期,他暗地策划为反对阿富汗政府的圣战者提供秘密支持,以期把苏联人拖进他所说的"阿富汗陷阱"——这显然是一个值得记住的说法。令他感到自豪的是,苏联确实落入了这个陷阱,它在6个月后派遣了大量军队支持阿富汗政府,其后果已经为我们所熟知。而美国及其盟国则纠集了或许超过10万人的雇佣军,所有这些人都是从各个军事组织中搜罗来的。其中一些人恰好是激进的伊斯兰分子,即我们现在所说的"伊斯兰原教旨主义者"。他们当中的大部分并非阿富汗人,如本·拉登。但他们一律被称为"阿富汗斗士"。

本·拉登大约是在20世纪80年代的某个时候加入这个势力的。他那时属于一个金融组织,该系统目前或许仍然存在。他们参加了反对苏联占领者的圣战,将恐怖活动引向苏联本土。最后,随着苏联入侵者的撤退,他们赢得了战争。但他们的活动并不局限于反苏战争。1981年,这些组织中的一支人马刺杀了埃及总统萨达特,而他曾经为建立上述组织立下汗马功劳。此外,1983年的一次自杀性爆炸事件或许也与这些组织有关,其后果是使美军撤出黎巴嫩。但事情并没有到此结束。

1989年,“阿富汗斗士”赢得了在阿富汗的圣战。而当美国刚刚确立在沙特阿拉伯的军事存在,本·拉登等人就宣布,在他们看来,这与苏联占领阿富汗没什么两样。因此,他们开始把枪口转向美国人,亦如1983年用炸弹对付美国在黎巴嫩的军事力量一样。沙特如同埃及一样,是本·拉登组织的主要敌人。他号召人们推翻该政府。按照他们的说法,埃及、沙特以及中东和北非的许多国家政府都是非伊斯兰的。不过,事情到此仍没有结束。

1997年,他们在埃及杀死了60名游客,从而摧毁了埃及旅游业。数年之中,他们的活动遍布整个地区,如北非、东非、中东、巴尔干、中亚、南亚和美国。这就是该恐怖势力的基本来由。它萌生于20世纪80年代的战争——如果相信布热津斯基的说法,它的存在或许还要早些,即在美国设置“阿富汗陷阱”的时候。进而言之,许多对中东地区具有一定常识的人都知道,恐怖主义从该地区民众——无论是富人还是穷人,也无论是世俗人士还是极端伊斯兰分子——的绝望、愤怒和挫折情绪中汲取了巨大的情感资源。这一切在很大程度上应归咎于美国的政策。对那些愿意了解真相的人来说,这是显而易见的。

问:你说美国这样的国家是恐怖主义的主要实施者,它为了政治目的而使用暴力——请问什么时间?什么地点?

乔:我觉得这个问题有点怪。我已经说过,美国是被国际法庭指控为实施国际恐怖主义的唯一国家,其理由就是它为了政治目的而“非法使用武力”。因此,该法庭要求美国终止犯罪,进行赔偿。美国对此当然是不屑一顾，它的回答是把针对尼加拉瓜的战争升级并在安理会上否决那项旨在要求所有国家遵守国际法的决议（这次投否决票的只有美国一国，而在随后联合国大会对相同决议进行表决时，投反对票的也不过是美国、以色列和萨尔瓦多三国）。随着美国政府提出避开尼加拉瓜军队，而专门打击其“软性目标”（即那些不设防的平民目标，如农产品集散地和保健机构）时，这种恐怖战争更加扩大。由于美国完全掌握着尼加拉瓜的制空权，并拥有先进的通讯装备，恐怖分子可以顺利地实施上述命令。

应当意识到，这些恐怖行为在当时曾得到广泛赞许。著名评论家、主流媒体的极端自由派代表 M. 金斯利（Kinsley）争论说，对国务院为其实施打击“软性目标”政策所作的辩护，我们不应简单地加以驳斥。他写到：一个“合理的政策”应当“满足成本—效益分析”，满足“对可能付出的鲜血和痛苦的数量，对另外一个地方出现民主的可能系数的分析”。当然，这是一种美国理解的“民主”，那个地区的人民对此已有深刻的领教。金斯利显然以为，只有美国的精英有权进行这种分析，并在该分析通过论证后将其付诸行动。

更富于戏剧性的是，那种认为尼加拉瓜有权进行抵抗的看法竟在美国主流的政治圈子中引起了极大愤慨。美国对盟国施加压力，要求其停止向尼加拉瓜提供装备。它希望此举能使该国彻底转向苏联，从而为其宣传提供口实。里根政府就多次散布谣言说，尼加拉瓜正在接受苏联提供的战斗机以保护它的领空并阻止美国对其软性目标实施恐怖打击。这是个纯粹的谣言，但却激起强烈反响。美国温和派虽然对此持有一些疑问，但仍旧说，如果传闻属实，我们就必须轰炸尼加拉瓜，因为它将威胁我们的安全。我们的材料检索表明，当时几乎没有任何人认为尼加拉瓜有权捍卫自己，连与此有关的暗示都没有。这让我们清楚地看到在西方盛行的、根基深厚的“恐怖主义文化”。

这绝不是一个极端的例子，我之所以提到它，是因为它是无可争辩的事实。一方面，国际法庭的决定仍在，另一方面尼加拉瓜在诉诸法律手段的努力失败后，并未像今天多次出现的情形那样，在华盛顿安置炸弹。说到底，尼加拉瓜只是华盛顿在那个可怕的 10 年在中美洲进行恐怖战争的一个受害者，它造成了成千上万人死亡，使 4 个国家变成废墟。

就在这些年里，美国还在其他地方发动了大规模战争，包括在中东。其中一个例子是 1985 年它在贝鲁特的一个清真寺外实施汽车爆炸，造成 80 人死亡，250 人受伤，而它的暗杀目标——一个穆斯林神职人员——却侥幸逃生。此外，美国还支持了一些更恶劣的恐怖行径：它支持以色列入侵黎巴嫩，杀死了 18 000 多名黎巴嫩和巴勒斯坦平民。以色列当时就承认，这次行动不是出于"自卫"。此后，这种罪恶的"铁腕"罪行一再发生，目标直接指向以色列所说的"恐怖主义村民"。1993 年和 1996 年的连续入侵也得到了美国的强有力支持。直到 1996 年国际社会对卡纳（Qana）大屠杀作出强烈反应之后，美国才收回它的支持。总之，1982 年以后，单是在黎巴嫩一国，就有 2 万多平民死于美国支持的暴行。

20 世纪 90 年代，土耳其对其东南地区的库尔德人起义进行残酷镇压，杀人数万，二三百万人流离失所，3 500 个村子被彻底摧毁（是北约轰炸科索沃时的 7 倍），还有其他多种暴行。而这次行动的武器有 80% 是由美国提供的。自从 1984 年土耳其开始发动反恐怖行动，它从美国的武器进口量便连年剧增，直到 1999 年它的罪恶目标实现之后，这个数量才开始回落。也就是在 1999 年，土耳其从美国武器进口大国（除以色列和埃及之外）的座位上跌落下来，取而代之的国家是哥伦比亚。这是 90 年代南半球国家中人权记录最为恶劣的国家。它目前一直是美国武器的进口大户，并按照以往模式受到美国的装备和训练。

在东帝汶，美国（和英国）仍旧支持印度尼西亚压迫者。在它们的支持下，印尼军队消灭了当地 1/3 的人口。这种罪恶在 1999 年达到高潮。即使在 9 月上旬的镇压活动之前，已有数以千计的人被谋杀。

这次镇压使85%的当地居民失去家园，该地区的70%被夷为平地。就在这个时刻，克林顿政府却恪守它的立场："这是印尼政府的责任，我们不想越俎代庖。"

这是在9月8日，印尼在几天前犯下的最恶劣的暴行已经被披露出来。在这之后，迫于澳大利亚和美国国内的压力，克林顿才开始采取措施缓和这种暴行。几天之后，他的政府向一些印尼将军暗示，游戏该收场了。就是这些将军，他们以前曾坚持说，决不会撤出东帝汶。事实上，他们已经在印尼西帝汶建立了一些防线（英国仍在继续向印尼提供战机）以抵抗可能出现的干预力量。但在克林顿发出指令后，他们的立场马上出现180度大转弯。他们宣布准备撤军，并允许澳大利亚指挥的联合国维和部队进入这块没有军事对抗的地区。该事件过程生动地告诉我们，美国本该使用自己一向具有的潜在力量来阻止在东帝汶存在的长达25年的种族仇杀——1999年早些时候出现的犯罪浪潮把这种仇杀推到了高潮。但与之相反的是，自从1978年该地区犯罪被揭露之后，历届美国政府以及英国和其他盟国所做的一切就是向刽子手提供重要的军事和外交支持。克林顿政府更是将残暴的苏哈托称为"哥们儿"。这些清楚的和富于戏剧性变化的事实告诉我们，谁应当对在25年之内犯下的这些暴行（事实上，在印尼西帝汶的那些处境悲惨的难民营中，这些暴行仍在继续）承担主要责任。

这个事实还让我们从西方文明中学到了很多东西。很多人就是利用这个耻辱的记录来鼓吹"人道主义干预"的必要性，并为北约轰炸塞尔维亚进行辩护。

我已经说过，美国对伊拉克平民社会的破坏已经造成百万人死亡，其中50万是儿童。人们对这些报道不应无动于衷。

这还只是一个小小的标本。

坦率地说，我很奇怪，你身在法国居然还能提出上面那样的问题。因为法国一直积极参与这种大规模的国家恐怖和暴力，这肯定已为人们熟悉。（编者注：乔姆斯基正在接受法国媒体采访，故在这里提到法国。)

问:美国国内的反应是否一致?你是部分地还是完全地有这些反应?

乔:如果你说的反应是指对令人发指的犯罪的愤怒,对受害者的同情,那么这种反应在包括穆斯林国家的世界各地都是一样的。当然,任何神志清醒的人都会完全地而不是"部分地"有这种反应。如果你是指那种诉诸残酷武力打击的号召(这恰恰迎合了本·拉登的狂热信徒们的要求),那么可以说,这里没有这样的"一致反应",尽管人们或许从电视画面中得到这种肤浅的印象。至于我本人,我和许多人——非常多的人——一道反对这样的行为。

关于大多数人的情绪如何,实际上人们不可以这样提问题:它太空泛,太复杂。"一致"这个词也是如此。

问:你是否谴责恐怖主义?我们如何确定哪些行为是恐怖主义,哪些行为是对暴政或外来占领的抵抗?你把近来对美国的打击"归入"哪个范畴?

乔:我对"恐怖主义"一词的理解是严格地以美国官方文件为依据的:"为实现从本质上说是政治的、宗教或意识形态的目的,计划使用或威胁使用暴力。通过恫吓、胁迫或散布恐惧情绪等手段来实施这种暴力。"根据这个定义,最近对美国的袭击是一种彻头彻尾的恐怖主义行为,事实上是一种令人发指的恐怖犯罪。关于这一点,当今世界上不会也不应当有任何不一致的看法。

但是,刚才从美国官方文件中引述的话除了具有上述文字含义外,还具有一种出于宣传目的的用法,而且令人感到遗憾的是,那似乎才是标准的用法,即"恐怖主义"一词通常只用来指示敌人对我们或我们的盟友实施的恐怖行为。这种宣传性的用法十分普遍。每个人都在这个意义上"谴责恐怖主义"。甚至纳粹当年也强烈谴责恐怖主义并对抵抗力量实施他们所说的“反恐怖行动”。

美国基本上同意这种做法。战后，它在希腊和其他地方也组织和实施了同样的“反恐怖行动”。（编者注：这是乔姆斯基在接受一名希腊记者的采访，因此他提到了希腊。）此外，美国镇压各种反抗的计划也显然是从纳粹模式中脱胎出来的。根据 M. 麦克林道克（McClintock）在他的重要著作中的考证，美国在设计战后镇压世界各地反抗的行动计划——它特别被称为“反恐怖行动”——时，特意咨询了纳粹德国军官以及他们使用的行动手册。根据这些成例，即使是非常相同的一个人或一个行动，都可以迅速地从“恐怖主义者”改换为“自由战士”，反之亦然。这正是近年来在希腊的邻居那里发生的事情。

1988 年，美国正式谴责科索沃解放军为“恐怖组织”。它公开宣布的理由是，该组织不断袭击塞尔维亚警察，以刺激塞尔维亚作出过度的和野蛮的反应。到 1999 年 1 月，在北约中最具鹰派色彩的英国相信，科索沃解放军对当地的屠杀比塞尔维亚负有更大的责任。虽然这个说法难以采信，但至少透露出北约高层的一些看法。如果认为美国国务院、北约、OSCE 和其他西方的消息来源是可信的话，这种情况在 KVM 观察员撤出科索沃以及北约开始轰炸的 1999 年 3 月下旬之前并没有实质性变化。但政策变了：美国和英国决定对塞尔维亚发动打击，而科索沃解放军则一下子从“恐怖组织”变成了“自由斗士”。战争之后，由于该组织在美国的盟友马其顿领土上实施了在他们看来是同样的行动，因此，他们又从“自由战士”和美国的亲密伙伴变成了“恐怖分子”、“暴徒”和“凶手”。

所有人都谴责恐怖主义，但我们必须问：这是什么意思？你可以在我过去数十年撰写的文章著作中找到我对你这个问题的回答。我一贯坚持该定义的固有含义，所以谴责所有恐怖主义行径，而不仅仅谴责那种出于宣传动机而被视为“恐怖主义”的行为。

问：伊斯兰是否对西方文明构成了危险？西方生活方式是否对人

类构成了威胁?

乔:这个问题太宽泛,太不明确。必须明确的是,美国不认为伊斯兰是敌人,反之也如此。

至于"西方生活方式",它包含大量内容。有些是非常令人羡慕的,伊斯兰世界的许多人带着极大热情进行效仿。但还有许多内容是犯罪,甚至对人类生存构成威胁。

说到"西方文明",也许我们可以留意一下甘地的说法。当有人问他对"西方文明"怎么看时,他说,它也许是个"好主意"(a good idea)。

七、相当节制了吗?

根据2001年9月30日与阿尔伯特(M. Albert)的谈话、2001年10月5日与鲁吉罗(Greg Ruggiero)的谈话整理而成。

问:近来,国内充斥着频繁的军事调动、大规模的战争宣传乃至要求推翻某些政府的评论,等等。但现在似乎出现了相当的节制……到底发生了什么?

乔:袭击刚发生的最初几天,北约首脑、中东问题专家,或许还有美国情报官员(更不要说你我这样的人了)就警告布什政府,如果它发动一场会殃及无辜平民的大规模军事行动,那或许正让本·拉登及其同类感到称心如意。此外,如果他们在未提供本·拉登参与"9·11"罪行的确切证据的情况下偶然杀死了他(这是相当可能的),他就会被视为殉道者,即使在大多数对其罪行感到气愤的穆斯林心目中也是如此。如果说监禁或死亡可以使他沉默的话,他的声音依然可以通过遍及穆斯林世界的千百盒录音带获得反响,这包括对他的多次访谈——最近的一次是在9月下旬。此外,一场殃及无辜阿富汗平民的军事打击实际上是在为本·拉登的恐怖组织和其他恐怖力量的共同事业招募新人。所有这些恐怖组织都是中央情报局及其同道在20年前为支持反对苏联人的圣战而建立的。不过,它们很快就按照自己的部署行事了。

但是,这个警告似乎已经被布什政府置于脑后,它开始选择一条不同的道路。

无论如何,“节制”这个词在我看来都是很成问题的。据9月16日《纽约时报》报道:“华盛顿还要求(巴基斯坦)切断燃料供应……取消为阿富汗平民运送食品和其他物资的运输军队。”奇怪的是,该报道在西方竟未引起任何反响。这无情地提示着那个被政治家、知识分子精英奉若神明的西方文明的本性。随后几天,这个要求得到实行。根据同一个记者在9月27日的报道,巴基斯坦官员说,“按照布什政府要求实施的步骤,他们今天将毫不手软地执行封闭1 400英里巴阿边界的决定。他们保证不让任何本·拉登分子藏身于巨大的难民人流之中”(伯恩斯[John Burns],伊斯兰堡)。“军事打击的威胁迫使国际救援人员撤离,搁置了援助计划。”那些“经历艰苦跋涉从阿富汗到达巴基斯坦的难民描述了他们家乡的绝望和恐怖景象。美国的军事打击威胁更使他们那长期以来的悲惨境况变成了一场潜在的巨大灾难”(弗兰茨[Douglas Frantz],《纽约时报》,9月30日)。一个负责疏散援救工作的人说,“这个国家已经处于生死线,而我们正在切断它”(希夫顿[John Sifton],《纽约时报》,9月30日)。

这家世界著名报刊认为,华盛顿的行为必然会造成大量阿富汗人死亡或受难,他们中的数百万人已经处于饥饿死亡的边缘。这正是上面那些报道的意思,类似的报道还有很多。

在美国威胁对阿富汗进行轰炸并把北方联盟改造成一只装备精良的军队之后,大量处境悲惨的人民开始向边界逃亡。他们很自然地担忧,一旦让这些经过援助的军队放开手脚,他们或许又会重犯以前那些暴行。当初正因为这个缘故才造成国家分裂,并使赶走这些残暴军阀的塔利班受到广大人民的欢迎。

的确,北方联盟的记录劣迹斑斑。中东问题专家、人权观察武装研究中心执行主任希尔特曼(Joost Hiltermann)认为,该联盟在1992年到1995年的统治成为“阿富汗历史上最糟糕的时期”。人权观察的大量报告指出,这伙军阀杀害了数以万计的平民,并犯下了大量强奸和其他暴行。即使在被塔利班驱逐之后,他们也没有停止这种罪恶勾当。据人权观察报道,他们在1997年杀害了约3 000名战俘,并在怀疑有塔利班同情者的地区实施大规模种族清洗,留下了大量被焚烧的村庄。(山奈特[Charles Sennot],《波士顿环球报》,10月6日)

我们还有理由假定,塔利班之所以一再强化其已经十分残暴的恐怖统治,无非是为了回应因为北方联盟的残暴而引起的难民潮。

当难民到达封闭的边界后,他们只有静静地坐以待毙。只有蜿蜒的小溪可以逃过崇山峻岭上的道道关卡。我们很难猜测已经死了多少人,但再过几个星期严冬即将来临。目前一些记者和救援人员正在边境一带的难民营,他们描述的景象十分可怕。但他们知道,我们也知道,他们所看到的还不算最悲惨的。少数侥幸逃出来的人后来说,“即使那些残忍的美国人也一定会为我们那毁灭的国家感到辛酸”,并为这静悄悄的种族灭绝而流泪。(《波士顿环球报》,9月27日第1版)

联合国粮食计划署能够在10月上旬向阿富汗运去数百吨的食品,但据估计,由于国际救援人员在“9·11”后撤离造成的三个星期的间断,这些食品仅能满足这个国家15%人口的需求。但就在这时,粮食计划署宣布,由于10月7日的空中打击,它只好停止食品运输以及由当地人员分发食品的活动。它援引救援官员的话说,(对阿富汗的)打击“加快了使梦魇变为现实的步子,多达150万的难民从这个国家潮水般地涌来”。一位粮食计划署负责人说,轰炸“大大加剧了已经十分严峻的人道主义灾难的威胁,我甚至不愿想这个问题”。联合国(HCR)的发言人指出,“我们正面临一场人道主义危机,750万左右的阿富汗人食品短缺,受到饥饿死亡的威胁”。许多官员认为,空投比卡车运输要有效得多,它可以适用于这个国家的大多数地区。但《金融时报》(*Financial Times*)报道说,NGO 官员对媒体报道的美国空投行动抱以“愤怒”和“轻蔑”,认为它不过是“一场宣传把戏,而并非要为那些急需帮助的阿富汗人提供援助”。这是一种“宣传手段,它让人道主义援助服务于宣传目的”,与此同时,空中打击“却使向阿富汗人提供大量食品的最重要行动——即粮食计划署的陆路食品运输——陷于停顿”(引自《联合国为空中打击使救援陷于停顿而感到忧虑》,《救援人员批评美国把空投食品与空袭行动联系起来的做法》,《金融时报》,10 月 9 日。引文分别出自无国界医生组织、基督教救援组织、拯救儿童基金会和联合国官员)。救援组织的官员尤其“对美国的夜间空投极为不满”。“也许他们投下的只是一些传单”,一位英国救援人员评论说,他指的是整袋的宣传材料。“粮食计划署官员说,(食品空投)需要地面工作人员收集和分发食品”,该行动“必须在白天进行”并“预先得到通知”。(引自《对美国食品空投行动的怀疑在增长》,《金融时报》,10 月 10 日)

如果这些反映是准确的,那么轰炸以及与之相伴的食品空投行动所带来的直接后果便是大幅度减少了向饥饿人群提供的食品,至少在短时期中如此,它“加快了使梦魇变为现实的步子”。人们唯有指望这种折磨在最糟糕的局面出现之前尽快结束,终止食品供应的时间不会拖延太久。

然而,就目前情况来看,我们很难对此保持乐观。例如,《纽约时报》一则文章提到,“根据联合国计算,迫切需要食品——哪怕只是一条面包——的人口将很快达到 750 万,但他们得到的只是炸弹”。陆路食品运输(这是唯一重要的方式)已经减少到一半,而再过几个星期,严冬就将到来,那会使食品分发更加困难(比拉克[Barry Bearak],10 月 15 日)。虽然尚未给出进一步的计算,但其结果不难预料。无论怎样,事实比这些不经意间出现的评论更加严酷。

我们应当记得,在“9・11”刚刚发生的那些日子里,没有什么力量可以阻止联合国向那个国家中饱受折磨的人民大规模地空投食品或用卡车更大量地运送食品。从轰炸之日起,无论采取怎样的政策,那场已经出现的人道主义灾难将会更加严重。对于布什政府宣布的所谓无限正义行动,卓越的和富于勇气的印度作家和活动家劳埃(Arundhati Roy)或许给出了最为贴切的描述:“我们见证了新世纪的无限正义行动。无数的人一边在等待着杀戮,一边因饥饿而走向死亡。”(《观察家报》,9月29日)

她的断言是强有力的。一些政治专家已经指出,“无限正义”这个词提示着一种自我想象的神圣性,它如同“十字军东征”一样是另一个宣传上的错误。面对这个批评,美国已经将这个词改为“持久自由”。从历史上看,这依然是一个低于评论水平的说法。

问:联合国已经指出阿富汗面临着巨大的饥饿威胁。面对国际社会不断高涨的批评,美国和英国都在谈论食品援助以平息怒气。这是对反对意见的实际退让吗?或者仅仅是一个表面姿态?它们的动机是什么呢?它们的努力将会达到怎样的规模和影响呢?

乔:联合国估计有七八百万人面临饥饿死亡的危险。而《纽约时报》9月25日的一则报道说,600万阿富汗人依赖联合国食品援助,另有350万人生活在境外的难民营,其中许多人是赶在边境封锁之前逃到这里的。该报道说,一些食品正在运往这些阿富汗境外的难民营。政策制定者和媒体评论家想必意识到,他们应当做些什么,以使他们表现得像一个试图扭转这场可怕的悲剧的人道主义者。而这个悲剧正是他们要求实施轰炸、军事打击和封锁边境的直接后果。“专家们还敦促美国通过增加对难民的援救和帮助阿富汗人重整经济来改善它的形象。”(《基督教科学箴言报》,9月28日)即使没有PR专家的指示,美国政府官员也必须意识到,他们应当向境外难民提供一些食品,再由他们将食品运到阿富汗境内。他们至少需要作出某种姿态以拯救境内那些饥饿的人群:不仅为了“拯救生活”,而且“为了支持在阿富汗境内发现恐怖组织的努力”(《波士顿环球报》,9月27日)。9月28日,《纽约时报》的编者也就同一主题发表文章。

就援助的规模而言,人们只能期待它是巨大的,否则在几周内这场人类悲剧就可能发展到无以复加的地步。如果美国政府是有理性的,它至少将会像一些官员所说的那样作出“大规模空投食品”的姿态。到9月30日为止,这个行动尚未付诸实施,其原因并非因为缺少手段。

问:假定本·拉登和其他恐怖分子的罪行(包括使用武力)成立,国际法律机构必将批准逮捕和审判他们。美国为什么不这么做?这是否仅仅因为美国不愿意让某种法律条款反过来指向我们自己的恐怖行为,抑或还有别的原因?

乔:世界上大部分国家一再要求美国提供本·拉登与“9·11”罪行有关的证据。一旦获得这些证据,美国就可以轻易争取到广泛支持,并在联合国授权下逮捕和审判本·拉登及其同伙。

通过外交手段实现这一目标并不是不可能的。塔利班已经通过各种方式多次表达了类似愿望,但为了使用武力,美国政府对这些动向是不屑一顾的。

然而,提供确切证据不是一桩简单的事情。即使本·拉登及其恐怖组织确实与“9·11”罪行有牵连,提供确切证据也是很困难的。我们只知道,大部分罪犯都会以自杀方式来结束其可怕的犯罪使命。

英国首相托尼·布莱尔10月5日的讲话清楚地表明要提供确切证据是何等困难。他在披露了一些材料后言之凿凿地宣称,事实已“无可置疑”地表明,本·拉登和塔利班负有罪责。这些材料是所有西方国家和其他国家情报机构在经历了史无前例的高强度调查之后得出的结果。但无论其指控看起来何等真实,也无论为罗织该指控花费了怎样一种前所未有的努力,这些材料实在是惊人的薄弱。其中只有一小部分勉强与“9·11”罪行有关。如果是指控西方国家或其盟国中的罪犯，这点证据肯定派不上多大用场。《华尔街日报》的说法比较准确：说到底，这些材料"更像是一个指控，而不是一件内容确凿的证据"。该报还同样准确地指出，这没有什么关系，因为据一位美国高级官员说，"这与刑事案无关。我们的计划是消灭本·拉登先生及其组织"。这些材料的用途旨在使布莱尔、北约秘书长和其他人向世界表明，证据是"清楚的和有说服力的"。

但费斯克随后的报道表明，这些材料对中东地区的人民来说，对那些愿意深入了解事情本来面目的人来说，是完全没有说服力的。与之相反，西方各国政府及其机构却好像心安理得。人们或许会问，华盛顿宣传专家为什么选择布莱尔来提供这些材料：也许是为了保持这样一种印象，即出于"安全原因"，一些相当具有说服力的证据只能秘而不宣；也许是希望布莱尔摆出一种丘吉尔式的姿态。

就背景而言，华盛顿的政策制定者还必须小心翼翼地穿越一些其他的雷区。让我们再援引劳埃的说法，"对于美国提出的交出本·拉登的要求，塔利班的反应是相当合理的：先出示证据，然后我们把他交出来。对此，布什总统的回应是，该要求没有商量的余地"。在谈到华盛顿拒绝塔利班解决方案的理由时，劳埃提到了这样一点："在关于引渡 CEO 的谈判中，印度可以单方面提出让美国交出沃伦·安德森的要求吗？他是碳化物协会主席，对 1984 年导致 16 000 人死亡的博帕尔毒气泄露事件负有责任。我们已经收集了足够的证据。它们都记录在案。请问，我们能得到他吗？"

我们不需要制造例证。老布什政府和克林顿政府都曾私下里向海地军政权及其同伙提供支持。后来，海地政府一再要求美国交出最残暴的准军事组织领导人之一伊曼努尔·康斯坦特（Constant）。后者因为其大屠杀罪行在海地受到缺席审判并处以终身监禁。但他被引渡了吗？这种事情是否受到任何主流媒体的哪怕是丝毫关注呢？显然，答案是否定的，这种否定答案的基本原因是：引渡将会使一些使华盛顿感到尴尬的秘密勾当大白于天下。无论怎样，他只是一桩屠杀

5 000人罪案的领导人物,这个数字不及“9·11”罪案给美国带来的生命损失。

劳埃的评论必定会招致人们对西方思想界的极端边缘分子的强烈愤怒。其中一部分边缘分子被称为“左派”。但对那些保持着健全理智和道德正义感的西方人来说,对许多过去的受害者来说,这些评论是有意义的和富于警世作用的。政府领导人想必也懂得这一点。

当然,劳埃提到的例子还只是开了个头,同时,这个例子的分量也相对较轻——不仅指罪行的规模,还因为它不是一桩国家犯罪。假定伊朗要求卡特和里根政府交出一些高官,并拒绝提供他们犯罪的充分证据(这肯定是存在的),再假定尼加拉瓜要求引渡新任驻联合国大使(他在洪都拉斯担任代理领事时曾直接支持美国从洪都拉斯基地发动的对尼加拉瓜的国家恐怖主义战争),美国是否会交出他们呢?人们是不是甚至会认为这些要求近乎荒唐呢?

显然,这些问题是不便于问的。我们最好还是把大门关上。当初最高国际法律机构指责美国的军事行动是恐怖主义时,人们不就一直在保持一种令人记忆深刻的沉默吗?即使J.斯威夫特(Swift)在世,也将无话可说。

或许正是出于这个原因,华盛顿政策专家才会选择“战争”这个模糊字眼,以取代“罪行”或“反人类罪”这些相当清晰的说法。R.费斯克、玛丽·罗宾逊和其他人一直使用的是后一说法。

问:假定塔利班统治垮台,本·拉登以及某些据称负有罪责的人被抓住或者杀死,下一步会怎样?阿富汗会出现怎样的情况?世界其他地区会出现怎样的情况?

乔:有迹象表明,美国政府将致力于正在实施的静悄悄的集体屠杀计划。但它一定会作出人道主义姿态,以唤起人们的齐声喝彩。人们将会称颂那些高贵的领导为“原则和价值”作出了史无前例的贡献,他们致力于“消灭世界各地的非人道罪恶”,从而把世界引向一个理想主义的“新纪元”。土耳其现在正跃跃欲试要加入华盛顿的“反恐怖战争”,甚至愿意派出地面部队。其原因是,埃杰维特总理说,土耳其对美国欠下了一笔特殊“人情债”。因为与欧洲国家不同,华盛顿“曾对安卡拉的反恐怖斗争提供过支持”。他所指的显然是土耳其对库尔德人长达15年的战争,其高潮是在20世纪90年代末期。在美国的援助下,这场战争造成了上万人死亡,二三百万人流离失所,3 500个城镇和村庄被夷为平地(该数字是北约轰炸下的科索沃的7倍)。土耳其还因为参加科索沃的人道主义行动而受到华盛顿的褒奖,它当时使用的同样是由美国提供的F-16战斗机。这种战斗机曾在它自己的大规模种族清洗和国家恐怖主义行动中大显神威。此外,美国政府还会改善北方联盟的武器装备,并将其他对该联盟充满敌意的军阀整合到联盟之中,如以前受到华盛顿青睐、目前躲在伊朗的亥克马塔(Gulbuddin Hekmatar)。可以预料,在进行选择性轰炸的同时,英国与美国突击队将在阿富汗展开行动。然而,整个军事行动将会相应缩小规模,从而不致为激进伊斯兰分子的事业充实新的力量。

与苏联在20世纪80年代对阿富汗的那场失败的入侵相比,美国的军事行动不会带来过多的伤亡。苏联当时面对的是一支主要是由美国及其伙伴组织、训练和大规模装备的抵抗力量,人数或许超过10万以上。而美国现在面对的是这个国家的下层民众,他们在过去20年的恐怖中已经困顿不堪——美国对这种恐怖难辞其咎。除了一小撮骨干分子外,塔利班武装或许会迅速土崩瓦解。

人们可以预料,只要美国不是过于明显地与塔利班掌权之前的那些嗜杀成性、使这个国家分崩离析的匪帮结为联盟,幸存下来的人民或许还会对侵略者表示欢迎。在目前情况下,即使成吉思汗也可能受到人民的拥戴。

下一步会怎样?那些在国外流亡的阿富汗人以及不属于塔利班核心阶层的国内人士一直呼吁联合国作出努力,建立某种过渡政府。只要在联合国和可信赖的国家政府组织的支持下获得实质性的援助,阿富汗就可能成功地实现在废墟上重建国家的任务。对那些曾把这个贫穷国家变成一块恐怖、绝望、尸山血海的土地的国家来说,提供援助是它们最起码的责任。但要实现这一切,必须要在富裕和强大的社会中获得实质性的和广泛的支持。但就目前(到 9 月 30 日为止)而言,布什政府完全拒绝考虑这类问题,它宣布不会介入阿富汗的"国家建设"。应该说,为这种建设提供实质性的支持,不进行军事干预,这是一项令人肃然起敬的和人道的事业,其他国家在这方面已经获得了某种程度的成就。总之,拒绝这个高尚事业是不明智的。

说到世界其他地区将会出现怎样的情况,这取决于它们的内部、外部因素(其中,美国显然是最主要的)和阿富汗事态的进展。在这方面,虽然人们可以确切谈论的内容不是很多,但就许多可能进程来说,人们似乎都可以对其可能后果进行某种合情合理的评价。的确,这里存在着太多可能性,因此,我们不能指望用简单的议论对它们妄加评论。

问:为组建国际联盟,美国对中东、非洲和亚洲许多国家的立场一下子出现了 180 度转弯,它试图通过政治、军事和经济援助等各种一揽子协议来换取支持。这种突然转变可能对这些地区的政治进程产生怎样的影响呢?

乔:华盛顿目前的行动是经过精心策划的。我们尤其应当记住:世界上的主要能源储备不仅在沙特阿拉伯,而且还遍及海湾地区。此外,中亚的资源也不可谓不雄厚。因此,美国在过去一些年里曾考虑把阿富汗当做一个可能的石油输出基地,以实施其控制中亚石油资源的复杂战略方案。阿富汗北面的一些国家正处于多事之秋。乌兹别克斯坦因为镇压国内穆斯林反抗和其他严重罪行受到人权观察的谴责。塔吉克斯坦也是如此,它是向欧洲偷运毒品的一个主要基地。从事这项勾当的主要力量是控制着阿富汗和塔吉克斯坦边境的北方联盟,而在这同时,塔利班实际上已经禁绝了所有毒品生产,因此,将阿富汗交给北方联盟可能引起各种国内问题。此外,巴基斯坦一向是塔利班的主要支持者,其国内极端穆斯林运动甚嚣尘上。如果它公开向美国提供对阿富汗作战的军事基地,那些极端穆斯林分子的反应必定是危险的和难以预料的。许多人都特别关注这样一个事实,即巴基斯坦拥有核武器。巴基斯坦军队在急于获得美国业已允诺的军事援助的同时,也保持着高度警觉,它担心一个新的、可能充满敌意的阿富汗政权会与它的东部夙敌印度结为联盟。它不愿意看到一个由塔吉克人、乌兹别克人以及其他阿富汗少数民族组成的北方联盟,在印度、伊朗、俄罗斯以及现在的美国的支持下,对其形成威胁。

在海湾地区,即使那些富有的和世俗的人士也对美国的政策极度不满。他们虽不喜欢本·拉登,但“出于伊斯兰的良知”,经常在暗中对他表示支持(《纽约时报》,10 月 5 日。引号中的话出自一位从事多国培训工作的美国律师之口)。令他们感到极度压抑的一个主要原因是美国对该地区那些腐败政权提供支持。该地区的内部冲突很容易蔓延开来,并带来一些或许是极为严重的后果,尤其是可能威胁到美国对该地区巨大资源的掌控。同样的问题还延伸到北非和东南亚,尤其是印度尼西亚。除了这些内部冲突外,海湾地区各国的军备竞赛还大幅增加了武装冲突的可能性并使大量武器落入恐怖组织和贩毒集团之手。现在,各国政府都急于参加美国的“反恐怖战争”以赢得美国对它们自己的国家恐怖主义的支持(这些国家恐怖主义的规模往往大得惊人,俄罗斯和土耳其就是最明显的例子,尤其是土耳其,经常得到美国的关键性支持)。

问:巴基斯坦和印度这两个边界相连的核国家多年来一直处于严重的对峙和冲突状态。而美国在该地区所施加的突如其来的巨大压力会给它们那业已十分脆弱的关系带来怎样的影响?

乔:冲突的主要根源是克什米尔。印度宣称它要在此与伊斯兰恐怖主义进行战斗,而巴基斯坦则指责印度正在侵害民族自决并贯彻大规模的国家恐怖主义。遗憾的是,双方的指责从根本上来说都是正确的。多年来克什米尔已经发生了多场战争,最后一次是1999年。那一年,两个国家都拥有了核武器。尽管目前这些核武器还在控制之下,但人们很难保证今后也会如此。如果美国继续坚持它的太空军事化计划("导弹防御体系"),核战争的威胁将会增加。由此,印度肯定会相应增加它的核装备,此后是巴基斯坦,还有其他国家,如以色列。美国前战略司令部首脑称该地区的核力量是"极端危险的",它是该地区的主要威胁。

"十分脆弱"这个说法是准确的,或许可以说更加糟糕。

问:在"9·11"以前,布什政府一直受到包括盟国在内的世界各国的严厉批评:坚持政治"单边主义",拒绝签署关于控制温室效应的"京都议定书",故意违反ABM以实施其旨在使太空军事化的"导弹防御"计划,抵制在南非德班举行的反种族主义会议,等等,这只是最近发生的一些事例。如今,它突然开始致力于建立联盟,这种努力是否会导致一种新的"多边主义"局面的出现并随之产生某种积极的、不可预料的进展,如在巴勒斯坦问题上?

乔:应当记住,布什的"单边主义"只是一种典型的实践方式的延续。1993年,克林顿告诉联合国说,像以前一样,美国"只要可能,就奉行多边主义;只要必要,就奉行单边主义",它今后还会这样做。当时的驻联合国大使奥尔布赖特一再重申这一立场。1999年美国国防部长科恩据此宣称,美国将坚持"单方面地使用军事力量"以捍卫那些至关重要的利益,尤其是当它"确信其市场、能源供应和战略资源受到威胁"的时候,总之,对于华盛顿认为它有权仲裁的任何事情,它都可以这样做。当然,布什政府走得更远,这已经在盟国之内引起了广泛担忧。目前建立联盟的需要只会使华盛顿在言辞上有所缓和,但不会改变它的基本政策。它所期望的联盟成员只是那些言听计从的支持者,而不是平等伙伴。在这同时,美国自己仍会保持按自己意志行事的权利，小心翼翼地规避任何诉诸国际体制的手段。当然，它会作出一些相反的姿态，但那往往缺乏可信度。其他国家的政府迫于它的实力或出于各自的理由也会接受这些姿态。在这里，巴勒斯坦人不可能得到任何东西，相反，“9·11”的恐怖袭击对他们是一次粉碎性的打击，他们与以色列当时就意识到了这一点。

问：“9·11”以来，国务卿鲍威尔发出信号说，美国对巴勒斯坦问题可能会采取一种新的姿态。你对此怎样理解？

乔：我的理解与《纽约时报》头版所援引的官员和其他人士的看法毫无二致。他们强调指出，布什—鲍威尔不会提出克林顿那样的戴维营建议。该建议虽然得到这里主流媒体的喝彩，但却是完全不可接受的。至于不可接受的理由，以色列和其他地区都有十分深入的讨论，任何人只要看一下地图就可以明了。我想，这大概就是为什么在这里很难找到地图的缘故——当然，在其他地方（包括以色列），情况不是这样。要就这个问题了解更多的细节，人们可以参考戴维营会谈时期的有关文章（包括我的），还有卡利（Roane Carey）编辑的文集《新的起义》（*The New Intifada*）。

问：信息自由流动往往是任何战争的第一批伤亡者。目前的情形是否包含着某种例外？请举例说明。

乔：在美国这样的国家，我们很难把干扰信息自由流动的事情归咎于政府，毋宁说，应该归咎于那种我们已经十分熟悉的自我审查。在我看来，目前的情形并不属例外，但它比一般危机时期的状态还是好得多。

不过，美国政府在国外限制信息自由流动的若干事例却让人触目惊心。阿拉伯世界有一家自由开放的新闻媒体，即按照 BBC 模式建立起来的卡塔尔半岛卫星电视新闻频道。它是唯一没有任何新闻检查的媒体，除报道大量重要新闻外，还在宽广的论域中展开辩论。其包含量之广使它可以在“9·11”之前几天邀请美国国务卿鲍威尔，此外它还邀请过以色列总理巴拉克和我。该电视台在阿拉伯语世界中拥有广泛观众。半岛电视台还是“唯一能对塔利班控制下的阿富汗进行报道的国际新闻机构”(《华尔街日报》)。它曾披露了塔利班毁灭巴米扬大佛雕像的事件，在国际上引起轩然大波。它还提供了对本·拉登的长篇采访，这对于那些要了解本·拉登想法的人是十分宝贵的。当然，我相信西方情报人员也在密切追踪这个线索。许多报道在 BBC 翻译播放或重播，有一些是在“9·11”以后。

不用说，中东地区那些专制政府对半岛电视台既恨又怕，因为它总是直言不讳地抨击它们的人权记录。美国政府也加入到这些专制者的行列。BBC 评论说，“美国并不是第一个被半岛电视台新闻激怒的国家，在过去的日子里，它还因报道不同政见者的情况而触怒阿尔及利亚、摩洛哥、沙特阿拉伯、科威特和埃及等国家”。

据 BBC 报道，卡塔尔埃米尔证实，“华盛顿曾要求卡塔尔对这家颇具影响力和新闻独立的阿拉伯半岛电视台加强管制”。而根据半岛电视台的说法，作为包含 56 个国家的伊斯兰会议组织主席的埃米尔在华盛顿向媒体谈到，国务卿鲍威尔曾向他施压，让他管好半岛电视台：“说服它缓和报道语气。”当问到关于新闻检查一事的报道时，埃米尔回答说：“这是真的。这种要求不仅出自这届美国政府之口，也出自前一届美国政府之口。”(BBC，10 月 4 日)

关于这个重要新闻的最严肃报道出自 10 月 5 日《华尔街日报》。它还提供了阿拉伯世界中知识分子和学者们的反应。报道像以前所做的那样补充说，“许多阿拉伯分析家争论说，华盛顿对像沙特阿拉伯这样公开亲美的国家中的人权情况采取明显的冷漠态度，正是这一点激起了强烈的反美情绪”。此外，美国也很少采用半岛电视台提供的关于本·拉登的采访和其他关于阿富汗的报道。

不过，在半岛电视台播放了一盘对华盛顿宣传十分有利的关于本·拉登的磁带后，该消息立刻出现在各报的头版，而该电视台也因此声名大振。《纽约时报》采用的新闻导语说,“一家阿拉伯电视台提供的深度新闻报道”(10月9日)。该报道赞扬半岛新闻频道是“阿拉伯世界中的CNN,全天不间断新闻和公共事务节目,拥有数百万观众”。“该机构因为提供独立的深度新闻报道而获得声誉,它与其他阿拉伯语电视台形成鲜明对照。”“它关注的问题对大部分阿拉伯世界来说都具有颠覆性意义:如缺乏民主机制,迫害不同政见者和对妇女的不平等态度等。”该报道还提到,“该电视台对本·拉登的采访,分析家、嘉宾和拨打热线电话的听众的那些反美言论实在让美国决策者感到头疼”。

是的,你说的对信息自由流动的干预是存在的,但那与政府的审查和压力无关。在美国国内,这是一个十分边缘化的问题。

问:此刻,你认为那些怀有正义感的社会活动家应当发挥怎样的作用或优先考虑哪些问题?我们是否应当遵从某些人的建议而收敛我们的批评?或者,我们应当加强我们的努力?后一问题出于两个考虑,首先,目前这个危机或许可以使我们发挥更加重要的积极影响;此外,对政府的政策,即使公众中有一少部分抱有不妥协的批评态度,大多数人对此实际上比以往更倾向于接受而不是讨论。

乔:这取决于这些社会活动分子要达到什么目的。如果他们的目标是加剧暴力循环和增加“9·11”这类暴行(遗憾的是,世界上大多数人对比这更恶劣的事件并不陌生)的发生几率,那他们当然应当节制分析和批评,拒绝思考,并从他们过去关心的那些重大问题中抽身后退。当然,如果他们想为那些在政治经济权力体制中最反动的分子提供帮助,以实施那些会伤害这里和世界上的大多数人,甚至会威胁到人类生存的计划,那么上述建议也同样适用。反之,如果他们的目标是减少未来暴行的出现几率,保障自由、人权和民主的希望,那就会采取另一种方式。他们会更加努力地探询在这些或那些罪恶背后存在的原因,并以更大热情投入到他们一向积极参与的正义事业。他们应当认真听听墨西哥南部城市圣·克里斯托伯尔的主教的声音，后者带着悲酸和沉痛的感受敦促美国人“好好想一想，在美国使用如此多的暴力来捍卫它的经济利益之后，为什么他们这么招人仇视”(《波士顿环球报》，9月30日)。

当然，自由派评论家的一些言论会让人们听起来十分受用。斯蒂尔(Ronald Steel)言之凿凿地说，“他们之所以仇视我们，完全因为我们是资本主义、个人主义、世俗主义和民主制度这类‘世界新秩序’中的赢家，而所有这些规范都应当是普遍适用的”(《纽约时报》，9月14日)。还有刘易斯(Anthony Lewis)，他自信地宣称，无论我们做什么，都不会对恐怖主义的目标有什么影响。我们也不必相信，恐怖分子在过去20年中的言行之间究竟存在多少一致性。恐怖主义者寻求“以暴力的方式改变这个不可救药的罪恶和不公的世界”，他们只代表“启示录中那种毁灭的精神”，这是个无须证据和争辩的必然真理。他们的言行与中东地区广大民众(包括极端亲美的科威特人)表现出的态度几乎没有区别。因此，我们不必管究竟是我们做的哪些事造成了这样一些反应。

从未来着眼，以上言论虽使人感到相当惬意，但并没有带来更多的智慧。

机会就在眼前。暴虐的罪行已经使社会精英阶层开始考虑那些即使在不久以前都很难想象的问题，对社会大众来说，情形更是如此。就个人经历而言，除了经常接受欧洲国家电台和电视台采访之外，我接触美国媒体(尤其是主流媒体)的频率也比以前大大增加，其他人也有类似经验。

当然，始终会有一些人要求人们采取沉默的服从态度。我们预料极右分子会提出这种要求，而那些对历史很陌生的人会以为某些左派知识分子会持这种立场，甚至会采取更加有害的形式。但重要的是，切切不可被那些歇斯底里的演说和谎言所蒙骗和吓倒，而要尽可能地接近真实，诚实地关注人们的行为——无论是成功的还是失败的——

可能带来的各种后果。这固然是老生常谈,但值得铭记于心。

在这些老生常谈之外,我们转向那些具体问题,不仅为了研究,而且为了行动。

附录一:

美国国务院关于国外恐怖组织的报告
反恐怖协调办公室 2001 年 10 月 5 日发布

1. 背景

国务院经与司法部长和财政部长磋商,认定国外恐怖组织(Foreign Terrorist Organizations,缩写为 FTO's)。认定过程遵循美国移民和国籍法,并参照 1996 年的反恐怖法和实施死刑法。认定 FTO's 的有效期为两年,此后必须重新认定,而原认定自动终止。两年之后的再认定包含着国务院的如下界定,即被认定组织仍在从事恐怖活动,因此一些特定法律内容对其仍然适用。

1997 年 10 月,国务卿奥尔布赖特批准认定第一批 30 个组织为国外恐怖组织。

1999 年 10 月,国务卿奥尔布赖特在上述 30 个组织中重新认定 27 个为国外恐怖组织。另外取消了对 3 个组织的认定,因为它们已经终止恐怖行为,不再符合认定标准。她又认定阿尔-凯达(1999 年)和乌兹别克斯坦伊斯兰运动(2000 年)为新的恐怖组织。

2001 年,国务卿鲍威尔认定真正的北爱尔兰共和军(Real IRA)和哥伦比亚联合自卫军(AUC)为恐怖组织。2001 年 10 月,鲍威尔又在 28 个认定期满的组织中重新认定其中 26 个为国外恐怖组织,并将以前认定的两个组织——Kahane Chai 和 Kach——合并为一个。

2. 恐怖组织名单

迄至2001年10月5日的28个国外恐怖组织：

(1)阿布·尼达尔组织——Abu Nidal Organization(ANO)

(2)阿布沙耶夫组织——Abu Sayyaf Group

(3)武装伊斯兰组织——Armed Islamic Group(GIA)

(4)奥姆真理教——Aum Shinrikyo

(5)巴斯克祖国和自由组织——Basque Fatherland and Liberty (ETA,埃塔)

(6)珈玛阿尔-伊斯兰组织——Gama'a al-Islamiyya (Islamic Group)

(7)哈马斯伊斯兰抵抗组织——HAMAS(Islamic Resistance Movement)

(8)哈拉卡特乌尔-穆加哈丁——Harakat ul-Mujahidin (HUM)

(9)真主党——Hizballah(Party of God)

(10)乌兹别克斯坦伊斯兰运动——Islamic Movement of Uzbekistan(IMU)

(11)阿尔-吉哈德——al-Jihad(Egyptian Islamic Jihad)

(12)卡赫——Kahane Chai(Kach)

(13)库尔德工人党——Kurdistan Workers' Party(PKK)

(14)泰米尔伊拉姆猛虎解放组织——Liberation Tigers of Tamil Eelam(LTTE)

(15)穆加哈丁-卡尔克组织——Mujahedin-e Khalq Organization (MEK)

(16)民族解放军——National Liberation Army(ELN)

(17)巴勒斯坦伊斯兰吉哈德——Palestinian Islamic Jihad(PIJ)

(18)巴勒斯坦解放阵线——Palestine Liberation Front(PLF)

(19)解放巴勒斯坦人民阵线——Popular Front for the Liberation of Palestine(PFLP)

(20)解放巴勒斯坦人民阵线总部——PFLP-General Command (PFLP-GC)

(21)阿尔-凯达——Al-Qa'ida

(22)真正的北爱尔兰共和军——Real IRA

(23)哥伦比亚革命武装力量——Revolutionary Armed Forces of Colombia(FARC)

(24)革命中心组织——Revolutionary Nuclei(formerly ELA)

(25)11 月 17 日革命组织——Revolutionary Organization 17 November

(26)革命人民解放军/解放阵线——Revolutionary People's Liberation Army/Front(DHKP/C)

(27)光辉道路——Shining Path(Sendero Luminoso, SL)

(28)哥伦比亚联合自卫军——United Self-Defense Forces of Colombia(AUC)

3. 关于认定国外恐怖组织的法律标准

(1)该组织必须是外国的。

(2)该组织一定从事了美国移民与国籍法 Section 212(a)(3)(B)中所界定的恐怖行为。

(3)该组织成员确实威胁了美国公民的安全或美国国家安全(如国防、对外关系或经济利益)。

4. 认定的约束力

法律方面:

(1)任何在美国或在美国司法管辖区域内的个人都不得向被认定的国外恐怖组织提供基金和其他物质支持。

(2)被认定组织的代理人或成员,如果是外国人,将被吊销签证或从美国驱逐出境。

(3)美国金融机构必须冻结被认定组织及其代理人的基金并将该

情况报告美国财政部国外资产控制办公室。

其他方面:

(1)制止对被认定组织的捐赠或捐献。

(2)提高公众对恐怖组织的警惕性和知识。

(3)向其他政府通报我们对所认定组织的关注。

(4)在国际上孤立被认定恐怖组织。

5. 程序

美国国务院对国外恐怖组织的认定和再认定遵守着一个极为复杂的、跨机构的评估过程。它要审查一个组织活动的所有材料,无论是内部获得的还是公开媒体上报道的。在与司法部、财政部和情报局密切合作的基础上,国务院将提交一份记录所认定组织的恐怖活动的详细"政府报告"。在将国外恐怖组织的认定公之于众前7天,国务院需通知国会。

就法律程序而言,认定必须服从于司法裁决。一旦联邦法院对关于某一组织的认定提出质疑,美国政府就必须依靠政府记录来辩护国务院的决定。这些记录包含情报部门的材料和分析。

关于国外恐怖组织的认定期为两年,之后需作重新认定。法律允许国务卿在与联邦大律师和财政部磋商后随时追加某个组织。一旦条件适合并通知国会,国务卿也可以撤销对某个组织的认定。

6. 移民和国籍法中对恐怖行为的界定

任何违反所在国法律,或者在美国违反了美国法律的行为,一旦涉及下列条款所界定的范围,就是恐怖行为:

(1) 劫持或破坏任何运输工具(如飞机、轮船和汽车)。

(2) 为胁迫第三者(包括政府组织)去做或不去做某件事、公开或秘密要求政府释放被抓捕或羁押的个人,而劫持或拘留、威胁杀害或伤害、或持续羁押另一个个人。

(3) 以暴力方式袭击某个在国际上受到保护的个人或限制这个

人的自由。

(4) 刺杀。

(5) 使用任何——

A. 生物、化学和原子武器或装置;

B. 爆炸物或易燃物,意图直接或间接危害一个或多个他人安全或造成实质性的财产损失;

C. 威胁或密谋手段,准备实施任何上述行为。

(6) "从事恐怖行为"是指尽个人所能或作为某组织成员而致力于恐怖活动的行为,或者是指那种行为者在知情或应当知情的情况下,向那些在任何时间实施恐怖行为的个人、组织或政府提供物质支持的行为。它们包括:

A. 准备或策划一种恐怖活动;

B. 为可能的恐怖行动目标收集资料;

C. 行为者向那些他知道或应当知道实施或计划恐怖行为的人提供任何方式的物质支持,包括安全的住所、交通、通讯、基金、伪造的文件或身份证明、武器、爆炸物或培训课程等;

D. 为恐怖行为或任何恐怖组织募集基金或任何有价物品;

E. 招募任何个人成为某恐怖组织、恐怖政府成员或参与某种恐怖活动。

附录二:

参考文献

N. Chomsky, *Culture of Terrorism*, South End Press, 1988

Necessary Illusions, South End Press, 1989

Pirates and Emperors, Claremont, 1986

N. Chomsky and E. S. Herman, *Political Economy of Human*

Rights, South End Press, 1979

John Cooley, *Unholy Wars: Afghanistan, America and International Terrorism*, Pluto, 1999, 2001

Alex George, ed., *Western State Terrorism*, Polity-Blackwell, 1991

Herman, *Real Terror Network*, South End Press, 1982

Herman and Chomsky, *Manufacturing Consent*, Pantheon, 1998,2001

Herman and Gerry O'Sullivan, *The "Terrorism" Industry*, Pantheon, 1990

Walter Laqueur, *Age of Terrorism*, Little, Brown and Co., 1987

Michael McClintock, *Instruments of Statecraft*, Pantheon, 1992

Paul Wilkinson, *Terrorism and the Liberal State*, NYU Press, 1986

关于作者

诺姆·乔姆斯基是享誉世界的政治活动家、作家和麻省理工学院教授——自1955年起,他一直在那里执教。他的著述和演讲广泛涉及语言学、哲学和政治学等方面。比较著名的著作有:《强权与希望》、《世界秩序:旧的与新的》、《阻挠民主》、《人为的一致》(与E. S. Herman合著)、《501年:征服在继续》、《压倒民众的利润》、《新军事人道主义》、《语言和心灵研究的新视野》、《无赖国家》和《新一代划线》。乔姆斯基为争取更大民主所作的努力得到了世界各地和平与正义运动的赞誉。

"开放媒体"创办于1991年。当时它出版了一本反对海湾战争的小册子。从那以后到今天,它由七个故事出版社出版系列论集。《"9·11"》一书的出版,是我们介绍给读者的第一本开放媒体著作。

(何西风　译)

全球化与多样性[①]

[美]杜维明

一旦走出全球化与本土化、发达与发展、资本主义与社会主义的二分局面,我们就会成为一个内部联系日益密切的地球村。通过超越传统与现代性、东方与西方、北方与南方、我们与他们这些人为设定的二分意识,我们可以在努力理解人类困境的过程中,从我们这个全球共同体开发出丰富多样的资源。我们起码要意识到,那些曾经对"理性时代"(即现代西方的启蒙时代)作出巨大贡献的伟大宗教传统无一不蕴藏着丰厚的、用以塑造世界各地人类生活的意义资源。基督教精神、犹太教思想、伊斯兰哲学和希腊哲学,不仅一向是而且在未来的世纪中仍将是人类的主要智慧来源。而其他生存方式,如印度教、耆那教、佛教、儒家思想和道家思想,不仅在当代世界显示着同样活力,而且很可能会继续保持繁荣。不仅如此,许多学者和决策者已经意识到,包括非洲的、日本神道的、毛利的、土著美洲的、中美洲的、安第斯山脉地区的以及夏威夷地区的各种原住民的精神形态,也是我们这个地球村的启示性资源。

西方的、非西方的和原住民的诸传统是相当复杂的,它们各自包

① 本文是联合国2001年《文明对话宣言》第二章,由杜维明教授撰写。

含着大量有待解释的内容。事实上,所有一神教(犹太教、基督教和伊斯兰教)都源于东方并且都在漫长的世代延续中经历过巨大变迁。同样,印度教、佛教、儒家和道家在其生命道路上也各自开展出广阔的精神世界,这个世界包含着洞悉根本的识见,复杂精致的礼义,社会制度和日常实践。一旦意识到这些丰富多样的精神资源可以适合于我们这个全球共同体,我们就可以摒弃霸道的和排外的傲慢态度,从而转向从其他传统中寻求建议、指导和智慧。进而言之,我们也充分意识到,那些在宗教内部或宗教之间出现的冲突对我们营造的希望世界构成了主要挑战,它们严重地威胁着地方(local)、国家和地区(regional)共同体的稳定。显然,我们需要对话。

一、全球化与人类状况

随着过去10年迅速的全球化,有关它的利弊争论日甚一日。全球化提供了一些新的知识内容,同时也扭曲了一些“自明性的”传统真理,制造了一些关于它自己的神话和错误理解。全球化意味着信息和通讯技术爆炸,市场经济迅速扩张,全球范围内的都市化和向更加开放社会发展的基本趋向。在经济领域,用于直接投资和保险基金的私人资本迅速增加,降低关税壁垒已经成为遍及全球的普遍现象。人们要求金融机制日益透明,并越来越关注腐败问题。

这种经济全球化的副产品给各国政府带来了巨大压力,它们必须提高向社会的开放程度,这就为民主化提供了更多新的可能性。于是,以跨国的非政府组织(NGO)为代表的公民社会形态已经日益变成国家、地区和国际政策中的重要考虑因素。“水涨船高”的道理似乎正在应验:随着富人变得愈富,穷人并没有必然地变得愈穷。一些开放了经济、降低了关税壁垒并鼓励进出口贸易的国家看来已经从新的全球化格局中获得了收益。但我们也意识到,对南方国家来说,农产品市场的开放程度尚不充分。然而一种新的发展将受到欢迎,并使南方国家得到实惠。在过去30年中,某些工业化国家和发展中国家在消除绝对贫困、走向和平与发展的方向上已经取得了巨大进步。可以说,我们正在从一个彼此分立隔绝的旧世界走向一个美好的、彼此处于网络联系的新世界。

然而从另一方面来看,当今世界20%的人口拥有75%的总收入,另有25%的人口收入还不到总量的2%;31%的人口是文盲;80%的人口面临居住问题;十数亿人的日收入不到1美元;还有近15亿人饮用不到清洁的水,这一切都表明这个世界的状况不容乐观。进而言之,贫富差距的扩大,商业化和交易意识在家庭、学校和宗教等社会生活领域的繁衍,都在瓦解着发展中国家的公民的凝聚力,并威胁着发达国家中的社会道德基础。文化认同的丧失和共同体纽带的削弱导致了普遍的焦虑,民族观念以及其他狭隘的忠诚观念成为解决这类焦虑的简易手段。全球化究竟会把我们带入一个更加美好的应许之地,还是会在这个已经充斥着极度紧张的世界上造成更多的冲突和对立?人们是否有更好的方式把握全球化进程,使它可以在更大程度上福泽广布?

从西方化和现代化到全球化

> 全球化强化着包括旅游、贸易和移民等人类互动进程,并传播着在过去数千年中造成世界进步的知识。
>
> (阿马蒂亚·森,载《纽约书评》,2000年7月)

让我们最好从更宽广的历史角度来看待今日的全球化。佛教从瓦拉纳西(Varanasi,原名Benares)、基督教从耶路撒冷以及伊斯兰教从麦加传播开来的历史都是与此相关的例证。我们也可以从商业、外交和军事帝国建立的角度来看待全球化。的确,远在工业革命和信息革命出现之前,传教士、商人、士兵和外交使节的跨文明交流一直是前现代时期促成早期全球化进程的重要途径。15 世纪的航海探险对于把世界纳入一个单一"体系"产生了重要影响。同样,殖民主义和帝国主义也把一度隔绝的各地人民紧密联系起来。西欧从根本上重新改易了人类地理并在全球共同体上打下了难以磨灭的印记。

20 世纪 50 年代出现在美国的现代化理论断言,肇始于现代西方的"现代化"进程在其转型潜力中实际上蕴涵着"全球化"主题。这种从空间性的西方化观念向历时性的现代化观念的转换是耐人寻味的,它意味着我们不能把最早出现在西欧的发展进程,如工业化,仅仅视为"西方的"东西,因为这个进程在其发展中卷入了日本、俄罗斯、中国、土耳其、印度、肯尼亚、巴西和伊朗等地区。出于这个理由,我们最好以那种非地缘的、历时性的现代化观念来取代全球化转型过程中出现的鲜明的西方化特征。

然而,现代化理论蕴涵着一个假定:发展必然会朝着一个共同进步方向。从长远观点来看,世界将汇合为一个单一文明。既然这个进程是由发达国家尤其是美国引导的,因此从根本上说,现代化就是西方化,特别是美国化。不过,这种说法只具有表面上的说服力,因为正如一些思想家所说,现代性的特征和成就决不仅仅是西方或美国的发明。市场经济、民主政治、公民社会和个人权利是否代表了人类的普遍愿望,尚是一个有待论证的事情。

最近几十年的事态清楚地表明,竞争性的市场已成为经济增长的主要动力。它还表明,民主化的普及、一个鼓励公民积极参与政治进程的活跃的公民社会和对个人尊严的尊重,是形成社会凝聚力的必要条件。正是这种发展现实导致一些学者认为,这个世界不再有任何重大的意识形态对立;资本主义取得了胜利,市场经济和民主政治是未来的主要潮流,我们所知的"历史"尚未终结。

然而,那种认为一个文明的现代化经验将成为世界其他地区的发展模式的乐观期待是短命的。S. 亨廷顿对正在到来的文明冲突的警告或许表明，只要世界观和价值体系的冲突仍然存在，任何民族，无论它多么强大和富有，都不能把它的特殊模式强加于人。在21世纪，对国际安全的最大威胁不是经济的或政治的，而是文化的。就此而论，“文明冲突”理论的确比F.福山提出的“历史终结论”更具说服力，因为它承认文化的重要地位并希望妥善处理宗教差异。遗憾的是，“文明冲突”理论的潜台词仍然是“西方/西方以外”这个主题，它推荐的行动方案仍然假定，西方最终将战胜它的诸多敌手。

面对文明冲突即将到来的警告，文明对话便不仅是一个愿望，而且成为必需。即使最强有力的现代化定义（市场经济、民主政治、公民社会、个人的权利和责任）也依然面对着关于其可行性问题的讨论和争论。自由市场凸显出治理方面的问题，民主可能提示着不同的实践形式，公民社会的形态依文化的差异而有所改变，至于个人权利理论是否必然意味着个人尊严还没有一个简便的答案。现代化既不是西方化也不是美国化。正像“我们/他们”的二分模式，“西方/西方以外”这个错误观念的根源在于，它不能也不想超越那种“非此即彼”（either-or）的观念模式。全球化迫使我们改变这个思路。

以前的全球化确实是西方化和现代化的过程，但随着变化的加剧和观念转型的深入，它们之间已不完全等同。作为经济发展主要推进器的信息技术已经导致了广泛的政治、社会和文化后果。尽管关于“知识经济”可以帮助落后国家跨越那些似乎充满变数的发展阶段的预言尚未变成现实，但各个层面的信息交流已经在这个世界上获得了实质性进展。同样，尽管在经济交往和收入分配方面，地缘仍是一个重要因素，但新的信息和通讯技术已经表现出改变国际收入不平衡局面的巨大潜力。我们这个时代的一个公理是：人们可以在世界地图上不断重新绘制财富、实力和影响力的经纬线，但其前提是必须不断地修改游戏规则。尤需注意的是，正在出现的全球化技术孕育着巨大的解放和解构潜力。智能机器和计算机可以应用于人类基因图谱绘制和药物设计，可以制造新的材料，可以改变动植物的基因结构，甚至可以克隆人类,这就使很小的个人群体可以对更大的社会施加深刻的积极或消极影响。

从观念上看,全球化并不是一个同质化过程。至少对现在来说,那种认为非西方世界最终将因循一个单一发展模式的合流观念是过于简单化的。它没有考虑到各种全球化趋势中的复杂性因素。毋庸置疑,环境退化、疾病、滥用药物和犯罪正像科学、技术、贸易、金融、旅游和移民那样显示出彻底的国际化趋势。世界的彼此联系和相互依存从未达到今天这样的程度。然而,正在出现的地球村远未整合为统一整体,更不要说因循着一个铁板一块的单一模式。反之,它显示出鲜明的多样性特征,近来的发展日益倾向于维护个体同一性。因此,当今世界成为这样一个竞技场,全球化和它的对立物——本土化——各擅胜场,正在同时对个体和群体产生巨大的压力。

本土意识、传统纽带和认同

造成多样性和不断高涨的自我认同意识的一个重要原因在于,全球化使本土的觉悟、意识、敏感、情绪和热情空前凸显出来。尽管我们或许不能把这种强烈的"传统纽带"依附意识的重新出现完全归因于各种全球化趋势,但它很可能是这些趋势所带来的一个意外后果。

在描述目前的人类状况时,我们不能忽略种族、性别、语言、地域、阶层、年龄和信仰等因素。种族歧视威胁着所有多种族社会的凝聚力。如果不加以妥善处置,即使强大的国家也难免遭到解体的厄运。性别平等同样受到普遍关注。没有一个社会可以避开旨在追求性别平等的妇女运动的强大影响。无论在发达国家还是发展中国家,语言冲突正在以各种方式威胁着共同体的稳定。主权斗争是一个遍及世界的普遍现象。如果所有分裂群体都寻求国际承认,联合国成员数量便会成倍增长。所谓南北问题存在于国际、地区、国家和地方的各个层面。在发展中国家,城乡差别正在加大。而城市贫困问题已经成为发达国家所面临的主要挑战。代沟现象更加司空见惯。以30年为周期的一代人的传统方式已经不再适用于下一代人。代际之间的斗争更趋强烈。在不同"代"的音乐、电影、体育比赛和计算机的影响下,同胞兄弟姊妹可以形成不同的生活方式。宗教冲突不仅发生在两种不同的信仰之间,而且出现在同一信仰的对立传统之间。远非罕见的是,同一宗教内部的纷争往往比跨宗教的纷争来得更加惨烈。

总之,全球化远远未能消解那些我们人类具体生存赖以构成的不确定条件,那些"传统纽带",这已经成为近几十年来人们着力强调的话题。

> 全球化或许会消解国家的权威,或许会改变主权和民族性的含义,但它同时还强化着认同意识的重要性。我们世界的全球化程度越高,对认同的向往就越强烈。
>
> (E. 约翰逊,爱斯本研究所主任)

的确,那种假定我们必须放弃自己的传统纽带以成为全球公民的观念是不切实际的。进一步说,认为各种传统纽带必然会败坏世界精神的想法也是有害的。我们知道,我们那些强烈的感受、崇高的愿望以及挥之不去的梦想往往附着于一个特定的群体,表达为某种特定母语,关涉到一个具体的地方并针对着生活在同一时代、秉持着同一信仰的人群。在我们的自我界定中,我们还注意到性别与阶层的显著特征。我们深深植根于自己的各种传统纽带,它们给我们的日常生存赋予了意义。如果说人们不能通过刻意选择变成一个完全不同的人,那就更不能任意抹去他与传统的联系。

作为一种异质力量的全球化势将摧毁一个个体、团体或一个民族的精神,越来越多的人深切地感受到并在行动上明确地表达出这种恐惧。例如,1999 年 12 月,西雅图出现了反对"世界贸易组织"的骚乱;2000 年 1 月,达沃斯又出现了抗议"世界经济论坛"的浪潮。面对这种恐惧,全球化进程中的传统纽带问题成为我们需要郑重对待的事情。我们不仅要把各种传统纽带视为被动的限制性因素，还应将其理解为一种积极的资源。唯其如此，我们才能从植根于地区联系的多种全球化趋势的积极互动之间获得收益。

从现实的立场来看，传统纽带既非僵化实体，亦非静态结构。毋庸赘言，我们生而具有自己的种族和性别特征，无法选择自己的年龄层、出生地、第一语言、国家的经济发展阶段和信仰共同体。然而，民族意识和性别角色是通过学习而获得的。不仅如此，我们的民族自豪感意识和对性别特性的要求都是教育的产物。种族歧视和性别不平等所唤起的敏感、情绪和激情无论对我们个人来说是何等的强烈和自然，其实都是社会化的产物，需要精心的培养。这一点对于有关年龄、国家、语言、阶层和信仰的意识来说也是如此。无论具体情形如何不同并在程度上有何种差异，它们都是以文化的方式构成的社会实在。在这个意义上，每一种传统联系都象征着一种流动的和动态的过程。它犹如一条潺潺溪水，可以因不同的渠道而有不同的流向。

传统纽带不仅赋予行将到来的全球共同体以亮丽的色彩和多样的结构，它们也对脆弱的世界秩序和人类安全提出了严重挑战。脱胎于国际主义世界精神的联合国不得不穷于应对的各种认同问题，无一不负载着具有爆炸性的群体感受。遍及世界的种族偏执、性别偏见、年龄歧视、宗教的不宽容、文化的故步自封、仇外意识、仇杀和暴力让我们深刻意识到，全球化固然可以增进个人认同感，但也不可缺少那种对人类家庭的归属感。传统纽带当然不是一种一成不变的观念。

我们知道，变化观念本为每个文化和文明所固有。从更大的程度上说，对变化的恐惧是与敌人的观念交织在一起的。我们还知道，各种文明已经对变化相当适应，如今它们在许多问题上可以分享共同的看法。

> 全球化使不同的国家和文明日趋接近。在文明交汇的过程中，人们可以发现大量共同点和基本的共同价值……全球化的发

展将为各具特色的文明的发展创造更广阔的空间。

（宋健）

经济全球化或许是全球化中最引人注目的部分。人们常把总量增长、劳动生产率、投资回报作为测量它的重要指标。其他指标还包括消除贫困、就业率、健康状况、平均寿命、教育、社会保障、人权状况以及信息通讯的普及程度。这一切对于改善生活质量来说都是不可缺少的。而控股人(stakeholder)的观念而非股票持有人(shareholder)的观念,更使人处于一种不断扩张的网状联系之中,从而可以参与到这种显示出巨大潜力的包罗万象的进程中。我们或许不是市场经济的直接受益者,但都从这个星球维护生活质量的努力中获得了一份红利。

不可否认,全球经济体制可以提高生活质量。它的建立有助于金融稳定并最终促进经济的均衡增长。毫无疑问,竞争的市场中一定会有输赢。在某个时期,某一特定区域的文化和语言必定会对其他地区产生渗透性影响。然而,将全球化理解为强权的主宰,此种状况无论是源于精心策划,还是因失误所致,都将无助于国际稳定。既然全球化不是同质化,那么想象中或现实中的霸权主义必然会对培育一种世界和平文化的努力造成损害。文明对话的宗旨就是要改变全球化所带来的这种意外的和负面的后果。

作为相互学习的对话

日常人类经验告诉我们,真正的对话是一种需要精心栽培的艺术。除非在知识上、心理上、心态上和信念上都做好充分准备,否则我们便难以充分投身于一场对话。事实上,我们只有在面对真正的朋友和相通的心灵时才能体会到交流的愉悦。

但是,在陌生者之间,尤其在其中“一方”被视为坚执极端立场的他者、对手乃至敌人的情况下,怎么才能进行一种超越所谓文化对立的真正对话呢？如果认为这种对话不仅是可能的，而且可以立即实现，那未免过于天真了。可以肯定地说，要在个人、地方、国家和国际等不同层面上彻底实现有益的对话联系，或许要花费数年以至几代人的时间。目前，我们只能就全球进程的转折提出一些起码的条件。

我们迫切关注和焦虑的是环境的可持续性和后代的生命前景。我们强烈地意识到，必须有一种基于全球共同利益的全新保护意识。我们希望通过文明对话来鼓励各种积极的全球化力量，从而增进物质的、道德的、审美的和精神的愉悦，并特别关切那些在当前经济发展潮流中陷入困境的、受到损害的、沦为边缘化的和孤立沉默的人群。我们还希望通过文明对话促成对个人知识、群体凝聚力、自我理解以及个体和群体认同意识的有益探索。

我们已经从许多跨宗教对话中获得教益。对差异的宽容是任何有意义交流的先决条件。然而，要超越“井底之蛙”的狭隘视野，单纯强调宽容还显得过于消极。在进行交流之前，我们需要对他者的状况有一种敏感意识。对作为可能交谈伙伴的他者状况的意识，将促使我们将我们的共同存在当做一个不可否认的事实，从而最终意识到，他者的信仰、态度和行为与我们密切相关。换句话说，两个人完全可能在一个相交点上相遇，以解决重大分歧或开辟一个合作领域。当双方建立了足够的信任从而可以怀着相互尊重意识面对面坐下时，一种富于成效的对话才真正开始。通过对话，我们可以欣赏他者的价值。这种价值是我们本着相互尊重的意识从他者学来的。我们甚至会为我们之间的差异感到庆幸，因为它扩展了我们双方的视野。

这样的对话决不是一种说服或压服对方的技巧。它将通过分享对方的价值而建立相互理解并共同创造一种全新的生活意义。要进行文明对话，我们需要搁置这样一些欲望，如急于向对方兜售自己的观念，试图说服他者接受我们的信仰，设法使他者赞同我们的意见，为了让他者同意我们珍视的真理和信赖我们的根深蒂固的信念而处心积虑地设计我们的行动步骤，等等。反之，我们的目的是要学到未知的东西,倾听不同的声音,向不同的视野开放,反省我们自己的预设,分享真知灼见,发现彼此心领神会的领域并为人类繁荣开辟出最佳路径。只有这样,我们才能在互动基础上建立起互惠关系。

二、多样性和共同体

我们需要不断提醒自己,无论是历史的遭际还是境遇的变迁,也无论是肤色、民族、语言、教育背景、文化遗产还是我们所属的宗教传统之间的差异,都不应当削弱我们共同的人性。我们的遗传密码清晰地昭示我们,我们具有共同的根源。人类构成了一个共同体,这不仅是就我们与其他人类伙伴而言,还意味着我们与其他动物、植物、树木和石头是一个整体。"天地万物"观念不仅表达着一种宇宙观,而且是对内在联系观念的诗意叙述。我们甚至可以为各自的祖先找到一个共同源头,即使她不是某些学者所确认的非洲母亲。一则非洲谚语说:The earth is not only bequeathed to us by our ancestors but also entrusted to us by generations to come(大地不仅是祖先的遗产,也是后代委托我们守护的财富)。它优雅地表达着一个无可否认的事实,无论过去、现在还是未来,我们都共同生活在这个星球。

一旦确认了我们的共同人性,那种毫无个性的(faceless)或抽象的普遍主义便令我们警惕。我们敏锐地意识到多样性是人类繁荣的必要条件。如果说生物多样性对于我们星球的存续是不可或缺的,那么文化和语言的多样性就是我们目前所知的人类共同体的确定特性。然而,某些在既往社会和文化条件中生发或构成的差异观念往往导致个人反对个人、群体反对群体、多数人反对少数人的局面。随之而产生的歧视造成了不和、暴力以及对人权的大规模侵犯。在倡导多样性的同时,我们谴责民族中心主义以及各种极端形式的沙文主义。

在毫无个性的普遍主义和民族沙文主义之间存在着一个广阔空

间，这是跨文明对话可能出现的场所。在过去的千年中，各种伟大的民族和宗教传统已经在我们这个世界营造起辉煌的精神景观。超越民族、语言、宗教和文化对立的交流一直是人类历史的一个显著特性。尽管在对立的共同体之间存在着紧张和冲突，但超越这些对立、建立更多的联系和互动，一直是一个不可低估的大趋势。从历史上看，每一个伟大民族和宗教传统都会遇到截然不同的信仰体系和信念共同体。它们经常能从这种相遇中获得巨大活力。通过学习他者，某一既有传统可以大大开阔视野。例如，基督教神学便受惠于希腊哲学，伊斯兰教思想也曾经从波斯文学中获得启示，中国思想史则因公元 1 世纪传入的佛教所负载的印度思想而变得更加丰富。

然而，对他者的恐惧也一向导致不和与长期争斗。所谓宗教战争一直充斥着整个历史。两个主要文明之间的和睦相处还是十分罕见的，一个著名的例外是印度对中国文化世界的改变，这是通过大乘佛教引入中国人的精神领域，并由中国文化涵化吸收而完成的。在为人类大家庭培育一种令人憧憬的文化过程中，宗教间的和谐具有根本的意义。因此，宗教间的对话是文明对话的必不可少的组成部分。所有宗教，包括那些正在出现的新宗教，都面临着一个史无前例的历史机遇，那就是确认一个旨在促进共同的公善(common public good)的目的统一体。只是在最近，全球化才实质性地提高了不同宗教之间的交流密度。

一个全球共同体的到来预示着“共同的公善”观念。作为一个想象的灵性实在的地球村不是一个共同体。“共同体”这个词的理想含义在于，人们在一起共同生活，分享一种共同价值和实实在在的公民道德，并通过致力于实现公善而联合为一体。然而，这样一种统一体允许生活方式的多样性和信仰差异，只要这种多样性和差异不致侵害他者的基本自由和权利。尽管要实现一种真正意义上的地球村共同体还是一件遥远的事，我们仍旧希望进一步促进与这一目标相契合的全球化和本土化趋势，继续开展与这一目标相适应的传统的和现代的实践。

当我们回顾过去并从后代的角度思考未来的时候,最令我们萦系于心的问题是:在一个行将到来的全球共同体中,我们怎么能通过一种负责任的生活来实现多样性?这种生活意味着对他者传统的敬重和对自己传统的忠实。对多样性的真正接受使我们可以从由衷的宽容走向相互尊重,并最终达到彼此之间的欣然肯定。在宗教、文化、种族和民族的背景下,无知和傲慢是造成固执、偏见和仇恨的主要根源。物质保障、经济持续和政治安定为社会整合提供了广阔背景,但要形成真正的共同体生活,我们就必须自愿地跨越对立、负责任地行动并实现充分的相互尊重。通过对话,我们将学会最大限度地欣赏他者的独特性。我们将真正理解,一个由不同的人和文化融合而成的绝妙的多样性整体能够丰富关于自我的认识。对话推动我们努力实现一个真正的包含所有人的共同体。

> 非洲传统宗教对世界的贡献日益为人们所认可。今天,它不再被轻蔑地视为需要由更高信仰形式所取代的迷信。它对人性的精神遗产的补充作用业已得到广泛承认。Ubuntu(非洲语词,人性)精神体现出一种深厚的非洲意识:We are human only through the humanity of other human beings(唯有依存于其他人类的人性,我们才成为人)。这种意识表现的不是一个狭隘的地域意识,它给我们对美好世界的共同追求增添了具有全球化意义的内容。
>
> (纳尔逊·曼德拉)

文明对话预设了人类文明的多元性。它承认平等和差别。没有平等,交流就缺乏共同基础;没有差别,那就没有必要交流。如果说平等确立了跨文明对话的基础,差别便使这项共同事业显得更加可欲、必要、值得和富有意义。作为致力于对话的搭桥者,我们意识到不同传统中存在着共同价值,正是这些价值把我们维系在一起,成为人类大家庭中的女人、男人和儿童。我们在合作发掘这些价值的相互联系时意识到,多样性可以使我们营造一个开放的、充满活力的共同体。我们有与多元文化打交道的经历,我们共同怀有消除各种巨大障碍的决心,我们一直致力于申明持久的社会关怀,所有这一切都有助于我们认识那些对一个负责任的共同体来说具有至关重要意义的价值。

三、共同价值

正在出现的世界共同体唤起我们对全球境况寻求一种全新的理解,这在历史上尚无先例。一个令人叹为观止的文化多样性蕴涵着这样一个核心观念:我们是一个具有共同命运的人类大家庭。随着世界相互依存程度的提高,我们不仅认同于整个全球共同体,也认同于我们的本土共同体。我们既是自己所属国家的控股人,也是那个将地方、国家、地区和全球紧密链接起来的整体世界的股票持有人。我们分有的共同价值的视野将为文明对话提供和保持一种伦理基础。我们意识到,当代生活的复杂性或许会造成一些重要价值的对立。实现多样性与统一体和谐的任务过于沉重;私利和公善之间的冲突似乎不可解决;在眼前实惠与长远利益之间作出选择也往往不是一件轻而易举的事。但我们相信,一种全新含义的全球相互依存观念对于我们通过合作在世界范围内燃起希望之光是至关重要的。

> 无论"摩西十诫",还是佛教、耆那教、儒家思想、印度教以及其他许多经典,无一例外地拒斥暴力与欺诈,以及可能由此衍生出来的一类伤害,如酷刑和偷窃。此外,反对暴力、欺诈和背叛,也是每一个社会和法律制度中最常见的规范。无论在何等不同的经典中,如古埃及的《死亡书》(*The Book of the Dead*)、古冰岛

的《埃达》(*Edda*)和古印度的《薄伽梵歌》(*The Bhagavad-Gita*),我们都能看到同样的表述。

(西塞拉·鲍克:《共同价值》,1995年)

我们从一开始就申明,我们赞成捍卫个人自由,保护基本权利以及对任何人类同等价值的承认和尊重。这些都是近代西方启蒙运动所确认的价值,它们是市场经济、民主政治和公民社会的基础。如果说它们在任何现存社会中都没有得到充分实现,那至少也代表了一种普遍的愿望。的确,自由、权利和个人尊严具有普遍的感召力,但同样重要的价值还包括义务、人类责任和共同体的利益。由此,我们便获得了一张内容超载的议程以供反思。培育义务感与保护个人自由可以相得益彰,这会使我们在张扬个性精神的同时免遭社会解体的危险。鼓励人的责任意识与保障基本权利可以互为补充,这会在为人的思想和行动提供一个安全空间的同时不致威胁社会凝聚力的基础。在要求每一个行为为他人(共同体)负责的同时,承认并尊重每个人的同等价值,这会使我们在自我与社会的关系中找到平衡点。

没有个人的激情,共同体将是一潭死水;
没有共同体的共鸣,个人激情终将消退寂灭。

(威廉·詹姆斯)

自我与社会间的互惠性互动在我们时代获得了全新意义。我们需要在个人、地方、国家、地区和全球等各个语境下来审视它。我们还承认,要超越自利造成的冲突,我们的视野就不能局限于国家和地区,也不能局限于个人和地方。超出我们理解力的全球化力量很容易令我们手足无措;脱离我们控制的"民族和宗教冲突"则会使我们听之任之。我们仿佛无法逃脱主宰和崩溃这两种极端的毁灭形式。尽管如此,我们仍旧希望,随着对话性全球共同体的出现,我们第一次可以在交流和相互联系的基础上现实地谈论人类大家庭。我们愿意着力强调，全球化具有某些令人生畏的侧面。例如，它可能带来霸权主义和垄断主义，但这并非是不可避免的。同样，尽管在认同观念中充斥着偏见和排他倾向，但对认同的真正探索却包含着一种对我们的儿童和我们自己的高尚呼唤和教化体验。

我们的眼睛因哭泣而变得滞涩，
但明亮的小溪可以使我们露出笑脸；
云雀的歌声吐露着天国的消息，
让我们忘却死亡的艰难。

现在没有什么可以洞穿我的肉体，
有了爱，一切不安都会销声匿迹；
带来恬静的仍旧是母亲的凝视，
我觉得上帝正抚慰我安然入睡。

（葛不里拉·米斯特拉：《恬静的话语》）

我们既反对毫无个性的普遍主义、霸权主义的控制和垄断主义的行为，也拒斥狭隘的民族中心主义、宗教排他主义和文化沙文主义。我们确信，全球化中的积极力量和对认同的真正探索将营造出一种精神氛围，以提升未来岁月中的人类精神。旨在彰显多样性和造福于共同体的真正全球化进程是一种学习和承认丰富多样的人类遗产的影响史。这就要考虑到文明之间的单向的和交互性的关系，使真正的对话成为可能。在这种对话模式中，对每一文明的呼应都提醒着、鼓励着和启示着其他文明。由此而来的同情性共鸣体现着真正的跨文化和超时间的世界性和谐。为此目的，我们要强调指出：作为最基本和最普遍的价值，人性是所有共同价值的基础。

要深刻理解人性的含义，我们不妨从对一条“黄金规则”的探讨入手。这条规则既可以用肯定式语句来表述("己欲立,而立人;己欲达,而达人"),也可以以否定式语句来表述("己所不欲,勿施于人")。无论怎样,任何伟大的伦理和宗教传统都在精神上分有着这种意识。基于这个原因,1993 年的"世界宗教议会"确认这条黄金规则是正在出现的全球伦理的基本原则。在自我理解的过程中意识、承认、接受和欣然肯定他者的思想正是这条黄金规则的题中应有之意。我们相信,它将有助于我们学习仁爱之道(to learn to be humane)。

人性、互惠性和信任

无论东方还是西方,学习仁爱之道(或者更直接地说,"成人之道"——learning to be human)都是所有古典教育的确定特征。当我们走过人类历史上或许是最野蛮的一个世纪后,学习仁爱之道就成为当代世界中富于深刻意义的挑战。无论从分析的角度还是从整体论的高度看,人性观念都可适用于在任何境况下的任何个人。我们已经在超越种族、语言、性别、地域、阶层、年龄和信仰的平台上昭示了这样的信念:个人尊严是一种不可回避的价值,但这还不够,我们还需要学习如何以仁爱的方式来对待人,无论他/她是一个贫穷老弱的白人、一个中国商人、一个犹太教的拉比、一个穆斯林的阿訇、一个年轻富有的黑人妇女还是其他什么人。这就要求我们具备一种能力,即不仅把差异视为威胁,还将它视为一个丰富人性的机遇。

互惠性价值蕴涵着我们习得的一种能力,即拒斥任何宗教的、文化的、民族或种族的固执、偏见、仇恨和暴力。它是黄金规则(作为各精神传统中的引导性规则)中的一个必不可少的成分。但严格说来,只有在黄金规则的否定式陈述——"己所不欲,勿施于人"——中,才需要真正的互惠性原则。这种看起来多少有些消极的态度充分考虑到他者的完整性,决不把自己的意志强加于人,即使我们由衷相信我们给他人提供的是一种最佳方式。这种自我约束蕴涵着这样一种信念:对我最相宜的,未必适用于我的邻人。考虑到趣味或偏好的不同,这是不难理解的。而从宗教多元主义的语境来看,甚至信仰也不能回避这种互惠性原则。的确,如果那种迫使他者皈依的意识压倒了倾听和学习的必要性,对话精神便会陷入困境。

然而,以肯定式语气表述的黄金规则也不一定与互惠性精神冲突。“己欲立,而立人;己欲达,而达人”并不是我们可以强加于人的许可证,它只是要求我们关注他者并积极促进他者的幸福。作为真正对话所必需的互惠性原则可以使我们在真正的伙伴关系中对待他者。只有在谈话伙伴达到相互理解和赏识的情况下,我们才可以采取积极行动把他们带入一个互利互惠的共同事业中来。黄金规则的否定式陈述提供了一种必要的约束意识,而其肯定式陈述则防止我们对他者的痛苦采取一种消极的漠不关心态度。无论是哪种形式的陈述,黄金规则的宗旨都是要培育一种个体间的信任。

信任能够使对话发生、持续并最终产生结果。它是真正交流的基础。没有信任,我们就不可能轻松地开展任何富于意义的交流。信任不是盲目的。它是与他者交流的理性选择。它是摆脱恐惧心理的起码条件。如果不能摆脱作茧自缚的心态从而面对来自未知的挑战,我们就决不会跳出自我主义、裙带主义、地域主义和民族主义的樊笼。缺乏信任阻碍了一切跨文化合作的努力,并将迟滞和平文化的生长。信任承诺着一种不断扩大的共同体的可能性。它是相互尊重和理解的源泉。信任使我将他人视为目的,而不是达到目的的手段。

虽然信任不是健康的怀疑主义和批判精神的对立物,但它决不对他者充满敌意,也不会对具体事态冷嘲热讽。尽管这个世界充满紧张和冲突,信任却表达着一种愿望:与那些一向被视为绝对异己者的他人一道发掘共同特点和分有能力。信任是与一向被视为敌人的陌生者开创共同事业的勇气。通过信任,我们把尊重他者的完整性当做一个原则问题和自在目的。当然,一个具有信任意识的人有时会感到失望或受到欺骗,但这不会使他/她放弃在家庭、社会和国家之内或之间继续进行交流的努力。信任包括信守承诺和始终如一的行动。然而,在它之上还存在着一个更高的主导原则——正当(rightness)。如果信守承诺将会从根本上伤害他者的幸福(例如借钱给吸毒者),那么解除承诺就是正当的。同样,如果一种开始实施的行为可能带来灾难性的后果,比如建立一座对环境有害的发电厂,那么终止行为就是正当的。

在尊重他者完整性的基础上确定信任的含义是公正的和谦逊的。它是真正对话的开始。任何商业交易和合同签署都需要信任,这是显而易见的。但在个体间和跨文化交流中,信任就显得更为重要。如果说法律行为可以医治商业活动中的违规或违约行为,那么没有信任,任何交流的可能性将会荡然无存。公正意识可以衍生出信任精神。有了信任,正义便可顺理成章地落实到实践。同样,一个仁爱之人必定是怀有信任意识的和值得信任的。出于同情和怜悯,一个仁爱之人可以在人际之间和文化之间铺陈一张不断扩展的关系网络。信任就是这些关系的扭结。凭借信任,法律规定将仅仅是一种预防手段。当一切人际和跨文化交往都被置于善的信念之上,随之而来的就是普遍化的修养和相互学习。信赖文明对话,我们就不仅能从自己的传统中学到智慧,还可以从整个人类共同体中学到积淀的传统智慧。

无论在个体的还是共同体的层面,人性和信任都造就了一种在人际间实现互惠关系的精神气氛。它是讨论共同价值的前提条件。没有人性和信任,那种旨在把开发价值当做心心相印的伙伴间的共同精神事业的行动就缺乏共同基础。基于这种讨论,我们愿意提出以下几组共同价值以供进一步研究:自由/正义,理性/同情,法律/礼义(legality/civility),正当/责任。由于自由、理性、法律和正当已经在当代政治哲学中得到了相对透彻的研究,我们因此更要强调正义、同情、礼义和责任是一些同等重要的价值,它们对全球共同体的出现具有同样重要的意义。我们相信,一旦得到充分承认,这四种共同价值将有助于推进文明对话。这样对话将实质性地提高实现全球伦理的可能性。

面向一种全球伦理

1. 自由和正义

如果说人性有助于我们与其他人类伙伴实现一种有意义的联系，正义就是把这种价值落实到具体行动上的现实方法。一个仁爱的世界必然是公正的。性别不平等和种族歧视则是不公正的。对于体现在收入、财富、获取产品、信息或教育机会等方面的其他不平等也应作如是观。由于两极分化的加剧是全球化进程带来的意外的负面后果，我们便特别关注人类大家庭中的那些边缘化的、受到损害的和沉默的个体和群体。他们应当受到我们的重视并获得我们的不懈支持。我们认为，一个个体、一个群体、一个国家和一个地区越是具备实力和影响力，就越具有增进人类共同体之福祉的义务。虽然将一种独断的平均主义原则强加于人不仅是不可行的，甚至是不公正的，但要求全球化的受益者同世界上其他人更平等地分享他们的资源，看来是唯一正当的。正义意味着一种倾向于使弱者受益的公共政策。为边缘化的、陷于困境的、受到损害的和沉默的人群找到出路无疑是仁慈的和公正的。

作为公平的正义召唤着一种更高标准的行为。在正在出现的全球化共同体中，消除贫困是一项伟大的和公正的事业。我们怎样才能帮助穷困者培养起摆脱穷困的能力？我们怎么才能通过对妇女的教育使她们能够打破由人口压力与经济落后形成的恶性循环？我们怎么能让北方国家以及任何取得经济成就的国家的领导人意识到，消除贫困——无论是哪里的贫困——是其国家利益的重要组成部分？我们怎么能在世界范围内唤起人的良知，使他们看到任何地区的贫困都是全球关注的焦点？这些问题需要在地方、国家、地区和全球等各个层面上明确提出来。

我们认为，提出这些问题的进程是缓慢的。1995 年在哥本哈根举行的社会问题高峰会上提出的“加速非洲以及最不发达国家的发展”

的承诺,就源于一种现实主义的相互依存观念模式。如果我们将民族的、文化的、语言的和宗教的多样性视为全球的共同财富,那就不应当把非洲单纯视为一块充斥着艾滋病、贫穷、低就业率和社会动荡的大陆。我们还应意识到,它是人类精神和累积丰富的前人智慧的巨大宝库。对于那种要求把社会发展视为全球共同事业的变革意识来说,非洲精神应当是一种启示资源。从这个意义上看,南非尽管是好望角周围的一个狭小地区,但从地缘和生物多样性来说,它的丰富程度可以与幅员广大的加拿大相媲美。非洲的命运对非非洲地区也同样重要,因为没有一种整体论意义上的人类繁荣,我们就不能在作为一个整体的全球大家庭中维护自己的安全,更不要说增进我们的福祉了。的确,非洲提供了大量这方面的教训。

> 当初,先知穆罕默德曾将他的那些受到迫害的追随者遣往非洲阿比西尼亚的基督教国王尼格斯(Negus)那里寻求庇护,他接受了他们。这难道不是一个在宽容和合作方面丝毫不逊于现代的例证吗?……
>
> 不同宗教遗产之间的相互作用可以为建立一种基于相互尊重、伙伴关系和平等的世界秩序奠定坚实的基础。当一块大陆正在与因不发达而产生的痼疾,如艾滋病、环境灾难和贫困,进行殊死搏斗的时候,宗教之间的厮杀就显得非常不合时宜。反之,宽容和合作将是我们迫切需要的道德指南。
>
> (纳尔逊·曼德拉)

我们关注非洲既非出于浪漫情绪,也不是出于感伤心态。如果说正是同情心、设身处地意识和怜悯心(sympathy, empathy and compassion)才使我们和那些处于困境的兄弟姊妹结为一个整体,那么正义便使我们意识到,一场灾难即使只降临在天涯海角,更不要说一个大陆了,我们的幸福也会受到某种威胁。当然,依据一种狭隘的、近视的理性计较，我们或许无法看到在非洲问题和其他地区的自我利益之间到底有什么现实联系，但常识告诉我们，既然在全球共同体中相互依存已经成为一种生活事实，那么无视或漠视在世界上任何一个现实地区出现的麻烦，都会危及人类的长远安全。的确，对我们任何成员的凌辱都会败坏作为一个整体的人性所具有的神圣性。

文明对话是全方位的。它是发给全球共同体所有成员的一道请柬。作为公平的正义可以保证所有出于自愿的伙伴参加没有歧视的对话。作为公平的正义还会通过积极努力，鼓励那些处于边缘的人群进行更广泛的参与。那些面对基本生存方面的迫切问题而手足无措的人群或许认为，对话实在是徒劳之举或不必要的奢侈，但正是他们才可以从积极参与持久对话中获得收益。事实上，参加一场富于公平精神的对话可以帮助他们改善行为、态度和信念，从而摆脱边缘化的困境。与此同时，他们那种解决燃眉之急的努力也会获得新的含义。通常，政治领导方面的不公正（缺乏透明性、公共责任意识和公平竞争意识）是导致经济和社会危机的主要原因。这个问题可以在一种比较文化的立场上得到明确的认识和有效的处理。

2. 理性和同情

人一向被界定为理性动物。认识我们的切身利益，在自由市场中实现利润最大化，或确定我们的相对优势，这些能力都意味着我们可以把握工具理性。理性对于人际关系、知识获得、政治参与和社会介入也都具有实质性的意义。然而，仁爱性包含着同情心、设身处地意识和怜悯心。作为一种价值的人性是无法单独通过理性而实现的。以仁爱方式对待一个具体的人并不是理性选择的结果，而是感性、信念、承诺和情感的结果。

眷恋与我们亲近的人并与之心意相通是一个最自然和最普通的人类体验。我们不能对所爱的人遭受痛苦无动于衷。这种怜悯心通常局限于我们的儿童、配偶、父母、近亲和密友的范围之内。一旦我们把个人性的怜悯心扩展到我们喜爱的、我们关爱的乃至我们不太熟悉的甚至陌生者的人群，我们关于相关联系的意识就会大大提高。也许我们对形成一个人性整体的高尚理想尚缺乏真正的体验，但如果“四海之内皆兄弟/姐妹”这样的道德信条真的令我们神往，我们就会致力于在不断扩展的相互联系网络中确立和谐关系。对文明对话的需求就是基于对他者的关爱。

通常以为，理性是一种可以客观验证和公开说明的能力，而作为一种与心灵有关的事情，同情则是一件个人的和私下的事情。可以肯定地说，作为一种情感状态，同情是很难用精确语言或严格限定的量词来描述的。同时人们也无法以必然的方式证明它是人类心理的一般特性。我们都希望人类学会同情，但却不能期许一种跨种族、跨文化和跨宗教同情的普遍性观念。例如，在希腊哲学的影响下，我们可以由衷地断言人是一种理性动物，但却不能理直气壮地断言同情是人类的一种确定特性。

然而，在比较文明的视域中，无论儒家思想还是佛教都坚持认为，同情心、设身处地意识和怜悯心既是对人的最起码要求，又意味着人道的最大限度实现。依据儒家思想和佛教的思维模式，人是具有感觉力的动物。人的根本特征是感性而非理性。我感受，故我在（We feel; therefore we are）。通过感受，我们意识到自己的生存，意识到与其他人类伙伴、与鸟兽草木以及宇宙万物的共生关系。既然这种相互联系感受不仅仅是一种私人情感，而且是一种可以在主体间得到确证的伙伴意识，它便是一种可以共同分享的价值。

从更深的意义来看，同情不是一种可以从书本习得的能力，而是一种源于自然禀性的心灵品质。对他人痛苦的感受是油然而生的。即使外部强加的困境早已使我们心硬如铁，不断遭遇的残酷杀戮使我们变得麻木不仁，但我们对悲剧事件的自然反应也不会完全泯灭。然而，最令人沮丧的人类悲剧在于，人在面对被视为寇仇的他人时可能会完全丧失同情能力。在恐怖主义的报复或复仇意识中，牺牲者（常常是无辜的牺牲者）完全属于非人的“异类”。他/她遭受到的疼痛、痛苦乃至死亡不仅是注定如此的，甚至是值得庆祝的。这里并不缺乏工具理性、自我的正义感和道德义愤（当然这一切都以极度扭曲的方式表现出来），但却全然没有同情心、设身处地意识和怜悯心。正因为这样，这些人的行为才会是如此非人性，如此具有毁灭性。因此，通过教育来培养同情心对于培养一种全球性的和平心态是至关重要的。只有这样，人类才可能恢复那种原初具有的心灵品性。

当然，我们还不致天真到以为仅仅靠培养同情心就可以战胜恐怖主义。但不可否认的是，政治操纵的和“宗教驾驭的”恐怖主义出于这样一种坚定信念：极端暴力是对待错误一方的必需手段。如果不是这样，那些智力健全的信仰男女怎么会在彻底“洗脑”的状态下精心炮制出以自杀方式谋杀无辜民众的方案？实际上，在这种绝望行为背后的某种精神病理原因或绝对疯狂心态才是最恐怖的。强烈的仇恨使那些人把最大的痛苦——死亡或自杀——作为策略手段以期造成最大限度的伤害。在这里，“自己活，也让别人活”（live and let live）的观念被彻底颠倒过来。人类理智要求我们深入探察这些恐怖分子的精神状态，以了解他们何以最终选择了惨无人道的残忍行为。值得注意的是，一些共同价值往往在被曲解和滥用的情况下被用来辩护这种残忍行为的必然性，如真诚、献身、道德义愤、理性、牺牲、正直和胆量，但对“他者”的同情心、设身处地意识和怜悯心，却绝没有这样的使用价值。铁心肠的恐怖主义者完全拒斥这些人性的根本特征。

没有同情心、设身处地意识和怜悯心，真诚便沦为痴迷，献身蜕变为狂热，道德义愤转化为具有侵略性的愤怒，理性成为毁灭的工具，牺牲意味着大众的苦难，正直变成一种傲慢，而胆量则成为兽性的同义语。一旦将其他价值置于作为感性和情感的人性层面，真诚、献身、道德义愤、理性、牺牲、正直和胆量就可以丰富我们的内在资源，坚定我们那种通过改造人而培育一种和平精神的决心。

3. 法律和礼义

法治对维持秩序是至关重要的。市场经济中的透明性要求，民主政治以及在公民社会中的公共知情权都提示着，没有法治就很难确保安全、良好治理和基本权利。但是，作为维护秩序最起码条件的法律本身并不能培育公共意识和责任意识。对于那些希望在和谐的共同体中寻求生命完满性的人来说，一种公民伦理的培养是完全必要的。多样的传统引导着世界各民族的思想和行动，没有礼义的法律是不可能唤起公共意识的。一个缺乏公民伦理的法律制度很容易导致滥讼成风的局面。

礼义是对法治的补充。它为法律提供了一种道德基础。它是与其他公民打交道的恰当方式。如果积极的全球化趋势（它在促进交流和相互联系的同时，并没有带来霸权主义）有助于形成一个不断扩展的关联统一体，礼义就是维持这个过程的关键。没有礼义，真正的对话无从谈起。在跨文化交流中，礼义也是不可或缺的。搁置我们的判断，批评性地审视我们的预设，充分欣赏对方的叙述而不急于得出不成熟的结论，深入探究相关问题以及对交流的含义进行反省，所有这些意愿都蕴涵着一种公民伦理。

人性使我们可以与他者形成互惠关系；正义有助于我们将仁爱情感落实到行动上；而礼义精神则为人际之间的交流提供了恰当形式。没有礼义，竞争就会蜕变为野蛮的主宰和冲突；多样性的制度很快就会沦为一种你死我活的权力角逐。单靠法律本身可能会鼓励人们顺从意识，但对礼义的培育则会使一个和谐社会平稳发展。我们渴望这样一个全球公民社会，所有的文化，包括正在出现的新文化，都处于一种相互学习的关系中。这样一个憧憬孕育着持久和平的希望。

在1992年在里约热内卢召开的“环境与发展会议”，在1994年开罗的“人口会议”，1995年哥本哈根的“社会发展会议”和1995年北京的“妇女大会”上，人们从各个非政府组织的创造性想象、积极参与和强有力推动中似乎看到，一个全球公民社会已经初现端倪。它强烈地表明，随着在世界舞台上出现了这些超越民族、语言、文化和宗教障碍的新演员，我们迫切需要一种新的游戏规则。这种规则将有助于人们在宽容的礼义层面上通过协商解决紧张和冲突。在这个紧张和冲突的领域，我们决不能单纯依赖特定的法律条文和各种规章。实际上，所有精神传统都教导人们要彬彬有礼、热情待人，这些价值为对话和交流提供了基础。

在礼义的语言中，国家间的外交技巧可以翻译成个体间的礼貌。对他者的恐惧往往会孕育出不健康的主宰欲望；愤怒很容易导致暴力；而多疑则是侵害他人的主要原因。如果说在风浪中航行的确需要某种警惕的话，那么要维持一种健康的人际关系，与其说依赖于军事或司法行为，不如说依赖于礼义行为。当然，一种礼义的伦理学并不是法治的替代物，但没有礼义，守法公民可能会是无情的、冷漠的甚至残忍的。礼义不仅鼓舞着人性、互惠性和信任，同时还补充着法治观念。

4. 权利和责任

如果说权利意识对于培养人的自主性、独立性和个人尊严都是重要的，那么过分强调自由选择观念，强调一种只有权利而无义务、职责或责任的观念，肯定是不利于社会团结和人类繁荣的。自从联合国在1948年发表《关于人权的普遍宣言》(*Universal Declaration of Human Rights*)之后，提倡人权成为现代意识中一个最鲜明特征。国家对人权的鼓励并不局限于少数发达国家。大多数联合国成员国都签署了一些——如果不是全部的话——国际人权协议。即使那些有着明显违反人权记录的政权也被迫在口头上承认这些权利。我们时代的精神鼓舞着人们将权利话语传播到世界的全部角落，让它遍及全人类——无论何种种族、性别、阶层和信仰。

但是，人权的含义经历了一个从政治权利到经济权利，以至最终到文化和群体权利的衍生过程。联合国《关于人权的普遍宣言》中的人权观念包罗万象，但其实现过程确实相当缓慢，即使在那些以最明确的方式将人权视为人类普遍愿望的国家，情况也是如此。尽管那种认为每个国家都有不同的人权观念，因此我们不应当要求所有国家遵循普遍人权准则的说法受到了严厉批评,但如何把政治权利与经济的、社会的、文化的和群体的权利配置和整合起来,对于跨文化对话具有极为关键的意义。

国际人权对话之所以具有必要性和可欲性,显然与对话伙伴的责任意识以及这种意识所蕴涵的职责和义务观念有关。如果说具有多种面孔和向度的权利意识只是在最近才在人类历史上出现,那么所有精神传统早在文明早期就发展出了一种成熟的责任或义务意识。某些政治领导人对人权话语的批评或许出于这样一种特定动机,即把服从权威当做稳定的基石。

处于不同经济发展阶段,或者具有不同历史传统和文化背景的国家具有不同的人权理论和相关实践,这不过是一种常理。但是,作为现代性鲜明特征的人权一定不能屈从于专制或威权政治。同等强调权利和责任是实现人类繁荣的稳定方式和跨文化对话的有效途径。

的确,没有责任的权利可能导致一种自我放纵,即一种以牺牲和谐社会关系为代价的自我中心主义。权利意识的道德力量就在于它将那种反对国家控制力量的个人尊严当做自己的普遍化诉求对象。人权捍卫者通常是为他人(那些面对难以驾驭的力量无力保护自己的边缘化的、沉默的人)——而非为自己——寻求正义。权利话语蕴涵着承认所有人类伙伴的相互联系。这种承认则意味着对那些无力保护自己权利的人们的责任感。那些出于自利动机、只具有无责任的权利观念的人们很容易转向自我主义。

从以上论述推演出的原则是:权利的优先地位中蕴涵着责任。那么,那些实力越强、影响越大的人是否对从家庭到全球共同体的各种集体形式的福祉具有越多的义务呢?一些国家已经将工作保障、经济成功确定为非诉讼权利,并将其写入宪法。然而,与言论、机会和宗教自由不同的是,人们不能要求政府将这些非诉讼权利当做原则确定下来。无论如何,这是多数负责的政府都试图实现的普通公民的合法性愿望。值得再次指出的是,由一个社会中的受益者承担起对弱者和陷于困境者的责任是无可厚非的。同样,那些全球市场经济的“赢家”是否应当树立一种与它们的实力、影响以及获取技术、信息、观念和物质资源的便利程度相适应的义务意识呢?

四、智慧

人性和信任是共同价值的基础。没有它们,自由/正义,理性/同情,法律/礼义以及权利/责任等就不可能获得一个可以充分实现自己的、健康的伦理环境。然而,共同价值的获得要求一种个人的理智。自人类黎明开始,这一直就是哲学的核心话题。在苏格拉底那里,“认识你自己”的观念蕴涵着精神练习、道德的自我培养,以及旨在成为一个完满的人的人道主义学习方式。如果说理智意味着来自经验的学习能力、获得和保持知识的能力以及通过推理解决问题的能力,那么正是凭借作为智慧的人类理智,人类才幸存并繁荣起来。考虑到那些严重威胁我们作为物种的生存的重大危险,我们对智慧的需求就愈加迫切。

智慧意味着整体性的理解力,深刻的自我认识,长远的视角,良好的常识感和判断力。一次灵感发动固然可以对世界境况的某一侧面作出精辟说明,但要完整地把握人类状况,非通过连续性的教育不可。片断的学习是不够的。个人知识,即那种基于体验的自我意识,只有通过不懈的努力才可能培育起来。以牺牲长远利益而赢得短期实惠,这种做法可以说是聪明的,却决不是智慧的。尽管“从长远观点思考”听起来很像一种先知的想象和智慧,但它决不是故弄玄虚,而是总会带来一些具体结果。在形成判断时综合考虑各种因素的能力是智慧的标志。健康的对话要求暂时搁置一些先入为主的成见,这种非判断态度便不意味着良好判断的缺位。智慧的判断是慎重的和公正的。它是超越于各种极端见解的中道。

科学和技术的发展已经极大地拓宽了我们的视野并深化着我们

对周围世界的意识。因此许多人以为各种伟大宗教和哲学传统中的智慧与我们的现代教育毫不相干。确实,全球化大大增加了可供我们使用和消费的数据、信息和知识,但它也在实质上瓦解着在无数岁月中形成的学习方式,尤其是获取智慧的传统方式。我们切不可将数据混同于信息,将信息混同于知识,将知识混同于智慧。我们需要学习怎样变得智慧,而不单是变得多闻博学。在信息时代,有三种特别值得关注的获取智慧的方式。

首先是倾听的艺术。倾听比看需要更多的耐心和接受性。没有耐心,我们虽然在听,但却捕捉不到什么信息,更不要说领会那种微妙的意义了。没有接受性,即使捕捉到一些谈话内容,它们也无法在我们的心灵深处驻留和回味。只有在专注的倾听中,我们才真正与他者相遇。原住民可以教导我们怎样倾听他人的乃至大自然的声音。只有通过专注的倾听,我们才能真正理解听到的一切。

其次是面对面的交流。与他人直接交谈是最普通和最简单也是最富于挑战性和最富于成果的交流方式。通过电话乃至更精致的电子工具交谈,完全无法取代一场面对面的谈话。这种交流需要一个伙伴。面对面交流是人类互动中最经久耐用的方式,也是最恰当的传递价值的途径。一旦把它撇在一边,我们获得智慧的希望就变得非常渺茫。

通过倾听和面对面交流,我们可以受益于第三种永恒的学习之道:前人的智慧积累。正因为在现代世界上面对着如此大量的数据、信息和知识,我们才比以往更迫切地需要智慧。各个伟大的宗教和哲学传统教导我们如何成为一个完满的人。前人的智慧积累向我们提供了生活艺术,这种艺术是在既往社会的典范人物的思想和行为中得到体现的。只有通过典范性的传授,即通过前人的垂范而非言辞,我们才能学习成为完满的人。我们不能把自己与那种使我们的生活富于意义的精神资源割裂开来。我们效法那些社会中的示范者,他们以最令人感动的方式成为完满的人。这种效法不是凭借头脑,而是凭借我们的全部身心。这种身心交融的学习不能通过单纯模仿而奏效。

毫无疑问，语言、历史、古典文献、哲学、宗教和文化人类学——所有教化艺术的学科——可以帮助我获得智慧。这种智慧永远不会过时。

学习成为完满的人旨在人格培养，而不只是单纯获取知识或磨炼技艺。在当今世界，文化能力与技术能力同样必要。对个人成长来说，伦理理解力与认知理解力同样重要。没有前者，社会的道德基础将会瓦解。就增进人类共同体的福祉而言，精神的观念和修养与充足的物质条件同样不可或缺。同样需要强调的还有文化能力。当然，即使识字不多，缺乏历史感、文学趣味或关于艺术的基本知识，似乎也不妨碍我们满足公民资格方面的基本标准，但我们将很难大量参与国家的公民生活。伦理理解力对于社会凝聚力十分重要。对有闲阶层来说，精神的观念和修养不是多余的奢侈品，而是心灵生活的重要组成部分。它们赋予一种文化以特殊的品格和独特的气质。

以上论证的只是经过挑选的部分价值。实践这些价值对于实现一种有效的、内容丰富的文明对话是极为必要的。从另一方面说，这些价值也可以在对话的现实过程中培育起来。所有伟大的精神传统都在不同语境下和历史情境中阐发过这些共同价值。人们可以通过典范、故事叙述、宗教祈祷、伦理教诲以及对话这一最重要的方式学到这些价值。

最后，我们可以通过两个命题来概括本文的基本观念：(1)全球化可能带来毫无个性的同质化，它无视差异，追求一种至高无上的权力。只有通过对话，我们或许才能实现一种真正意义上的全球共同体。(2)对认同的追求可能会导致一种有害的排他意识，它可以表现为狭隘的民族中心观念和排外暴力。只有通过对话，我们才能找到一种真正的全球交流方式，并对多样性保持真正的尊重。

论观念国际传播的社会条件

［法］彼埃尔·布尔迪厄

如果今天有人怀着促进理智生活国际化的真诚意愿，他能做什么呢？人们总倾向于认为，理智生活具有自发国际化的可能，这是再正确不过的了。理智生活犹如其他社会空间，是民族主义与帝国主义的一个家园。而知识分子也同其他人一样，一直忙于兜售各种偏见、老生常谈和承袭下来的观念。日常生活里发生的误解、普遍的不理解和受到伤害的自尊（如在陌生的国度人们可能会觉得受到冷落）可能会加剧这种情况。凡此种种都使我想到，那种应当成为一切国际主义之唯一可能基础的真正科学的国际主义，不会以一种与其概念相符的方式出现。

对于文化，我的信念与我对其他事情所持的看法没什么两样：我从不信赖那种自由放任的主张（laisseiz faire）。我希望表明，基于自由放任观念的国际交流通常只有利于传播某种非常坏的而非最好的观念。此刻，我像以前一样发现我所秉持的是一种在这个后现代世界中相当落伍的观念，即对科学主义深深的信仰。这种科学主义让我相信，如果人们对各种社会心理机制有所了解，这固然不意味着他可以完全驾驭它们，但至少可以在最低限度上提高他对这些社会心理机制的驾驭程度，尤其当这些机制在很大程度上建立在偏见基础上时，问题就更是如此。我所以说“很大程度”，是因为“真观念的固有力量”不断受到来自各方面的利益、偏见和情绪的抵抗。

国际交流常常受到一些造成误解的结构因素的影响。第一个因素是本文在传播时会脱离它们的语境。这是马克思在《共产党宣言》的一处讨论接受理论的地方附带提到的论断。马克思提到，德国思想家对法国思想家的阅读十分糟糕，他们把具有某种特定政治背景的论述视为“纯粹”本文，从而把作为这些文本核心的政治煽动解释为一种超越性主题。同样，在国际交流中的许多误解都产生于本文不能携带其语境这一事实。在我看来，只有这种结构性误解才可以解释这样一个令人感到惊异的事实，即身为法国总统的社会党领袖（指密特朗）会对恩斯特·荣格大加赞美。而另一个例子则是20世纪50年代的某些法国马克思主义者对海德格尔的礼赞。当然，我还可以举出一些当代的类似例证，但考虑到这些事实多少与我有些牵连，所以最好把它们搁置一边，以免使人觉得我似乎在用自己享有的符号特权对那些缺席的反对者进行报复。

本文脱离语境而传播，用我的话来说意味着，它与那个使自己成为一种产品的产地相脱离。而那些处于不同产地的接受者则用一种与其接受地的结构相符的方式对本文进行再解释。正是这种事实造成了数量惊人的误解，它们可能会产生一些消极的或积极的后果。从这个我认为是客观的描述中，人们可以引出乐观的或悲观的结论。例如，如果一个作者在自己的国家中享有某种权威，但却不能把这种权威带到国外，那么外国读者和评论家有时就会具有某种文本产生国度的人们所不具有的自由——因为在文本的母国，阅读可能要从属于各种符号的或现实的限制。由此会有这样的观念：来自国外的判断十分不同于来自后代的判断。如果说后代人是比较好的裁判，那只是因为同时代人是竞赛者，他们经常对不理解怀有一种隐藏的兴趣，甚至会想方设法阻止他人进行理解。当然，在某些情况下，外国读者也像后代读者一样，他们对文本产地的社会条件保持着一定距离，因此有一定的自主性。事实上，这里也多少存在着某些幻象，因为一些制度化的权威在起作用。比如帕斯卡的"大制度"（grandeurs d'ẹtablịssemẹnt）在国外得到了很好的传播，但这完全是由于存在着一个运转良好的国际教育体制。

因此，一本外国著作的意义和影响不仅决定于它的原产地，而且在同等程度上决定于接受地。首先，这是因为原产地的意义和影响往往是完全未知的。此外，从国内产地传播到国外接受地的过程还包含着一系列社会运作。这里存在着一个选择过程（翻译什么？出版什么？谁来翻译以及谁来出版？）；一个由出版者标志和分类的过程（通常会给产品贴上一个在原产地从未有过的标签）；一个将产品插入接受地的问题系列的过程；此外还有翻译者的选择，作者为翻译产品作序（他在推荐作品时会打上作品所有者的标记，按照自己的观点来叙述推荐理由，说明该作品何以适合接受地的需要，而很少提及作品究竟在何处或以何种方式适合原产地的需要）；最后则是阅读过程本身，外国读者会以相当不同的方式看待文本，因为其中令他们感兴趣的论点不可避免地会与作品在原产地产生的结果不同。

我希望稍微具体地谈谈上述各点。文本进入一个接受地的条件和方式是一个重要的、需要尽快进行深入研究的领域。这尤其是因为我们的目的是促进和改善不同国家之间的交流。我有时希望组织一个旨在讨论这些选择过程的会议，看看究竟谁在进行选择（美国科学社会学家最近将这些人称为"守门人"）？谁是发现者？他们出于什么利益来发现这些东西？我意识到"利益"这个词在这里或许有些突兀。但我相信，任何人，不论男女，无论出于怎样的良好意愿将作者据为己有，从而成为把作者介绍到另一个国家的选择者，都必定具有某种隐秘的动机。无论它是高尚的，或可能被说成是高尚的，我们都应当对它进行揭示，因为它对所做的事无疑是一个决定性因素。（我觉得在这里讲一点唯物主义并非不合时宜，它不会使我们的讨论减色）我所说的"利益"与该词在其他领域中的使用具有相同意味。举一个例子来说,西班牙小说家的作品之所以能在法国出版社出版决不是偶然的。出版一个人喜爱的作品将有助于提高该人在某个领域中的地位,无论他是否真的喜欢这种结果,也无论他是否意识到这样的结果,甚至不论这种结果是否符合于他的初衷。总之,这一切并没有什么不对,但我们应对此有更广泛的意识。某些好像是摆脱了其他利益的支配并彼此呼应的选择,往往产生于不同地域(产地和接受地)中的相似处境,它们事实上符合于在特定理智背景或活动中表现出的同质性利益或风格。这种交流可以被理解为同盟间的联系,它包含着一种权力,可以强化某种立场的支配性或威胁性。

除了这种在"创造者"(你们或许已经意识到,我对这个词多少有些偏爱)之间出现的选择共鸣外,我们还注意到一些建立在相互欣赏基础上的社会团体,它们在某些文化和精神领域中以多少有些非正当的方式行使着一种暂时的权力,因此符合帕斯卡提出的暴力统治的定义。人们可以想一想黑手党那样的例子,想一想在那些重要的学术人物之间出现的一系列交流。如果要对大量的翻译有所理解,我们就必须把它们放置在一个复杂的国际交流网络之中来加以考察,这个网络包括那些重要学术人物之间的交往、相互邀请以及互授荣誉学位等内容。接下来我们就要问,某些作家或编辑何以会成为某一思想的输入者?为什么出版商X会出版作家Y的作品?因为很明显,这里总是掺杂着利润方面的考虑。在这个领域中,异端思想的介入常常处于边缘境地,它们传递着来自另一个地域的信息和权力位势,输入者用它们来检验和维护自己的位势。外国思想家常常成为这样一种工具,被迫服务于某些他们在自己的国度中或许会予以拒斥或反对的目的。人们总是可以借用外国思想家来攻击国内的思想家。

海德格尔就是一个例证。今天这里的许多人都会问:为什么法国人对他的思想有如此浓厚的兴趣?这里当然有很多原因,也许这原因太多了。但特别值得一提的原因在于,萨特的声威在整个20世纪50年代令法国知识界感到窒息(安娜·波塞蒂在她的《萨特与现时代》

中对此给出了令人信服的描述)。因此,海德格尔在法国的主要作用就是削弱萨特的影响。教师们会说萨特的主要观念在海德格尔那里都已存在,而且得到了更加透彻的表述。另一方面,萨特在法国高等师范的同时代人波弗雷特(Beaufret)在当时已经具有与萨特一争高下的实力。他当时在声誉卓著的亨利四世中学授课,对那些准备通过严格入学考试而升入高校的学生进行培训。他当时想方设法为自己的哲学赢得一席之地,因此便致力于将海德格尔介绍到法国。在文学领域,勃朗肖也是这样做的。第三个例子出现在少数西方马克思主义学者所办的杂志《论证》之上。由于传统马克思主义具有过于明显的无产者色彩,他们便创造了一种将马克思主义与海德格尔混合起来的时髦版本。

外国思想家实际上说了什么无关紧要,重要的是他们可以被用来说什么,这个现象司空见惯,这也正是为什么那些灵活变通的作者更容易得到传播的缘故。所有伟大的预见都具有多义性,这是它们的一个主要特征。由此可以说明为什么这些预言可以得到如此广泛的应用,它们可以毫无阻滞地跨文化传播,并且传诸后世。这些灵活变通的作者是神赐天粮,他们服从于一种扩张战略的需要。

在这个挑选或选择过程之后,随之而来的是给传播物贴上标签。我们接受的不是本来的席美尔(Simmel),而是由X先生为其作序的那个席美尔。如今已经到了对序言进行大量社会学研究的时候。这是典型的符号资本的传播行为,或者说,它通常是这么一种传播行为。莫里亚克(Mauriac)为索勒(Sollers)作序就是一个明证。年迈的政治家写序,意在将符号资本传给后人。他一方面要表明自己尚有赏识新学的能力,此外也要表现他有护佑年轻后学的雅量——在这些后学的新思想中,他的影响依稀可辨。这种交流过程一直延续至今(在这里,不良信念起着巨大作用)。对此,任何以研究受体为己任的社会学都会感到研究上的困难。不过,符号资本的流动方向并不总是一样的。有时,(译作)序言的作者会使自己认同于著作的原作者,例如列维-施特劳斯在为毛斯(Mauss)所写的序言中便有效地将作者富于洞见的著名作品中所具有的符号资本据为己有。对此,读者可以得出自己的结论。

在所有这些完成之后,输入的文本就获得了一个全新标签。文本的包装代表着一种商标。老练的学者对于不同出版商所进行的包装,甚至对出版商策划的不同作品系列的含义都能心领神会。他们知道这一切意味着什么,它们是怎样适用于学术出版的一般框架。例如,人们如果要用苏伊尔(Seuil)出版社的包装取代苏尔坎普(Suhlkamp)出版社的,那么该产品的商标含义就会有巨大的改变。如果这里没有什么结构上的变化,那么传播过程就会更加顺畅地实现。不过,这里也会出现失误,作者变成了被严重曲解的牺牲品。这或许只是出于偶然,或许是由于大意,总之他们不情愿地成为一个挪用过程的对象。在这种情况下,包装本身已经成为一种被强加给作品的符号。乔姆斯基就是一个很好的例子。他的著作发表在苏伊尔的一个哲学文库。在我看来,苏伊尔这类出版社属于左翼天主教并具有强烈的个人色彩。因此乔姆斯基便发现自己在一个充满扩张色彩的文库中获得了一个新的商标。当时利科的影响如日中天,这样,苏伊尔出版社便通过出版乔姆斯基的作品,让他以其富于创造性的个性来打击所谓"无主体的结构主义"。通过把乔姆斯基的著作插入这个文库,附加一个序言,赋予序言以特殊内容,并凭借着序言作者所拥有的学术地位,整个转换过程就这样发生了,其最终结果与乔姆斯基原作的旨趣大相径庭。

事实上,所有这些转换和变形都与对本文的策略使用有关。作者依然如故,他们独立于那些信息操纵意图。在本来意义上的理智领域以及整体性的社会领域中,历史传统极为不同。对一种知识意义上的和需要以本土体验为基础的审美意义上的外国文化产品的使用,实际上可以在本来相同的事物之间制造出虚构性的对立,并可能在本来完全不同的事物之间错误地构造出某种相似。为证明这一点,我们不妨对20世纪60年代法国和德国哲学家的关系作一个细致分析，以表明在完全不同的知识和社会背景下，相同的意图怎么会导致他们采取明显对立的哲学立场。人们或许可以用一种相当鲜明但也是相当夸张的方式问：如果哈贝马斯在50—60年代的法国接受训练并成为哲学家，他难道不会比现在更接近福科吗？如果福科在同时接受德国的训练并成为哲学家，他与哈贝马斯是否不会有现在那么大的差别呢？这显然是说，尽管两位哲学家面对各自的背景都似乎有很大的自由度，但事实上，他们都深深地打上了各自背景的印记。其中的部分原因在于，他们（凭借着他们的权力意图）与之奋斗的是各自国家特有的理智传统，这两种传统当然是迥然有别的。

还有一个富于启发性的例子。某些德国哲学家对一些法国哲学家（特别是德勒兹和福科）利用尼采的方式表现出强烈的义愤，但在此之前，人们必须知道，尼采（对福科来说是那个作为《道德的谱系》的尼采）满足了当时由萨特的主观性和精神性存在哲学所主宰的法国学院哲学的某些要求。《道德的谱系》同时给当时已经明显过时的科学实证论（以杜克海姆为代表）、知识社会学和社会历史观念提供了某种哲学保障和哲学尊敬。福科的努力在于建立一种历史理性的历史科学（将“谱系学”与诸如“认识论”的观念结合起来）以反对非历史的理性主义，他因此被认为推动了那种复活非理性观念的运动。但德国人心目中的尼采具有一种全然不同的意味，正是为了反对法国的这种非理性主义，哈贝马斯和许多其他哲学家（如奥托·阿贝尔）建立了自己的一整套哲学。

提到我本人对上述争论的贡献，我会说，我所追求的是一种理性主义和历史主义的道路（它包括一种社会历史理性观念，或者说一种科学领域，其目的在于探索理性生产之社会条件的历史起源），而哈贝马斯和阿贝尔所坚持的是一种新康德主义理性观，旨在通过一种语言学论证来建立某种科学理性。但这两者之间的对立远没有最初看起来那样严重。我相信，理性的相对主义和启蒙性的绝对主义在维护启蒙（Aufklarung）的过程中可以相互支持。也许我们的目的是相同的，区别只在于手段不同。当然，这里我稍许有些夸张，但我确信这里的区别没有人们长久以来想象的那样大。那些拥有这些想象的人没有考虑到一个作品在从一国到另一国的传播中会具有一种多棱镜般的效果，在那里实际起作用的是另一套范畴和思想。

我不懈予以探索的是一种逻辑的现实政治学，它的首要目标是创造一种使理性对话成为可能的社会条件。在现在的语境下，它意味着我们要意识和了解不同民族看待文本的不同方式，因为对本文的忽略程度越高，它就越有可能在其他意义上被使用。问题在于，如果我们不能细致地考察这个传播过程，那么上述说法就可能沦为毫无新意的老生常谈。因此，我们必须造就一种关于民族生产领域以及具有产地性的民族思想范畴的科学知识，并在尽可能广的范围内普及这种知识，使它成为研究外国语言、文明和哲学的重要组成部分。要意识到这项事业的困难程度，人们应从考察这些领域中的那些专家的态度入手。这些所谓的国际传播专家通常总是确立他们自己的私人性的社会学以解释民族传统之间的差异。日耳曼和罗马史专家的态度往往是基于从某种病态意识而得出的半截子真理：我“对它们（被研究民族）了如指掌”；我“不会轻易受到愚弄”；我“发现它们极为糟糕，但却一如既往地热爱它们”。这种信念在那些外国文明专家（如东方史专家、日本学专家等）尤其普遍。他们不经意间还会流露出傲慢的调侃态度，那与种族主义已经相去不远了。

就民族性的思想范畴而言（我们通过这些范畴来探讨范畴生产的差异），我们的自由仅仅表现在必须仔细地理解它们并使它们彰显出来。这就只有借助一种社会史学，一种具有康德的批判意义的反思社会学，它的目的是凭借科学的社会分析揭示出那些民族的文化无意识结构。通过对不同民族历史——尤其是对教育体制史和文化生产领域——的科学重构，我们将发现不同民族思想范畴的历史基础。通过对文化接受或生产活动的分析，我们会发现那些未被意识到的社会因素所呈现出的问题域（如同杜克海姆所说，“这是真正无意识的历史”）。

如果人们对存在着某种深厚的理智民族主义（它建立在某种不可忽略的理智性的民族利益基础之上）这一事实不加置疑地加以否定，这里就没什么值得关注的问题。世界上一向存在着为赢得文化支配权而将某种支配原则强加于人的斗争（我这里所指的是把某种关于理智活动之合法运作的特殊界定强加于所有民族，例如德国思想家曾竭力用具有深层哲学意味的文化概念，即 Kultur，来反对法国的具有明晰文学意味的文明概念，即 Civilisation）。人们通过这种斗争必然会意识到各个民族内部出现的斗争的根源，占主导地位的本民族观念与外来观念在这种斗争中相遇。这些观念不仅是斗争的武器，也是斗争的焦点。

通过另外一个例子，我们可以看到，在跨国交流中，上述条件更易于使哲学的混淆和误解变为常例而不是例外。人们只有凭借高度的理智独立性和理论明澈性才能理解，（法国的）杜克海姆通过反叛（法国的）以柏格森为代表的支配性理智秩序而与（德国的）卡西尔列入同一阵营（后者的《国家的神话》一书展示了其“符号形式”观念与杜克海姆的“原始分类形式”观念的明确联系），而在这同时，（德国的）海德格尔却从柏格森“生命哲学”中发展出一个变体，并以此批判卡西尔。

人们几乎可以在无限多样的形式中看到这种倒错性的对偶效用，它不仅会在相互误解基础上促进联合或加剧敌意，而且可能会要么质疑或轻视在不同传统侧面形成的历史积累，要么质疑或轻视在思想范畴的国际化（或者说非民族化）方面所形成的历史积累，而这一切最终都必将成为一种真正的理智普遍主义的原初条件。

（李河　译）

萨缪尔·亨廷顿
“9·11”之后谈“文明的冲突”

周 琪 整理

“9·11”之后,美国哈佛大学教授萨缪尔·亨廷顿声名大振,他的曾引起激烈争论的著作《文明的冲突,世界秩序的重建》在出版5年之后,一下子跃升为美国最畅销书之一。美国国内外的许多人都在纷纷谈论“9·11”是否是“文明的冲突”的象征或前奏,亨廷顿本人因此受到各种媒体的争相采访。

亨廷顿2001年9月11日早上恰巧去波士顿机场乘上了飞机。所幸的是,他没有乘坐被恐怖主义者劫持的飞机,而是安全降落在华盛顿机场,并直接去参加了一个在市中心召开的会议。他很快就听说有两架飞机撞上了纽约的世贸中心大厦。

采访者:这是不是一场你在大约10年中一直警告会发生的文明的冲突?你是否因此感到它证明了自己的正确?

亨廷顿:不,我感到盛怒和恐惧。恐怖主义者并不代表伊斯兰文化,这不是一场真正的文明的冲突,它只是可能导致这样一场冲突。本·拉登等显然想要使它成为伊斯兰和西方之间的文明冲突。他宣称这是对美国的圣战,并鼓励穆斯林一旦有机会就杀害美国人。我认为布什总统及其政府迄今在试图把它定义为反恐怖主义战争方面做得相当成功。这可以恰当地定义为为文明而战的战争,但是它可能会成为文明的冲突。我们政府的首要目标是阻止它成为这样的冲突。但是存在着可能向那个方向发展的现实危险。布什政府确实采取了正确的行动努力在穆斯林政府和人民中获得支持。但是,在美国存在着很大的压力要求攻击其他恐怖主义集团和支持恐怖主义集团的国家。在我看来,这样做可能把它扩大成为文明的冲突。

采访者:恐怖主义者都是受过教育的、中产阶级的成员,对此你是否感到惊异?

亨廷顿:我没有感到惊异。那些卷入原教旨主义运动或其他形式运动的人,常常是受过良好教育的人。当然,他们之中的大多数并没有成为恐怖主义者。但是,这些人是一些聪明的、有抱负的年轻人,他们渴望把自己受过的教育用于一个现代的、发达的经济,他们由于缺少工作和缺乏机会而产生了挫败感。此外,他们还受到全球化的力量以及他们认为是西方帝国主义和西方文化支配的东西的交叉压力。他们显然受西方文化的吸引,但同时他们也反感西方文化。

采访者:你能否就"文明的冲突"论点给我们作一个简单的概括?

亨廷顿:我认为争论的中心是,在20世纪和冷战中,意识形态是理解国际关系的关键因素。战争发生在法西斯主义者、共产主义者和自由民主国家之间。现在意识形态从舞台上消退了,人们不再认同于意识形态,而是认同于其文化,文化可以在非常地方性的层面上存在,但是《文明的冲突,世界秩序的重建》这本书论证的是,未来最危险的冲突将发生在具有不同文明的国家和集团之间,因为这些冲突具有升级的潜力。它们把与其同文明的国家拖向它们一边。

让我们来看一看"9·11"之后世界是如何根据文化和文明来划分

界限的。那些在文化上同我们最接近的国家——英国、加拿大、澳大利亚立即采取行动，派遣军队同我们并肩作战。欧洲——西方文明的一部分，作出的反应同我们一样，也是给予热切的同情和表示支持。至于其他文明，它们在某些情况下显示了令人惊异的合作态度，例如俄罗斯。还有印度，以及中国，不过后者是以更温和的方式。而穆斯林世界显然对于发生在我们身上和发生在阿富汗的事心理非常矛盾。由此看来，国家在很大程度上是以文明来划界的。

采访者：国家是，但又不是以文明来划界。我的意思是，在你的书中，你把俄罗斯和印度都看做独立的文明，但现在它们同我们步调一致。

亨廷顿：步调一致的说法太夸张。它们同我们合作是因为我们现在把这一情况界定为恐怖主义。有趣的问题是，它在多大程度上是一个反恐怖主义的持久联盟，在多大程度上它将消散。

采访者：你曾经写到"伊斯兰的边界充满血腥"，这是什么意思？

亨廷顿：如果你环顾伊斯兰世界的边界，你就会发现那里有一系列穆斯林和非穆斯林之间的地方冲突：波斯尼亚、科索沃、车臣、塔吉克斯坦、克什米尔、印度、印度尼西亚、菲律宾、北非，以及巴以冲突。穆斯林也同穆斯林打仗，而且他们之间的战争比其他文明中人民之间的战争更加频繁。

采访者：那你是不是说伊斯兰教促进暴力？

亨廷顿：我并不认为伊斯兰教比其他任何宗教更有暴力倾向，而且我猜测如果合计起来，在若干世纪中被基督徒屠杀的人要多于被穆斯林屠杀的人。但是，这里关键的因素是人口。一般来说，那些越过边界杀害其他人的人是男性，年龄在大约16—30岁之间。20世纪60、70和80年代期间，穆斯林世界中存在着很高的出生率，这导致了青年人口的巨大膨胀。但是膨胀将会减退。穆斯林的出生率正在下降，事实上，在一些国家出生率已经急剧下降。伊斯兰教最初的确是靠剑来传播的，但我并不认为在穆斯林的神学中存在着天生的暴力倾向。像任何其他伟大宗教一样，伊斯兰教也可以用各种不同的方式来阐释。本·拉登这样的人可能抓住了《古兰经》中的某些东西来当做屠杀异教徒的命令。但当教皇发动十字军东征时，他也做过同样的事。

采访者：美国是不是应当更多地在中东促进民主和人权？

亨廷顿：这当然是我们的愿望，但却是困难的，因为在伊斯兰世界中存在着抵制西方影响的固有倾向。鉴于在伊斯兰文明和西方文明之间有长期冲突的历史，这是可以理解的。显然，在大多数穆斯林社会中存在着一些赞同民主和人权的集团，我认为我们应当支持它们。但是我们可能会因此陷入一个矛盾的境地：穆斯林社会中许多反对压制的集团是原教旨主义者和反美派，例如在阿尔及利亚。促进民主和人权是美国非常重要的目标，但是我们还有其他关注。卡特总统曾深深地承担了促进人权的责任，当我在他的国家安全委员会中任职时，我们曾就如何促进人权有过不计其数的谈话。但在我的记忆中，从来没有人提到过要在沙特阿拉伯促进民主，其中的原因显而易见。

采访者：除了我们最亲密的盟友，任何国家都没有像俄罗斯那样无保留地站在美国一边。这是不是表明此刻俄罗斯决定性地转向了西方？

亨廷顿：在这种情况下，俄罗斯由于实际的和特殊的原因正在转向西方。俄罗斯人感到他们受到了穆斯林恐怖主义者的严重威胁，并把站在西方一边和得到美国的一些信任，看做是符合他们的利益的，希望我们将减弱北约向波罗的海国家的扩张和减少导弹防卫。这是利益的一致，但我并不认为我们应当把它夸大成为一个大联盟。

采访者:你曾说印度和中国这两个国家将同西方存在分歧,但现在它们都加入了反恐怖主义战争。未来的冲突会不会将不是西方同非西方的冲突,而可能是伊斯兰同非伊斯兰之间的冲突?

亨廷顿:可以这样设想。我们看到穆斯林同西方人、东正教徒、犹太人、印度人、佛教徒开战。但是人们必须承认世界上有10亿穆斯林,他们分布在从西非到东印度尼西亚的整个东半球,它们同几十个不同的民族发生互动。因此你可能说它们有更多的机会同其他民族发生冲突。

采访者:对你最多的批评是你把所有的文明描绘成一个统一的整体。另一位哈佛大学的教授 Roy Mottahedeh 曾经在其文章中说,"文明冲突的观点"似乎把伊斯兰看做是一个整体。

亨廷顿:这种理解是完全错误的。在我的书中论述关于伊斯兰文明的主要部分的标题是"没有内聚力的意识",其中我谈到了伊斯兰世界的所有分裂,以及穆斯林对穆斯林的战争。甚至在当前的危机中,穆斯林仍然是分裂的。穆斯林文明拥有10亿人口,众多的亚文明和部落。伊斯兰文明比所有的其他文明都更不统一。伊斯兰文明的问题同亨利·基辛格30年前关于欧洲所说的类似:"如果我想要称欧洲,我该称多少个欧洲?"如果你想要称呼伊斯兰世界,你想称多少个伊斯兰世界?伊斯兰文明可能造成问题,是因为它较少内聚力。如果在伊斯兰世界中存在着一个主导国家,那你就可以同它打交道了。而现在你看到的是相互竞争的不同的伊斯兰群体。

采访者:让我们来谈一谈这本书中的一个问题。在你的书中你多次说西方正在衰落,东亚正在上升,伊斯兰正在上升。自从你发表此文章和此书之后,印度尼西亚非常接近于衰落。在 Thai Baht 垮台之后,我们看到了动摇亚洲经济支柱的亚洲金融风暴,日本至今已经经历了12年的衰退，而且据一些经济学家分析，它可能从此一蹶不振。伊斯兰的一部分已经被彻底摧毁，在我看来它由于少数好战分子的行动非常担心其在世界中的地位，但它仍然是一个强大的力量。相比之下，美国和西方正在进行重建。因此结果似乎并不像你在书中所描述的那样。

亨廷顿：首先，我认为人们必须像我在书中所试图做的那样，根据一个更长的历史的视角来观察这一切。可以被看做西方达到顶点的时期是第一次世界大战刚刚结束之时，那时西方国家统治着世界的一个巨大部分。这是西方政治影响的顶峰和西方文明统治的顶峰。但这已经消退。

采访者：但是这不是一个变化趋势。这是历史上一时发生的事件。此后世界没有再经历更多的非殖民化。另一方面，西方看到大量东欧国家，可能还有俄罗斯，在冷战后加入了西方文明。

亨廷顿：但俄罗斯在任何文明的意义上都不是西方文明的一部分。

采访者：那么匈牙利是不是？

亨廷顿：匈牙利是。

采访者：捷克和斯洛伐克是不是？

亨廷顿：当然是。你瞧，界定文明没有唯一的标准，但是正如我在书中所指出的，可能最重要的因素是宗教。捷克斯洛伐克、匈牙利、波兰都是信仰天主教的国家，它们从来都把自己看做是西方的一部分。但是东正教或穆斯林世界是非常不同的世界。

采访者：在你眼中有一种整体的西方概念，在其中，美国和欧洲，至少是与东正教的欧洲相对的基督教欧洲是一个统一的单位。我曾经撰写过关于人口统计资料和欧洲出生率的书,欧洲的出生率刚刚从低谷回升,然而这在未来的一些年中不一定会有大的影响。

亨廷顿:是这样,这是西方衰落的一部分。

采访者:但是同时美国现在几乎有了3亿人口,到本世纪中叶,我们将达到4亿人口。

亨廷顿:可能是如此。

采访者:那么难道在任何情况下美国不是唯一的超级大国吗?在可预见的将来,它难道不会仍然是如此吗?

亨廷顿:是的,存在着一个超级大国和六七个主要的大国,主要的地区国家。我曾经论证说,这一世界权力结构的两个主要特点是,在几乎任何具有全球重要性的问题上,这个超级大国的行动可以被其他主要大国的任何结合所阻止。但是如果这个超级大国想要完成某件事,它必须同那些主要地区国家之中的一些进行合作。而那些主要的地区国家,除了欧洲联盟之外,都来自不同的文明。

采访者:你曾指出,认为我们称为"西方价值"的东西具有普遍的吸引力不仅是误导的,而且是危险的。而我的感觉是,如果人们得到一半的机会,他们确实想要民主。

亨廷顿:我认为人们是想要民主,但他们是否想要西方的文化或是否想要西方化是另一个问题,他们想要什么形式的自由是非常重要的问题。美国而且也是一般西方文明的关键概念是自由主义。但是世界上的大部分地区并不把自由主义看做是一个主要价值,而是更加强调集体性。人们具有的个人权利是他们的部落或国家或其他别的什么所给予的。

采访者:当你在这么说时,让我感到你在说事物没有变化。因为你不断回溯那些旧的历史上的文明断层,但我们是在谈最近几十年的事情。我们看到,自由之家(Freedom House)的成员在增加,有越来越多的民主社会,越来越多的国家有经济自由和市场社会。中国就是一例。

亨廷顿:中国人确实在西方文明存在之前的很长时间就具有原始的市场经济。我从来没有说过不存在变化。在我的书中我说,由于文明的演进和互动的增加,发生了变化。尤其是出现了这个人们生活在不同文明中的多元文明的世界,这些不同文明的历史曾经彼此相当隔离,而现在它们以前所未有的方式非常紧密地相互作用。

采访者:后来背叛了你的、你以前的学生福山在其《历史的终结》一书中论证说,存在着一个世界潮流,虽然不规则,且道路充满了坎坷,但是世界正在采取西方思想的观点和价值。

亨廷顿:我认为我们必须给出一个基本的区别,在我的著作中我用很长的文字详尽阐述了这一区别,即现代化和西方化之间的差别。显然世界上所有的人,或肯定几乎世界上所有的人,想要现代化、发展、更加繁荣等等。但是这并不意味着他们想要采取西方文化。在许多情况下,他们不想要采取西方的价值。

采访者:请告诉我什么是西方文化的标志。

亨廷顿:我已经提到过一个:个人主义。还有多元主义,它存在于西方,而在其他任何文明中它都没有真正存在过。代议制的思想存在于西方,以及政教分离。西方文明中存在着某些独特特征,在其他文明中可能找到它们之中的任何一个,但是所有这些特征独有的结合是西方独一无二的。这就是为什么从三四世纪前开始,西方在现代化和经济发展中带了头。

采访者:让我们来谈一谈民主代议制政府。我认为印度是一个联邦制，不完全同于美国，但它是民主制的。印度人采用了英国法律以及关于所谓市场经济和广泛的全球贸易的整个思想。在伊朗，人们也确实喜欢自由主义。他们想要个人自由，虽然他们的领导人不是这样。

亨廷顿：你说人们喜欢个人主义。请你给我举出有说服力的数据。现在我给你举出一些数据。"世界价值调查"（World Values Survey）在过去的20年中曾对不同的国家做过三次调查，其结果很难发现关于这种变化的很多证据。再看一看关于个人主义或在多大程度上社会上的人们赞同个人主义的调查，同样，很难发现在一个时期内发生变化的很多证据。当然民主统治可能已经传播到全世界。我认为可以说民主在具有重要西方影响的国家成功地扎下了根。但是在许多值得怀疑的情况下并非如此。

采访者：在大多数英国殖民地是如此。

亨廷顿：前英国殖民地是其中的一部分。但是更值得怀疑的情况包括一些文明，如拉丁美洲，它同西方紧密相连，但我们知道，民主在那里建立在相当不稳固的基础上。如果你再把眼光投向东正教世界，就会发现那里的民主根基甚至更加不稳。我认为在你前面提到的国家中，如匈牙利、捷克共和国和波兰，民主建立在非常稳固的基础之上。但是如果你把眼光再向东移至例如乌克兰，这是一个在各方面都同波兰相似的国家，你就会得到完全不同的图景。

采访者：俄罗斯是一个民主国家。我的意思是说它有一个选举产生的、虽然权力非常大的、强有力的总统。他至少此刻强烈地倾向于同西方结盟，因为他看到这是扩大俄罗斯影响力的方法。现在我想要回到关于美国的话题。有人过去证明世界上的大多数穆斯林现在都具有某种形式的民主管理。我说这不可能。但你知道穆斯林的大国都不是阿拉伯国家。印度尼西亚现在有民主管理。孟加拉国也有某种类似于民主管理的体制。巴基斯坦曾一度有过,没人知道它会向什么方向发展。还有菲律宾。

亨廷顿:在选举民主和自由民主之间有真正的区别。西方民主是自由民主。我不认为任何人会说你提到的那些国家是自由民主制。自由民主制可能会在引进选举之后接踵而至,但这种情况至今尚未发生。法律和秩序以及公民权利保障、出版自由、少数群体的权利,以及可信赖的法治都不存在。它们在大多数这样的社会都不存在。

采访者:现在让我们来谈一谈美国。你似乎在你的著作和其他此前发表的一些论著中指出,美国并没有脊梁骨来承受这一风暴。美国的内部是脆弱的,我们失去了自己的道德指南,我们有很高的犯罪率,我们有另一种形式的多元文化主义:巴尔干化、分离主义,有很高的非法出生率,这些削弱了我们。

亨廷顿:我认为这些确实是我们社会的真正问题。任何人都不会否认这一点。但我也在其他地方提到美国的伟大特点,因为我们是一个开放性的、多元主义的和竞争性的社会,当我们提出问题时,无论是犯罪、出生控制、教育、贫困或其他问题,我们都会进行全国性的辩论。报刊、政党、知识界领导人会提出解决方法,结果由于美国社会的特点,一些你提到的问题的严重性肯定得到了减轻。我认为,这是这个社会伟大力量之所在。我认为与其他任何社会相比,美国社会更具备这一特点。我们欧洲的西方盟国虽然也具有这样的特点,因为它们也是自由民主的统治,但它们不具备像我们这样的开放性和多元主义。

采访者:你认为会不会发生文明之间的真正战争,或更可能是持续的为思想和忠诚的竞争?

亨廷顿:可能是后者。也可能是前者。我们都同穆斯林世界接壤,我们看到穆斯林同穆斯林开战。巴基斯坦和印度之间也处在战争的边缘。在我看来,危险的局势是,如果其他社会卷入其中,可能导致其升级。

采访者:美国和西方将胜出吗?

亨廷顿:我认为美国将无疑仍然是唯一最强大的国家。西方将仍然是首要的文明。但是我认为在许多社会,不是在所有的社会中,存在着强大的本土力量,它们正在求助于地方传统、价值和习俗,它们拒绝在它们看来是文化帝国主义的东西和西方的傲慢。人们在过去的几个月中一直在问,为什么他们如此仇恨我们?这个问题是对反西方和我们的力量的反应的反思。人类本性没有发生变化,所有在物质福利方面的有形改善都没有改变人类。同样大量的仇恨将存在于人类社会。

采访者:如果你有自己的偏爱,你是不是宁愿福山的结论是正确的,即西方文明将传播到全世界,这样平庸状况被称作历史实际将终结?

亨廷顿:当然。但这不会发生。

(本文由周琪根据《纽约时报》、《华盛顿邮报》和《思想库》分别对萨缪尔·亨廷顿所做的采访纪要和综述 *A Head-On Collision of Alien Cultures?*, *The Clash*, *When Cultures Collide* 综合整理。)

超越全球化与发展：社会世界还是帝国世界？

[法] 埃德加·莫寒

一、多元的世界化

20 世纪 90 年代的全球化，其实是 16 世纪便已开始的全球一体化进程的最后一步。这一进程从西欧发现美洲大陆并在全球范围内扩张其势力开始，体现了一个双重的全球化：一个是猎取、奴役和殖民的全球化；另一个稍迟一些，也更艰难，同样来自西欧，那就是人道主义，人权，自由、平等、博爱的原则，民主的理念，国民生存权和国际主义在全球的发展与弘扬。这后一个全球化与前一个既关联又对立。

由于西方文明在造成野蛮的同时也发明了化解野蛮的药方，这个药方虽然微不足道并时时面临威胁，还是从内部瓦解了奴隶制，给受压迫的人们带来了解放的意识，进而在全球绝大部分地区引发了非殖民化。这里有一个值得注意的历史悖论，它在争取女权中再次得到印证：统治持久的巢穴，往往正是解放的源泉；同样，人们需要同西方帝国主义斗争才能采纳西方的价值。

20 世纪 90 年代的全球化表现在“统治—解放”的双重过程中，并给这一过程带来了新的特征。苏联极权政体的瓦解及国家官僚主义经济的失败既推动了各大洲民主化的进程,也促进了在经济自由主义庇护之下的市场向全球的扩张。同时,在惊人的信息传播、地盘占领(不只是地理概念的,也是社会的,如战略服务市场;生物领域的,如转基因)中,资本主义被充实了能量。商业经济充斥了人类和自然的所有领域。与此相应出现的是高速通讯网络的世界化(移动电话,传真,因特网),它使世界市场活跃起来,而后者又给这一网络的世界化注入了活力,两者相辅相成。

因此,20 世纪 90 年代的全球化在推动技术经济世界化的同时,促进了另一个世界化:它是人道主义的和民主的,是未完成的,不充分的,脆弱的,它所面对的种种阻力中有殖民主义的后遗症、严重的不平等和对利润的疯狂追求。

二、社会世界(société-monde)

全球化可被视为经济技术一体化的最后一个阶段,它同时也可被视为社会世界的雏形,虽然其发展既不均衡也无秩序。

社会拥有通讯系统。现今世界也拥有一个全球的交通通讯网络(飞机、电话、传真、因特网),而且历史上从来没有任何社会如此完备地拥有过它。

社会拥有经济。现今经济已是世界性的,只不过还缺乏一个像有组织的社会那样的约束机制(法规、法律、监督),至于现有的世界机构,如国际货币基金组织或其他机构,则远不具备进行必要调节的能力。

社会与文明不可分离。现今世界已拥有一个世界文明,它源于西方文明,是其科学、技术、工业、资本主义互动的产物,其中包含了一些普遍价值。

社会内部可以包容多元文化,但同时也要形成其独特的文化。现今世界存在着各种跨文化潮流,它们浇灌着各种文化又超越了它们,从而形成了一个准世界文化。混血儿、异族通婚、双重文化人(名作家鲁士迪[Rushdie]、阿帕杜莱[Appadurai])以及四海为家的人们都在不断地充实这种跨文化。

20世纪中叶,大众媒体制造、混合出了一个世界民众艺术,它从各种不同文化中间撷取不同的主题,或者挖掘新意,或者是大杂烩。

电影、歌曲、摇滚及电视方面的文艺作品在这方面表现得非常突出。本来是由利益驱动,特别是在好莱坞,其分工几乎是工业性的,然而在粗制滥造和循规蹈矩的同时,却也生产出了别具一格的作品。在所有这些领域里都曾有过也继续产生着创造性的活动,正如我在《时代精神》①一书中所说,人们无法长时间生产千篇一律的电影或歌曲,每个人必定有他的独创之处,生产本身必然呼唤创造。虽然生产有时会窒息创造,但也提供杰作显现的机遇。电影艺术在各大陆开花结果,已经成为世界性的艺术,并且保留了艺术家的独创精神和各种文化的风格……

全球性民众音乐已经形成,它在各种交流与相遇中充实丰富起来。具有象征意义的是爵士乐在全世界范围内的融合创新。从新奥尔良出发,爵士乐在全世界普及并且产生了各种不同的风格:布宜诺斯艾利斯港区出现了探戈,古巴有了莽姆波舞,维也纳的华尔兹,而美国的摇滚乐本身就是世界各地不同风格音乐的融会产物。世界民众音乐还接纳了印度的六弦琴,安达卢西亚的民间舞曲,乌姆—卡尔松的阿拉伯—希腊谈唱,安第斯的瓦伊诺山歌。这一混合产生了另一些民族性新型音乐,如热情的非洲—古巴音乐萨尔撒(salsa),阿拉伯民间歌舞哈依(ra)以及安达卢西亚摇滚。

① 《时代精神》(*L'Esprit du temps*),1962(vol 1),1976 (vol 2),Grasset, Livre de Poche, essais。

一涉及艺术,包括音乐与绘画、文学与思想,文化的世界化并没有被同质化。艺术在跨文化的大潮中创新,而跨文化相逢又激励各民族文化在其内部的独创性表达。多文化混合的结果总会重新创造出多样化,同时鼓励彼此沟通。爵士乐原先只是新奥尔良地区的非洲—美国混合音乐,后来在美国流行,产生不少变种。新风格从未扼杀过老式爵士乐,最终成为黑人与白人共享的音乐。白种人不仅听爵士乐,跳爵士舞,还演奏爵士乐的各种形式。爵士乐传遍全球,老式的"新奥尔良"风格在它的出生地受到冷落,却在巴黎的圣日耳曼-代普雷(Saint Germain des Près)的咖啡馆地下室里生机复发。随后它又回到美国,重新在新奥尔良定居,世称"新奥尔良复兴"(New Orleans Revival)。另外,在节奏与布鲁斯忧郁曲(rhythm and blues)相遇之后,摇滚乐(rock)在美国的白人世界里流行开来,然后传遍全世界。各地的人们用自己的语言演唱,并形成了各自的民族特性。今天,在北京、东京、巴黎和莫斯科都可见到人们唱摇滚,以摇滚欢庆,用摇滚相互沟通。全世界的青年都可以以同一个节奏在同一个星球上展翅飞翔。

摇滚乐在全世界的风行推动了其他新的混合音乐的形成,如前面提到的哈依阿拉伯民间音乐,并在合成摇滚(rock-fusion)中形成了某种节奏的声浪,全世界的音乐文化都在那里耳鬓厮磨。这种文化混合会良莠不齐。然而无论如何,音乐不会迷失。世界的音乐文化便如此相互交融,尽管我们还不知道它会造成怎样的未来地球儿童。

另外,像所有社会都有"地下组织"一样,犯罪行为在今天已具有全球性。20世纪90年代以来,一个黑社会网络已在全球形成(特别是贩毒与卖淫)。2001年9月11日的恐怖事件更向世人昭示了世界性恐怖组织的存在,它以自己的方式显示了社会世界的出现。为了消除世界化,本·拉登的基地组织却在促发社会世界的形成,它试图建立自己的警察与宪兵,而且它能够也必然会去制定一个全球的"文明政治"。

最后,我们可以说,20 世纪末完成的主权民族国家的世界化赋予全球文化与文明以共同特点,但正是这一世界化将世界进一步分割开来,以至于国家的绝对主权成为阻碍社会世界形成的原因。既是解放者又是压迫者的国家,使联盟的创建变得十分艰难,而这些联盟在满足各地区的生存需要上是必不可少的。且不论一个全球性联盟的诞生将是何等不易。

因此,如果地球作为版图已拥有了通讯系统,拥有了经济,拥有了文明和文化,却还缺乏一些最基本的要素,如政府治理(governance)、公民意识、权力制衡,而且它还缺乏一种属于地球祖国的共同意识。

事实上,地球没有组织,没有针对经济、政治、治安和环境设置的法律、权力和调节机构。联合国不可能成为一个超国家的权威,其内部否决权机制会使它运转不灵。我们缺乏可以让社会世界监督其经济的法庭,日本京都的大会也没有能够成立一个保护环境的法庭。最后,社会世界也必须有一支国际军队和国际警察。

我们还缺少一个世界性的公民社会,而我们自身作为地球祖国的公民之意识还很凌乱,处在某种萌芽状态。

简而言之,我们拥有的是下部结构而非上层建筑;我们有的是硬件,但还缺少软件。

三、地球公民意识的浮现

尽管如此,我们仍然看到,1999 年以来地球公民社会与公民意识正在初步成形。我们可以回顾一下历史:

20 世纪中叶,加里 · 大卫(Gary Davis)和罗内 · 马尔尚(René Marchand)就已经创立了世界公民国际协会,虽然参与者凤毛麟角,却一直体现着全球一体的渴望。

20 世纪 70 年代以来,地球公民社会的先驱者们创立了无疆界的人道主义医生协会，他们打破了种族与信仰的界线，到世界各地去救死扶伤。

国际特赦组织在全球范围内维护人权，揭露任意监禁与酷刑。

国际绿色和平组织致力于保护人类所赖以生存的生物圈。

国际幸存者组织则在世界各地拯救濒临灭亡的弱小文化与族群。

还有更多的非政府组织在全人类的各个领域都在起着重要的作用，特别是在争取妇女平等权利方面。

然而，1999 年 12 月，公民社会的发展出现了第一次质的飞跃，那就是西雅图反经济技术全球化的示威。它表达的是对另一个全球化的期待，在那里，“世界不是商品”。人们意识到，不仅需要对世界性的问题给予世界性的回答，还需要在全球范围内施加压力并提出动议。西雅图引起了另两次聚会，一次在巴西的阿雷格里港（Porto Alegre），最后变成了新生的世界公民社会论坛；另一次是以地球祖国的名义在美国的伍德斯多克（Woodstock）召开的集会，聚集了全世界 6 万人之众，成为一个集体庆典。

接下来的还有第一届世界公民大会，由协力、尽责、多元的世界联盟于 2001 年 12 月在法国里尔召开。为期 10 天的大会召集了各大陆 700 多名公民，代表们以极大的热忱，反复讨论，提出了一篇《人类责任宪章》草案。

2001 年 3 月，在原联合国教科文组织主席费德里哥·马约（Federico Mayor）的建议下创立了“世界公民社会网络之网络”，命名为玉盘都（Ubuntu，非洲口语，意为人类）。它于 2002 年 3 月开会成立了“民主的可管理性测验组”，目的在于对“国际机构的深层改革”。

最后，在斯洛文尼亚共和国总统的提议下，2001 年 10 月在非洲的布莱德（Bled）召开了一次会议，之后，于 2002 年 2 月成立了一个“伦理、政治和科学的国际学会”，旨在“监督与警戒人类所面临的主要危险”，其中特别关注的是生态危机、经济与金融失控、“观念与思维的匮乏”，为的是给出“公民与伦理的回应”，这些回应中包括推动世界公民社会产生的必要性。

此外还要加上跨国际的共同体情感,特别表现在青少年文化和妇女活动的世界化方面。可惜的是,国际工人团结会却正在日渐消亡。不过他们的精神正通过各种渠道在世界各地发扬,虽然还很分散,但却很有意义,为逐渐出现的公民社会做了准备。公民社会的形成应当是未来社会世界的一个很重要的步骤。

四、与“发展”决裂

要建成一个社会世界,不是在全球范围内建立一个尽善尽美的霸权帝国,而是需要一个文明开化的联盟基础;所缺少的不是规划,也不是设计,而是能够指引道路的原则。

这里便涉及了我曾提出的全球“人类政治”(anthropolitique 或 politique de l'humanité)以及“文明政治”(politique de civilisation)的概念。

首先我们需要解析的是“发展”的概念,也包括那些被修正过的概念,诸如“可持续性发展”、“可行性发展”或“人类发展”等。

“发展”的概念总是含有经济技术的成分,它可以用增长指数或收入指数加以衡量。它暗含着这样一种假设,即经济技术的发展自然是带动“人类发展”的火车头,其成功的模式便是所谓高度发达的西方国家。所以,西方社会目前的状况便成了人类历史的目标和终极目的。

至于“可持续性发展”,仅仅是生态环境压力下暂缓发展的一种考虑,并未挖掘发展逻辑的根源。而在“人类发展”这一提法里,“人类”这个词十分空洞,它最多也只是指西方的人文模式,其中当然包含一些积极因素,但我们不妨再说一遍,也包含了一些根本的消极因素。

“发展”这一表面看来具有普遍价值的概念,构建的却是一个西方中心主义的典型神话。它是一架疯狂的西化发动机,一个北半球国家对“不发达”国家(南半球)的殖民工具。正如赛尔日·拉杜什(Serge Latouche)所说:“正是应当对这些西方的(发展)价值重新进行评价,才能找出解决当代世界问题的答案。”(《外交世界》,2001年5月)

“发展”的概念一经提出,就忽略了那些不能被计算、量度的存在,例如生命、痛苦、欢乐或爱情。它唯一的满足尺度是增长(产品的增长、劳动生产率的增长、货币收入的增长)。由于仅仅以数量界定,它忽视质量,如存在的质量、协助的质量、社会环境的质量及生命的质量。另外,国内生产总值(PIB)将货币流通中的所有增值现象都统计为正数,甚至包括诸如艾里卡(Erika)沉船事故或1999年的(西欧)大风暴灾害,忽略不计那些无偿的公益活动。发展的量化理性实际上是最不合理的。

“发展”的逻辑忽略了经济技术的增长给人类带来的道德的和心理的迟钝:过度专业化的普及、各领域的隔绝、极端个人主义、利欲熏心,所有这一切都使人们丧失了团结互助的精神。“发展”造成知识的专门化,以至于人们在复杂问题面前束手无策。发达国家的专业教育确实教会人们很多知识,但同时也限制了人们的智慧能力,使人对根本的和全局的问题视而不见。

“发展”本身带着所有西方文明中可疑的、有害的、消极的因素,虽然也包含着少量的积极概念,如:人权、个体责任、人道主义精神、民主等。

“发展”忽视不可计算、不可变卖的人类精神财富,诸如捐献、高尚、信誉和良心。“发展”所经之处扫荡了文化宝藏与古代传统和文明的知识。“欠发展”(sous-développement)这一漫不经心的和粗野的提法将千万年的文化智慧与人生艺术贬得一钱不值。

“发展”当然给人们带来了科学的、技术的、医学的和社会的进步,但它同时也带来了对环境、对文化的破坏,造成了新的不平等,结果是新的奴役取代了老式奴役。“可持续”或“可行性发展”的说法虽然可以减缓或削弱这一破坏进程,但却不能改变其摧毁性的结局。

“发展”所无视的还有：真正的人类进步不可能从今天开始，而是要向类属人类（homme générique）的潜在性回归，也就是再生（régénération）。同人机体内部拥有全能再生细胞（totipotents）的道理一样，人类也拥有它自身的再生原则，正是这些再生原则才能让人类进步。可惜的是，它们仍沉睡、封闭在各种专业和社会僵化的体制之中。

最后，以西方文明的模式、理想和目的为参照的“发展”逻辑，忽视了西方文明自身正在危机当中。西方文明的福祉刚好包藏了它的祸根，它的个人主义包含了自我中心的闭锁与孤独，它在城市的技术与工业的兴旺给人们带来了紧张与危害，而“发展”所产生的力量将把人们引向核灭亡与生态死亡。

五、创建“人的政治”

我认为，“发展”的概念应被我很久以前建议过①的“人类政治”和“文明政治”所取代。

人类政治最紧迫的任务是使全人类协力互助。

因而应设立一个有公信力的联合国事务部，它应拥有一笔基金，专为穷苦的、处于水深火热中的人们使用。这一事务部应设立一个国际免费医疗中心，用以治疗艾滋病及其他传染病；一个国际食品中心，救助处于贫困饥馑中的人们；一个用于辅助民间人文组织的实体。富有的国家应发动广大青年到世界上那些急需地区（如旱灾区、水灾区、传染病区等）提供公益服务。

仅仅依据收入无法计算贫穷，更重要的还有穷人所遭受的不公正，他们不仅在营养不良和疾病面前被剥夺了权利，同时也被剥夺了受尊重的权利。被剥夺意味着在轻视、愚昧和厄运面前无能为力。

① 《人的政治导论》（*Introduction à une politique de l'homme*），1965 年第 1 版，Seuil。

“贫穷”所包含的远远比这一词本身广泛得多。也就是说，贫困的本质问题不可能用货币来计算和测量。

人类政治应当同时是一个建设、保护和监督全球共同财富的政治。这些共同财富很有限，分布于偏远地区（如南极和月球）。应该对其进行控制，比如水资源，包括地下水的保持及其引流，还有控制石油矿藏的开采。

人类政治应当相应地成为所有人的正义政治，特别是对于广大的非西方人，他们一直被排斥在应有的权利之外，这一点连西方人自己都承认。

文明政治的任务是汲取西方文明之精华，去其糟粕，通过融合东方与南半球文明的重大贡献而创造出文明共生的局面。这一文明政治对西方本身来说是很有必要的，因为西方社会生活的各个领域都在越来越多地受制于算计，受制于攫取利益的技巧，数量凌驾于质量之上，人口密集地区的生活质量下降，工业化种植和养殖使乡村荒漠化，而且造成了严重的食物危害。悖论在于，西方文明在全球凯旋之时，却正在经受其内部的危机，而它的完成揭示的却是它自身的贫乏。

人类政治与文明政治应该在全球的重大问题上达成一致。地球这个宇宙行星被四个既相关又不受控制的动力所推动：科学、技术、工业与资本主义（利润）。困难的是如何建立一个对这四个动力的监控系统，因为科学、技术与工业的权力应受伦理的监控，而伦理监控又只能通过政治机制来实施；经济不仅需要调节，还应变得多样化，包括互助、协力、合作及服务的互换。

因此，为了解决重大问题，应付危难事件，社会世界应当制定出人类政治与文明政治。为此它需要有治理艺术（gouvernance）。目前我们缺乏一个全球的治理艺术。不过，各民主社会已在做准备，有时是以非民主的方式在进行，即强制性推行改革。

这一全球治理最好是从联合国做起，使自身变成邦联，其途径是创立各种全球决策机构，它们有能力解决重大问题和应付危难事件

(核武器与生物武器、恐怖主义、经济、生态、文化)。但欧洲的例子告诉我们,此类进程会非常缓慢,它需要各方面的共识。也许只有经过极端的灾难或危机之后,才能产生电击效应,使得人们有所觉悟并作出决策。

也就是说要引导人们提高全球公民意识,认识到世界公民社会的出现以及联合国规模的扩大。

在倒退、崩溃、灾难与混乱中,地球祖国出现在地平线上,不是为了取代各自的祖国,而是使之融入更广大的含义中。

六、障碍来自人类自身

我们刚刚描述了理性与人道的社会世界之蓝图,使人觉得仿佛只要遵循理性和人性便可将它建立起来。但我们很快就发现阻挡其形成的障碍也是巨大的。

首先,社会世界的统一趋势引起了国家的、种族的和宗教的抵抗,它们只想瓜分世界以便从中牟利,而要消除这些抵抗因素,就得借助某种无情的统治。

然后就是民族国家、全民精神和觉悟的不成熟,即人类整体上说根本还未成熟,远没有自我实现。

而且,不仅仅是现今世界有利于对利益和权力的角逐,有利于野心和无限开发欲的膨胀;不仅仅是文化冲突强化了盲目的狂热,同时也还有西方的个人主义和世界各地的社区主义,它们在全球范围内齐头并进,成了加剧人与人之间隔阂的罪魁祸首。一方面,西方社会的人道主义在原则上有利于相互理解,然而这种人道主义一旦遇到同其他社会的对立便会退缩。西方的个人主义有利于助长自私主义、鼓励个体利益和自我辩护,而相对地忽视对他人的理解。由此造成了在家庭、群体和工作单位中的有伤害性的隔阂。甚至那些向别人传授理解的人，比如教师，也难逃窠臼。另一方面，各文明中出现的社区自我封闭的倾向，刺激了民众与民众、国家与国家、宗教与宗教的隔阂。从而，隔阂的加剧与扩大伴随了冲突的加剧与扩大。此一过程正好与社会世界的出现相偶合，并不停地想努力把它摧毁在摇篮之中。

不会有新的菩萨、新的基督、新的穆罕默德从天而降来劝诫人们改良精神、改良自身，以达到人类的理解。然而，为了一个世界化的文明，人类精神需要发生一次突如其来的跃进，不是在他的技术和科学能力方面，也不只是在对复杂性的认识上，而是指他的心灵内在性的巨大提升。在我们的眼里（也只能在我们眼里）显而易见的是，西方文明及所有文明的变革——比如教育系统的根本变革势在必行。而同样显而易见的事实是，这一变革的必要性完全被人们所忽略。

这个人类及其精神的内部变革对政治来说虽然极其必要，却在政治面前是隐形的。因而十分蹊跷的是，我们所描述的人类政治和文明政治的蓝图，虽然在物质和技术的某些方面是可行的，却是目前不可能实现的一种可能性。也正因为如此，不管人类走哪条路，他都将长时间地处于分娩或堕胎的不确定的痛苦当中。

这也就是说：缔造这个文明的社会世界的路途还很遥远。假如它能成功地锻造自己，那也只能是一个社会世界的毛坯，粗糙混乱。在它以邦联形式进行的自我建构中，很可能出现一个与以美国为首的帝国管理模式的竞争。在我们向社会世界迈进的同时，这个社会世界也可能会变成帝国世界。当然这个帝国世界不会包括中国，但它可把欧洲和俄国当做卫星国。虽然美国的民主制和多民族特征肯定可以防止种族的或专制的帝国，但这并不妨碍其冷酷无情的野蛮统治，对不同意见和抵抗霸权利益的斗争进行压制。

此外，不管社会世界如何成形，它自身将无法消除剥削、统治、不公平及现存的不平等。但我们从社会世界起始，像从帝国世界开始一样，可以设想一条通向全球公民社会与和平的漫长之路。罗马帝国的建立经历了两个世纪的征战与野蛮占领，只是到了塞维鲁王朝，卡拉卡拉(Caracalla)皇帝才于公元212年颁布诏书,赋予帝国所有辖区的国民以公民权。

最重要的不在于知道将来会产生一个帝国世界还是一种全球邦联,这些组织形式不该掩盖根本的问题:如果一切野心、利欲、隔阂,一切人类最邪恶、最粗鲁、最堕落的方面都不可抑制也无法调整的话,如果既无思想变革的突然发生,也无精神的革新,也就是说人自身的变革,那么社会世界最终还是会处于溃散、冲突、残暴和不公正的危险之中,并将继续遭受现实中所有的腥风血雨,把人类的、帝国的或民族的历史变得更加残酷。

这样的一个变革如何从天而降?它需要对教育体制进行完全彻底的改革,需要理解的大潮,需要世界范围的同情,它需要新的福音,需要新的精神素质。我们看不到。我们只知道大变迁在出现之前是隐蔽而无法预测的。于是,人们才在失望中保持着希望的可能。

我要说的是,我们不仅走到了一个历史的终点,而且面对着一个新的开端。像所有的开端一样,它包含粗鲁与残暴,于是通向文明人类的路途将会漫长而偶然。这一缓慢的行进,如同广岛爆炸已显示出来的那样,笼罩着死亡的阴影。也许,这个开端便是终结……

那么希望呢?一位墨西哥朋友从阿雷格里港回来后给我写信说:“我感觉到一个新的力量正在世界出现,它极其重要,八方会聚,将在各个领域和利益集团中成熟;它在行进中架桥引线,开辟网络;如同汇集沙粒,我们不久将看到大山的形成。”

原始细胞已随处可见,要做的是刺激它们的生长。

从来不曾有过一个如此伟大、如此高尚、如此必要的人类事业,旨在保证人类的相依为命、继续生存和人情化。值得注意的是,几乎没有人对此有所意识。

最可怕的威胁和最宏大的许诺同时来到这个世纪。一方面,科技的进步使得人们在许多领域获得解放,包括突破一些不可想象的物质的、机器的、官僚体制运作中的限制以及疾病与死亡的生物限制;另一方面，核武器、化学武器和生物武器以及环境恶化制造的集体死亡给人类投下阴影。未来展示给我们的既是黄金时代，也是恶魔时代。也许它们在继往开来的路上会一直并肩走下去，从一个新的社会学水平来看，这可谓是全球的铁器时代和人类精神的史前时代……

（戴捷 译 于硕 校）

哲学中的国际主义？

［法］汤姆·洛克摩尔

国际主义在政治和哲学中是不同的。虽说我们应当在这两个领域中同时实现这种观念，但我将证明，它在政治中是可行的，在哲学中则未必。

我将在比政治和哲学的日常含义更宽泛的层面上使用“民族主义”和“国际主义”。我们业已习惯于将政治和哲学当做两个完全分离的领域，但就算从最好的意义上说，这也只是一个便利的虚构。至少就其某些样式而言，哲学明显是政治性的，因为它影响着或旨在影响我们的生存方式。大致从笛卡儿开始，那种把哲学与哲学史割裂开来的现代取向造成了一个不幸后果，它忘记了我们所说的柏拉图传统是苏格拉底哲学的后承，后者念念不忘的是对我们的生活加以审视。

柏拉图知道哲学从本质上说是政治性的，因为理论的目的是实践。亚里士多德区分了理论的纯粹形态和实践形态，他特别重视后者的实践本质。只是到了现代，由于哲学家为了获得一种可以抵御各种怀疑的知识而日益从世界抽身后退（蒙田和笛卡儿），哲学与政治理论的分裂才开始出现。

不过，柏拉图那种政治性的哲学观念仍然引导着迄至海德格尔的哲学家。海德格尔的纳粹转向就是力图在政治领域重新声张哲学的优先地位。像柏拉图一样,海德格尔是通过哲学而走向政治的。在他的柏拉图阶段(从某种政治角度来说,这样说当然有些牵强),海德格尔似乎认为,纳粹政治需要从他的基本本体论中获得一种哲学基础。虽然没有证据表明,海德格尔后来放弃了他对所谓理想纳粹主义的信念,但其后期的着眼点确实将政治撇在一旁。这种祛除政治向度的哲学诉求在当代哲学家中是相当典型的,他们倾向于认为自己的工作与政治无缘。

除了政治哲学家,目前大多数哲学家决不可能认为哲学在本质上是政治性的。他们宁愿将政治领域留给政治学家。近年来,如此众多的哲学家将其研究领域限定在科学领域,特别是自然科学领域。这些职业哲学家越来越不情愿扮演一种对社会负责的角色。

对"民族主义"与"国际主义"的区分虽然具有鲜明的哲学意味,但它主要是政治性的。民族主义一般涉及人们对国家的归属意识(无论他出于什么原因而成为它的公民),人们对他们生来信奉的宗教的归属意识。它还包括那种在国际关系中将国家利益置于其他利益之上的优先考量意识。国际主义则相反,它希望超越民族国家的疆界来确立特定的国家利益和人们的国际联合。

因此,民族主义与国际主义的区分在于视角不同:一种视角关照的是某一人群,而另一种视角则关照全部存在者——自政治而言是全体公民,自哲学而言是全部理性存在物。而政治和哲学的区别则显现于某种法律框架与理性的差异。不过,政治与哲学究竟还有重合点,那就是政治应当变成理性的——柏拉图《理想国》是如此,卢梭那种体现普遍意志的政府观念是如此,康德的世界主义国家观也是如此。

要描述民族主义与国际主义的政治区别并不困难。民族主义者优先考虑自己的利益,而国际主义者则让自己的利益与天下所有男人女人的利益一致起来。自由派人士易于成为国际主义者、无神论者或不可知论者。他们致力于超越本土视野,反对 NRA(国家枪支协会),赞成在必要时堕胎,支持联合国这样的跨国界组织,信奉诸如社会民主主义等理想。而保守派人士则一向执著于个体权利，恪守宗教信念，支持 NRA，反对出于任何理由的堕胎，反对联合国和其他国际组织。在洞察对美国主权的威胁方面，无论这种威胁是现实的还是出于想象，他们当然比自由派人士要敏捷得多。

由于我们依然为政治民族主义带来的棘手问题所困扰，以政治国际主义观念为标志的时代显然尚未到来。自人类历史发祥以来，民族主义一直是一个国家基于自身利益而打击其他国家的合法性依据。荷马在《伊利亚特》中所描述的情形在后来的整个历史中一再重现，最近的例证是两次世界大战。随着新世纪的降临，我们日益清楚地意识到，政治民族主义是我们留给后代的一个主要政治问题。

任何关注历史记录的人在面对政治民族主义时都不会感到多少愉悦。在我们的时代，在苏联，那些以最整齐划一的方式来解决民族主义问题的努力无不以彻底失败而告终。在列宁统治下，苏联官方马克思主义创造了一个超国家组织（a supra-national state），它以“一种光明未来”（这是季诺维也夫的恰当说法）的名义压制不同团体的权利。这个先例在其他前社会主义国家中得到普遍效法。苏联的政治解体导致它的巴尔干邻居南斯拉夫在经历同样的政治解体之后陷入空前的政治灾难。然而，民族主义问题并非为所谓“真正的”社会主义所独有。我们在加拿大、比利时、前南斯拉夫以及或许是最为恐怖的卢旺达看到了同样的困难。

这个问题的根源在于，我们在一个超国家的机体中无法真正超越政治民族主义。尽管卢梭的普遍意志观念和康德那种旨在实现持久和平的世界主义政府学说都蕴涵着国际主义理念，但由于和平只能通过一种国际政治实体的有效操作才可能获得，因此我们依然是任重而道远。

我们在 20 世纪目击过三次大规模的政治国际主义努力：国际联盟，随后而来的联合国以及共同市场。国际联盟根本上形同虚设。联合国是否能发挥一定限度的政治影响，现在还是个问题。至于共同市场最终是否会演变为一个可运行的政治实体,目前进行预测还为时过早。显然,无论用哪一把理性的尺子来衡量,它还都没有到这个阶段。面对前南斯拉夫的内战,国际组织显得无所作为,这使它的弱点暴露无遗。人们本来相当乐观,他们一致相信国际社会已经有效地克服了民族主义的压力。

在政治和哲学中,民族主义和国际主义具有鲜明的区别。政治领域中的问题涉及弱者通过一种超国家的结构来反对强者的可能侵犯,保障自己的政治权利,这在哲学上完全缺乏对偶语。比如,作为各国哲学协会联合体的国际哲学团体联合会(FISP),其职责显然不是通过与联合国这样的国际政治组织密切合作,来保护某种哲学,如法国哲学。该机构充其量只能在个别哲学家的政治权利可能受到侵害时提供某种保护,它在前南斯拉夫非正统的马克思主义实践派遭受迫害时就是这样做的。

政治领域确实有必要采用一种超国家立场以有效保障所有人的权益。法国大革命时期的《人权宣言》中所宣示的人权观念,无论在当时还是现在,都未能变为现实。在哲学领域也存在着一系列政治问题,诸如如何保护少数人的立场,如何使妇女或黑人等明显缺乏代言人的团体获得足够的表达机会。然而,这里更深刻的问题不在于保护弱者在政治意义上的权利,而在于如何理解视角超越或"国际主义"在作为真理源泉的理性观念中所占据的地位。

政治上的超国家或国际主义观点至少在原则上涵盖了一切党派、一切人的观点,与之不同的是,哲学则追求那种在理论上超越了一切特殊视角的真理。在实践上,一种体现着所有人意志的政治形式虽然是有用的,但并不因此与真理有关,因为功利性不是衡量真理的准则。"真"的一般含义是指事实上如此,或者是指一个得到证明的论断,它与某个人或团体是否接受其为真没有关系。比如,"7 + 5 = 12"并非只是在乌兰巴托才是真论断,它的真实独立于任何人的偶然想法。这种真理概念在塔尔斯基著名的语义学研究中得到了这样的表述:"雪是白的”当且仅当雪是白的——该论断与任何可能的观察者的观察论断毫无关系。

理性,尤其是康德的纯粹理性,在传统上一直被当做通达真理的道路。根据人们广泛接受的规范概念,哲学是理性的体现,是绝对意义上的真理的来源。一个在柏拉图思想中占据支配地位的观念认为,哲学从本质上说是无视角的,它因此是国际主义的。从至上的和最不可或缺的意义来说,它是真理的唯一源泉。

柏拉图的这个观点对以笛卡儿和康德为代表的现代哲学产生了广泛影响,这种影响一直波及晚近的胡塞尔。在其最后一部未完成著作《欧洲科学的危机和先验现象学》中,胡塞尔重申了柏拉图的这样一个信念:科学最终依赖于哲学。然而,越来越多的哲学家一方面拒绝像柏拉图那样,把哲学当做社会所绝对必需的真理的最终源泉,另一方面又信守着真理的规范性含义。

把纯粹哲学当做社会所绝对必需的真理的唯一源泉,决不是轻而易举的事。亚里士多德便不是这样,他花费大量精力考察当时的各种政治制度,以对现实的政治学有所认识。但不论怎样,那种把求真与行善(knowing the truth and doing the good)视为不可割裂的整体的关联信念一直流传下来,它体现在海德格尔的思想之中,即使在从纳粹政治抽身后退之后,他对存在的关注也依然有力地影响着西方的未来。这种关联信念依据的是一种古老的但从未得到充分证明的假定:哲学家在分析和辩护与政治领域相关的真理方面有一种天然优势。

就这个假定而论,我们很难认为哲学家是以某种特殊方式充当着社会真理的辩护者。尽管苏格拉底为他的信念而献身,但这样的哲学家实为罕见。考察一下哲学家在各种危机关头的实际表现,我们很难相信在求真与行善之间存在着一种神秘关联。如果说纳粹是邪恶的,那么,德国哲学家在纳粹时期的那些令人厌恶的记录将提醒我们,一旦到了需要最终实践自己信念的时刻,哲学家与其他普通人没有什么两样,他们选择的往往是一条明哲保身之路。

然而,我们不能由此得出结论说,哲学家不应当对周围世界有所理解。伽达默尔显然怀有这种消极看法。他认为哲学家缺乏政治判断力。在他看来,一般意义上的哲学家内在地缺乏理解政治的能力。这无疑是说,哲学家可以发表议论,但由于他终生寄身于图书馆中,因此没有付诸实践的能力。总之,人们普遍认为哲学家是实践的低能儿。亚里士多德早就谈到过关于泰勒斯的一个笑话:他断言万物是水,自己却一不留心跌落水井。就伽达默尔的论断而言,如果说它有几分道理,那也无非是适用于他个人的夫子自道。在此之外,我们确实看到其他许多哲学家显示出了异乎寻常的政治直觉,如亚里士多德、马克思和杜威。

笛卡儿的一个著名观点认为,人的理智能力本无高下之分,其差异来源于后期的培育。这种否定先天差异的观点渗透在对人的行为主义解释和马克思主义心理学中,但今天已被普遍放弃。柏拉图早就认识到,哲学家与普通人完全不同。例如,各个领域的知识分子都拥有某种程度的理智能力,使他们能够以异乎常人的方式与各种习见保持距离,独立地进行理性思考。

这种理智能力提示着一种应当付诸实施的社会责任。尽管柏拉图错误地夸大了知识分子把握绝对意义的真理的潜在能力,但有一点是正确的,即他认为知识分子具有一种特殊的社会责任。鉴于找不到更合适的术语,我们不妨将这种特殊的社会责任称为知识分子的高尚义务(noblesse oblige)。尽管哲学家们面对赢得真理和自由的斗争常常踌躇反顾,我们仍有理由希望他们积极介入这种斗争。当年,萨特曾把自己介入法国抵抗运动的方式限定在巴黎的咖啡屋中。我们不得不遗憾地说,他实践的是知识分子的那种典型的和糟糕的信念。

我们很难彻底克服这样一种观念,即存在着或可以存在一个最后的真理主宰,如第一原因等。除了像胡塞尔那样偶尔误入歧途的哲学家外,如今或许没有什么哲学家还相信哲学是真理的唯一源泉。西方曾经历过漫长的中世纪,当时,基督精神成为一种主导性的理智力量。

基督徒们相信，这种以经学解释或教会教义方式存在的宗教是真理的最终源泉。

这种态度给伽利略带来了无穷麻烦。它还使笛卡儿乃至牛顿受到相当程度的困扰。当然，在当今这个日益世俗化的时代，我们在有组织的宗教之外已经很难找到坚执这种态度的人了。然而，那种相信某一学科能够成为知识的理性准则的陈旧观念仍像以往一样盛行。随着17世纪新科学的兴起，人们开始把科学视为真理。这种倾向不仅在自然科学家那里，而且在普通人和哲学家中，表现得日渐强烈。

当然，比之现代社会的其他方面，如哲学或宗教，现代科学尤其具有难以否认的重要价值。然而，如果“真理”被理解为一种超视角的、超越信念的东西，那么，把科学视为真理便是一种严重的“错位”。毫无疑问，存在着各种科学，但却不存在所谓科学一般（science in general or science as such）。我们几乎不能认为哲学是一种超视角的学科，因为在许多世纪中，哲学的辩难始终意味着那些代表着各种视角的人们的冲突。在许多情形中，人们可以较为容易地就某种既定的科学理论达成一致。这似乎表明，科学是无立场的。然而，正如库恩所说，即使在这里也可能存在一些根本性的不一致。

我们要避免把一致性等同于真理。因为一致性，乃至齐一性，都不是那种超越操作意义层面的真理。皮尔斯意识到了这个区别。他把“真理”界定为在特定时间存在的特定科学共同体的思想。他的问题在于，作为斯多噶实在论的辩护者，他相信科学可以告诉我们世界的真实存在方式。实际上，我们没有理由认为，随着后来的科学理论替代以前的科学理论，我们便趋近于世界的真实自在方式，即詹姆斯所说的真实实在。尽管戴维森提出观念图式理论以证明世界无非是科学告诉我们的那种存在方式，但他无法对此提出有效证明。因为，除非凭借我们关于世界的特殊观点，我们便无法找到通达世界的门径。我们也没有办法把世界同我们关于世界的观点加以对照。

科学理论只能是对我们经验中揭示的那个世界的各种解释。奎因提醒我们,对于一组现行材料而言,与之适合的解释或理论可能不止一个。因此,科学自身包含着视角因素。正因为这样,在漫长的科学演化中,一些理论被暂时接受,但后来又随之放弃。最近,科学家推翻了曾获得诺贝尔物理学奖的宇称守恒定律和曾获得诺贝尔医学奖的脑前叶切除术,后者虽代表着科学的进步,但却给患者带来了重大伤害。此外,科学内部充满了不一致的解释,即使像量子力学这样精致构造的理论也难于幸免。数学自柏拉图以来就被视为科学的典范,但其中依然难以达成一致的见解。不久前,安德鲁·维尔斯(Andrew Wiles)又对费马定理提出最新证明,该定理多年来令数学家们一筹莫展。

显然,没有任何与经验相关的自然科学是依赖于传统哲学的、超越于操作意义层面的真理概念的。波普告诫我们,每一特定科学论断都难免成为某种可能否证的候选者。除了制度性的宗教会以非理性的方式断言其论断的可靠性,哲学成为当今时代唯一坚称超视角真理的最后堡垒。

我们的认识是否具有特定视角?哲学家们依据各自的回答分属于不同阵营。在笛卡儿、康德、恩格斯和一般意义上的马克思主义、胡塞尔、戴维森、阿贝尔、哈贝马斯等人的哲学中,体现着柏拉图着力予以论证的、传统的、超视角的真理观。而费希特、黑格尔、马克思(而非一般意义上的马克思主义)、穆勒、尼采、杜威以及其他实用主义者如海德格尔、福科、奎因和普特南(就其内部实在论的意义而言)等人的哲学显然不可能与上述哲学为伍,他们承诺的真理无不具有这样那样的特定视角——它或者与主体相关,或者与社会背景和历史时刻相关。

前一阵营代表着规范性的真理观念。这种真理全然立足于超越任何特定视角的理性,而不仅局限于某一个体或全体的视野或某种难以逃避时间的粗暴蹂躏的历史时刻。承诺这种超视角的真理观通常会导致对"客观主义"的辩护。它相信知识可以把握独立于我们的但却可以为我们认识的永恒原型。这类思想家通常坚持反心理主义。他们致力于把关于我们行为的心理学描述与关于知识之逻辑条件的知识区别开来。正是在这个基础上，他们必定会反对各种形式的心理主义，例如穆勒将真与有用等同，尼采和弗洛伊德将生理冲动与真理等同，福科将真理视同权力，奎因则把认识论还原为心理学，等等。

没有任何充足理由可以使我们从对某种规范性真理的阐释推导出我们具有依赖于这种真理而生存的能力。根源于古希腊的那种传统真理观已经预先确定了我们对人/神、偶然/命运、人性/神性、可见物/不可见物的各种二元分析。人们曾经不无理由地相信，经过适当的训练，一些天赋过人的思想家或许可以把握某种独立实在的不可见结构——该结构只有对这些人才是可见的。然而，如今再没有什么理由使人们相信，这种实在竟然是存在的，并且可以为我们所认识。按照亚里士多德的看法，永恒知识之所以存在，是因为必定存在着一种不变的实体领域。这个信念只能说服那些致力于追求这样一种认识论的哲学家。

我们是怎么知道我们何时才有认识的呢？柏拉图在“第七封信”中曾提出著名的视觉隐喻：只有人们宣称在“看”时，他才可以克服怀疑。这个隐喻内在地包含着不尽如人意的地方。作为回应，斯宾诺莎断言真理包含着把自身与谬误区别开来的尺度。然而，人们总是可以用某种“不看”的方式来回敬那些宣称“在看”的思想家。近代出现的基础主义方法便是通过断言某一结果的内在融贯性或无矛盾性来祛除怀疑。在笛卡儿的原初论证中，基础主义可以被扼要地描述为：一种基于无矛盾性、必然的真、初始原则或基础之上，以严格方式进行，并最终获得无限多真结果的推理方法。这种观念是超视角知识的典范，它为那种宣称独立于各种特定角度的知识论提供了合法性基础。

这种在理论上看似十分简单的观点在实践上可能极为复杂。它过去不曾实现过，现在更不再有实现的可能。认识论的基础主义及其全部变种表现为一种方法上的同一性，其目的在于提供一种可以避免哪怕是最极端怀疑立场的、得到充分保证的认识论断。这种方法包含着通过主观性而达到客观性、强调人类生存的同一性以及通过论证使内心的某些观念符合于外部对象的共同特征。从本质上说,笛卡儿提供了以表象的方式看待知识的早期形式,这种观点后来被康德充分展开。笛卡儿理论在外部世界的对象和我们的心灵之间建立了一种因果联系,即从世界到心灵,又从心灵到世界。

毫不夸张地说,自笛卡儿以来,体现着这种方法的观念贯穿于认识论的基本论域。那种使真理认识与一种令人满意的方法结合起来的笛卡儿观念对后来的思想产生了强烈的影响。即使像伽达默尔这样一向被理解为直接反对方法的思想家,实际上也信守着把恰当的方法与认识要求结合起来的信念。

在笛卡儿那里,方法意味着某种类似于认识论基础主义的东西。然而,从没有谁为这种认识论基础主义提供过令人满意的证明。今天,基础主义及其各种变种不再被视为达到知识的哪怕是潜在性的可靠保证。一个意味深长的事实是,笛卡儿本来坚持认为方法是那种名副其实的知识的绝对必需条件,但在其后期作品中,他似乎放弃了对方法的任何依赖。

对过去几个世纪基础主义知识论的简要考察引出了一些值得关注的思想向度。笛卡儿最初论证中的方法概念并不是自足的,因为它依赖于著名的笛卡儿循环:为保证知觉的确实性,必须求助于一个更加基本的预设或上帝。由于他禁不起批判性考察,后来的哲学家便致力于重新认识认识论的基础主义。罗蒂目击了塞拉斯(Sellars)和奎因针对那种决定性的所予(given)观念而发起的攻势。其他哲学家则坚决拒斥被视为真实的第一原则。鉴于第一原则或初始原则不过是推论链的第一环,因此它的"真"是未经确证的。当然,某些命题看起来是难以否认的,如"这堵墙显得比较黄"。但这种感觉描述性命题通常不足以进一步提供任何有价值的结果。从单纯的现象,我们很难获得关于实在的断定。

笛卡儿的基础主义还把通过主观性而达到客观性的过程与那种超视角的、独立于主观性的知识观念捆绑在一起。他注意到，对客观知识的诉求预设着一个主体的观念。按照康德后来的说法，全部现象都必须有一个现象对之呈现的主体来伴随。然而，为避免削弱对知识客观性的论断，他只能把主体理解为一个最接近于认识论原则的旁观者，一个最简的或最"薄"的主观性存在，而不是一个现实的人。

现代哲学大都因循着笛卡儿的这种客观认识论。为了强调客体，后来的康德、胡塞尔和诸如戴维森那样的分析哲学家（他不想揭示主体方面的认识论问题）都采取了相同的步骤，而后期海德格尔也通过其思想中的某种神秘转变从早期的此在观念大步后退。他们采取与各自理论相一致的方式，依据一种规范认识论的要求，对主体的作用横加限制，以维护传统的知识观念。

显然，在笛卡儿那种比较"薄"的、由规范知识所宰制的主观性观念和现实的人的比较"厚"的本性之间存在一种紧张关系。"我思"（cogito）及其类似观念只是一种认识论的断定，它与现实的人不能混为一谈。由于仅仅关注知识的抽象条件，康德将他的理论置于作为一个先验统觉整体的主观性观念之上。他认为这个整体是批判哲学的最高原则。后康德的德国观念论哲学（费希特、黑格尔和马克思）则直接用那些属人的术语来重构这种认知性主体。

后康德的德国观念论者知道，知识的唯一现实主体无非是生活在外部现实世界中的男人女人。除非关注那些与人类的实际能力全然无关的抽象条件，否则便不能对任何知识的可能性进行分析。人们在建构一种以主观性为出发点的理论时总是可能采取笛卡儿对于知识问题的解决方式。然而，笛卡儿的方式无法避免这样的指责，即它与我们所知的现实的人无关。由此而来的恰当方式便是通过把我们的理论置于我们对人的理解之上，从而将认识论"自然化"，也就是说，修正我们的规范知识以"适合"我们对人的理解，而不是相反。

这个见解并不新颖，但因为它总是被遗忘，尤其是被那些致力于知识的先验形式的哲学家所忽略，因此很有强调的必要。英国经验论已经展示出这种见解的某种形式，因此洛克把他的主要论述命名为《人类理解研究》，而休谟也推出了《人类知识论》。但这一切都被后来的康德所覆盖，他将洛克归入心理主义。在他之后，这种见解又受到以费希特、黑格尔和马克思为代表的后康德观念论的再次覆盖。

笛卡儿和康德这样的近代经典思想家所提供的抽象知识观念意味着再次复活柏拉图意义上的理念观念，其核心在于坚持对实在的超视角性把握。这种实在是独立于人的，但却可以被那种被还原为单纯认识论功能的人以认知的方式接近。它涉及一定时间中的知识——但却不是柏拉图提到的那种时间性的知识（knowledge in time but not of time），涉及笛卡儿所说的仅仅作为一种构造过程的历史，涉及康德所说的那种纯粹的和完全无功利的理性——就其与人类利益的构造性关联来说，它实际上是相当实用的。作为这种立场的主要代表，康德在论证中不经意间流露出与维科相似的看法，即我们只能认识那些在某种意义上由我们“创造”的东西。这种看法颠覆了笛卡儿关于一种独立实在的知识观念，这显然加速了后笛卡儿时期出现的人类学转向。

在康德心目中，笛卡儿的“我思”与他的先验统觉整体具有一种明显的关联。由此，他用 Ich denke 来翻译笛卡儿的 cogito（即“我思”）并非偶然。然而，这两个关于认识主体的抽象观念之间存在着某种区别：笛卡儿的 cogito 是一种被动的东西，而康德的先验统觉整体则具有某种主动特性。至于康德是否意识到这种主动性的本质触及人类灵魂深处某种隐秘的能力，这并不重要。因为康德把笛卡儿的被动的“我思”改造为主动的先验统觉整体，仅仅是朝着重新理解和构造现实的人类知识主体跨出的一小步。然而，只要坚持人类学转向，我们就会意识到，既然知识是人类知识，它就总会有特定视角。

海德格尔认为，人类学转向是笛卡儿引入“我思”概念的必然结果。他通过回到近代传统以前的希腊知识传统而找到了某种解决方案:在希腊人那里,客体"显现"或"隐藏"自身。不过我们现在意识到,真实的主体是我们。把知识理解为人的知识,确定知识的特定视角,这里没有回头路可走。

伴随着瓦解笛卡儿的主观性观念而出现的人类学转向,在洛克的英国哲学和康德之后的德国哲学中已有所进展,但只是在黑格尔之后,该进程才迅速加快。我们今天的选择似乎不再是是否要承认知识的视角论观念,而是如何展示这种角度。我们最起码要意识到,哲学理论不是毫无限制的,而是必须以多种方式来限制。罗蒂曾提出一个有趣但荒谬的假设,即使海德格尔娶一位犹太妻子,并移居到芝加哥,他也仍会写出《存在与时间》。这个假设忽略了一个事实,即该著作与胡塞尔现象学、现代德国新康德主义存在着千丝万缕的联系,并折射出后期魏玛共和国所陷入的困难境地。也许,当黑格尔说哲学总是反映着它的历史时刻时,他更接近于对哲学本质的把握。

我的结论是比较节制的。很清楚,民族主义的危险唯有采取超国家的政治视角方能避免。从政治层面来说,我们一直面对着卢梭的问题即就民族主义的国家实体而言,怎样才能在实际上超越不同群体的利益,以代表各个地区所有男女的真正利益。但从哲学上说,既然不存在一种超视角的理论,不存在没有特定视角的真理,那么特定理论就总是反映着这样或那样的特殊观点。

由此,我们便面临一系列抉择:首先,由于我们似乎无法确定地把握超视角的真理,因此,我们就应当下决心放弃哲学;或者,如果决定继续讨论,我们可以指望最终会有一种理论——一种或许是我们最赞成的理论——战胜其他各种观点。这很像人们常常期待某种形式的政治民族主义取得最终胜利一样。不过,这种情况在哲学中是不可能存在的,那里充斥着大量的言语较量。政治领域则不同,那里存在着可以不断决出胜负的选举和战争,但却没有最终解决问题的程序。

哲学讨论不可能终结,因为每个理论必定引出其他理论。从这个意义来说,哲学从来不是"国际主义的",而是"民族主义的",或者内在地是一种代表着某种立场的“民族主义”。如果要在哲学中采取一种国际主义立场,那就只有努力建构一种可以涵盖其他视角的足够宽广的理智框架。对政治理论来说,这是可以想象但却难以实施的,因为我们很难达到一种超越一切民族主义的真正国际主义。而对哲学来说,这既是不可想象的,也是不可行的,唯其如此,我们才更需要朝着这个方向进行努力。

（李河　译）

当前学术状况的回顾与展望

——许纪霖、黄万盛、杜维明三人谈

曾明珠　整理

杜:我先开个头。经过"9·11"以后,这本来是美国文化深层反思的机缘,但这个事件影响到全世界,中国、俄罗斯、东亚、阿拉伯世界、拉美,大家都意识到需要深刻地反思。我们作为广义的文化中国的一员,在知识界、学术界、文化界等不同的方面,长期关怀着文化的发展。许纪霖一直对中国,包括海外的部分情况比较关注。黄万盛这十年,前五年在巴黎,有欧洲的学术经验,后五年在美国,对美国的情况也有了解,有各方面的资源。我自己的工作,可以说,主要在四个方面:关于文明对话;以及与此相关的文化中国问题,旨在发掘中国的文化资源;启蒙反思的问题;还有我特别关心的问题,就是儒学创新,儒学的第三期发展的问题。

从国内的情况看,最近一段关于自由主义和新左派的争论并不是少数人的经验、学术的分歧,它有相当宽广的含义。许纪霖,你参与这一讨论的立场是比较平实的,能否请你起个头,对国内的思想界、学术界发展的大潮流作一介绍。

许:20 世纪 90 年代的国内思想界与 80 年代相比,有一个很大的分化。80 年代有两场大规模的思想运动，一是 80 年代初的思想解放运动，像于光远、苏绍智、王元化等都加入了，这场运动很像马丁·路德的宗教改革，基本上是在马克思主义的框架中寻求思想的出路。二是 80 年代中期出现的“文化热”，黄万盛也是这场“文化热”的发起者之一。人们后来称其为“新启蒙运动”，或者叫“新五四运动”，是把批判中国文化传统、引进西方思想作为主题。杜先生当时在中国作过一些报告，讨论儒学的第三期发展的可能性，与当时中国思想界主流的声音很不一样。因为当时大家虽然也有不同的观点，但基本立场是一致的，用汪晖的话说，叫做“态度的同一性”，也就是说，对传统持的都是同样的否定态度，对西学是一味地崇拜。当时学者们的知识背景也没有什么大的差别，读过的和能够读到的书，基本上就那么几本。

20 世纪 90 年代以后，发生了很大的分化，原来搞启蒙的那些学者，各自关心的问题、所拥有的关怀，特别是知识背景开始分化。最早从启蒙中分化出来的，被称为“新国学”，比如北大的陈平原等办《学人》丛刊，检讨 80 年代思想界的状况，认为是太多的游谈无根，学者们应该从事基本的学理建设，特别是对传统文化，要摆脱过去那种狭隘的立场偏见，重新认识其学术的地位。一改 80 年代功利地批评传统的立场，而是从学术的理解的立场来看传统。既不是“疑古”，也不是“信古”，而是“释古”。王元化先生当时办《学术集林》和为杜亚泉正名，也被误认为是“新国学”。90 年代初“国学热”，但搞国学的人态度不一样。有人是从思想退到学术领域，从此不再有公共关怀，但另一些人是对启蒙有了更深的理解。过去的启蒙强调态度、立场，对西方态度如何，对传统态度如何。王元化发现，陈独秀就特别强调态度，但学理上的功夫并不扎实。“五四”以来很多高喊打倒传统的人，事实上对传统并不了解。他觉得真正的启蒙是要在学理上作深刻的研究。我把王元化的这种态度理解为是“另一种启蒙”，一种从学理上更深的启蒙。

第二个分化出现在 20 世纪 90 年代中期，市场经济发展以后，一批上海的知识分子提出“人文精神”的讨论。80年代的知识分子总是呼唤市场经济，但市场经济真正来了以后，才发现知识分子自己完全被边缘化了。

杜：这大概是什么时候？我在1978年随美国海洋学代表团回到阔别几近30年的祖国，1980年通过中美学术交流计划在北京师范大学进习一年，赵光贤、何兹全、白寿彝和刘家和等几位师友、长者之间的交流为我提供了不少在“文革”之后如何“共商旧学”的思路；同时因为和1977、1978、1979三届在北京的知识精英以及庞朴、汤一介、乐黛云、李泽厚等学术中坚交流甚密，对人文学研究的新趋向也有几分预感。

20世纪80年代我对国内的学术界和知识界的情况比较熟悉，特别是1985年在北大开设“儒家哲学”之后，更是积极投入各种论说，对“文化书院”、“走向未来”和“文化：中国与世界”的“话语社群”(Discourse community)都相当熟悉。

但1989年12月在复旦参加“儒家与未来社会”的国际论坛之后，一直到1994年秋天在山东邹县列席孟子学术会议共有五年之久没有回国，虽然把大陆学术思想的发展当做日课，不敢稍微松懈，但缺乏体之于身的感受，总觉得有些隔阂，比如有关“人文精神”的讨论，我知道首先是由上海发起的，为什么则不甚了了！

许：人文精神的讨论发生在1995年，由王晓明等发起。这场讨论为什么会由上海发起，因为上海的市场经济发展处在前沿，上海知识分子失落感最重。他们发现市场经济不仅是一套制度、模式，它带来的是整个精神的变化，社会弥漫了工具理性的精神。他们认为市场经济与人文精神是冲突的，他们希望在市场经济的社会中能够保持人文追求。这些观点引起了很大的争论，比如王蒙当时就反问：市场经济是有利于改革的，你们难道要退到改革以前吗？其间的争论非常复杂，但至少可以看到对市场经济的认同分化了。

最后一个分化是在20世纪90年代末期，也是最重要的，即“自由主义”和“新左派”的分化。20世纪90年代中期以来，中国出现了市场社会，同时也出现了腐败和社会不平等。过去，人们相信西方的民主政治、市场经济、个人主义是好的。到了90年代，这些目标有一部分兑现了，新左派知识分子开始怀疑这条道路是否适合中国。围绕着中国的现代化道路应向哪里发展，发生了彻底的分化。双方的论战涉及许多重要的问题。首先是现代性问题，自由主义坚持80年代的启蒙思路，相信中国的现代化道路唯一的选择就是西方的道路，就是被世界两三百年的历史和中国一百多年的历史所证明的“最好的”、“最具普遍性的价值”的自由主义道路。但新左派认为，太阳不是只有一个，而是有多个，西方的资本主义道路有很多问题，中国要走超越资本主义的新的道路。

黄：这是崔之元的说法。类似的说法在西方左派思想家中并非罕见。

许：其次，在政治改革方面，分歧也很大。自由主义者认为当务之急，是需要由宪政所保障的有自由、有人权的法治社会，特别是要有个人的财产所有权。但新左派认为西方的民主是形式化民主，一般的民众并没有享有真正的自由和民主权利，他们对民主的诉求从结构性的法律制度转移到了底层，呼吁要让民众在实际生活中拥有民主权利，可以参与基层的民主管理，改变资本主义生产关系中的受雇佣的地位，从而成为自己命运的主人。

第三个分歧发生在社会经济领域。当前中国的腐败、两极分化、严重的分配不公是双方都承认的，但形成的原因是什么，应当如何解决，双方的看法完全不一样。自由主义者认为所有这些问题是因为政府的权力太大，对市场干预太多，必须充分市场化、私有化，缩小公共权力，才能解决这些问题。但在新左派看来，恰恰是因为少数人打着私有化的幌子，把社会资产转化为个人资产，不平等的掠夺才导致了不平等的产生，他们认为私有化和市场化成为少数权贵掠夺国有资产的合法借口，因此，民众必须参与到社会的分配领域，借助国家力量进行二次分配，才能解决这些问题。

最后，在国际关系问题上，双方的分歧也是明显的。特别是1999年科索沃事件以后，双方在对美国和西方的态度上形成截然相反的立场。在新左派看来，从科索沃到中美撞机事件，美国是利用人权借口进行霸权扩张，他们从民族主义立场批评美国和西方。这种声音目前在国内越来越大。“9·11”事件发生以后，国内这么多年轻学生有幸灾乐祸之感，与对美国政府的反感有关。而自由主义者认为人权高于主权，他们赞成美国对科索沃的干预；在中美撞机事件上，认为如果简单地反对美国霸权，会激发国内民众的排外情绪，对改革开放不利。朱学勤在1999年纪念五四运动80周年的时候，写文章检讨20世纪中国两个可怕的思潮：民族主义和民粹主义。“9·11”以后，双方的分歧更大了，自由派人士发表声明，认为“9·11”是野蛮对文明的挑战。表示坚决站在美国一边，其中一篇声明：“今夜我们是美国人！”结果在网络上受到了普遍的嘲笑。而新左派虽然也反对恐怖主义，但认为“9·11”事件的背后，反映了世界格局中是强势霸权对弱势民族的压迫性关系，是弱势民族中原教旨主义的一部分绝望的反抗。他们引用爱森斯塔特（Shmuel N. Eisenstadt）的观点，指出现代性本身就包含着野蛮，要根绝恐怖主义，首先要检讨现代性本身，改变世界格局中统治与被统治的关系。由此看来，“9·11”使得自由主义与新左派对全球化问题的分歧加剧了。

1999年以前，中国知识分子对国际事务并不关心，现在，却成了重要的焦点。杜先生强调的全球化背景下的文明对话，这两年在中国知识界得到了越来越多的回应。自由主义者认为加入WTO和参与全球化对中国是利大于弊，是无从选择的道路。这是对的，但他们过于重视制度，而忽略了文化。仅仅从经济政治制度架构谈论普世性问题，从不讨论制度背后的文化因素，会使得制度变得很薄，一旦经济出了问题，制度就会发生危机，无法面临原教旨主义的挑战。自由主义迄今为止，在全球化与文化多元之间，还拿不出像样的解决办法。全球化与多元文化的关系，很重要的一方面就是如何解决制度建构与文化价值的关系。

这半年来，我在美国，特别是受到"9·11"的刺激，感到这个问题特别重要。近一年来，我读了罗尔斯的《正义论》、《政治自由主义》和《万民法》等著作，从他的政治自由主义架构中获得许多启发，但也发现他理论的一个弱项。在这个文化价值多元化的现代社会中，罗尔斯为了获得普遍的正义共识，他只有在什么是"正当"（right）的政治伦理上寻求重叠共识，而在"好"（good）的价值层次上他不得不保持沉默，也就是说，罗尔斯的政治自由主义的前提，是把文化用括号括起来，存而不论的。这样，问题就出来了：假如不讨论多元文化，各种文化不进行积极对话，那个以政治正义为中心的重叠共识是否会变得很薄，甚至根本无法达成共识？这个问题解决不好，制度的基础就不稳固。

杜：今年是联合国的"文明对话年"，这个问题我们谈得比较多。我想请黄万盛回顾一下这段思想历程，许纪霖刚才谈的20世纪80年代的学术过程，你都经历过，而且是积极参与者。

许：他是发起者之一，许多讨论跟他有关。

杜：你自己的心灵过程也很复杂，现在涉及的很多问题你也一直在思考。我的感觉是，当时在巴黎，不少的知识分子，当然不能以偏概全说所有的知识分子，但我了解差不多大多数的知识分子都转业了，但你是坚持下来了，能够在学术、知识的领域，特别在思想的领域中一直在继续思考，不断通过继续思考形成自己的理解，提出自己的看法。

我想你回溯20世纪80年代到今天,你的亲身体验,面对2002年,一定会有意义。

黄:许纪霖刚才所讲的涉及了许多方面和问题,但基本面是考虑知识分子如何思考中国问题。就这一点,我谈一些想法。古往今来,中国知识分子有一个永远的特点:他们有非常强烈的社会关怀,所谓“忧患情怀”、“参与意识”都是这一特点的不同表述。说它是特点,在于它既是优点,又是缺点。在优点的意义上说,你很难发现还有哪个民族的知识分子比中国知识分子有更强的社会责任感。我在法国五年,现在在美国也五年了,都是在学术界,感到各地的知识分子在传统和心态上,相当不同。詹明信(Jameson)说最好的知识分子传统在法国。

杜:我不认识詹明信,但对他在北大发表系列演讲由唐小兵集结成书在大陆和台湾引起“新马热”的情况则相当熟悉。1988年在台湾大学讲“现代精神与儒家传统”时,曾批评以詹明信为代表的后现代主义者虽在理论方面痛斥资本主义但在日常生活中则充分暴露深受资本主义熏陶的商业行为。后来觉得这是犯了以“人病”推想“法病”的错误,所以在《当代》撰文作了修正。

张旭东曾建议我和詹明信进行一次严肃的学术对话(好像他已安排李泽厚与詹明信晤谈),我也很愿意通过“面对面”的沟通对他的理论作进一步的认识。其实从杜克(Duke)及圣地亚哥的加州大学(U C San Diego)的文化研究,可以对詹明信的思想取径和在北美学界的影响窥得几分消息。

黄:他认为法国知识分子好,比较范围主要在法国、德国和美国,我的批评是他根本不了解中国,如果把中国加进去……

杜:那样情况就很不同。

黄:对,就以他的标准,能把整个社会放在心灵向往之中从事自己的志业,这是最好的,在这方面,中国知识分子要比法国知识分子更加彻底,更加坚定。这是从长处看。

如果从缺点方面看,他们对长远的、深刻的问题的关怀会被这种强势的社会关怀削弱、掩盖,这也是中国知识分子的传统,但它是从1840年鸦片战争以后形成的。我这样区分,是因为古代知识分子并非如此。以孔子为例,他生活在“礼崩乐坏”、“道术将为天下裂”的时代,他有很强的社会关怀,他的忧虑充斥在字里行间,但毫不妨碍他的深刻,他的语意相当深远,直至今日,我们还在领受他的思想恩惠。孟子则把政治关怀和道德追求结合得更加紧密,他体恤民生,广会君王,教导仁政,以最高的道德理想来要求政治的不断完善,他的政治论说包含非常深厚的道德形而上,激励着后来者反复地探索他的意义世界。可以说,孔子、孟子等人创造了具有永久魅力的思想遗产。但是,这种亲切入世而又从容深邃的理论风度,在鸦片战争以后的中国思想界逐渐消失,再难寻见了。

中国近代的知识分子面对国破家亡的深重危机,一代又一代学人义无反顾地投入到解决当下问题的思想潮流中,这种不折不挠的奋斗是令人感动的。可是,“为万世开太平”的胸襟被“为现世谋出路”的冲动取代了。我们看到,在这种偏窄格局中,中国知识分子在近代的思考不断重复,一些同样的主题每过几年就被重新提出,后来人几乎全然无视前人已有的探索,信以为真地在那里发现“前无古人、后无来者”的真理。对于这种理论的悲剧,在它的现实处境上,我们完全可以同情地理解,只要现实的苦难没有过去,对它的反思就决不会停止。但是,我们还是要提出一个批评性的问题,那些现实中包含的理论问题是否被解决过?理论的发展是要依靠积累,西西弗斯式的重复只是理论的悲哀和无奈。执著于给现实开药方,放弃深刻长远的问题,既不可能有效地解决现实问题,也毁坏了理论本身的建设和人文理想的建设。因此,我在想,怎样把对现实的关怀和中华民族关怀深刻问题的传统重新结合起来,这将是一个艰苦但却是必需的过程。

从这点入手看许纪霖刚才提到的20世纪80年代以来的问题,可能会另有一重景观。你提到80年代的思想解放类似马丁·路德的改教,是形象的说法。但是要注意两个复杂的方面,第一是思想解放的力量构成,你提到的是当时党内一部分高层知识分子,可是比他们更重要的还有两种力量,一是党和政府的领袖集团中的所谓“改革派”,假若没有他们,思想解放将是另一种形式;二是社会上广大的知识分子群体,经过十年“文革”,其中积聚了巨大的反思的力量。“实践是检验真理的唯一标准”的第一稿就是来自民间。由于是各种不同的力量结合成思想解放运动,就必然出现第二个复杂方面,在思想解放运动中包含了相当不同的诉求。了解这一点,可以对许纪霖所说的“分化”,提供一个解释的谱系。权力阶层的目的是通过思想解放,清算一部分旧的官方意识形态,思想解放的目的也就基本完成了,这是思想解放的春天为什么终了于乍暖还寒之时,那么令人失望的原因。这里有一个重要的问题:知识分子应当如何处理与统治集团的关系。这个问题长期以来没有处理好,值得我们深思。儒家知识分子有对君王教育、批评、提升其德行与智慧的传统,要重视对这部分资源的开发、转化。杜先生强调儒家知识分子的“群体批评精神”,是突出了这部分资源的重要性。思想解放中的知识分子当时就有两个层次,一种是许纪霖所说的“马丁·路德”式的,要真马克思主义。但更多的知识分子希望反思和检讨“文革”的原因和教训。所以,批评教条式的马列主义只是一种声音,更强大的声音是“反封建”、反对封建的“家长制”、“农民革命的传统”,以及儒家的传统。顺着这条思路,你就可以了解后来的“反传统”因何而来,它们是一脉相承的。正因为企图从中国历史的长河中反省,因此,人们不能满足于仅仅从政治的或个人的方面经验地解释“文革”的原因。这样,当思想解放匆忙地宣告胜利的同时,文化反思的闸门打开了,“反传统”的潮流一泻千里,席卷大地,把中国思想界几乎全部动员起来了。

现在回顾当时的"文化热",有深刻的教训需要总结。文化反思的初衷其实并未展开,全盘的反传统却成了一时之选。在这种条件下,要求冷静地辨析传统的声音,虽然理性,却难有回响。然而,它却是种子,等待着孕育"国学热"、"传统热"的气候。1992 年以后,一部分人认为80 年代的思想风尚和主题论域出了问题,误导了社会潮流,因此,抛弃、清算 80 年代成为重要的论域,80 年代的思想"淡出",90 年代是学术"出台",80 年代被描述成肤浅、浮躁、激进,一无是处。这种"反 80 年代心态",导致了对 80 年代论域的全盘颠倒。全方位的改革开放的呼声被"新保守主义"取代,相对于"西化派"的是"新左派"和民族主义的兴起,与"反传统"针锋相对的是"国学热"和"新儒家",等等。但是,一个历史时刻的思想是可以这样用简单颠倒的方式彻底消解的吗?果真如是,那思想史就太简单,甚至庸俗了。那些课题如果没有被认真处理的话,是不会挥之即去的。90 年代末期,所谓"自由主义"出现了,在我看来,它是 80 年代思想余绪的重新包装,虽然它的形式和一部分内容改变了,例如,它不再简单地宣称自己是反传统的。

黄:和许纪霖的观察角度不同,你重视"分化",而我却更在意"连续"。我以为"连续"对于思想、学术的回顾与展望可能更有意义。它使我们格外小心地处理不同的思想学说,发现它们之间的关联,以检讨各种不同观念的潜在的历史意义。后来的一些不相关甚至是截然相反的思想潮流,往往就是前面的思想的偏颇和片面的产物。中国近代思想中有两个特点,一是反复大,二是重复多,都与我们缺乏"连续"的自觉有关。以"传统文化讨论"为例,"反传统"有其合理性,传统中一些腐朽、阴暗的东西不加以批评清除,传统中积极健康的方面就不能充分地展开。但是,极端地反传统,不分青红皂白全盘清算,就会使"重建传统"成为下一个必要的思想课题。假若"重建传统"也不能清算其中的腐朽,那么,它就给另一次的"反传统"准备了新的舞台,如此循环往复而已。让我们设想一下，如果没有当年袁世凯的全盘尊孔，其实就未必会有“五四”中的“打倒孔家店”，这类教训事实上比比皆是，却没有被认真总结。

从上世纪 80 年代末至今，我虽然具体地做了不少课题的研究，围绕的核心问题只有一个：中国到底出了什么问题？与此相关，我开展的主要课题有三个，第一，“五四”思想观念的谱系学，“五四”是当代中国思想和价值的奠基，例如“科学、民主”几乎成了绝对标准，它对当代中国的影响实在太大了，越过“五四”而对当代思想纠偏是不可能的。第二，知识分子也是一种权力的存在。知识分子是中国思想流变的主体，单一的价值论的知识分子诠释是远远不够的，知识分子权力是社会三种基本权力之一，而权力是有责任的。第三，可以叫做“启蒙反思的第二课题：消解强势民主”。这个题目容易引起误解，我要多讲几句。

民主在中国已然是强势话语，无论什么人都在讲民主，甚至连民主的基本常识都不了解的人也在大讲民主，民主的悲剧在于，它在中国找不到反对它的人。在知识分子中，情况亦然，新左派与自由主义在民主的基本认同上没有什么分歧，分歧是在民主的具体方面。民主作为一元的话语，它在中国消解了什么？除了民主，目无外物。整个 2 500年来，管理如此广大的国家的政治智慧统统被消解，“五四”以来，这方面没有任何开发，当代中国的政治资源是相当贫困的。更重要的是，它没有被开发，却不意味它就不起作用了，事实上，它在日常生活和政治生活中起着非常重要的作用，我称其为中国政治的“看不见的手”。以美中关系而论，美国是以民主理念作为美中关系的价值立场，但是美国的政治家并不了解中国这套政治智慧，甚至中国人也不了解，中国有一套大的政治智慧可以有效地按自己的方式诠释民主的理念，因此，美中之间强势的所谓“民主外交”显得极其僵硬、缺乏弹性，有一些摩擦其实是损害美中两国的利益。近代以来强势民主压抑了这套智慧的影响，但，它在底层意识和草根社会一直起着作用。上世纪90年代以来这十来年,中国一步一步地发展起来了,虽然还有很多很多不尽如人意之处,但它的变化是令人惊叹的。这是什么因素在起作用?民主吗?在这十年中,它并无体现和落实。事实上,是中国的智慧在调节各种社会力量。

强势民主不仅抑制了中国的政治资源,同时也扭曲了对民主的健康的了解。从"五四"至今,中国讲民主是在普遍的"强国富民"的预设下,因而,对民主是一种程序政治的理解极其稀薄。可是,只有在程序政治的了解上,才能比照中国智慧的特色。以孔子为例,他生平时代,产生权力的方式是多样的,假如,要孔子去判定哪一种方式是最好的,那是肤浅的,从根本上说,无论什么方式,最终总有人要坐到权力的位置上,最重要的是坐在这个位置上的人应当是什么样的人,如果他达不到标准,那就要教育他达到。在中国智慧中,根本的问题是对政治领袖的培养、教育、监督、限制。难道这种智慧没有现代性?对中国的发展不能产生作用?这与民主的本意并不抵触。但是,强势民主是不可能看到这种智慧的。杜先生希望对中国的思想发展作一些展望,我想,强势民主不消解,中国社会的长期发展会非常困难,因为它除了是"强国富民"的功利主义预设,还是"造反有理"的根据。在中国,一切难以解决的政治问题的最后考虑就是民主,这种强势民主的心态事实上把中国导入长期动荡的恶性循环。我想,消解强势民主的意义在于解决中国近代的一个基本困难,呈现多元化资源,创建中国展现于世界的文化消息。我不知道这能否与许纪霖在国内的现实经验相配合。

许:如同你说的,现在国内对民主的理解相当狭窄。我这次在美国,给我最强的感受不是自由,也不是民主——那些都没有超出我的想象,而是社群(community)。国内的一些自由主义者以为,只要有一套制度化的民主选举程序和形式化的法治,好像民主就实现了。假如只是这套程序,它只有一个二元关系:个人和国家。但在现代社会中,无论个人怎样强大，他是无法与国家抗衡的，即使有一个好的制度。而美国的经验告诉我们，在个人和国家之间，还有社群。社群有各种各样的，有按照利益结合起来的，有以共同的价值观作为纽带的，有地域性的、社区性的、行业性的，也有价值性的、兴趣性的。它们共同组成了哈贝马斯所说的“生活世界”，是可以与市场和行政权力所组成的“系统世界”相抗衡的“生活世界”。美国的“生活世界”是特别丰富的，当年托克维尔来到美国，考察美国的民主，对美国社群之发达惊讶不已，那是官僚制的法国所不可能有的。在个人和国家之间的这个强大的社群，在民主制度中扮演了很重要的角色。民主不仅表现在一个周期性的投票，而且体现在日常生活中社群对公共事务的参与。国内的新左派对西方民主有一个批评，说是美国投票率低，政治参与意识淡漠，我过去也赞成这一批评。到了美国一看，发现全然不是这回事。的确，美国人对选举总统、联邦议员或州议员，是比较淡漠，但对选举与切身利益有关的社区公职人员，哪怕是一个校督，是很投入的。托克维尔当年也发现了这个现象，并且认为是个大好事，在这里我不妨复述他的原话：“很难使一个人放弃自我去关心整个国家的命运，因为他不太理解国家的命运会对他个人的境遇发生影响。但是，如要修筑一条公路通到他家园，他马上会知道这件小公事与他的大私事之间的关系，而且不必告诉他，他就会发现个人利益和全体利益之间存在紧密的联系。因此，如果让公民们多管小事而少操心大事，它们反而会关心公益，并感到必须不断地互相协力去实现公益。”这就是说，在民主社会中，个人对政府的影响并不是通过个人的投票去实现，而是通过社群的力量去影响和左右政府。社群在民主社会中扮演了很重要的角色。

在个人与国家之间，社群不仅集合个人制约国家，而且更重要的是为个人提供价值和归宿感，为自我的发展提供空间。在现代社会之中，国家和政治是中立的，你不可能从中获得价值感，信仰虽然是个人的事情，但自我的形成和价值的获取，不可能在原子式的个人之中完成,唯有通过一定的社群才能实现。在现代社群中,许多社群正扮演了这样的文化角色,而且越是传统的社群,比如宗教共同体、宗法共同体、地域共同体以及文化共同体等,越是对个人的自我发展具有意义。藤尼斯(Ferdinand Tonnies)的名著《社群与社会》,将社群与社会看做是人类群体生活中两种不同的结合类型,前者是人格化的私人情感的共同体,而后者只是非人格化的,只是为具体的功利目标结合起来的契约性网络组织。过去,人们总是以为社群是传统的,契约社会是现代的,现代化的发展无非是从传统走向现代,从社群走向社会。这个看法现在看来是错的。越来越多的经验研究表明,即使在现代社会中,也存在着大量的传统社群,它们对社会整合的作用不仅不是负面的,而且是不可缺少的。那位因为写《历史的终结》而出名的福山(Francis Fukuyama),后来写的一本书很少有人注意,那就是《诚信》(*Trust*)。他在那本书中提出了一个很重要的看法,最高的经济效率不一定能够由理性的利己行为来达成,反而由个体所组成的彼此之间有很高诚信度的社群,更能实现高效率,因为在这样的社群中,有共同的价值观和道德感,交易成本极低,合作更有效。以此标准,日本、德国和美国,都是诚信度比较高的国家,中国、法国、意大利都是诚信度比较低的。

这就引发了一个思考:儒家学说中社群的文化资源是很丰富的,特别是宗法伦理的资源,儒家也特别强调诚信,"五常"中就有这个内容。为什么到了现代,中国的诚信度反而比较低呢?我想,这可能有义理和历史的两个原因。从义理上说,儒家的诚主要是在社群内部来讲的,它并没有普世化,普遍化为非人格化的普遍原则。而从历史角度观察,晚清特别是"五四"以后,传统的宗法社群受到了强烈的批评,国家的权力和个人的权利大大张扬,在个人与国家的直接对抗中,社群这一块很快就崩溃了,这对民主造成很大的负面作用。事实上,如同黄万盛所说,中国过去是有社群的,专制制度只能管理到县一级,县以下基本是家族和绅士联合自治。

黄:就是皇上本人也不像想象的那样可以随心所欲,为所欲为,举万历为例,他要娶一个后宫嫔女为后,遭到以宰相为首的文官集团的强烈反对,认为他的做法不合道德,几位握有重权的大臣甚至以死相挟,倘若皇上敢违天下道理而硬娶,他们就撞死在朝廷上。万历终于未能得逞,以后的十几年里,郁郁寡欢,寝食不宁,死于遗憾和惆怅中。因此,我们不能轻易地说,中国古代对皇帝没有监督、制约,这套制约机制来源于什么?不是现在所说的"法制",这不意味着它没有制度因素,它有吏制的传统,但更重要的因素是来源于儒家所建立的对君王进行教导和批评的责任传统。这套传统在1949年之后,完全被消解了。"以德治国"从来都是知识分子的责任表达。

许:虽然中国社群是在1949年以后被涤荡一空的,但其衰亡是从晚清,特别是"五四"以后开始的。中国古代有社群,在社群之中也有一套礼,一套当时全世界最成熟的诚信规则。当然,这套规则如果不加改造,无法适应现代的契约化的市场社会。问题在于,中国的现代化误将传统不加分析地,统统地看做是自己的天敌,将社群、礼和诚信统统抛弃了,这就为1949年以后国家的全权控制腾出了空间。20世纪90年代以后,中国的自由主义者从东欧的天鹅绒革命的成功,也注意到了市民社会这一问题。但市民社会与社群并不是同一的概念。这些自由主义者都是权利自由主义者,他们所理解的"市民社会",是一群理性的自利的个人,为了追求个人利益的最大化,按照一定的契约规则所组成的社会,这样的"市民社会"实质上不过是黑格尔意义上的市场社会,这些个人是纯粹的资产阶级,市民社会不过是提供了一个满足个人利益和实现利益交换的私人领域而已。在这样的市民社会中,可以没有公共利益,也可以不讨论文化,价值更是被完全撇在一边。按照欧克夏(Michael Oakeshott)的说法,这样的市民社会只是"企业组织",而非"公民结社"。而公民结社,应该是没有个人具体的功利目标和个人利益掺杂在里面，是为共同的公共关怀走到一起来的。民主社会的监督机制和个人在社群中的价值分享，在“企业组织”中是无法实现，至少是无法完全实现的，只有在公民所自愿结合的各种社群中，才能得到满足。在美国，小到一个社区、大学，大到一个州，整个美国，在意识形态上都把它们视作是一个社群，一个有共同关怀、共同命运和共同价值观的社群，在“9·11”以后，表现得尤其明显。美国的爱国主义这个国不是空洞的，其背后就是大社群意识。假如将中华民族看成一个大的社群，它的文化是开放的，价值和制度也是有待于重构的，也就是说，民族主义建构的问题与民主问题联系起来考虑，就更有说服力。

如今，文化价值的问题的确很重要，小到如何形成有活力的生活世界，大到解决中国的认同乃至与全球化的关系，都与此相关。这样一考虑问题，社群就变得很突出，成为一个中心问题，不再游离于民主主义和民族主义这两个中心目标。而在这方面，儒家的确可以提供很多的历史资源。儒家讲“内圣外王”，“内圣”到了新儒家已经发展到了极致，但怎么与“外王”接通，和民主制度接通，在话语上有很多困难。的确，假如仅仅从权利自由主义的角度理解民主的话，儒家对民主的贡献的确是有限的，而且没有多大的开拓空间。然而，在西方民主传统中，不仅有权利自由主义的贡献，也有公民共和主义的贡献，社群的重要性在后者中特别突出。从公民共和主义的角度看，就有许多资源是有可能与儒家对话乃至沟通的。儒家的现代性转换，转换的重点不应该在权利自由主义这一面——这一路径可能永远也无法转换得出来，但转换成现代的公民共和主义，就有相当的可能性，特别是在社群建构方面。儒家对现代民主的贡献，应当在这方面。

杜：对于一个复杂的现代社会，如果没有市场经济，就不能发展民主制度，但是，如果发展经济而不能发展经济资本以外的社会资本，那这个社会迟早要出大问题。固然，市场经济可以把经济搞活，但市场社会或社会的充分市场化则对全民的福祉有极大的破坏力。哈佛的帕特南(Robert Putnam)提出“社会资本”,法国的布赫丢(Pierre Bourdieu)提出“文化资本”,这和许纪霖在美国体验到的社群有密切的关系。例如,我们现在谈天,“谈天”决不会不被看做“文化资本”,我们之间,通过谈天,增加了解,互通信息,这是资源的积累,如果我们发表这个谈话,引起其他的人再谈,在无形之中就增加了美国华人社会的资本。一个社群,乃至一个国家,假如没有复杂的社会资本,它就不能很好地发展。

如果放大了看“谈天”,那就是“对话”。对话的核心问题是认同。认同意愿可以导致强烈的归宿感、根源感,和安身立命的信念。但是认同意愿也可以导致极大的排他性,甚至极大的暴力。从“9·11”前后的情况来看,现在出现的是恶性循环,“全球化”导致霸权,霸权加强了认同政治,而认同政治又突出了原教旨主义的排他性。虽然如此,并不能说“全球化”完全不能导致生命共同体的出现,认同政治安全不能导致“己所不欲,勿施与人”的安身立命。要使全球化不成为霸权,而促进生命共同体的建设,靠的就是对话,要使认同政治不变成排他主义、原教旨主义,而是人人都可以安身立命,也只能靠对话。在对话这一点上,最大的问题是愿不愿意对话,怎么对话?就这方面说,越有权、越有势、越有钱、越能掌握资源的个人、社群、国家,就越应当对全球化能否良性循环负有更大的责任。因此,最大的问题是美国,美国的单向主义是最大的障碍。

在中国,批评美国的新左翼思潮有很坚强的客观事实,而自由主义认为非要走现代化道路也有非常坚强的论据,这之间存在可以健康对话的可能。如果不进行对话,将来在中国会出现非常强势的霸权论说,认为如果要对付美国的霸权,我们就要发展我们的霸权。这会是大考验。另一方面,也可能出现完全漠视自己的传统文化,自己的价值和意义没有很好地发展,认为只要进 WTO,可以参加高峰会议,走西方发展的道路,就认为我们可以现代化了,这也会出很大的问题。

我认为,现在是到了一个很关键的时刻。在各种不同的关系中,中美关系可能是未来世界能否健康发展的最重要的关系。但是,现在这种关系又非常不平衡,矛盾冲突的可能性比较大,下面的路很难走。从中国方面看,一个受过那么长时间屈辱的中华民族能够崛起再生,除了经济的奇迹,它的文化信息是什么?这是大问题。我们是不是要让比我们发展得更好的社会感到我们是一种威胁,是不是要让还不如我们的社会感到我们掠夺榨取了世界的资源?在什么情况下,比我们更强的会欢迎我们的发展,比我们更弱的会认为中华民族的崛起有利于他们的发展?有没有这种可能性呢?看起来这是非常理想的说法,可是非常重要。中美关系为什么那么复杂,与双方不同的态度有关,中国对美国非常重视,而美国对中国非常不重视,造成了很不健康的双边关系。最大的问题将是在美国。当然,美国现在也在变,这种变化也与欧洲、中国、南亚以及阿拉伯世界的变化有关,有非常复杂的互动关系。从表面上看,美国非常强势,是一个整体,但更深入地了解,你会发现它的力量是来自各个不同的社群,许纪霖提到了这一点。美国的政府、企业、媒体都感到力不从心,很多方面的无奈。那么,在什么地方有突破口,该怎么去做?从客观来看,我们能做的很少,几乎微不足道,可是别无选择,我们必须做。如果碰到一个好的时机,会使我们做得比我们能够想象的有更大的作用。

媒体本来是开展公共空间不可或缺的中介,但市场经济的宰制,使得表面上似乎具有独立风骨和批判精神的媒体从业人员也在商业的洪流中淹没了公共性格。这点我确是心知其意。1995 年应联合国秘书处的邀请参加在丹麦首府哥本哈根举行的社会发展高峰会议。虽然所讨论的三大议题:贫穷、失业和社会解体都是人类当前面临的最严峻的考验,而参加讨论的又多半是全球社群的一时之选,何况还在世界政治领袖云集的场合中进行,但是美国的媒体对这样一桩国际大事几乎没有任何实质的报道,因为全国正陷入家喻户晓的“大审判”(O. J. Simpson)之中。所谓“公共媒体”(public press)的呼吁便是在这种氛围中提出的。

我曾针对美国人文学研究的未来撰写了一篇题为“人文学与公共知识分子”的短文，收入总统特聘“人文学”委员会的报告中，引起了一些讨论。我觉得在西方，塑造当代意义的知识分子的文化资源并不丰富。从19世纪俄国沙皇时代借用的“知识分子”(intellectual)一词，当然和希腊的哲学家、希伯来的先知，或基督教的僧侣都有关系，但严格地说，今天在西欧和美国的知识分子和“家事国事天下事事事关心”的士、读书人及儒者更有亲和性。这一课题值得我们作全面深入的研究。

许：我发现一个很现实的矛盾，世界越来越全球化，但是世界主义却越来越淡化，几乎被消解了，反过来，全球化过程中所伴随的，是越来越强化的民族国家意识。这个冲突很严重。全球化本来意味着整个世界形成了一个地球村，客观上形成了一个整体的公共利益。如果各个国家要保全这个整体，必须让出一部分自身的利益，以服从整体的利益。著名的“囚徒困境”也证明了，哪怕是从追求最大的国家利益出发，合作也要比不合作好。但是现在情况并非如此。国家利益至上，成为当今世界普遍的、公认的国际关系准则。在这样的游戏规则之下，整个世界依然处于康德所说的自然状态，甚至是一个弱肉强食的丛林世界。从康德的《永久和平论》到罗尔斯的《万民法》，都试图为寻求世界的永久和平，制定若干原则。有人说他们是理想主义者，所谓的世界永久和平，永远是一个注定不可实现的梦想。不过，正如罗尔斯在《万民法》引言中所说的：现实乌托邦的观念是非常重要的，哲学家能够证明的，是这种现实乌托邦是否可能和实现的条件。我相信，观念是拥有改造世界的能量的，当这个世界为恐怖主义所笼罩，为不断的战争、冲突而两败俱伤，人们就会慢慢接受世界公民的观念，学会互相尊重和容忍。在这一重建世界和平新秩序的过程中，强国尤其是世界头号超级大国美国负有不可推卸的表率作用。美国经过20世纪60年代的平权运动,国内的种族平等问题基本获得了解决,换来了制度性的长治久安。

这也是罗尔斯正义原则中的第二条:在不平等安排中对弱者予以分配倾斜的差异原则。遗憾的是,美国的自由主义是半截子,对内实现了自由、民主、平等,对外却与其他国家一样,依然奉行的是国家利益至上的原则。即使是做好事,也是从美国利益的角度考量,一旦美国利益与全球利益发生冲突,就毫不犹豫地牺牲他国和全球利益。美国拒绝签署京都协议书,就是一个最激起各国愤怒的例子。"9·11"以后,美国为了建立全球反恐怖主义的统一战线,适当地调整了自己的对外政策,但这依然是外交政策上的权宜之计,并没有从国际关系原则上加以反省。"9·11"事实上是证明了:天下并没有一块世外桃源,美国也远非永远的迪斯尼乐园。只要这个世界上还存在着不平等,作为头号强国的美国,就难免受到恐怖主义的攻击。这就是说,作为自由民主国家,如果不把罗尔斯的正义原则从民族国家范围之中推广到整个世界,它国内的自由秩序也会发生障碍。"9·11"以后,为了集体安全的原因,政府对个人自由的限制,在自由派看来,已经到了可容忍的边缘。马克思曾经说过,社会主义不可能在一国取得胜利。"9·11"以后发生的一连串变化,可能也证明了自由民主制度稳固,同样需要外部世界良好的和平环境。在这方面,威尔逊总统是个失败的先驱,这位前普林斯顿大学校长、第一次世界大战烽火中在任的美国总统,以理想主义的精神,孜孜追求全世界的和平与公正,然而巴黎和会列强的分赃,使他成为一个令中国知识分子格外失望的总统。我想,当年大多数的美国人并不理解威尔逊总统的苦心。经历了"9·11"震撼的美国人,应该从这次悲剧中反省美国与这个世界的真实联系,真正承担起大国的责任,为重建世界正义的秩序而有所牺牲。

杜:现阶段的特点是,即使完全从工具理性的策略来考虑,也会逼到这条路上。当它走上这条路之后,再想回到国家利益至上会很困难。美国现在走的这条路难度越来越大。这次联合国的文明对话小组在卡塔开会，德国前总理范瑟科（Richard von Weizsaker）指出，危害全球文化最大的因素之一就是美国的单向主义。从布什上台后，美国先是拒签“京都协议”，最近又单方面退出1972年的限制导弹的协议，不久前它被赶出“人权委员会”，此外，又和以色列一起非常孤立地退出了反种族歧视的有关条约，甚至声称，为了美国的利益，假如我们选择单方面行动，可以绕过联合国和其他国际组织。联合国秘书长的特别助理霹克（G. Picco）还指出，阿拉伯世界把美国当做“隐形人”，他打你可以打得你粉身碎骨，你还看不到他。但是一个问题是必须提出来的，国家的安全是不是等于人的安全，它们的关系是什么？这次单方面摒弃和苏联取得的核武器协议，重新建立美国导弹防御系统，在国会讨论时，没有辩论，竟然一致通过，拨款600亿美元的预算发展飞弹防御。但这和人的安全有什么关系？你的天空保护得很好，可是恐怖主义是针对人来的，它打的目的并不是国家，它不是什么大的军队，而是散兵游勇。国家的安全解决好了，并不意味人的安全也没有问题了。现在的策略是有问题的，这条路走得非常艰险，下一步可能还有大祸。最好的方针是一定要从单向主义走向多元，要通过世界已有的大的资源、大的建构来发展你的健康的理念。

上学期（2002年春季），戈尔（Gore）来哈佛，他是应该做总统的，比布什的票多了百万以上，却因美国特殊的大选制度，佛罗里达选区纰漏及大法官的介入而落选。他通过前肯尼迪学院院长爱里森（Allison）的关系找了十几个哈佛教授谈，在肯尼迪学院，谈全球化与价值。我的发言主要涉及美国的单向主义。一个最强、最富、拥有最大资源的社会的最高价值，仅仅只存在于国家利益中，这是不幸和可悲的。戈尔在当时和会后都坦率表示赞成我的观点。根据亨廷顿的观点，美国最大的威胁来自伊斯兰和儒家。这一论说背后的理由是“西方和西方之外”，更极端的说法就是美国和美国之外。可是，美国势力早已扩张到了美国之外，只要有社群的地方，美国几乎都介入。美国是世界最大的军火贩,任何地方的暴力没有美国的军火就不可能运作。本·拉登就是美国中央情报局为和苏联对抗而培养出来的。美国本来是个移民社会,各种人都可以进来,伊斯兰教很快就成为美国的第二大宗教,以伊斯兰为敌,美国打的很可能就是自己人。因此,一定要跳出“美国和美国之外”的格局。通俗地说,就是要行“王道”,而不能搞“霸道”。在“9·11”前,香港中文大学中国文化研究所所长陈方正在余英时的退休会上发表一篇英文论文,讲到针对目前的国际形势,在各种各样的国际组织中,应当学习中国的“协和万方”的精神传统。这是非常有价值的。你看现代西方,哪有一个社会有这样的力量,那简直是天方夜谭。

从更宽广的角度看,近代以来,儒家的价值理念整个地被启蒙心态消解了,认为儒家的人文主义是与小农经济、权威政治、家族主义连在一起,政权崩溃了,社会解体了,经济力量也调动不起,好像儒家学说也应该全部消解掉。这是强势启蒙所带来的结果。这和黄万盛刚才讲的可以接上,原来中国发展的是自由和人权,很快被科学和民主所代替。主要的原因就是关于富强的那股大力量。但李泽厚和舒衡哲认为是“救亡压倒启蒙”,我想问题不那么简单,更深刻的问题是,唯一的救亡就是启蒙,而启蒙就是刚才所讲的强势的科学与民主,更深刻的一些价值如自由、人权、平等都被扔掉了,只要科学和民主,然后才能使中国富强起来。在这样的语境下,儒家所代表的更宽广的人文精神便无立足之地。现在,经过很长一段时间,因为生态环保的问题、多元宗教的问题、女性主义的问题,还有很多其他的像普世伦理的问题,儒学的价值又重新浮现。在这个向度,儒家已经脱开了小农经济、家族主义、权威政治的背景,新加坡、韩国现在都不是这种背景,于是一个崭新的语境出现了。在这个崭新的语境中的儒家有两大特色是启蒙所代表的价值无法开辟的,一是关于宗教,关于修身,与启蒙心态反宗教的凡俗人文主义大相径庭;二是关于自然的问题,掠夺自然与启蒙的人类中心主义有关。所以,我认为对西方的启蒙,一方面要有同情的了解，一方面要有批评的认识。

从现在的问题意识来看，儒家以个人为中心，从个人一直发展到国家、发展到人类社群、发展到宇宙天地的人文价值绝对拥有强大的生命力。我是私，家就是公；家是私，族群就是公；族群是私，社会就是公；社会是私，国家就是公；国家是私，人类社群就是公；人类社群是私，宇宙大化才是公，这一套理念现在绝对可以提出来了。你看美国现在走的路，人类中心主义都还谈不上，它是狭隘的国家中心主义。戈尔对这个问题很敏感，他现在和他的夫人正在写关于家庭的问题。他问我，儒家有没有跟家庭有关的问题？我说，儒家讲的都是家庭问题。今天，美国乃至西欧对"家庭"问题都特别敏感。以前，黑格尔的模式是家庭之上国家之下是社会，这个问题要认真考虑，决不是那么简单。有些在家庭中运作的价值同样也是公共的，私不能简单等同于个人，在生活世界中有一些属于个人的非常深的感受，却不是私，而是公共的；像家庭伦理等等，决不是私。所以，自由主义的公私分法是有问题的，宗教是私，家庭也是私，现在出了很大的问题。黄万盛提到儒家对政治领导的素质培养的资源，也与这个问题有关。我看，很多问题都可以提出来，一方面是同西方对话，另一方面是在自己的文化传统中对现在碰到的问题作出回应，我们自身有很多可以发掘的资源。此外，可以作为参照系的资源，日本有很多，新加坡、韩国也有很多，甚至印度也可以是我们的参照。以前我们的参照系完全是欧美，只要发展得快，其他的都不认为是有价值的。比如社群的问题，民主制度建设的资源开发问题，甚至非洲、拉美都有很多经验可以作为我们的参照。即使我们要向西方学习，也别忘了还有北欧，曾经有一度大陆要学北欧，苏绍智说看了北欧之后发现问题麻烦了，因为差距太大了，没有办法跳过西欧到北欧。但北欧的确有很多资源，密西根大学的英格哈（R. Inglehart）提出"文明地图"，把全世界分成大的文明圈，认为有一个大趋向，这个趋向中带头的是北欧，或者是西欧、东亚，尔后是英语世界，拉美世界，再后面是俄罗斯代表的东正教世界，非洲等等，这里面确实有一些价值。何以北欧为首？在北欧，个人和群体、个人和国家、人和自然、人性和天道方面的处理与西欧有很大的不同。在这个背景中，如果文化中国要能自处，它的参照系应当扩得很大。

黄：我想，杜先生提出了一些重要的问题。牵涉到关于全球化的一些基本理解。小许刚才也提到关于世界主义。其实黑格尔主义以来，世界主义经常都是主流思想，拿破仑、希特勒、马克斯·韦伯、卡尔·马克思是一些不同角度上的世界主义。中国也曾经迷醉于世界主义，所谓“红旗插遍全世界”，所谓“输出革命”，世界大同的理想被武断地确定为就是实现共产主义。所有的世界主义都有一个通病，认为世界的发展只有一个模式，一种价值，而且，就是我所代表的。这个毛病是我们考虑全球化问题时应当特别警惕的。一些重要的思想界人物，例如法国的布赫丢反对全球化，就是基于这种担忧。国内有些学者更是直接把全球化看做霸权，这又简单得过了头。我认为，现在所说的全球化与世界主义并不是一码事，一个重要的特点是全球化并不预设世界只有唯一的模式。

从词源上说，最早的提出大约是在 1972 年，多伦多大学英国文学系专攻大众传播和批判理论的教授麦克卢汉（Marshaii McLuhan，1911—1980）写了一本书，专为了解传媒而作，认为新的传媒科技将使人类的生活发生革命性的变化，高速有效的沟通将改变隔绝和陌生的世界旧格局，地球将成为一个村庄。由此首先提出了“地球村”（global village）的概念，因此引发全球化的问题。

杜：麦克卢汉有“电子时代先知”（Oracle of the Electronic Age）的美称。他的洞识——“传媒即是信息”（The Medium is the Message）已成为文化与传播界的口头禅。他多年主持多伦多大学的文化与科技中心，而且成为媒体文化的“导师”（guru）。新版牛津英文字典有关麦克卢汉的条目几达 350，目前互联网上的参考资料总要上万。他的专著以地球村、了解传媒机无架图书馆最为著名。对我们而言很值得注意的是他和庞德(Ezra Pound)的关系。据说,他从和庞德的通信中(1948—1957)获得譬喻和"类推思维"(analogical thinking)的启发,对会意文字(ideogram)发生浓厚的兴趣,导致他摒除历史和社会议题而转向心理学和格言式的运思途径。也许我们应仔细探讨他所谓如何说比说什么更重要的含义。其实,麦克卢汉也深受天主教哲学家特哈德夏当(Pierre Teilhard de Chardin)的影响,认为电子媒体已深入人类的中枢神经系统;"意识的科技模拟"(the technological simulation of consciousness)彻底重构了人的认知和创造。

黄:他的书和观点很快就流行开了,人们嗅到了一些与黑格尔的世界观很不同的新气息。后来又出版了一些推波助澜的作品,其中比较有影响的是《管你准备好了没有,世界只有一个》(*Ready Or Not, Only One World*)。他们的特点是不依靠某些强势的价值观念来论说世界的整合,而是指出新的技术因素的出现,人类可以真正开始体会我们可能生活在一个共同体中。

杜:我插一句,这个因素很重要。只有在20世纪60年代后期,人可以升上太空,才可以看到地球的全貌。这是我们这一代人才能达到的。这个地球在蓝色的大气层中,不仅资源有限,而且大气也被破坏了,有臭氧破坏的大洞,这就是我们的生存之地!这样才有所谓生命共同体的观念的出现,当时叫做"蓝色救生艇",也就是地球村的观念。这是经验事实造成了观念世界的重大改变。

黄:对,全球化也是这类背景。但是现在的考虑已经不局限在技术方面了。构成所谓全球化有这样几个基本因素,第一是资讯,网络的出现使得全球可以分享共同的信息。第二,金融资本,现在所谓国际"热钱"的数量规模大得令人咂舌,许多中小国家的国家资产都无法与之相比，它的运作几乎没有疆界，充分国际化了；此外还有规模更大的投资资本，中国这些年引入的外资基本属于这一类，它可以迅速改变一个国家的经济面貌。与此相关的第三个要素是跨国公司，这些超级企业集团可以越过国界，到处开厂，连公司都可以搬到东搬到西，它们的流动，把技术、管理和经济规范国际化了。更重要的影响是，一些制度因素被全球化了，这在"冷战"时代是绝对不能想象的。第四个方面，产品和伴随产品的消费观念和行为方式，尤其是文化产品消费和渗透其中的价值观念，正在成为全球化的重要方面。在这几个方面都存在着重大的分歧，有些课题的含义相当深刻，值得我们格外重视……

杜：我打断你一下，彼特·伯格他们现在在做"全球化和文化"，亨廷顿也参加，每个月谈一次，已经有两年了。在瑞士有"世界经济论坛"，已经有20年，是在意识形态上推动全球化的最大的组织。这个组织原来是面对美国的强势形成的企业家的资讯团，后来美国参加得越来越多，现在是以美国为主。它有差不多两千个跨国公司为会员，每次开会有很多报告，加上媒体的宣传、报道，有很大影响。基本的看法是全球一体化的大潮流是不可改变的。当时还有一个价值预设，全球化，从经济来说是水涨船高。格林斯潘(Greenspan)到今天也还是这个信念。这是就贫富差距来说的，有一些人是越来越富，但是并不表示穷的人就越来越穷，很多的数据证明，一些国家逐步逐步地脱贫，再也没有绝对的贫困。这个世界在过去的15年中，因为全球化创造了很多财富，整个经济是在上升，中国是个明显的例子，可以说，发展对大家都有好处。

但是，现在发现，经济的水平提高了，绝对贫困的问题相对缓和，并不意味矛盾冲突减少了、社会更安全了。人们一直在歌颂这个潮流，但是西雅图的抗议开始使人们觉得这可能是个"阴谋"，而现在更多的人觉得这"阴谋"是越来越明显了，遭到非常大的反弹。现在又出现了反全球化的联盟，可以预期将来辩难会越来越激烈。以非洲为例，亨廷顿的人类文明发展观念中，非洲已经是不必考虑的因素。在一个健康的全球化观念中，只要有一角是危险的，它就是不健全的，现在有一块大陆在沉沦，你也认为没关系！

美国的单向主义是越来越危险了，大家有这个共识，不能再走这条路，最近把欠联合国的钱交了，所以，回到布什刚上台的水平是不可能的。美国一定要去了解阿拉伯文明，要知道它为什么那么恨你。“9·11”之后，那么好的机会，让你可以作深层反思，结果被打阿富汗给打掉了。

黄：你说的非常重要，美国的确在履行大国责任上存在很多问题，好在美国知识分子的反思力量还比较健康，从长远来看，这些问题是有可能解决的，问题是知识界与政府的关系相对媒体而言稍远了一些。高层反思转化为政府行为的时差太大了。

相对于现实问题，理论建设方面可能困难更大一些。到目前为止，全球化问题所蕴涵的问题性被普遍低估了。从理论、学术发展的历史来看，一种新的基本的产业组织方式的出现，总是引起社会生存方式的划时代变化。当大工业和自动化生产面市后，各种社会关系曾经发生翻天覆地的变化，爆发出一系列新的重大问题，人类的生存处境不仅需要重新解释，同时还要寻找出路，马克思、韦伯等人出现了，他们是那个时代的产儿。虽然他们的理论有很多的误区和偏颇，但不可否认的是，在很多方面，我们至今仍然生活在他们的问题性的阴影之下。现在，可以清楚地说，他们的那个时代很快就将过去，一个新的时代正在升起，我们正处在一个重要的历史时刻，全球化是我们从未经验过的全新挑战，这是一种令人激动、震悚的感觉和体验，虽然目前我们还不能全面地解释全球化所引起的社会变革和精神世界的变化，但我相信我们有这个敏感和相应的资源来面对这个新的挑战。

一些基本的问题其实已经可以寻到端倪。全球化的重点是在“全球”,那如何了解国家呢?19 世纪以来,民族国家一直是国际架构的基本单位,不仅如此,它还是个人、团体和族群认同的归宿,可是,现在它变得微妙了。一方面,国家能力被空前削弱了,跨国公司、超级资本集团突破国家的边界在国际社会自由运作,已是普遍的事实,国家不仅日益丧失它的经济管理能力,而且必须被迫接受超出国内限度的全球规范。这意味着一个更深刻的危机的出现:国家保障国民的能力的逐步解体,它的反馈就是国民对国家的信任的不断丧失。同时,以宽频宽带为特征的新的网络信息轻而易举地穿透、越过国家的疆界和以国家的名义建立的各种心灵的边界,无论运用何种手段,国家对内的监管功能将越来越徒劳窘困。国家将以什么样的功能继续它存在的合法性呢?或许,它的衰落就是全球化的宿命?那么,国际社群的基本单位又将是什么?这是尖锐的问题,只是它被眼前的事实掩盖了:最近 10 年,民族国家不是在减少,而是超出想象地在增加。这个问题至少有两重原因:第一,它是对“冷战”的反动。“冷战”时代的社会特征是以意识形态为核心强制性地完成地区整合,而“冷战”的结束,在本质上就是意识形态认同的崩溃。取而代之的是族群认同的兴起和民族国家的出现。第二,它是认同的错置的产物。“冷战”后迅速出现的这些民族国家,按照 19 世纪以来的政治学说看,它们的国家功能是相当不健全的,因此,它们的国家认同缺乏必要的基础,显得非常朦胧,事实上,隐藏其后的是有深刻含义的族群认同和文化认同,国家认同只是一层简易而又实用的包装。极其重要的是,全球化的真正兴起也是“冷战”的产物,如果不是“冷战”的结束,全球化决不会来得如此迅猛。当全球化不留情地瓦解国家的传统功能时,国家的这层包装也就慢慢被剥下了,文化认同、族群认同成为第一本质,以文化认同为核心而形成的生命共同体将取代国家成为社会的基本单位,一种严格意义上的文化“国家”将使世界展现不同于今天的新的景观。这或许可以呼应杜先生所强调的“文化中国”的问题。

与国家相关的问题是社会,许纪霖提到社群,杜先生提出对以往社会理解的质疑,“社会不应该仅仅只是国家之下、家庭之上,它有更丰富的含义”,都显示出目前社会问题的特殊重要性,而全球化则赋予“社会”全新的问题性。这甚至在语词上都已经显现,例如“信息社会”(information society)、“网络社会”(network society)等等。可是,这些语词究竟是什么意思?它们仅仅叙述了一些局部的、阶段的特征,还是指示着一个划时代的社会特征?例如“农业社会”、“工业社会”。我想,这与基本的生产活动方式有关,生产活动方式的转变总是引起社会关系和社会结构的变化。在一些社会学家的著作中,“信息生产”的讨论已经形成论域。信息生产与我们所了解的以往的生产方式有根本的不同,最重要的是构成生产的基本要素改变了,信息作为人脑活动的产物被当做“原料”,经由技术“加工”,成为信息产品,被市场包装成“信息商品”,进入“信息消费”。传统经济学关于资本构成、劳动力、生产构成的各种理论已经完全不能解释“信息生产”,在这个新的系列中,信息的占有可能优于资本的占有,例如比尔·盖茨;人脑及其产品成为基本的劳动生产力,从根本上改变了关于阶层、阶级的社会划分原则;而信息生产作业基本是个人的、松散的,完全不同于工业生产按照机器和自动化的程序把工人组织成产业军队。除此之外,还有很多我们必须面对的新情况,这方面的研究,事实上做得很不够。但是,它对社会的影响和改变却是不言而喻的,如果我们关心社会的价值整合及其功能,我们就不能不面对这个巨大的转变。这里,我仅仅最简单地涉及全球化中的一个因素,信息化,如果结合全球化的另一个因素,超级跨国公司,那情况会更复杂也更严峻,实际上这两者经常是结合在一起。跨国集团追求的是在全球范围里集中巨型资本,追求资本的高速运作,这个结果导致了全球城市(global city)出现。现在的上海和纽约、东京有什么区别?有讽刺意味的是,与信息的全球覆盖、全球分享的理念相反,高度集中的全球城市导致了更大规模的发展的不平衡,地区的差别导致社会分化不是缩小而是扩大,而且,就目前而言,信息传播屏蔽了大部分贫穷的人,有人已经提出所谓“第四世界”、“黑洞”等问题。更值得注意的是，全球城市还制造着各种短期价值和文化的瞬间风潮，扰动社会的文化风标，这股力量强有力地改变着社会结构，我们还很难预计它将如何改造社会，改造到什么程度。但，无论如何，我们没有理由无视它的存在。

除了国家、社会，另一个基本的要素是人。在全球化和信息社会的趋势中，人，尤其是个人有什么改变？被赋予什么样的意义？抽象而独立的个人仅仅只存在于理论分析的模式中，现实的个人总是存在于这样那样的关系中，生产过程中的合作关系，生活中的邻里关系、社区关系，以及社会上的利益群体关系等等。现在，这一切都在改变。人的生产活动对电脑和网络的依赖越来越大，这意味着直接的生产合作越来越少；邻里之间现在几乎就是“鸡犬之声相闻，老死不相往来”，经常是住了很多年，却根本不知左邻右舍姓甚名谁；利益群体的活动虽说仍然活跃，但是，利益核算单位正在变小，公共性的利益群体不断解体，变成碎片和部分，显见的例子是全国性的投票人数减少，其实，社区投票的人口也在减少。其严重的后果是弱势群体的声音更加微弱，社会保护弱势力量的共识基础被不断腐蚀。这种人际关系的变化不可能不影响个人的自我了解和个人的意义确立，人靠什么来建立自我呢？网络，网络关系已经成为新型的人际关系。远隔天涯海角，彼此陌路平生，但却可以相谈甚欢，形若知己。我把这种网络关系中的个人叫做“类型人”，社会关系的基础相当淡漠的个人，按照自我的趣味和要求，去选择他者的存在，他者就是自我的延长，是自我的同类复制，“普遍的他者”正在失去意义，“选择的他者”诠释了“他者”的意义，因此，“自我”的单向取势变得更加强势。“孤独的自我”和“选择的他者”导引和形成着今天和未来的个人。难道这就是人的更大的自由？人的全面的发展？这个从个人出发对全球化的阐释颇具寒意，而且令人失望。但，这正是思想家、学术工作者必须面对的，为了全球化、为了人的健康发展，我们能做什么？我们必须做什么？

我是以最简单的说法指出我们身处时代的大变局中，人文学、社会科学的基本对象,国家、社会、经济、阶级、个人等,无一不在变化。考虑理论、学术的发展不能不面对这个大变局,这有双重意义,其一,我们不得不处理以往经验不敷应对的新问题,甚至我们正在讨论的问题也必须放在这个变局中思考,例如自由主义与新左派的争论,否则就太古老了。其二,轴心文明时代开展的一些基本论域具有永久的魅力,什么是人?什么是活着的意义?什么是至上的善?什么是终极的存有?从何处来,往何处去?这些都是不可消解的问题,全球化时代不是解构了这些问题,而是恰恰相反,使这些问题的反思变得更加尖锐,更富有挑战性。当代法国的一些学者在这方面有特殊的敏感,他们用近乎绝望的方式强势地呈现了这些紧张的问题,罗兰·巴特的消费文化的时代反思,福柯(Michael Foucault)关于权力、性欲和各种不被意识的强制霸权,德勒兹(G. Deleuze)提出的"内在殖民",等等。这些所谓后现代,在我看来,并不标志一个新的时代,它准确地说就是"现代"的后期,这体现在他们思想的品格上,他们具有毁灭性的批判力量,但从根本上缺乏建设性,这主要是因为他们面对的是仅仅依靠"现代"的资源所不能解决的问题。我把他们叫做"现代"的清道夫,他们的意义就在于此。而我们与他们不同,我们应当是新时代的瞭望者,尽管我们现在还不是。对于我们来说,仅仅批评是不够的,建设性的工作任重道远。轴心文明时代的那些基本问题是我们不能绕过的,我们应当在全球化时代的语境中,让这些问题获得新的意义。重要的资源是这些方面的每一个课题都已经有前人长期积累的丰富智慧,发掘和善用这些资源,使其在应对全球化的新变局中展现新的光辉,应当是文明对话最重要的意义。

事实上,当大多数人仅仅局限在经济和国际关系上谈论全球化的时候,我们同代的一些敏感的学者已经注意到全球化问题中一些深刻的社会、文化和价值课题,开始解读一些新的现象。例如,卡斯梯尔斯(Manual Castells)、罗斯诺(James Rosenau)、鲍斯特(Mark Poster)、迈克杰(T. G. McGee)、萨森(S. Sassen)等人,①应当重视这些学者的研究,与前面提到的法国的那些学者不同,他们是努力把“工业时代”的问题在全球化关怀下加以处理,他们的课题中有很多积极的因素。他们讨论的类似“自由主义”、“左派”的问题,与中国现在的讨论很不相同,完全是以全球化为背景,问题更深刻,也更集中。我读中国一些学者争论自由主义和新左派的文章,我想,我能了解其中的中国语境,但就争论的理论层面而言,缺少对于对方的同情了解,深层意境不能显现,问题被处理得简单了。最近,我在《读书》上看到一些讨论全球化的文章,有很强的意识形态立场,把全球化看做霸权运作,这种视野势必遮蔽一些基础性的重要问题,又简单化了。

杜:假如有人认为全球化是阴谋,是跨国公司的经理、金融巨头、美国政府等等在设计、策划怎样利用我们的强势来发展美国的力量,那是非常大的错误。我的感受完全不是这样,哪有一个人或者一群人有这样的能力和气魄。我从1971年暑期参加艾斯本人文中心(Aspen Institute of Humanistic Studies)以来,认识不少美国的企业家和资本家,包括可口可乐的副总裁,联合航空公司的董事长,以及最近因促成AOL和时代华纳合并而又被迫辞职的勒维(G. Levin)先生。艾斯本人文中心成立50周年时,除勒维外,左尔(Bill Joy)和布朗(J. S.

---

① 关于这些学者的学术观点,请参考以下书目:

James Rosenau, *Along the Domestic Frontier: Exploring Governance in a Turbulent World.* Cambridge: Cambridge University Press, 1997.

Mark Poster, *The Mode of Information.* UK, Oxford: Blackwell Publishing Ltd. 1990.

Saskia Sassen, *The State and the New Geography of Power.* In: *Losing Control? Sovereignty in the Age of Globalization.* NY: W. Norton and Company Press, 1996.

Saskia Sassen, *The Global City: New York, London, Tokyo.* Princeton University Press, 1991.

Manuel Castells, *The Information Age: Economy, Society, and Culture.*

Volume 1 *The Rise of Network Society.* UK, Oxford: Blackwell Publishing Ltd. 1996.

Volume 2 *The Power of Identity.* UK, Oxford: Blackwell Publishing Ltd. 1997.

Volume 3 *End of Millennium.* UK, Oxford: Blackwell Publishing Ltd. 1998.

Jean Bardrillard, *The Consumer Society: Myths and Structure.* London, Sage Press, 1998.

Brown)———一位是 Sun Microsystems 的首席科学家,一位是 Xerox 的首席科学家,也都发表专论,他们的人文关怀决不亚于教育界的先进,如前哈佛校长 D. Bok 和前斯坦福校长 G. Casper,比一般经济学家(如 Lester C. Thurow)则高明多了,当然,目前世界银行的总裁 James D. Wolfensohn 和 1998 年诺贝尔经济学奖获得者 Amartya Sen 是明显的例外。比尔·盖茨在两三年前认为,他已经找到了全球化的要领,他写了一本书《未来之路》,书出版之后,在学术界和文化媒体都受到严厉的批评:通过微软赚得大钱成为全球首富多半是在技术和商业层面精打细算的结果,要想成为全球性的思想家谈何容易!他有很大的财力,能够强有力地推销他的书,影响搞得很大,我也读了,读了之后,我觉得,很可惜,他真不应该在大二就辍学,如果完成哈佛的基本教育至少知识结构可以比较完善,怎么那么肤浅!在各种批评之后,他自己明白了:写书很难,我不是一个思想家,还是搞我的微软吧。他们的一些感觉、想法,对世界走向的茫然和困惑,很多方面和我们完全一样,有的地方比我们更厉害。认为他们有一伙人,或者一些组织,在导引全球化,使其他的力量都不能存在,这种可能性太小,至少,我就不了解有这种可能。这中间有很多完全不能控制的力量在发生作用。

黄:这里有民族主义的因素,但我认为还不是主要的方面,最重要的是,这些朋友仍然使用"资本主义"这个阅读模式来解释全球化。但是,这够用吗?资本构成、生产构成、经济构成,乃至社会构成都改变了。"资本主义"已经不再适用于解释全球化。当然,这不妨碍它可以说明一些局部现象,就像"封建主义"、"农业社会"、"小农经济"仍然可以解释中国边远贫穷的乡村社会,可这不说明本质。全球化不是资本主义,它是新的经济形态和社会形态。全球化时代本身就是一个解释模式,我们应当努力去了解它。在这一点上,我特别不能同意福山《历史的终结》中的基本立场,他认为"冷战"结束就是资本主义的全面胜利,从今往后的社会只有一种模式,就是资本主义,人类社会的历史就终结在资本主义。这是相当肤浅的，他无意深入全球化的内在要素，也不能感觉新的社会变化。重要的是，他有代表性，不少人还是习惯用“资本主义”来思考全球化。更进一步说，假如坚持用“资本主义”来了解全球化，就不能真正摆脱“冷战”的思维模式，把全球化看做一个新的“冷战”，一种阴谋，这是非常危险的。

杜：你看，现在中国台湾地区、日本都面临“窟窿化”，很多的工厂都搬到中国内地去了，你说这是中国要宰制整个东亚，这很荒唐，你根本不了解这些企业是怎么回事，它碰到的问题非常严重。哈耶克讲过一句话，我认为很深刻，为什么要依靠市场的力量，因为构成市场的各种力量相互之间有太大的复杂性，没有任何个人的力量可以控制，你头脑再好也无法穷尽它的复杂性，让市场按照它自己的力量去运作，它能形成自己的机制，比外面强加的要好，这是反对理性的傲慢，特别是工具理性和社会工程。现在大的问题是社会工程的理念还是非常强，所有的事都要加上“工程”两个字，发展人才工程、关于教育的“希望工程”等等。所谓工程意思就是你要有蓝图，你可以预见成效；你看美国社会，在波士顿最大的工程就是“BIG DIG”，现在的问题非常严重，成了无底洞了。有大的设计，有远景，这都没问题，但要让它有绝大的弹性和发展，不然就会出大问题。像哈佛对人才的培养，我常说要感谢哈佛，因为我刚来哈佛时，在哈佛燕京，它是尽量了解你想干什么，绝对不压抑你，但导引你，它告诉你，我给你很大的发展空间，可你要知道我们不是随便浪费资金。它是放长线，不要求短时间见成效，它给你是一个承诺，你对他也是一个承诺。但这一下就是你一生的志业，因为，你有其他的各种可能性，为什么非要在这方面，它让你可以怀疑、反思，慢慢地走。假如它用一个模式来对付你，它就没办法得到你。它用的是循序渐进的方式，在这个过程中，很多社会资本发生作用。英国就是另一套方法，是一种狭隘的模式，它是设计、训练你成为工程技术人员，是以职业教育为主。美国绝大部分不是职业教育，而是通才教育。你想再起步，它总是给你机会。假如你像设计螺丝钉一样对付人的培养，那一定会垮掉。

黄：的确如此。把全球化理解为人为设计，是太夸张了，完全不符合实际。我关心的是为什么会这样看问题，它背后的预设是什么？以及中国能否积极地调动自己的资源面对全球化时代。我注意到，我们有一套简单的二元划分法贯穿在这类问题中，所谓“强势和弱势”、“中心和边缘”、“侵略和抵御”，等等。这是潜意识中的“斗争哲学”的自觉运用，令人不能不感叹“文革”的精神力量的消解是很艰难的。以这样的心态，开展文明对话几乎是不可能的，这种预设的核心是“对抗优先”，无论如何总有一个敌对的力量存在。这就形成了一个我称其为“虚拟对抗”的文化心理模式。这个世界存在着对抗的因素，全球化的复杂结构中也的确含有对抗的力量。但是这种模式的滥用，不仅曲解了全球化的本质，而且，在处理各种现实的关系上，特别是涉及真正有关对抗的问题时，反而会闹出令人啼笑皆非的结果。美国确有单向主义、霸权心态、国家中心主义，但它和全球化是什么关系呢？以西雅图高峰会议为例，很多人去示威抗议，反对全球化。他们反对的原因是什么？这些人大多来自美国的劳联、产联，主要是工人。他们要求的是美国政府保护他们的就业机会，制止美国的大公司把工厂开到亚洲，制止美国的资本流到美国之外。我们知道，中国这些年的发展的一个重要动力是国际资本的进入。美国把工厂开到中国，对于中国的对外融资、解决国内劳动力就业、产品革新、改善企业管理等方面有非常积极的意义，利远大于弊。假如美国政府在这方面采取国家中心主义，工人还用得着抗议吗？在这个问题上，那些反全球化的国内朋友们到底是选择美国的工人，还是选择美国的政府呢？事实上，全球化既在改变着工人，也在改变着政府和跨国集团的老板们，无论富国，还是穷国，政府正在沦为全球化的助手和同谋。这是全球化的力量，也是它的意义，我们应当面对这个现实，不要沉迷在虚拟的对抗中。全球化事实上是一个机会，划时代的机会，尤其对于有大传统的民族，它让你有机会来调动你的资源参与全球建设，同时发展你自己。想一想吧，从十一届三中全会到现在，20 年左右的时间，如此巨大的规模增长，这在人类历史上都是罕见的，靠什么？一句话，面向全球化。所谓改革、开放，根本上，就是以全球化为方向的国情和国策的调整。我不想美化中国的现状，也不认为中国就没问题了，事实上，它各方面的问题仍然非常严峻，但是，除了紧紧抓住全球化的机遇，更大规模地开放和改革，我看不出还有什么更好的解决问题的其他途径。同样，我也不认为全球化就尽善尽美，它作为一个新经济形态、社会形态，问题更多，正由于这个原因，中国的参与才更加重要。一个经济上正在成长的中国能够给世界呈现什么样的文化消息？这是杜先生你经常提到的，这是重要的问题，而且，只有在全球化背景下，它的深刻意义才能充分彰显。

杜：美国这个社会，它的政治文化，包括它的政治领导，总统、参议员，等等，和美国这个社会的各种不同的动力、全球的联网，这之间常常形成鲜明的对比。美国的参议员 50% 没有护照，他没有想到有出国的必要，非常单边的内向，但美国社会对各方面有兴趣，动力很大。比如，美国政府的外援已经低到 0.02%，这个数字没法与法国、日本相比，而整个美国社会对世界各方面的外援相当大，通过个人、宗教，以及其他途径。像比尔·盖茨对南非提供防治艾滋病的援助，一下子就是很大的资金。对美国这个社会，你要了解它是比较复杂比较困难的，因为它太多元多样。

黄：陈彦在“9·11”后从法国给我来电话，反复问我一个问题，CNN 的民意调查，为了打死本·拉登，即使伤杀平民，也在所不惜。这个调查有 90% 的人同意。他认为，这是非常疯狂的观念，如果在法国这是绝对不可能的。这种预设的前提是法国人绝对不会接受的，法国人会说，拉登该杀，但决不可枉杀无辜。我举这个例子是想提出另一个问题，长期以来的美国国家中心主义，不只是政府的政策倾向，它已经成为一个文化因素，一种具有全民性的意识形态。问题的复杂性在于，假如民意和政府就这样合流，那美国就不可救药了，而事实并非如此，美国还有非常健康的力量，这就是以知识分子为主体的社会反思力量的存在，而且，它的声音不管多么曲折却总能出来，总能慢慢地导引社会渡过危机。

杜：乔姆斯基认为，世界上最大的暴力组织就是美国。他有一套他的论说，在国际法庭，真正诉诸文字，形成决议，告诉一个国家，什么是你不能做的，这个国家就是美国。1987 年尼加拉瓜告到国际法庭，结果判决是美国错了，美国不理睬，尔后告到安理会，投票结果是美国只有一票，行使否决权，最后告到联大，全体投票，有 154 张票通过，两张反对票，美国和以色列，还有一张弃权。这是形成文字的，美国对尼加拉瓜的做法本身就是个暴力组织。乔姆斯基是美国最杰出的思想家之一，因为他的思想比较偏激，所以主流媒体他进不去，但“9・11”以后，他的影响非常大。知识分子的力量会慢慢起来，使过分的单边主义站不住。例如《纽约时报》，虽然还是美国销量最大的报纸，但受到的批评越来越多。这个情况怎么变，现在还很难说，看不太清楚。我们关心这些问题，应当考虑怎样把“文化中国”的资源开发、运用。

我想，我们有共同的意愿，减少内耗，不要把复杂的问题简单化，希望这些复杂的问题能促使我们作深刻的思考，只有这样，我们的资源才能发挥作用。

许：你提的问题，事实上全球都在讨论。我在哈佛几个月，碰到一些学者，比如欧洲来的学者，都愿意与中国学者合作，重新检讨对全球化的理解，希望打破那种以美国为中心的全球化经验，加入欧洲和亚洲的，特别是中国的经验，以实现真正有效的文明之间的对话。杜先生现在在全球文明对话中的影响很大，代表着中国学者与全世界对话。我想可以利用哈佛燕京的条件，进一步做一些文明对话的工作。从形成话语共同体来考虑，可以搞一些专题的研讨会，每一次人不必多，通过若干次系列，将文化中国的声音集中起来，在刊物上发表。让全世界了解全球化过程中中国学者的立场（**杜**：我们下一期就是全球化问题）。

黄：第三期是"理性主义及其限制"，已经在编辑印制，第四期是"全球化与文明对话"，里面有一些很精彩的文章。

杜：以前，我们有个感觉，我们离整个文化中国太远了，身处边缘，我们只能为人作嫁，做一些促进的工作。去年以来我们谈得很多，感到我们可以成为文化生产的小队，我们也可以出一点观念。

你刚才提到国内的分化，从好的方面说是多彩多姿，各种不同的论域、不同的观点，会形成发光的亮点。但是，如果能够形成一种减少内耗的机制，这是最低的要求，那会更好一些。新左派与自由主义的辩论中有一些不健康的方面，这方面应当减少。大家可以有不同的声音，但是，是属于一个知识群体，现在是不同的声音就是不同的群体，彼此是不相容的，这是很不健康的心态。如果没有共同的群体，辩难就成了指桑骂槐，内耗的力量会很大。

黄：应当有同情的理解，对于对方的观点充分地理解，充分地展示他的合理性，甚至比他本人所能了解的更广阔更深刻，尔后的批评才可能展示新的论域新的境界。

杜：我想，现在时机是成熟了。在文化中国中，有很多的异军突起。很值得注意的现象是马来西亚，在很快的时间里，它会出现非常有意义的声音，因为它在伊斯兰世界中。最近有人说，它的中文已经超出香港，这两次的大专辩论的冠军，都是马来西亚大学，它的成员都是土生土长，不是从中国内地出来。征文比赛也是马来西亚赢了。为什么？因为它是哀兵，它长期在边缘，那些年轻人学中文有一种神圣的感情。加上马来西亚，星马的声音会有很大影响，以后，印度尼西亚的声音也会出来。在中国内地，多元化已成局面，以前，只有北京的声音，上海、广州都不成气候，现在从中国哲学看，华东师大、中山大学、武汉大学，人气都很旺，发展前景大有可观。两三年来，你就看出它有所变化，这是好事，是学术思想发展的希望所在。温哥华也开展出局面了，还有台湾地区，它有人才，不少知识结构完备的人文学者和社会科学家正在发挥积极的作用，现在是变局，有点无所适从，但是会过去的。因此，全球化背景下的文化中国至少在学术和知识界应当可以大展宏图。

2001 年 12 月 27 日

反思20世纪末的美国哲学

[美] 约瑟夫·马高利斯

一

美国哲学在20世纪中叶经历了两种明显的消沉(depressions),而它们又都在70年代得到了复原。整个新世纪之初也都一直处于这样的复原之中。一种消沉几乎是整体性的,主要是在40年代到50年代初对古典实用主义失去了兴趣;另一种则主要是20世纪头30年(或者更早些时候)的弗雷格、罗素、维特根斯坦和卡尔纳普等人所建构的宏大的分析哲学体系遭到明显的失败。这两种衰退(declines)可能还受到了多少有些不同于专业兴趣的社会事件的刺激,譬如:第二次世界大战的结束、"冷战"的延长、战后正常生活的恢复。甚至(有关教育的)执行美国现役陆军士兵法案(U. S. G. I. Bill)前所未有的成功,深刻地改变了美国大学教育中的师生结构,这的确也影响到我们对哲学选择的认识。

无论如何,实用主义和分析哲学都在极短的时间里(以截然不同的方式)重新得到了极大的发展。实用主义在20世纪70年代得到复兴几乎没有任何先兆,主要是由于罗蒂(Richard Rorty)与普特南(Hilary Putnam)之间漫长论战的结果,虽然至今人们仍然在普遍地争论:与罗蒂的名字相关的东西究竟是否应当被恰当地看做是实用主义的一种复兴。① 分析哲学的宏大体系在实用主义消失之前已经完全消失了;罗素和实证主义者的所谓原子主义和外延论的唯物主义、科学统一的纲领,都由于无法令人满意地修补或遮盖其内在的弱点而纷纷落马。它们似乎是思想超前,但却先天不足,而且由于众所周知的基本错误而备受谴责。逻辑主义的失败就标志着弗雷格和罗素体系的命运;而关于意义和有意义的理论所存在的无法克服的困难,它也标志着逻辑主义的命运。实用主义突然被看做是过时了,而早期的分析哲学则是充满了无法回避的自虑——这样,这两种哲学都需要一种新的声音和新的阵营。

的确,宏大的分析哲学体系是不自量力的:统一的运动实际上不可能证明科学的统一,无论是在方法论上还是关于自然规律的内在关系上,或唯物主义本身在概念上是否恰当,而且根据这些陈腐的说法,实证主义者决不可能表明他们对意义的论述就是有意义的。实用主义的失败多少有些不同,除了它也是彻底地遭到失败这个简单的事实之外。因为实用主义者在他们的顶峰时期几乎没有设想过像分析哲学家们大量做的那样去掌握某些技能。坦率地说,即使在他们的论证和问题明显地优于他们的对手的时候,他们也是被超越的。分析哲学家需要面对他们自身明显的错误,而实用主义者则只需要承认他们的重要性正在减少——这正是他们的惰性。

我们可以说,罗蒂竭力把已然复兴的实用主义——这是他自己复兴起来的运动——引入到奎因(W. V. Quine)之后的分析哲学家们的最新工作,尽管他们的佳作以及他自己的后现代的挑战几乎无法与最初的实用主义者的佳作相提并论。相反,奎因虽然在很大程度上改变了

---

① 对这种发展的持续讨论,见约瑟夫·马高利斯《重新引入实用主义:20 世纪末的美国哲学》,衣色佳(ITHACA):康奈尔大学出版社,2002。

20世纪50—60年代美国分析哲学的方向，但他却明确地反对或远离早期英国和欧洲大陆哲学大师们的关键话题。罗蒂的最大贡献是使实用主义者与他们同时代的分析哲学家重新结识，而奎因的贡献则总是更具有实质性，影响更为深远：最突出的是在《经验论的两个教条》(1951)一文中揭示了分析与综合区分的教条——结果是完全消除了卡尔纳普的整个哲学；但同样消除了实证主义些许微妙的意义理论(或许是有意地用貌似精确的行为主义外表加以混淆)而支持常识语义学，这种语义学巧妙地确立了奎因公开表示赞同他前辈的一种外延论(extensionalism)的反对意见；轻易地接受了逻辑主义的失败；反对基础主义的假定；把关于意义或证据理论的专门的经验主义顾虑，替换为纲领性地陈述外延论和唯物主义的科学概念；替换为关于各种本体论和认识论的宽容的多元论(甚至是一种相对主义)——实际上是一种建构主义(constructivism)，这样，通过他在《词与物》(1960)中提出的"翻译的不确定"(indeterminacy of translation)论题这样杰出的(但棘手的)策略，这些本体论和认识论就可以广泛地得到巩固；完全轻松地拒绝认为分析的实质性方式或语义学方式在选择本身之外分有高低的观点具有特殊的意义。在所有这些问题上，奎因倾向于重新发现可以从实证主义者自身中拯救实证主义的东西，这可能被看做是出自他对一阶逻辑的形式资源所作的非形式的构想。

由此，奎因就为美国的分析哲学——而且不可避免地也为世界范围的分析哲学——注入了新的生命。随后，他也就无可争议地成为上个世纪后半叶的重要代表。无论是否是由于奎因的作用，早期分析哲学家的宏大观点变形为较为贫乏的纲领。新近的同情者则转向了零碎的实验，更像是语义学的研究，虽然无法假定，由斯特劳森(P. F. Strawson)、奥斯汀(J. L. Austin)、迈克·达米特(Michael Dummett)、唐纳德·戴维森(Donald Davidson)和杰里·福多(Jerry Fodor)等人所偏重的不同工作，实际上都具有对"语义学"研究的共同理解。所有这些人的工作都受到了罗蒂在20世纪50年代起名为"语言的转向"东西的影响，在他看来，这种转向对于实用主义第一次浪潮的突然衰落应当负有很大的责任。①

奎因使我们对许多文献的阅读都更加规范化，这包括罗素的《数学原理》、弗雷格的最初著作、在他年轻时代的那些欧洲大陆逻辑学家们的著作、熟练地使用适合解决科学问题的形式化术语，甚至是实用主义先驱皮尔斯和刘易斯的著作。奎因构造了一种简洁明了的外延论还原方式，应用于日常知觉和行为，并毫无限制地扩展到数学和物理学专门研究。仅从表面上看，他几乎是把以欧洲为中心的逻辑与美国的学院派研究结合起来了。奎因的最大贡献，是以他的能力使得唯科学主义(scientism)的分析神经变得更加随意自如。这样，在新世纪之初，我们就无法不去注意突然出现的对重新发现同样宏大体系(现在已然有许多改变)的全新兴趣，而这些最初是开启了整个20世纪的思想——例如，达尔文式的、乔姆斯基式的和计算主义的思想路线。在我看来，这些最新的“体系”听上去更像是“奎因之后”(post-Quinean)的东西，尽管奎因本人从未(也不可能)把自己看做是他们中的一员(他曾经把自己看做是卡尔纳普和罗素的同路人)。

可以明显地说，新近的“体系哲学家们”(systematizers，达尔文主义者和其他人)都在表面上承认与科学家们的路线完全相同的一种关于“封闭的宇宙”(closed universe)的终极有效性，即一切都毫无例外地可以用外延论和唯物主义的术语加以解释。从奎因的著作中就看不到这样的承诺，虽然他也拥有相同的信念。奎因除了谨慎地表达下面这个著名的观点之外，很少敢于放言大话：“如果我们正在描述实在的真实终极结构，那么我们的标准图式就是最为简洁的图式，即我们所能知道的只是直接引语，只是有机体的物理构造和行为，而不是命题态度。”②

这正是奎因的信条，但却常常被弄成了固定的格式。奎因是非常

---

① 参见罗蒂著《语言的转向：哲学方法最新文集》，芝加哥：芝加哥大学，1967，导言。

② 奎因：《词与物》，坎布里奇：哈佛大学出版社，1960，第221页。

"实用主义的"(当然是以他的方式),他非常肯定地(或致力于)放弃上个世纪初提倡的关于如何以详尽的方式实际地"描述实在的真实终极结构"这种所谓的分析策略。我们在确定所说话语意义问题上的兴趣转变和更多随意——当然还要加上"两个教条"一文给我们的不可磨灭的教训,使得奎因更不可能去追寻像丹尼尔·丹尼特(Daniel Dennett)、保罗·丘齐兰(Paul Churchland)、诺姆·乔姆斯基(Noam Chomsky)、杰里·福多等人,而所有这些人都是在(以各自不同的方式)返回唯科学主义的这种或那种无比自信的形式。奎因本人则主要是分析经过审慎选择的特殊问题。

正是出于这个理由,最新一代的分析哲学家,即在上个世纪末到这个世纪初正在写作的哲学家,一直是从威尔弗里德·塞拉斯(Wilfrid Sellars)那里而不是从乔姆斯基或福多那里得到灵感,因为后者提倡一种另类的唯科学主义,一种明显的柏拉图主义和笛卡儿式的信念(但不是二元论的),这些就无法与奎因或塞拉斯相一致,但的确是与丹尼特、丘齐兰或至少是与罗蒂一致的,他们在本质上都是带有塞拉斯痕迹的消解论者(eliminativists)——罗蒂可能比其他人更不确定,他可能也是前后不一致的,因为他还有责任去训练罗伯特·布兰顿(Robert Brandom)成为塞拉斯式的"实用主义者"。①

如果比较一下表达了塞拉斯消解论观点的以下臭名昭著的说法和我在前面所引的奎因的话,就可以看出唯科学主义的新近主要形式提出的最新要求:"根据我这里提出的观点(塞拉斯说),对应规则会以实质的方式表现为陈述,结果是,观察框架中的对象实际上并不存在——实际上并没有这样的东西。它们被设想成放弃了意义和所指物。"②奎因和塞拉斯都反对经验主义式的基础主义——比较一下《词

① 参见罗伯特·B.布兰顿著《说清理性:推理主义导论》,坎布里奇:哈佛大学出版社,2000;理查德·罗蒂为塞拉斯的《经验主义和心灵哲学》所写的导言,坎布里奇:哈佛大学出版社,1997。

② 威尔弗里德·塞拉斯:《理论语言》,载《科学、知觉和实在》,伦敦:罗特雷奇和凯根·保罗出版社,1963,第126页。

与物》(以及“两个教条”)和《经验主义和心灵哲学》,但奎因是基于日常经验的材料,而塞拉斯则反对任何这样的依赖(也许是不一致的),认为是完全错误的。在这种意义上,他们不可能具有完全相同的唯科学主义。不仅如此,塞拉斯也无法被看做是任何意义上的实用主义者(就像罗蒂和布兰顿所认为的那样①),除非经过故意歪曲(我要说的是,他们两个人都愿意这样做)。

二

不过,我对这些小毛病并不理会。真正的问题在于对“唯科学主义”(scientism)本身的分析。当然,消解论是我们所知道的唯科学主义的最极端形式:正如塞拉斯所说,它表明了“放弃”常识的说法(他称作“明显的图像”[the manifest image]),而支持科学(“科学的图像”[the scientific image])的说法和倾向。② 因而,唯科学主义就不可能被看做符合一种关于常识论述的怀疑论,而且,它表明了对基本实在的更深刻、更可靠的断定。这就联系到了卡尔纳普早期的实证主义立场所推崇的朴素还原论主题。③ 但这的确与塞拉斯在他的《经验主义和心灵哲学》中奇特描述的不同的沉思(meditations heqeliennes)无法匹配:④它最多是透露出了他自己信念中尚未解决的模棱两可,在其中(例如)丹尼特和丘齐兰持一方,而布兰顿和罗蒂则是自由探索的另一方。

正是在这种等量齐观的意义上,选择塞拉斯、早期卡尔纳普、《逻

① 参见罗蒂著《罗伯特·布兰顿论社会实践和表现》,载《哲学文集》第3卷,剑桥:剑桥大学出版社,1998。

② 参见塞拉斯著《哲学和关于人的科学图像》,载《科学、知觉和实在》,伦敦:罗特雷奇和凯根·保罗出版社,1963。

③ 参见卡尔纳普著《物理语言中的心理学》,乔治·史克翻译,载由A.J.艾耶尔编辑的《逻辑实证主义》,格伦撒:自由出版社,1959。

④ 塞拉斯:《经验主义和心灵哲学》,第20节。

辑哲学论》时期的维特根斯坦和丘齐兰至少作为唯科学主义的这种或那种形式的补充就有了意义，虽然这并不是对某一个具体论题的补充。“唯科学主义”表明了对特殊的知觉模式或方法论具有某种优先性，甚至断定了号称“科学”捍卫者的人会不可避免地认为或无法抗拒地赞同一种可靠的形而上学，即使面对并不充分的证据或实质性的怀疑。

奎因的确赞同唯科学主义，但他同样坚持证据上的考虑和建构主义的“本体论承诺”的观点。① 他对自己的信念直言不讳，但他从未（以第一或最后的原则方式）肯定过像塞拉斯的信条那样极端的东西。像乔姆斯基和福多这样的理论家赞同一种变异的唯科学主义，因为他们认为（以一种无法被恰当地看做是系统论证的方式）完全不存在任何可能合理的东西可以替代关于语言或思想的先天科学（an innatist science of language or thought）。② 但他们在各种批评面前却表现得比较温和：他们的说法似乎只是为了迎合一种成心的偏见而提出的说辞，或许是一种对论证的承诺，但仅此而已。

在以上提到的其他人的情况中，我们发现自己更接近关于世界真实面貌的更为确定的声音——无论有多少反对的意见！最近有一位这种意见的拥护者毫无内疚地宣称：“当今（实际上）普遍持有的科学立场认为，万物都是物理的，概莫能外。”③这个作者的意思是，任何反对意见都是无效的，可能是无知的，但在专业上肯定是不明智的。

实际上，整个世纪都几乎没有什么变化。即使是20世纪上半叶最强有力的分析哲学的声音，也是非常缓慢地破除了根深蒂固、难以置信的专业领地，尽管在新的一代中这种变化已经是足够快速了。实用主义本身在以欧洲为中心的世界中被看做是第一个具有美国特色

---

① 参见奎因著《词与物》，第49—50节。

② 例如，参见乔姆斯基著《关于语言的知识：其性质、起源和用法》，纽约：普里格出版社，1986；但还可以参见《语言和心灵研究的新视野》，剑桥：剑桥大学出版社，2000；还参见杰里·A. 福多：《关于思想的语言》，纽约：托马斯·Y. 克劳威尔出版社，1975。

③ 亨利·普罗金：《心灵的进化：进化心理学导论》，坎布里奇：哈佛大学出版社，1998，第88页。

的运动，但仍然被看做是对唯科学主义的那些最初形式的最自然的反对者。如今得到复兴的（但多少有些怪异的）实用主义的第二次浪潮，表现为（有时是模糊不清的）是对世纪末相应出现的粉饰一新的唯科学主义的自然反对者。最初隐含在杜威思想精华中的实用主义与分析哲学之间的竞赛——以普特南和罗蒂的对立主张为例（他们都是实用主义者），越来越直截了当地集中在应当如何理解"自然主义"（naturalism）这个核心问题上。

那些对老牌实用主义者的号召更为忠诚的人（但不是罗蒂）——如果我可以这样来描述的话——倾向于对"自然主义"采取更为宽宏大量、比较温文尔雅的理解，就是说，只是阻止那些超自然的东西或者是以某种先天的方式给予优先的东西，或者仅仅是错误地理解为真实之物的虚构材料。但对这些辩护者仍然存在一个边界，他们已经怀疑到还原论和消解论以及任何"受到制约的"外延论。当我们看到罗蒂和普特南的争论时，这就表明我们可以公平地说，"老牌"实用主义对自然主义的"分析"形式的反对，已经构成了对奎因和戴维森（以截然不同的方式）所提倡的不同"自然化"形式的特别敌意。①

如今在20世纪末21世纪初，分析哲学自身范围内也始终在进行着相同的竞赛，主要集中在期望出现某种极端的"唯科学主义"，但却几乎与那些（在实用主义者与分析哲学家之间）关于"自然化"（naturalizing）是否是对较为温和的自然主义的最好主张的恰当理解这个问题所作的局部争论，在动机上没有多少不同。因为除了个人的信念之外，奎因、戴维森以及罗蒂（作为拥护戴维森而反对奎因的一个熟练的但并不是完全可以信赖的支持者②）把自然化理解为这样或那样所谓

---

① 参见奎因的《自然化的认识论》，载《本体论的相对性和其他论文》，纽约：哥伦比亚大学出版社，1969；戴维森的《真理和知识的融贯论》，载恩斯特·利泼编辑的《真理与解释：论唐纳德·戴维森的哲学》，牛津：布莱克威尔出版社，1986；还参见马高利斯的《变革实用主义》，序言。

② 参见罗蒂的《实用主义、戴维森和真理》，载恩斯特·利泼编辑的《真理与解释：论唐纳德·戴维森的哲学》，牛津：布莱克威尔出版社，1986。

恰当的唯物主义及其外延论的“语义学”形式。这两个论题一直是整个世纪的英美分析哲学的持久话题,虽然两者的分布是不均匀的。在这种意义上,“自然化”就是美国本土形式的“唯科学主义”,最初由奎因倡导,然后由戴维森尽可能地(多少有些与奎因相左)“弄得”更为严格。因而,怀疑他们每个人的持久工作,也就一定是怀疑对唯科学主义的整个离经叛道是另有所图,这使得唯科学主义从非形式化走到了形式化,从开放走到封闭,从纲领化走到具体细节,从自我描述的东西走到客观断定的东西和方法论的东西,从零打碎敲走到体系化,从规范性的东西走到离经叛道。

整个英美分析哲学始终都是在极小的轨道上运行的。的确,它从未失去过吸引力,但它也从未真正颠覆过它所反对的观点。例如,在关于心理状态的第一人称描述被恰当地看做是无法接受的二元论时(比如按照托马斯·内格尔[Thomas Nagel]或约翰·塞尔[John Searle]的观点),意识本身却似乎令人忧虑地难以处理恰恰与二元论对立的科学方法。所以,当聪明的理论家如丹尼尔·丹尼特(应当说,丹尼特的信念多少也是受到罗蒂的影响,虽然并不是直接的①)提出要一蹴而就地消除或排斥关于心理状态的“第一人称”描述,而赞成“第三人称”描述——多少是以科学的名义,聪明的读者就看到这个论证是无与伦比的,甚至会怀疑是否还可以想得出类似的花招。的确,必须承认的是,没有什么精神生活和文化生活会进步到可以使人们声称自己理解了我们是如何接近于符合唯科学主义的最终目标。

我们正在进步,但我们正在得到的东西,似乎是关于我们为整个哲学事业的巨大僵局(the profoundest stalemate)所吸引的深深困惑。不仅如此,但这个事实表明,我们必须支持竞赛的双方,因为我们必须前进,而这个僵局对双方来说都是一种胜利,虽然并不是出于相同的

① 参见丹尼尔·C. 丹尼特著《经过解释的意识》,波士顿:小布朗出版社,1990;又见理查德·罗蒂的《丹尼尔·丹尼特论本真性》,载《哲学文集》第3卷,剑桥:剑桥大学出版社,1998。

理由或有相同的结果。

而且,如今普遍流行的关于心灵、文化、历史和语言的各种对立观点之间的完全融合,就假定了各种不可通约的认识论至少是可行的。这真让人感到意外。因为,如果承认了内省的描述(introspective reports)是可行有效的,尽管这种描述无法与第三人称的行为或物理描述在可通约的意义上相提并论,那么,不可通约主义(incommensurabilism)就必定是这场最后竞赛的本质所在;如果这样的话,那么我们所熟悉的乐观的唯科学主义者就无法触及他们所面对的全部挑战。这种前景威胁到了分析哲学家的工作。因为如果你接受了这种结果,你就会明白,它不可避免地会扩展到相对主义、历史主义、建构主义和相似的其他选择。倘若如此,如果这个竞赛是沿着它所引导的方向前进的话,那么就很难否定,分析哲学本身就是在欧洲中心主义的整个历史场景中的一种独断的规定!

因而,你会看到,这场竞赛在没有可以得到的结局的情况下是如何得到深化的。就此依然引人注意的是,几乎可以肯定,这些相反观点的极大部分各自都是前后一致的,能够适合我们整个未被限制的思考领域以及人们可以想象到的最为强大的盲从信徒,具有无休止的发明创造能力,(看上去)是永远不可战胜的。然而,在唯科学主义的反对者一方仍然有一种特别的优势,即他们(但不是这个阵营)总是可以不得已而求其次地继续下去。他们所需要收集的全部,就是唯科学主义观点似乎无法破解的不断增加的难题。然而,这些观点本身也是用这种方式最终不可战胜的:反对意见总是占有优势,正如为真实信仰者一方所支持的否定神学提出的反对意见一样。

更为同情地说,诸如塞拉斯和丘齐兰这样的消解论者更愿去解释——事实上他们正是在解释——我们的常识观点("明显的影像"、"大众理论的"观点)几千年来一直在得到维护。所以,这个竞赛(出于无关的理由)是不公平的,它规定了,如果(他们意义上的)"科学"的最终目标恰当地得到验证,我们的思想必须彻底得到改变。保罗·

费耶阿本德(Paul Feyerabend)代表着毫无例外的唯物主义(他将其简化为这样的主张:“世界上唯一存在的实体就是原子和原子的聚合,而唯一的性质和关系就是这种聚合的性质和这种聚合之间的关系。”),他提出了以下一种精巧的辩护:“日常英语达到目前这种复杂的成熟状态,经历了相当长的时间。至少要给唯物主义的哲学家这样的时间。事实上,他需要更多的时间去发展一种完全能够验证的语言,使它可以连续地描述关于人类的最为熟知的事实以及生理学家们始终在探索的成千上万难以解答的事实。”①我同意这个观点,但认为这个论证太弱了。它需要诸如平均分配无知的“原则”和诸如公平游戏的原则。但这并不是一个关注实质问题的论证。

三

我自己的印象是,这场竞赛在最近几十年中一直由于相对新近得到发展的遗传学、语言学、计算机科学和信息技术(以及它们的结合)而更加分化了。当然,随着时间的推移,完全可能会增加更为有力的资源——譬如,专门关于大脑的神经生理学。但我估计,这只会加深我们已知的僵局。所以,我们可能接近了全新选择对心灵和文化的科学解释的边线。在这个过程中,长时间的僵局更应当看做是反对者一方的胜利。然而,无须匆忙地给出结论。最好的办法是,就像我们现在所理解的那样,使唯科学主义的观点无法期望在最为合适的问题上得到有价值的进展。

我们这里必须提醒自己,直到20世纪初的现代哲学在两个不同的焦点问题上得到了最大的收获:首先是,在延续着笛卡儿和康德的

① O. K. 费耶阿本德:《唯物主义和身心问题》,载《哲学文集》第1卷,剑桥:剑桥大学出版社,1981,第161、166页。

伟大探索的同时,分离出了实在论的悖论,这样的实在论试图使客观知识合法化,但在我们的价值判断问题上却区分了认知主体与认知世界或区分了认识论与形而上学——或更为关键的是,没有认识到一定要有一个合理的基础,使得"独立的"可认知的世界结构可以构造为适合人类的探究,而不需要能力上的或先天的特殊要求来作为救命稻草。在没有做到这些的情况下,这样的实在论,无论是在由笛卡儿和康德所确定的传统的间隔时期,还是像20世纪的大部分英美哲学那样所作的扼要重述(然而是以较弱的或隐含的方式),都可以明显地叫做"笛卡儿主义"(Cartesian)。实在论作为一种可行的认识论,就是整个现代哲学的主要论题。因而,唯科学主义提出的问题可以看做是在作相同的叙述。大致地说,唯科学主义就是笛卡儿主义,如同唯物主义和外延论,它们都是在寻求获得最后的目标。

现代哲学的另一个关键阶段,即"后康德主义"(也包括了康德),是使康德和黑格尔克服笛卡儿的先验论。它突出地表现在黑格尔的《精神现象学》中。我们在康德、费希特、黑格尔的著作中可以看到,在失而复得的实在论的重要论题的连续发展中也可以看到,自19世纪初以来,没有任何运动可以成功地替代这种实在论。特别有意思的事实是,在20世纪分析哲学的最初时期,伯特兰·罗素(Bertrand Russell)和摩尔(G. E. Moore)这两位引进英语分析的哲学家,实际上却曾提倡着(1898年之前)某种形式的(英国的)唯心论,这种"唯心论"来自于公认的康德和黑格尔的思想——特别是符合格林(T. H. Green)和布拉德雷(F. H. Bradley)的观点。

英国唯心论的主要论题至少包括了以下的观点(这些观点并不是所有公认的唯心论者都一致同意的):(1)"永恒自我意识的存在,为所有人类心灵所'分享'——这最后一个词的意义最终是不清楚的"(格林);①(2)事实上,(1)"并不是经验心理学的主题"(因而也不是

① 彼得·海顿:《罗素、唯心论和分析哲学的兴起》,牛津:克莱顿出版社,1990,第105页。

经验主义认识论意义上的“心理主义”——比如休谟或密尔意义上的）；①(3)“一切（人类的）思想，一切判断，最终对实在都是不恰当的，（的确，虽然以人类的方式看，有些判断是‘正确的’，有些是‘不正确的’——无论是否能够掌握或达到理解）实在（多少）是或许在超验的、无以言状的瞬间向我们显示的单一的、包罗万象的经验”（布拉德雷）。②

在这里，我们必须牢记，古典的实用主义者同样受到了来自后康德主义者的唯心论主张的感染（皮尔斯——主要来自康德和谢林；杜威——来自格林和其他英国唯心论者——通过他的老师和最终的同事乔治·莫里斯[George Morris]）。③ 杜威本人则（以“左翼的”方式）把黑格尔解释为承认了“绝对”心灵或精神，虽然黑格尔实际上是反对“超验的”或“先验的”理解的。④ 重要的一点在于，被大多数人描述为实用主义者典范（截然不同于皮尔斯和詹姆斯的人物）的杜威，从卡鲁斯讲座（收集在《经验与自然》[1928]中）直到生命结束，他都在竭力地从他的哲学中消除我所提到的那种毫无实际效果的、难以立足的唯心论，而这些恰好是他早期哲学的明显标志。

在这种意义上，杜威和罗素多少有些相近，虽然是以非常不同的方式：杜威是一个实用主义者（和后黑格尔主义者）、唯心论的反对者、笛卡儿主义者，以及罗素主义者（即更为普遍意义上的唯科学主义的拥护者）；罗素是唯科学主义阵营中的“原子论者”。所以，我们看到，从笛卡儿到21世纪初的这条叙述线索是多么清楚、直截了当。

所有这些都规定了20世纪英美哲学的活力，特别是在即将进入

---

① 彼得·海顿：《罗素、唯心论和分析哲学的兴起》，第107页。所以，这就表明了被皮尔斯所完全忽略的罗素哲学的来源，参见皮尔斯的《伯特兰·罗素与英国的哲学传统》，伦敦：方坦纳文库，1967。

② 同上书，第106页。

③ 比如，参见约翰·R.舒克的《杜威关于知识和实在的经验主义理论》，纳斯威尔：万德比尔德大学出版社，2000。

④ 比如，参见汤姆·洛克默的《认知：黑格尔的精神现象学导论》，伯克利：加州大学出版社，1997。

21世纪的20世纪下半叶。我想说的是，主要的论题仍然是实在论，在某种意义上，它更接近于试图混合从笛卡儿到康德的认识论与形而上学的东西，它们通过康德和后康德主义的主要发现而得到调整——应当说，它们暗含在后康德主义的世界里，或许还存在于乔治·巴克莱的《对话》中（以一种难以控制的但显然非常有先见的方式）——在某种意义上，这里所确立的分析的传统，无法与（它所厌恶的）唯心论区分开来。然而，分析哲学家的抱怨却完全是根据以笛卡儿的方式定义形而上学这样一个（人人皆知的）古老的错误，即使众所皆知它会导致无法克服的悖论，而这样的悖论只有通过采用黑格尔的《精神现象学》中提出的这种或那种修正才能得到避免，无论这是否需要回到康德，（当然）无论是否需要以分析历史事实和共同社会生活的方式加以超越。

因为事实的真相是，黑格尔以无法辩驳的方式把历史和文化演变的主题引入了关于认知问题的争论，但他并没有专门沿着历史的和社会的线索推进他的思想。就是说，他并没有通过使具体社会中逐渐演变的共同传统内在化而以人类概念资源的构成形式造就历史。这个主题更多地是属于（作为黑格尔主义者的）马克思、尼采、伏尔泰、海德格尔、早期的法兰克福批判学派、伽达默尔和福柯——他们以更为激进的方式重读黑格尔，以有损于唯科学主义的方式解释科学理论。这在黑格尔自己那里是初露端倪，在杜威那里也不过如此。但这需要由当代美国哲学家，无论是实用主义者还是分析哲学家，以更有力的方式加以强调。

明显的事实是，19世纪初以来的欧洲大陆传统从未失去对这个问题的认识。如今，在20世纪末，由于有越来越多的证据表明，唯科学主义未能解答从世纪初到最新的纲领所面对的所有疑问——即关于它妨碍了实在论问题，关于对实在论的黑格尔式的和后黑格尔主义的解释，特别是关于我们可能必须辩证地考虑以建构主义的和历史主义的方式去理解科学与实践生活的可行性和合理性，所以，我们可能必须放弃使分析哲学霸权得以畅行的诡计。

先验唯心论是康德以实在论的方式对知识问题的著名解决方法——它提出得太早了而没有得益于他的后继者,这是一个投机取巧的、难以理喻的主张,部分是因为它就是一种无法用自然主义的术语加以理解的唯心论,部分是因为它把构造主义和唯心论结合起来而混淆了许多问题,部分是因为它(在康德那里)没有消除笛卡儿主义,部分是因为它有助于后来具有康德主义倾向的(后康德主义的)贡献,特别明显的是谢林、查尔斯·皮尔斯和格林——这始终表现在假设了一种可以理解的心灵本性。当然,必须承认,在爱德华·凯尔德(Edward Caird)、乔治·莫里斯和早期的约翰·杜威等人更具有黑格尔主义倾向的努力中也存在着类似的情形。但杜威与皮尔斯不同,他即使是在生命的最后时刻,仍然努力使他对"经验"的分析摆脱过分关注先验论的痕迹。简单地说,康德的先验论最初完全不是一种认识论,而是一种装扮成认识论的(由此炫耀人类心灵的)关于必然永恒事物的形而上学,因而这种认识论就迫使人类理性和"官能性的"经验材料走着一种改进的笛卡儿主义思想路线。某些后康德主义者划分出了更大的心灵本性(这是用自然主义的方式无法掌握的),而这正是后黑格尔主义者(从马克思到尼采、杜威和福柯)一直努力在驱除的东西。

即使我们承认了所有这些都有意义,我们仍然必须看到,分析哲学家方面(至少是隐含地)"拒绝"承认认识论和形而上学的不可分离(而这正是康德的发现),这并不是拥护唯心论,而是再现了笛卡儿式的实在论——至少是在说英语的哲学中得到解决的。这个说法同样适用于(例如)迈克·德维特(Michael Devitt)、迈克·达米特(Michael Dummett)、唐纳德·戴维森和约翰·迈克道威尔(John McDowell)等人的观点,虽然是出于不同的理由。[①] 在每个人那里,我们都会看到

① 参见迈克·德维特著《实在论与真理》,第2版,普林斯顿:普林斯顿大学出版社,1990;迈克·达米特:《形而上学的逻辑基础》,坎布里奇:哈佛大学出版社,1991;唐纳德·戴维森:《真理和知识的融贯论》;约翰·迈克道威尔:《心灵和世界》,坎布里奇:哈佛大学出版社,1994,1996。

这种同样致命的分离，但在表面上都有道理。

在美国，对这种思想路线的反对者是黑格尔或黑格尔式的康德，虽然不是正式的、直接的，也不总是得到清楚表达的。在美国，对最新的笛卡儿主义的第三种最重要的反对者，我认为是约翰·杜威、托马斯·库恩和希拉里·普特南，虽然很难把他们由此放在一起。退一步说，杜威是这三者中最为一致和成功的一位——如果从最近的唯科学主义的最好成绩来说，他也是最成功的。普特南勇敢地推翻了他在早期著作中极为推崇的实证主义和科学统一纲领，以及他同时代的约定论的实在论，虽然他自己的实在论经过反思也是行不通的。库恩实际上是他们三个人中最为突出和具有创造性的，虽然他显然并没有能够前后一致地构成他的理论。[①] 他和保罗·费耶阿本德几乎是分别独立地对科学思想深远的历史性特征提出了具有探索性的详尽证明，(最后)在对客观知识的关键分析中引入了无法消除的相对主义和不可通约主义。[②]

资料表明，库恩和费耶阿本德实际上始终是被科学哲学中的分析哲学主流排除掉了。具有讽刺意味的是，历史在形成和转变我们的认知能力中所起的基本作用这个重要问题，现在却几乎随着他们的销声匿迹而被遗忘了，我们可以相信，这恰好是与笛卡儿主义和唯科学主义(在分析哲学家中)的逐渐复兴相一致的。

以这种方式看，整个现代哲学都是在连续保持着从笛卡儿最初的探究到康德的探究所关注的问题，然而却是偏离了方向。如今，肇始

---

① 关于普特南对自己的“内在的”或“实用的实在论”观点的描述，参见希拉里·普特南的《意义、无意义和含义：对人类心灵能力的探究》，载《哲学杂志》，第 XCI 期(1994)；关于对实用主义和分析哲学中的实在论的一般性论述，参见马高利斯的《变革实用主义》。

② 参见托马斯·S. 库恩的《科学革命的结构》，第 2 版，扩充版，芝加哥：芝加哥大学出版社，1970；《对批评者的回应》，载爱默·拉卡托斯和阿兰·马斯格拉夫编辑的《批判与知识的增长》，芝加哥：芝加哥大学出版社，1970；保罗·费耶阿本德：《反对方法：关于知识无政府主义理论大纲》，伦敦：文索，1975。同样参见唐纳德·戴维森的《论概念图式这个观念》，《真理与解释的探究》，牛津：克伦威尔，1984。

就损害到这个传统的困惑和解决，显然很可能就是它们所希望的那样。它们实际上是在18世纪末到19世纪初这个中间时期形成的，虽然公平地说，20世纪下半叶所提出的解决方法显然是受惠于两个世纪以来完全改进的最终尝试和恰当努力，而许多非常有影响的英美哲学家（在接近新世纪的时候）提供的方案，明显地被指责为不堪一击的循环论证或避重就轻。

我敢说，无论如何，在20世纪的最后几十年中，在分析哲学中，从来就没有产生过公认的、毫无争议的原创性成果，这就完全改变了（或有可能改变了）关于实在论与（我所追溯的）唯科学主义之间竞赛的条件，这会使我们希望得到比前一个世纪试图提供的更为决定性的解决方法。我所读到的最有创造性的、有前途的论文——但并不总是"最好的"或最为严格的或最具有"分析性的"论文——提出，重要变化的种子已然在我们面前等待我们去收集。在这里，如果可以比通常更为广泛地构造"分析哲学"的话，我会说，上个世纪后期最为伟大的希望是这样一些成果：奎因的《经验论的两个教条》，维特根斯坦的《哲学研究》，库恩的《科学革命的结构》和杜威的《经验与自然》。我在这里欢迎批评指正，但我不相信会有其他可以替代它们的东西。

分析哲学由于坚信几乎四百多年来没有任何变化的信念而从事着表面上专心致志的事业，这使得它的最佳精力的思想始终陷入僵局（但也加深了这种僵局）。根据完全客观冷静的理解，20世纪分析哲学的历史就是不断重复其最大的热情、冒险性、决定性——以及不断倒退的历史。从我个人的兴趣看，分析哲学一直是在以一种可以想象的坚定的方式，尝试唯科学主义的每种可设想形式的限度。整个哲学界都在坚持这样的结果，即使它假装在忽略它们。因为，如果唯科学主义——或更强形式的"自然化"或我们这个时代的后—后康德式的"笛卡儿主义"——可以根据自己的需要合理地声称已经（永久地）改变了传统竞赛的平衡，那么欧洲中心论的信念最终就会完全得到改变。如果不是这样，如果它的最佳选择已经江郎才尽（我相信如此），那么，这个世界就会再次被理解为完全不同的样子。

我们在这里无法给出肯定的预言。因为新世纪的历史完全可能只是确认了，我们所希望的对僵局的未来解决并不会更好。的确，我们现在无法看到改变我们所固有的争论条件的方式。但这的确是我们不得不去编造或重新发现的带有新直觉的麻烦。我已经提到过可能会给我们带来新方向的最佳导火索。如果它们没有引着火，我们可能就必须返回，重新分析我们过去理论的限度，直到我们发现更为适合的替代之物。

（江怡　译）

文明对话需要精神空间

于 硕

世界被战争、冲突与恐惧笼罩着。人们渴望和平，于是不断地一次次对话。

关于和平

两种含义：一是通常所说的，群体间的外在的和平；一是群体中的个人内心的和平。中文恰好可以调换：平和。

人们习惯将和平想象为这样一种状态：无战争、无冲突、无愤怒，也没有暴力，形似一潭湖水。那里应当无焦虑、无纠纷，但因此也就没有色彩，没有变化，没有欲望、激情，这些人本的属性尽被冻结。和平变成列维坦式的：由唯一合法的强权将它施加给世界，这样的和平是对人性的消解。

和平不可能被赠与，也不可能仅仅被动接受。它首先是平和，一种广大开放的、生动和谐的精神状态。在人的存在欲望中获得的和平才值得珍视。谈何容易！如果占据我们内心的是惊恐、仇恨、嫉妒，纠缠我们的是过去的失败记忆，当下的权力之争，未来的成功焦虑……

如此有什么平和可言？

所以，文明对话中首先要交流的是如何达及和平的精神状态的各种经验。对此，各文明都有过自己成功的实践。击剑武打、摔跤竞技可以排泄人的暴力冲动；吟诗挥毫、放歌起舞可以更新人的创造欲。有儒家格物致知的修养，也有道家“无为而为”的冥想。释达多在觉悟后曾说：“我找到的是浑厚无限的和平。然而无人能理解它，所以，我将永远沉默地留在森林中。”在此之前，他一直渴望当教师。如此决定远离世界，是因为他感觉到了真正的生命同情，从而放下先知拯救的意识，而去体会常人遭受的苦难。

释达多的平和沉默是对言语的暂且放弃，取而代之的是冥想。所有的先知们都主张体悟实践，西方的也不例外。斯宾诺莎在谈到三重自我和三种知识时，首先强调的是“体验和感受我们的永恒个体性”，而非先对它进行概念定义。语言可用来启蒙，但“师父领进门，悟道在个人”。精神的深化精致，不可能是理论独领风骚，更是在冥想或无思中悟得。正是在冥想中，人建立了与无限之间的可触觉的关联，保持着与真实天地的直接感应，护守着它们不被抽象的、线性的语言肢解和扭曲。对存在深刻的体悟，使普通语言成为多余。如庄子云：

“天地有大美而不言，四时有明法而不议，万物有成理而不说。圣人者，原天地之美，而达万物之理。是故至人无为，大圣不作，观于天地之谓也。”

这里涉及一个关于表征（représentation）的重大的形而上学问题，让当代西方哲学颇费笔墨，即被“表征”的（représent）存在是否也能以它的初显形象（présentation）被认识？而且有些存在是不可被符号、语言所表现的，或尚未被表现过的，因为它们有时陡然出现，有时隐蔽地触发直觉。海德格尔现象学不再将表征视为单纯的因果投射（先有四腿或三足台子，然后投射出表征符号“桌子”），而是重视它的既在场又缺席的双重性，因为它既是被表征物，又是表述媒介（représentant），也是表征活动，包括着过去、当下与未来的共时性。表征因此是精神与现实的关系,是人对存在(être)意义的阐释。表征不同于认知(perception),生活世界的认识比二者更复杂。个人在直觉、冥想、感受、认知和表征这一系统过程中,把握他在时间中存在的意义,并赋予他者以意义。

关于对话

对话是人类思维和沟通欲望的必然,也是一种文化类型。《庄子》中有许多篇章使用了对话(或问答)形式,《论语》亦然。苏格拉底在广场上的对话被认为是西方哲学论辩传统的起点,而柏拉图的对话集则成为对话文体的范本。古希腊语中的"对话"一词(dialogos)来源于"logos",意为"言语",是凡俗与诸神间的媒体。加上前缀"dia-",意为"区分"或"穿过",便合成"对话"。这是在一般用法上说。比如中国人喜欢说"与君一席话,胜读十年书"。

回到约定俗成的意义上来。对话是指两个人或两个(泛指多个)独立部分之间展开的交谈,以寻求共识或共同真理的同一形式。于是对话至少需要三种因素:对话主体张三李四以及对话主题,后者是促使进入对话的意向动机。哲学家对话,旨在开辟一个讨论的空间,以探讨存在的本原,包括对话本身。这在汉语中有点儿像魏晋贤人的"清谈"或"玄谈",讨论本末、体用、有无、性命等抽象玄理。后来,人类学开始反思自己,反思以往貌似客观的田野工作的传统和描述,展开了以人类学家作为主体或作为"他者"与其研究对象的对话,展示了文化的多元价值,加深了对"他者"(Autre)、"异地"(ailleurs)的文化认识以及对其存在合法性的承认。对话开始受到各个领域的重视,2001 年曾是联合国的"文明对话年"。既成时尚,其符号和工具资源看好,讨巧利用它的人自然不少。比如英国通讯电话公司就用它来作推销广告,张扬"谈话就好!"("Talk is good!")

对话之时髦,与其说来自哲学或文化认知关怀的复苏,不如说更是人们对当今世界的危机意识使然。和平危机,环境危机,伦理危机,认同危机,经济危机,政治危机……人类的危机是全方位的,法国思想家莫兰认为其要害是:“世界没有能力成为世界,人类没有能力成为人类。”对话成了希望的寄托,人们指望从它开始进入理解,缓和冲突,进而寻找共同的价值“底线”或讨论在同舟共济中各自的责任。然而,稍作反省就能发现,体现良好愿望的“对话”具有极大的复杂性。最常见的是,在外交政治上被利用为一种对立的工具,一种新的强权方式。这时对话变成对垒,各说各的理,你不懂,听我的;或干脆就是来向你摊牌,对话是表示一下姿态,君子动口不动手嘛。另一种情况是,对话因受制于经济或军事实力而被自觉不自觉地转换成单一话语权力,比如,通常总是强者向弱者发出对话邀请,或者使用单一语言进行多文化“对话”。还有一种情况,那就是作为反馈,非西方社会的反西方话语霸权的呼声,却差不多仍是一种西化运动,被人类学称为“向他者的自动”(movement of the self towards the other)。对话或者变成利益较量的工具,或者是有他者在场的独白,或者是文化社区主义的语言战争。

对话的理想状态是批评借鉴式的。我们各自都有经验局限,我不懂(而非“你不懂”),来请教你。你如此做一定有理由。即便荒谬是显见的,相互也都试图去理解为什么错误会如此这般地发生,或推己及人地说“谁能不出错”。承认我笨,你也不全能,而“三个臭皮匠,顶个诸葛亮”,凑到一起对对话,想法有了。重要的是“在场”,主题与主体都在场,涵盖着过去和未来。向身后延伸,被往昔的故事所牵连;向前方突破,被某种指向未来的欲望或超越意识所催促。现象学把“在场”(présence)看成是日常知识和理解的必要条件。对话双方一同往来于时间的存在意义之中,一同创意或一同重新发现智慧的古训。

近来大家喜欢说“文明对话”,拟人说法,活泼明白,心态豁达。不过说大了,怕会空洞,文明成了皮影戏,其内部的丰富多彩被忽略、抹去,其万川融会的历史过程则被硬化成几个对立不变的大陆板块。剩下的不是撞击毁坏,便是孤立仇视,哪里还会有“对话”的空间?

哲学一点儿说,对话是有象征意义的言说过程,只能在个体的交谈中实现。文本转译是这种个体交谈的另一种具体方式。文明“对话”便只能在个体或文本对话中进行。而问题因此又复杂起来:文明对话者何以具有代表“文明”的合法性?文本的转译如何确保准确性?我们在此触及了一个跨文化知识学的重要论域:谁有资格成为“文明”代言人(agent)?我们可以将他称为无冕之王,因为他是如此重要,以至于他个人的质量直接制约着文明及其沟通的质量。

文明对话是场效应,考虑得要面面俱到,比如“文明”代言人的跨文化知识资本储备、其自愿代理文明或文化的动机、他所进入的对话空间的历史性(historicity)、行动者在对话场中的认同倾向、不同文明(或同一文明)的多个代言人相互间的位势均衡(configuration of positions)等等。这一切都以反馈、整合的方式影响着对文化或文明的阐释和理解。

在中西文明对话中,有不少文化误解的故事。文化相对主义者喜欢列举那些对文化“本质”的“误解”,令人不敢轻信,因为静止不变的文化“本质”在日常生活中是不存在的。我所说的意思相反,是那种“文明”代言人有意无意造成的误解,那是因为他忽视了对话场的历史性、过程性和互动性,只见树木,不见森林。中国近代以来的西化运动、中国古典文化传播的中断、当今时兴的反西方霸权和民族爱国主义……这一切进一步加剧了中国文明代言人思想的艰难。能动地(却可能是无意地)制造差异差不多成了他们的癖好,以至于对话代理人反成了误解发源人。在沉重的精神背负中,文明代理人遗忘了存在的在场,遗忘他自身的当下即是,兢兢业业地提炼文化类型,从而成功地将生命的活水膨胀成文化的冰山。

认知机制的五种局限

和平对话需要精神空间,需要某种提前量,某种弹性听觉。可惜我们的心灵已被塞满。垃圾自然可以倒掉,但旧货尽管无用,还是不忍丢弃,因为它们至少还有回忆、收藏价值。因此,对话之前需要整理清点,该扔的扔,该封存的封存,该更新的更新。这里我们可以就认知机制的局限和它们的惯性作一些梳理。

一、二分法(dichotomisation),以界限分明的二元线性思维为前提,人们在对话之前就已习惯了两个阵营对立的思路,比如我们一开口就会溜出"东方""西方","中西文化"的"成语"来,仿佛它们都像真的似的,仿佛除了这一东一西之外,古往今来的其他文明都不存在。文明的分疏是很浅近的事,与世界意识的形成相与伴随。"文明"与"文化"的概念只是到了18世纪中叶,才从德国浪漫主义运动思想家那里获得我们今天的含义。不过中欧分立要早一些,从启蒙运动中的礼仪之争开始,中欧学者便开始分别想象着勾画两个独立文明,不过那时似乎没有像后来那么极端对立,兼容是可能的,甚至是必要的,莱布尼兹曾感慨过应当请中国人到欧洲传教,讲授道德伦理,中国文明也曾经被启蒙运动思想家用做摆脱上帝的得力武器。那时有伟人,伟大的探险家、思想家,还有太阳帝王路易十四和康熙。后来就是僵化,中西文化成了两个坚硬的板块,两种各行其道的历史类型,隔洋相望,对立不相容。大胆的文明代言人还喜欢定性,常说:西方是法制社会,中国是人情社会;西方理性,中国诗化。他们不厌其烦地一西一中地派对:个人主义对集体主义,资本主义伦理精神对家族亲和力量,民主对专制,罪感的尊严对耻感的面子,分析式对综合式,超越的一神对迷信的泛神……

这种阴阳二分的对照并非完全虚构,对称是种自然暗示,而成见

(stereotype)多少都有些现实的或感知的前提。然而它的要害是:1. 抽空了二元现象间内在的关联与其互动性;2. 使人失去对日常生活和实践过程的复杂存在的感知能力;3. 缺乏思想的穿透力,无力在各文化的差异背后指出深层的相似性;4. 在表面公允的述而不作中暗含了价值优劣的判断。对这后一点,我们可以回顾一下历史:从"五四"时代开始,上述二元中的前者大都表示的是积极意义,后者则是消极的。20 世纪 80 年代文化热时,电视片《河殇》描绘过蓝色文明与黄色文明,或海洋文明与大河文明,把这一正负关系再次肯定过。而今天的文化回归潮流又在翻腾这对关系,法制社会可能暗含着冷酷,人情社会至少意味着多个朋友多条路。

无论观点如何此一时彼一时,二元对立的模式却始终未变,而且这个"他们西方人"的思维方式被"我们中国人"运用得有过之而无不及,可以拿来作文化嫁接的例子,也可以说"古已有之"。在给企业家的文化指南中,双重文化代理人通常会列出中西对比清单,以便大小老板们到现场对号入座。不难想象一个虔诚的老外到当今中国大陆去印证"礼仪之邦",还不精神错乱。走出这一对立思维习惯的一个简单有趣的游戏是,将上述关系置换,来个张冠李戴或中冠西戴,找找西方的人情诗意,面子家族,反之亦然,中国的理性法治,超越尊严,我们会发现居然也有效。这时,我们已经走进对话的入口了。

二、认识时空割裂(fragmentation spatio temporelle),认识割裂的倾向同时表现在空间向度和历史向度。由于每个人都受限于他所处的特定的社会领域和时代,他所能拥有的便只能是对局部的经验世界的知识。他当然可以像释达多或老庄那样靠冥想去参透宇宙。他也可以通过对话获得他者的经验知识。然而,割裂的习惯不断干扰我们,一开始就容易使对话空间处于封闭状态:政界对政界,学界对学界,企业界对企业界,艺术界对艺术界。除了知识分离外,对话也常常表现为圈内话语权力的舌战,文明阐释或哲学关怀都成了借口。经验表明,对话遇到的障碍,不总是如人们轻易想象的那样,来自所谓的文化差异和它们的不相容性，而常常是来自同一“文化”内部的不同代言人之间跑马占地的争斗，俗话说“窝里斗”。

清晰性或严谨性癖好是导致上述割裂的另一个原因，这也造成了近代以来科学分门别类的弱点。专家纵然有特技，面对的问题却是“跨学科”的。结果就又是悖论式的：学科的清晰将复杂的文明切割肢解，反倒使我们陷入整体认识的无能和混乱之中。

时间的割裂表现在历史视野和历史性（historicity）的阙如，从而产生双重割裂，一是把当下从历史时间的厚度上剥离，一是把事件从它们的整体历史情境和主体中孤立。这一偏向引起的常常是文化认识中的错位：概念在转译中语境的错位，现象在比较中时代的错位。

所以需要我们把被肢解了的生活世界还原起来。现象主义思想家舒茨认为不同生活世界中的人们的沟通与理解是可能的，这要得益于我们的两种“理想化”机制（idéalisation），它们保证了这种相互主体知识（connaissance intersubjective）的进行。一个是“互换性”，所谓的设身处地；一个是“相似性”，“生活世界”的社会深层结构是到处相似的。行动者的世界“既是互为主体的，又是文化的。互为主体的世界说的是，作为人，我们像一切人一样生活着，接受着同样的影响，同样地就业工作，理解着他人并被理解着。也是文化的世界，因为日常生活世界之于我们从来就是一个意义的宇宙，即一个能指的编织（texture signifiante），我们需要对它加以阐释以便从中找到我们的存在并最终完成它。（……）然而，这个能指的编织始于人类的活动，我们的和与我们相同的今人和先辈的活动。一切文化之物，诸如工具、象征、语系、艺术品、社会机制等等，都被其起源和意义返送到人类主体的行动中。因此，我们才总是对传统和习俗文化的历史性拥有意识”。舒茨接着说，只有将一个文物放到使其产生的人类活动中，我们才能理解它的意义。比如我们无法孤立地理解某件工具，假如我们不知道当时的人们为什么制造了它；不知道一个符号之于它的发明者在当时有何意味，就无法阐释它的意义。

三、简单化或类型化(réduction et catégorisation),简单化倾向可以表现为将一个复杂的文明演进过程简化成静止的类型,比如"人情社会""耻文化"或"法制社会""尊严文化",按着海德格尔的说法,这种习惯大概可以叫做"分类直觉"(intuition catégorielle),这里特别需要对专家们保持警觉,因为他们常常热衷于归纳、抽象,所谓透过现象看本质,而一本质就让人不放心。人性本能的弱点让我们渴望完善,而那些弱点又是如此直接,比如,如果有什么让我们感受威胁,我们便试图排除它或躲避它;如果有什么令人感觉舒适,我们便试图获取它;如果有谁含蓄谦卑,我们便可能忽视他。严峻地说,正是这些感觉习惯直接提供了人的三种冲动的来源:仇恨、欲望和愚蠢。由于不甘于这一"本能"状态的不确定,"为了自我保护,为了最终获得光明,人们需要智力,需要命名,需要分类"。于是开始概念化,给人物事件标签分类,善恶美丑,都按上述的二元对立排列出来。清晰使我们再度变得无知。

本来这一思维会偏向等级的普遍主义,但在当前美誉多元对话的历史情境中,它自然要先预设文化边境,再进行文化差异的本质抽象,构筑的免不了是文化认知中极端相对主义的陷阱。其实,"到什么山上唱什么歌"的实践智慧,使个人和群体在不同的情境中基本都能应对自如,所谓"顺应历史的发展",或根据跨文化相遇的空间结构及时地自我调解,所谓"客随主便","一唱一和",这是相互间的反馈效应。然而,简化或类型化的直接结果是毁坏我们的天然智慧,把复杂的社会历史简化成单纯的文化现象。亨廷顿的文明冲突理论是一典型的例子。据法国著名的伊斯兰教研究专家柯贝尔(Gilles Kepel)说,译成阿拉伯文的《文明的冲突》一书已被当成伊斯兰主义极端分子的特别经典,因为其中的文化分割为他们买了"冲突意识形态的保险",使他们可以打着保卫文明、宗教权利的旗帜,理直气壮地进行种族清洗或地区战争,当柯贝尔在哈佛大学俱乐部宾馆把这件事告诉亨廷顿教授时,"他显出吃惊的样子"。那时是 2002 年 4 月 22 日,法国极右势力上升造成世界“政治大地震”的第二天。

四、认同与区分机制(identification et différenciation)。人是群居的社会动物。传统人尤其具有强烈的地域、族群、宗教或国家的所属感。这是为什么改朝换代(顾炎武称“亡国”)时会有大悲壮,领土国家纷争会有大愤慨,宗教种族冲突会有大仇恨,居住异地他乡也会有流离失所的大幽怨。古往今来的人们倾诉了不知多少思乡情绪,因为家乡是祖辈生息劳作的地方,是血缘的、地缘的和文化的共同体。以至于偶遇同乡,耳闻乡音,便会感觉亲切。然而这种古典情怀与现代人的日常经验之间实在是颇有距离的。曾几何时,人类抛弃了家园,漂泊到城市,迁移到海外。古老家园变成荒漠,按照海德格尔的说法,技术的高度发展不但破坏了人与人之间的关系,而且将人本身抽空,“人绝对地不再于任何地方与自身相遇,即他不再遇到自身的存在”。天然群居的人从没有像今天这样孤独与迷失,也就特别怀念起旧日的所属,它让人获得一种安全感,至少是功利性的:“在家靠父母,出门靠朋友。”于是,复国,复文化,复宗教……在世界各地纷纷出场。这是个悖论式的分化的世界化,它借助的首先就是认同与区分机制。而且,由于我们的这一弱点是如此自发,以至于被政治人物利用为一种策略,“分而治之”是为一例,法国与荷兰的极右政党带有法西斯色彩的宣传纲领正是“外国人回老家”!

认同与区分机制如此有效,以至于它并不需要真实的文化差别予以证明。肤色的不同就足以刺激排外情绪(xénophobie),油然生出你我界限。这一策略机制有多种不同的层次表现。比如,预设差别,当这些差别成见在现实中找不到时,文化代理人就去制造它们,直到谎言重复多遍,连自已都信以为真。比如,双重认同(double identité),我跟你相同也不认同你,你跟我相同也不许你认同我,也就是说,文化认同一定是来自个体与群体(我群或他群)的双向认定。你想成为的(auto-identit)与人家允许你成为的(htro-identit)常常不一致。再比如,“差别”的话外音是贬低。虽然“君子和而不同”的“不同”表明的是高贵品质，"非我族类"却到处是顺手拈来的区分尺度，况且无论中外，芸芸众生总是随大流的。说某甲"很怪"，也是说他与众不同，很难说是一种夸奖。近年时兴新词"另类"，在北京姑娘们嘴里出现频率很高，意思好像是赞赏"特立独行"。不过赵铁林的摄影纪实报告《另类人生》，记录的却是在生存底线上滚爬着的被遗弃了的人们，是"正常人"的异类，通常受到"我们"的歧视，法律的制裁，黑社会的暴虐。作者却在那平实的叙述中把他们重新当成正常的人，从而把我们人性的同情和正义感激活，而作者却有幸不幸地成了另类。

认同与区分倾向的极端化的表现有：自我封闭的社区主义，外族歧视的种族主义，性别歧视的大男子主义和极端化的女权主义，它们无一不以文化的不可沟通作为堂皇的借口。此论虽然经不住文明交流史的检验，更乏普遍人性的沉思，却对普通民众极有煽动力。当今世界各地频仍的区域流血冲突，有多少是真正的文化冲突？文化差异比起话语权力、利益之争实在是小巫见大巫。历史上有过众多文化大融合的辉煌先例：地中海与亚洲文明的沟通，丝绸之路与盛唐"胡风"，与之相比，我们会发现今天的对文化差异的狩猎是件新生事物，在哲学、人类学和实际上都具有很大的模糊性，其中有尊重，也可能有歧视和自我封闭。

五、他者认知的自我参照和投射（l'auto-référentiel et projection）。因为"我"是认知主体，不论我有无主见，我眼里的"他者"只能是我的他者，当然我又从来都是社会化了的我，我的他者就又是社会的，认知者所做的是对外部存在的某种自我意义的投射，受制于他的意愿，比如，他想看什么，不想看的，则视而不见。受制于他的能力，比如，他能认识什么，能力不足，还是视而不见。受制于他的动机，比如，他的目标是什么，由此对他者作正向的或反向的发挥。法国主人夸耀他的办公室是拿破仑夫人的老宅，中国客人却急着去老佛爷购物。法国人会抱怨中国没有巴黎满街都是的咖啡店，可他却看不到中国有同等功能的茶馆儿。中国人对巴黎大街上的狗屎十分吃惊，一位社会学教授的判断更让人吃惊，说“看出来这个社会是多么缺少爱情”！

为了对话，人们调动了自己头脑中现成的思想、语言概念和结构化了的事件参照，而这一切通常都处于无意识的“自发”过程。从心理学上对投射机制加以理解，可以称为感觉印象的外置；从心理分析学上看，则是一种防卫机制，认知者在他者身上投射的是自己的思想、情感和其特有的意义尺度。由这一主观性出发，他设定了一个期待地平线，并用它过滤信息，判断现象，并支配自己的行为、态度。这一机制的效应之一是惊人的自信，自觉渊博，遇事沉着，判断永远正确，习惯语式是“我早说过吗”！

腾出一块心灵空间

还有许多“天然的”认知机制的局限，影响我们对世界的知识，这里无法一一列出。现在要做的是，腾出一块我们心灵的空间，好比倒掉昨夜的凉茶，再添一壶新的。这一空间有迎接和平和智慧的能力，有充分的阳光、雨露使新思维发芽生长。这块精神空间之于对话是必需的。检讨起来，现有的文明对话，从其愿望看，多半是普罗米修斯式的，或孔夫子入世精神的，旨在促进相互理解，并期待以国际法律和正义之名去限制或消解战争与暴力。然而，悖论的是，国际法正是“战争与暴力的合法的象征形式”，它在主权国家的垄断中，常通过武力强制推行。如此，法律的使用是暴力的，它的大众用语常常有：“打击”、“围堵”、“监禁”、“劳教”……支配我们精神的是以牙还牙、以暴除暴的所谓正义逻辑，于是布什政府就打着这一招牌，到处扮演执行正义的世界宪兵。这也是为什么国际间的对话纷纷流产的原因之一。这种“理智”仇恨与复仇的强力逻辑，不可避免地使对话流于装饰或良好愿望的隔靴搔痒，也使我们没有觉悟的希望。“觉悟”在佛教哲学中意味着重新发现我们开放的本原，那是一种无限而澄明的空间，尽管我们的逻辑话语(logos)总在试图为它堆砌起封闭的高墙。

为消除战争应当消除武器,而要消除武器,首先要消除我们精神中的一些概念武器。这一反馈过程是:文明互为主体(过去的融合和当下认知的必需),文明主体暂且退席,然后再返回(创新),语言也退场(倾听与沉默,这让我们想起老年海德格尔把"倾听"视为"思"的最佳形式),再度出席(以提升新境界)。

认识现实比对话策略更迫切。"疯狂智人"(homo sapiens)是他们自己的对话障碍。人类在高度发展着自己的技术能力的同时,却不可逆地破坏着其生存的地球。合理化没有消除经济的紊乱和贫富分化,也控制不了人口的增减,更没有消除频仍的战争。高度的文明本身造成对人类自身控制能力的失调,因而到处产生着新的野蛮、贫困与非人道。

新近的对话研究中值得注意的有法律人类学一支,它注重强调国际法运用中的人本的、而非空洞的大文明尺度,即所谓的"跨文化实践"(Praxis interculturelle)。跨文化对话的主要挑战是:1. 重视充分人权。不仅仅是通常意义上的法律技术上的人权,不仅仅是单纯的理论建构,也不仅仅是实证主义的经验论证,而是存在的(温饱)、符号的(文化)、创造的(行动)的满足。它也包括"设身处地"地为我之"他者"着想,承认他拥有与我同样的权利。这时,我们便进入了责任和义务。2. 不是盲人骑瞎马,意识蒙蔽地乱撞,而是需要理论去梳理他者的"生活世界"的意义,指导或配合我们的创造实践。3. 重视实践,它是认识活动的"万能钥匙",我们总是在做的时候才发现意义,提升创造力,并开拓我们的视野。

2001 年 12 月 2—10 日在法国里尔召开的第一届世界公民大会是跨文化对话的一次特别实践,它开创了一个新的对话空间。乌托邦而不失于浮泛空洞或深奥难解,在于大会代表不再只是会说话的精英,也有来自四面八方、食人间烟火的百姓,讨论的是各地区面临的当务之急,它们同时又是全球性的。在全球纪元的今天,所有世界上的变化,都触及每个个体的生活的各个方面,生存质量、思维方式、人际关系、教育内容、信仰迷失……哪个个体的问题会不是全球问题？“9·11”恐怖惨案后，中国民族主义的窃喜中，相与伴随的是可能遭到同样攻击的恐惧感，广州商业大厦的防爆疏散演习，上海亚银会议的森严壁垒都是证明。

公民大会内外的讨论，都表明了没有谁会无视我们世界的相互依赖性，而且相当在意世界社会的建设。人们表达出对全球化世界的极权趋势的担忧，因为原有的国家主权政治只求敌对原则下的相安无事，而联合国等国际机构也只是在这一前提下进行平衡调整，显得处处软弱无力。这一国家—联合国的原有模式已“不再适合我们所生存其间的相互依赖的世界”。虽然国家至高无上的形象在人们心中仍占有重要位置，但实际上它每况愈下（各国总统竞选的闹剧化即为证明之一）。贸易国际化、跨国公司生长旺盛，公民团体世界化，同时也有社区化、部落化，以及国际犯罪贩毒，恐怖活动的加剧，都使只扮演民族国家利益的“保护者”和代言人的国家显得格格不入。国际非政府组织近年来风风火火，试图既与国家权力组织分庭抗礼，又抵抗全球经济霸权，却不幸地仍然陷在对抗关系的简化思维之中。反全球化、反恐怖主义……激进的反对之后，结果呢？公民大会想找新的出路，找战争与对抗逻辑之外的和平逻辑，找建设世界社会的治理方案。这是一种有破有立的艰巨事业。新的世界社会的管理既要统筹规划，又要尊重多元，它首先要求的是精神变革。我们需要采纳一种新的思维，一种复杂性思维，以便首先摆脱我们自己的逻辑陷阱。

大会代表、年过八旬的法国著名思想家莫寒，精力旺盛地在《强国论坛》的网上与中国网友讨论他的“复杂思维”模式。我们的世界是复杂的。然而，科学的野心所试图达到的是对复杂存在作清晰描述和因果论证。为了做到这一点，科学开始分门别类地去认识世界，对其加以科学的解说。科学的辉煌成就是显而易见的。然而，科学知识的分割、隔离、神秘化甚至神圣化将整体的世界肢解成部分，将对世界的知识分离成“自然科学”与“人文科学”，结果是：“人文科学不去在意人类现象中的物理的和生物的特性，自然科学没有自觉到它们从属于一定的文化、社会和历史。而事实上，任何人类事物，都是物理的、生物的、心理的、社会的复合体。我们应该寻求建立的是能将各种知识融通的思维模式。”

由复杂思维方式出发，人们不再满足于貌似清晰的片面逻辑论证，这使得大会不像通常的社会运动那样火暴出激进斗士的风格。新型的世界社会的管理机构之所以成为必需，应当感谢1999年西雅图世界经济高峰会议与民间组织之间的对垒。它的意义在于超越了那种要么是主权国家对世界的强权制衡，要么是民间组织要求国家退席的极端呼声，而是使人们广泛地拥有了这样一种意识，即世界级的问题应当有世界性的解决方案。公民行动者中也包括了国家与企业。

第一届世界公民大会几乎可以被视为他者现象学的人类学田野考察。它是一次划时代的历史性实践（这里“实践”praxis意味着认识活动和超越的基本前提），它是世界公民的自由相逢、交流，并以其成功证明了公民世界拥有冲破现有机制的种种障碍的能力，它在强调多元尊重的同时寻找人类各社会的共有的价值，它最重要的意义是此在，当下即是，让那些命定不可能相遇的人走到一起来，共同生活和工作，在生存经验的相互交流中发现“唯一的人类”的意义。

尽管各社会间存在着种种文化的和历史的差异，但它们都面临着一个共同的现实问题：人类生存的危机。这次大会的诗情空间的渴望是：美好生活的可能性。而它的实践期待：产生一个有价值共识的广为遵循的地球宪章。美梦描述出来，总有人去圆它。

跨界，放弃“完全他者”

简约主义思维总是信马由缰地在我们的精神惰性里讨巧。处于全球反霸权运动的历史时期，文化相对主义具有支配倾向。相对主义认识论的初衷是可敬而深刻的。从蒙田开始,它就指出终极知识之不可能,对抗绝对真理的说教,从而摆脱怀疑主义的悲观。相对主义承认各文化拥有同等价值。在行为层面上,它体现为多元文化的保护与寻求归属,对他文化尊重,对差异宽容,这一切的合法性与良好愿望毋庸置疑。这一人类精神的激情在现实中仍遭遇到重重障碍,因而常流于"说说而已罢了"。人类认识的历史有过我族之外非人的思路,大抵出于无知;经历过"上帝"创造一切人类的思路,所以得救的信徒们要去用福音拯救其他人,其核心是普遍主义的文化等级说。从种族优劣的救世或被救的普遍主义到文化相对主义的相互尊重和自救,不能不说是人文精神的一种提升。

文化相对主义的根本概念基础是尊重差异,而差异的载体是"他者"。二三十年以来的世界宪章运动以及"跨文化"、"交叉文化"或"多元文化"的研究大都将关注点放在对差异的鉴别和比较之上,并试图解释它们产生和存在的原因,在认识的前提下予以理解和借鉴,进而达到道德意义上的对"他者"的尊重或宽容。然而,这样一种理性主义的设计和努力在事实上,既抵抗不住利益的诱惑,也禁不住情感与信仰的冲击,最终会走向你死我活的商战与圣战。血的事实历历在目,毋庸赘言。如是,哪怕最理性的人权斗士,纵然可以宣称"我不欣赏你的价值,但我尊重你拥有它的权利",可是这样努力为自己加码到底能撑到何时?怕到了最后自忖说"惹不起还躲不起吗?"溜之大吉吧。

世界社会的今天,着实是躲不起了。它逼迫着全人类与喜欢的和不喜欢的一切人生存在一起。除非我选择自杀,而在行动之前,为想象"主体我"自杀造成"他我"的精神弥留而痛不欲死。或者我选择厮杀,孰知鹿死谁手?却毁了我的安全感;纵使先下手为强,先消除"他者",且不论此非君子所为,问题在于消除"他者"的同时,也消除了"我"存在的语义逻辑。或许你说安全感是弱者的需求,而语义逻辑是哲学家的游戏,萨特的"他者,即是那不是我的我",几乎是病句嘛!但是,“9·11”惨案传达给我们的还是“躲不起”的宣判。我们的老家被开发得如此现代,那里的“世贸双塔”里往来着八方游客,本·拉登的同胞在惨案中也未幸免。社区认同于事无补。那就调整我们的态度,与那些“不是我的我”一起过吧。就好比盘中散沙,或麻袋里的土豆云云,用萨特的词儿叫“连串”(série),我们北方的糖葫芦更形象。串在一块却瞅着来气,大概是最令人发疯的折磨。萨特的独幕剧?禁止旁听。活现了这一状态。一个杀害婴儿的女人,一个杀人的女同性恋者,一个后来被诡秘枪决的革命知识分子,三个人分住同一间客房。房间肮脏不堪,她们唯一做的事就是厌恶地观察他人,并由此得出结论:“他者是我的地狱。”

既躲不起又想在一起舒心,就得抛弃亚里士多德划定的“他者—同类”的敌对观。于是我们发现萨特在20世纪60年代就已将“他者”作了转基因的再造,“那不是我的我”的“他者”,成了“我”存在的部分。其实,几乎所有的现象学派思想家都求索其中。他们把生存经验中对世界和他者的意向关系(relation intentionnelle)的意识作为哲学思考的基础。梅洛-庞蒂说过,人文主义所以被称为哲学,是因为它“正视人与人的关系和他们之间的历史情境的构成”。渴望“通向世界的超越”的主体与他者的生存经验相碰撞,他们的视野相互交会,人由此发现意义。之于萨特,“人通常是在自我之外,是在自我投射和迷失在外的时候使人自身得以存在”。这大概是要说,独立个体或纯粹理性都是不可能的,人是历史的和集体的存在。人们在历史活动中自由地结合成“群体”(groupe)(而非“连串”的糖葫芦),在追求超越的历史实践(praxis)中,他们建成了“唯一的人类宇宙”。

20世纪后半叶的存在主义思维,将影响着当今和未来人类的伦理思考的哲学家列维纳斯,强调的是一种超越认同:“法兰西使人发现她是这样一个民族,人们可以凭借精神与情感——犹如凭借种族——归属于她。”如其同辈萨特和梅洛-庞蒂一样,列维纳斯关于“他者”存在意义的思考要回答的问题其实是:“谁是我们?”他者的在场

(présence)是如此重要,以至于在这一根本体验(expérience fondamentale)之外,不存在意义。于是,研究存在意义的形而上学,便被他解释为是无限地"通向他者的超越"(transcendance vers l'autre)。他者竟然是超越的!而且人的神圣表现在他能将他者高举在自己的前面。

轮到我们来再一次演义这个"他们""我们"的老生常谈,而有史以来,思想的、艺术的、男女的、经济的、居住的、国家的、敌我的、善恶的……各种边界从来没有像现在这样模糊。肤色、种族、国籍甚至文化程度都不再是确定的标准。谁是谁呀!认同归属的双重主观性越来越强。每个人都既在其中,又在其外,在一种灰色的临界区域里"变异"(devenir)得你我不分。尼采将"变异"视为创造和意志对自我的战胜:"没有主体,而是行为,是创造性,无原因也无结果。"法国哲学家德勒兹将"变异"的无限过程表述为"穿越存活,穿越经验生命的过渡",是"介于……之间"或"在……之中"时的主体放逐。一个渔民在临界线上变成一株紫菀花,他于是异常惊奇地感受到了另一个生命。作为紫菀花,他遗失了自己的眼睛,而它们在高高的树梢上直瞅着他……

我们终于进入到另一个思维层次,那就是从"我"与"他者"的表面分离,进入"我—他"在同一时空中的主体互换,所谓的设身处地,直到融为一体。文化相对主义的"完全他者"不再挺拔独立,尽管出于种种原因人们从来也不会停止对他的再造。

从生命意义上看,人类的生命谱系排列告诉我们的是,在人类的家园地球上,不论肤色、地域,到处的我们都拥有着同样的基因源,拥有着同一位黑非洲的祖先。

从认识过程上说,"他者"一定是我的他者,是我的能力与意愿的塑造,我之自我又是他我的反馈,反之亦然,而这一过程的场效应使认知者再也无法分辨彼此。

从文明对话史上看,各文明的秘方差不多都被在炼丹坩埚里融会过,大家多少都是文明的杂种。或堂而皇之些,文明遗产的共同继承人，因为时间悠久，谱系来源多不可考。以文化保护为名挑起的遗产争斗或文化清洗大都以种族清洗告终。

从价值关怀上思考，如果列维纳斯的他者是超越的，乃是因为他体现着人格上帝的面孔（visage），亦即包括我在内的人类的面孔。尽管面孔各异，文化多样性千差万别，“但到处都有神话，到处都有理性，到处都有谋略与发明，到处都有舞蹈和音乐，到处都有欢乐、爱情、温柔、友谊、愤怒和仇恨（当然，它们在不同文化下受到不同程度的表达或抑制），到处都有无穷的想象，到处都有理性与疯狂的混合……”人类基本价值、欲望的共性是理解和超越文化表象差异的根本所在。

从现实生活着眼，他者进入我的生活并成为我的部分，生存的相互依赖到了这样一种程度，牵一发而动全身。如果所有人的幸福并非我的幸福，所有人的灾难却定然是我的灾难。因此我有责任为我之他者承担和解除痛苦（由此而获得某种幸福感）。这一现实思路稍嫌功利，却显示了一条古往今来普遍的伦理法则：天下有难，匹夫有责。列维纳斯认为主体纵使不能确定责任的界限，却不能摆脱他者面孔的责任“召唤”。所以，“我比所有的他人具有更多的责任”。列维纳斯唤起遥远处的回声：“先天下之忧而忧，后天下之乐而乐。”

（2002 年 3 月哈佛燕京发言，5 月巴黎修改）

天上飞的与地上爬的：“9·11”事件的文化思考

张小虹

是无巧不成书的黑色幽默，还是轻蔑恶毒的嘲讽，“9·11”这个在美国作为紧急突发事件的求救电话号码，竟成了恐怖攻击事件的历史月日缩写，美国当代最沉重的创伤代号。

但“9·11”有没有可能被当成“象形文字”来阅读？而此阅读方式有没有可能在一面倒的政治、经济、军事讨论中，拉出文化面向的积极思考？“11”有如纽约世界贸易中心笔直挺立、高耸入云的“摩天双子大楼”，而“9”则有如象形文字中的“指事”。如果刀上加一点成刃，以强调所指的是刀锋而不是刀柄，那“9”则是在“1”的左上方加个突出，以强调此次爆炸案的引爆点在上层而非底部（相对于1993年纽约世贸爆炸案的引爆点在1号大楼地下室）。

这种数字的“象形文字”想象，如果只是用在后知后觉的预言诠释或灵异联想，自是当属无聊。但如果“9·11”数字的“象形文字”想象，能进一步促使我们思索马克思所谓“社会象形文字”（social hieroglyph）的资本主义密文，那纠结在“9·11”视觉图案中的权力、阶层、全球化流动、后殖民流离（diaspora），就将一一解码显影，迫使我们认真思考为何“9·11”是文化全球化的“寓言”（allegory），而非文明冲突的“预言”。

一、全球化的巴别塔

那“9·11”摩天大楼爆炸的象形图案，究竟能告诉我们些什么？首先它具体而微地“视觉化”了全球化论述中的“解领域化”(deterritorialization)与“离根性”(disembedding)①，并将此二者由“水平模式”的一，竖立成“垂直模式”的1，由强调平面/平等/平行延伸扩展的全球化想象，凸显成强调位阶层级的权力分布，由中心/边陲变成上层/下层。后现代文化在空间上的超级移动力与穿透性，使得我们可以轻松地人在家中坐，世界从电视/电脑/电话来。文化加入了资本与货币的快速流通，借由电讯传媒，脱离“在地性”的地域限制而能身轻如燕地全球漫游。而此身轻如燕的物质条件，正在于“去物质化”、“去身体化”、“去地域归属”(莫怪乎李安《卧虎藏龙》中古典武侠片的轻功，可以脱胎换骨成后现代全球化的飞行)，让“空间”从“地点”中脱离，让“虚拟”从“真实”中解放。

而“9·11”事件中的关键组合——飞机与摩天大楼，正是当代全球化“解领域化”与“离根性”在垂直想象上脱离地心引力的最佳代表。当代的建筑科技已然成功挑战了1 400英尺的摩天高度(作为20世纪70年代摩天高楼代表的世贸，只有1 350英尺)，而以美国为例，“9·11”事件之前每日的飞航起降班次已达四万之多。摩天大楼改写了圣经中“巴别塔”的故事，往昔上帝愤怒于人类的攀高妄想，而以分散的语言错乱人类彼此之间的沟通，使得巴别高塔的建构半途而废，而今“英文”作为世界流通的语言、金钱与权力的象征，成功驾驭了摩天大楼的建构，让摩天大楼在世界各地如雨后春笋般拔起且越盖越

---

① John Tomlinson, *Globalization and Culture*, Oxford: Polity, 1999; Anthony Giddens, *The Consequences of Modernity*, Stanford: Stanford University Press, 1990.

高,成为各全球城市之间竞争超级现代性的阳具视觉符码。而飞机则是改写了希腊的“伊卡洛斯”(Icarus)神话,昔日用蜡与羽毛做成翅膀想要飞离克里特岛的青年,因太阳热度融化蜡翼而坠海身亡,今日的飞机则成功地压缩时间、转换空间,带着我们飞上青天,遨游万里。

而飞机与摩天大楼脱离地心引力、绝对制高点的想象组合,更具体而微地构连成在摩天大楼上班、经常搭乘实体的飞机商务舱或虚拟的飞行体(如网际网络、电子邮件、传真、跨国视讯会议等资讯界面)做世界漫游的“全球人”(cosmopolitans)。这群全球化精英高来高去、身轻如燕(有时更是移动电话全球漫游的“声”轻如燕),具现了超地域、超文化、超国家的超级越界移动力,不再有此地与他方之别、时间与空间之分。①

但同时在垂直想象的底端,却也有一群强调文化根源、土地认同的“基本教义派”(fundamentalists),无法移动也拒绝移动(孰因孰果,还是恶性循环?),他们不仅是全球化离根性移动下心理防御机制的“固根性抵抗”(the resistance of rembedding),更是全球化不均衡发展下(财富、资源、权力的区域、种族、阶级与性别差异)提供所有离根性移动可能的被剥削劳力与被除权(disempowered)文化。(我们不要忘记世界贸易中心最高层的观景台叫“世界之顶”[the top of the world],而地面楼层的连锁书店叫“边界”[Borders],难道连这也寓言着“全球人”在世界之顶快乐遨游,而“基本教义派”在边界挣扎徘徊?)

二、全球在地化的外爆与内爆

那“9·11”事件中恐怖分子用飞机当人肉炸弹、撞毁纽约世贸摩天双子大楼的行动,究竟能带给我们什么有关全球化危机与文化失序

① Zygmunt Bauman, *Globalization: the Human Consequences*, Oxford: Polity, 1998.

的启示呢？摩天双子大楼倒塌的方式，在建筑学用语上叫“内爆”(implosion)。当代要拆毁一栋高楼大厦，为避免外爆所造成的砖瓦飞射，伤及附近建筑物，多采用向内爆破的方式，让高楼大厦以本身的重量随地心引力的拉扯，向下垂直塌落。而这次“9·11”事件中装满燃料的飞机，以瞬间撞击爆炸产生的高温，融化了摩天大厦的钢柱，使失去支撑的双子星也被迫依地心引力垂直下落（9是否也可看成融化而弯曲的1呢）。此“内爆”方式，让我们在纽约天际线上看不到双子星的残骸（没有传统战争下砖瓦建筑的断垣残壁），看到的只是彻底消失、灰飞烟灭的“零度废墟”(Ground Zero，既指水平基准面，也指核爆后寸草不留的歼灭区域)。恐怖行动的“内爆”，难道是要将天上飞的打落成地上爬的，将虚拟的打落成真实，让“全球人”与“基本教义派”在“零度废墟”对话。用批评家齐杰克(Slavoj Žižek)的话说则是，“欢迎加入真实的沙漠”①。

而这里建筑学用语上的“内爆”，也同时可以联结到当今后殖民论述中的“内爆”。在美国芝加哥大学任教的印度学者阿帕杜莱(Arjun Appadurai)就曾指出，当今瞬息万变、无远弗届的全球化网络，使得任何“在地”的事件都受到“全球”的影响，故我们要观察的不仅只是在地事件如何“扩散”(spread out)到全球，更是全球如何“卷入”(fold into)在地，此即他所谓“在地的内爆”。②

由此推论，“9·11”事件则是“内爆”的“内爆”，它反转了后殖民论述中全球“卷入”在地的模式，因为它不仅是让在地“卷入”全球，它更让“全球都市”纽约第一次由空间变成地点，由全球变成在地，由遥控世界的金融中心变成零度废墟的灾难现场。

因而在后现代文化的想象坐标中，凸显全球化的“垂直模式”与内

---

① Slavoj Žižek, “Welcome to the Desert of the Real”, from Psychoanalysis of Culture & Society: apcslist@ listserv. kent. edu.

② Arjun Appadurai, *Modernity at Large: Cultural Dimensions of Globalization*, Minneapolis: U of Minnesota P, 1996.

爆的"垂直塌陷",自然有助于我们看清全球化在权力资源上的不均衡发展(当然"垂直模式"也提供了另一个历史纵深面与历时性的想象)。联合国最近的《人类发展报告》指出,前358名"全球富豪"的财产总值,相当于23亿全球最穷人口的总收入(此人口数占全球的45%)。然而我们在此并非要回归古典马克思主义的上层/下层结构与阶级化约论。这里凸显的全球化"垂直想象",并不是传统用以呈现阶级分布、上尖下宽的金字塔,因为此垂直线可以延长缩短(任何节段又都有顶端与尾部),可以360度翻转倒置,可以与另一条垂直或水平线在单一平面交错而形成节点,可以与无数多的直线与平面形成四通八达、纵横交错的立体动态网络系统。

换言之,错综复杂的全球化移动网络,使得我们无法将"9·11"垂直线的两端,固定成第一世界的顶端与第三世界的底部(顶端的美国与底端的阿富汗),因为这个垂直线可以随时延伸缩短、上下翻转成第一世界之"内"的顶端与底部(像纽约市的下城与上城,一条由上城哈林区到下城下曼哈顿区、上城在下而下城在上的垂直线,垂直线的顶端下曼哈顿有世界密度最高的光纤电缆,而两里之外直线的底端哈林区,却只有一栋智慧大楼而已)。同样,当我们企图以视觉图形固置全球化的权力位阶为天上飞的"全球人"与地上爬的"基本教义派"时,便立即发现此两端永远无法成为静态的二元对立,因为"基本教义派"的恐怖分子也可以上天下地,可以搭飞机到美国,接受飞行训练,可以用电子邮件与卫星电话彼此联络,也可以躲藏在不见天日的地下碉堡。因为当顶端知识经济精英在全球移动的同时,底部移民劳工也在全球移动,顶端观光客在全球移动的同时,底部流民与难民也在全球移动。更因为后现代游牧修辞的部落(tribalism)想象,可同时吊诡地用以形容顶端的移动与底部的(不)移动,一如后现代边界、离散与杂种化(hybridization)的修辞,可同时吊诡地用以形容顶端或底部、赋权或除权的文化。全球化流动之所以既诱人又恐怖、既写实又魔幻,正在于网络系统中的任何两点都无法永远固定成二元对立(即使是最根深蒂固的宗教基本教义派，也是相对于全球化流动而“动员”出来不流动的对立差异)，因为任何垂直或水平线都可不断延伸扩展、上下左右翻转，不断与其他平面的网络连线，不断扩散卷入各种种族、媒体、国家、移民、经济、意识形态、性别、科技、历史的动态联结与断裂。

三、美国文化的离心力与向心力

只有当全球化想象由水平凸显到垂直、由垂直扩展到动态网络时，我们才可能进一步来探讨美国在“9·11”事件之后的文化走向。如果说“9·11”事件将纽约摩天大楼“全球人”的想象，打落成“零度废墟”，将纽约这个全球都市打落成在地灾难现场，那我们必然很明显地看到“9·11”事件也将两百多年来戮力追求自由民主的美国，打落成警察国家。“9·11”事件之后，在国家安全的至高诉求之下，迅雷不及掩耳地恢复了合法监听，掩耳盗铃地剥夺了众多少数族裔“嫌疑犯”的人权，只因恐怖分子中有以学生签证入境者，竟有人建议日后赴美留学的外国学生需要留下指纹档案。“9·11”事件造成美国社会的歇斯底里与偏执妄想，合法化也合理化对外国人的歧视与对所谓次本国人(少数族裔，尤其是中东裔)的猜忌。

但美国当前国内存在的美国人 VS 外国人或白人 VS 少数族裔或少数族裔 VS 少少数族裔的冲突张力，已经与“珍珠港事件”时的社会动荡有着天壤之别。“9·11”恐怖攻击事件之所以不可与“珍珠港事件”相提并论的原因，不在于国土的中心/边陲、金融中心/军事基地、平民/军人等差异，而在于当今全球化的发展已经完全改写了、创造了新的“族裔性”(ethnicity)。“珍珠港事件”发生后许多“日裔美国人”被严重怀疑有间谍、通敌、叛国之嫌，而被强迫集中管理、失去人身自由。“9·11”事件之后，虽然我们并没看见中东裔美国人被关进集中营(虽然各种骚扰、恐吓、威胁甚至非法拘禁不断)，反而是看见电视上美国总统布什的族裔秀,邀约中东裔美国人餐叙,强调美国宣战的对象是恐怖主义,不是回教徒,但全球化时代下“9·11”事件的族裔张力,却远远超过“珍珠港事件”的族裔张力。

此话怎说?全球化的发展让越来越多的人可以离乡不背井、落地不生根,可以人在美国坐,家乡从电视/电脑/电话来。后殖民流离(diaspora)造成上层精英与下层劳工的跨国流动,而所有文化视听影像也同步跨国流动,任何单一地点可轻易转变为虚拟空间,他方不再是异国。全球化流动与后殖民流离更进一步造成了“返乡潮”的可能(尤其当所谓的“家乡”越来越现代化、民主化与资本化时),返乡观光(实质与虚拟)、返乡投资(远距遥控)、返乡参政,全球化的“空中飞人”让“民族—国家”(nation-state)中的单一土地疆域概念变得模糊,国土成为可以自由转换、快速出入的空间,也同时让单一对象的民族—国家认同与效忠变得可疑。

举例来说。20世纪70年代华裔美国作家汤亭亭曾积极主张,将华裔—美国人(Chinese-American)中的连接短杠删除。这个连接号让身为华裔美国人的她左右为难,一边是中国人,一边是美国人,十分精神分裂。而拿走连接号之后,华裔就降一格变成形容词,以凸显作为名词、单一确定主体的美国人。汤亭亭发言的年代,正是美国少数族裔企欲声明他/她们作为“典型美国人”的合法性,而非半个美国人或骑墙派美国人。但当代的美国少数族裔论述,却是越来越强调亚裔—美国人、非裔—美国人、印度裔—美国人、墨西哥裔—美国人、拉丁裔—美国人中连接号产生的张力,此次是右边的美国国家认同,越来越拉不住左边随时要流动、要返乡、要全球漫游的流离认同。甚至有人已开始想象另一种主客易位的形容词名词组合:美国籍波多黎各人、美国籍巴基斯坦人。而目前美国学院内亚裔美国文学(亚美文学?)研究“脱美入亚”的倾向(由强调“美国”主体的少数族裔论述,“去中心化”为太平洋周边的后殖民流离),当是最佳例证。

换言之,“9·11”事件所处的全球化时代,在多元去中心的流离认同与单一中心化的民族国家认同之间，早已产生极大的冲突、断裂与矛盾。因而“9·11”事件之后美国夸张至极的爱国主义情绪，既可解读成对美国作为当今唯一超级强国的“向心力”认同，也同样可解读成美国对全球化流动、后殖民流离“离心力”的焦虑反动。“9·11”事件凸显的文化暧昧，正在于美国作为当今最后一个“超级强国”（有确定的政治领导核心、疆域领土范围与军事部署）的“向心力”凝聚，与美国作为当今第一个“后国家”（postnation）（全球化流动与后殖民流离网络系统中的重要节点）的“离心力”拉扯。①

而美国的僵局也许正在无法打开某些门的同时又关上某些门，无法只让资本跨国流动，而不让劳动力跨国流动，只让精英流动，而不让难民流动，只让军事防御与经贸组织跨国联结，而不让恐怖主义也跨国联结。

于是我们看到“9·11”事件之后美国对移民与边界（天上与地下皆然）的歇斯底里防卫反应，原本号称“移民天堂”、“无边界国家”的美国，顿时变成嫌疑犯无所不在、边界无所不在的警察国家。我们更目睹美国总统布什如何偏执地将恐怖主义“固置”在本·拉登，“固置”在神学士政权，“固置”在“邪恶轴心国”。这种偏执固置的方式，仿佛以为可以在全球化时代持续冷战心态的李伯大梦，以为可以在流动的“液态现代性”（liquid modernity）②中坚持“固态”的可能。这种偏执“固置”，像极了美国电影中 FBI 干员在冲入屋内逮捕罪犯时，高声大喊的那声“Freeze！”或者像是一、二、三、木头人的游戏，只有在世界警察回头的刹那，所有可疑人、事、物才一切不准动。可惜的是木头人的游戏早就告诉我们，这回头刹那的不准动，有多么严厉禁制，就有多么短暂绝望。

---

① Appadurai 173.

② Zygmunt Bauman, *Liquid Modernity* ,Oxford: Polity, 2000.

四、文明冲突的论述陷阱

如果美国目前打击恐怖主义的行动模式,建基于此种强调偏执固置的"政治恋物主义"(political fetishism)——看不见上天下地、瞬息万变的全球化流动,看不见此流动中的不均衡发展与殖民现代性的历史创伤,看不见美国以政治军事强权护航、经济文化扩展的强势作为,只看见少数恐怖分子的邪恶居心与少数支持恐怖主义国家扰乱世界秩序的仇美情绪。这种"心理否认机制"(the mechanism of psychic disavowal)必然造成美国在"邪恶轴心国"论述中见树不见林,只见个别组织与国家,而不见全球权力网络部署牵一发而动全身、一触即发的紧张纠葛,亦不见美国作为世界超级强国本身必然造成的脆弱与焦虑(权力与抗拒的如影随形,自大狂与迫害妄想症的一线之隔)。

但这种冷战修辞的"政治恋物主义",对我们面对"9·11"事件所欲开展的文化战斗思考究竟有何启示?"9·11"事件的突发与美国布什总统"圣战"论(crusade)的失言或"说漏嘴"(slip of the tongue),使得亨廷顿(Samuel Huntington)在1993年提出的"文明冲突"说再度浮上台面,也使得相对于"文明冲突"说的"文明对话"说有了相对关注的空间。但我们要问的不是"9·11"事件是否见证了、强化了"文明冲突"说,我们要问的也不是"9·11"事件是否让"文明对话"说变得更为迫切与必要,我们要问的是更基本因而更为激进(radical)的问题:如果"邪恶轴心国"的语言行动中暗藏了"政治恋物主义",将瞬息万变的全球政治文化经济流动,"固置"成善/恶、正义真理/黑暗邪恶、打击恐怖主义/支持恐怖主义的二元对立,那是否"文明冲突"说也相对地分享了相同的对立思考逻辑与心理否认机制?而如果"文明冲突"是一种类同于"邪恶轴心国"说法的"文化恋物主义"(cultural fetishism),那"文明对话"要如何避免重蹈"文明冲突"将流动固态化、将差异固置化的覆辙？

首先，什么是“文明”与“文化”的可能差异？充满破晓、光明、起源想象的“文明”（基督教文明、伊斯兰文明、儒家文明等），似乎预设了由古到今、一脉相承的延续性、整体性、纯净性与封闭性，成为一种“没有动态趋同过程的认同”（identity without identification）、一种“没有动态趋异过程的差异”（difference without differentiation）。相对于静态整体的“文明”而言，“文化”凸显的则是开放、流动与“生成”（becoming）的各种可能，每日生活实践中的反复沟通与来回协商。后殖民学者阿帕杜莱甚至主张用“文化的”（cultural）形容词形式，而非名词形式，以强调其与时变易的过渡性与翻译性。① 同样，预设人本主义与独立个体的“对话”（the dialogue）模式，也可朝向更为动态的“交谈”（the dialogic）模式继续开放，以凸显更多的“关联性”而非“自主性”（relationality than autonomy），更多的“匿名动量”而非“个人意图或善意”（anonymous force than individual intentionality or goodwill）。换言之，“文明对话”要避开“文明冲突”的“文化恋物主义”陷阱，不自限于以“对话”作为避免“冲突”的解决途径，便在于积极发展“文化交谈”作为“文明对话”之“次文本”（sub-version）的可能，不断颠覆质疑任何对流动的固置、对差异的固置。

美国“9·11”事件之后我们该继续提问的，不再只是不同文化之间的本质性差异（冲突的无可避免？），不再只是放诸四海皆准、静态最大公约数的普世价值（对话的积极功效？），而是为何文明“总已”冲突、撞毁、玷污与残败，而殖民现代性的创伤与征候无所不在？为何全球化与后殖民离散“总已”如影随形，文化“区间”（in-between）的杂种性（hybridization）成为主要的生存策略？为何文化传统与文化差异“总已”被发明、被动员、被僵化、被固置？这种不是“从头”而是“从

① *Modernity at Large*, 12. 有关“跨国家”（transnational）、“过渡”（transitional）与“翻译”（translational）的理论联结，可参阅 Homi K. Bhabha, *The Location of Culture*，London: Routledge, 1994。

中"切入的提问方式,才有可能让我们脱离"本源神话",将时间的变动因子带回文化的思考,将殖民现代性的"时间迟滞"(the time lag)放回全球化不均衡发展中的权力部署。

而不论是"邪恶轴心国"说的"政治恋物主义"或"文明冲突"说的"文化恋物主义",最终皆指向"恋物主义"中的视觉偏执,所谓的"阳物理体视觉中心论"(phallogocularcentrism)①。从弗洛伊德精神分析中的"性恋物"(sexual fetishism)(阳具的有/无、可见/不可见)、马克思主义中的"商品恋物"(commodity fetishism)(不可见的抽象商品形式"附身"于可见的物质成品)到后殖民论述中的"殖民恋物"(colonial fetishism)(将种族差异固置在可见的肤色差异之上),皆将差异建构于视觉的可见/不可见。而美国"9·11"事件之所以为当代全球化的"寓言",正在于它彻底摧毁了西方自启蒙时代以降构筑知识系统、权力结构与欲望机制的"视觉恋物主义"。当象征全球飞行的"飞机"撞毁象征全球金融的"摩天大楼"时,全球化脱离地心引力、掌控绝对制高点的全景鸟瞰视觉权力遂告灰飞烟灭。当原本象征"全景视角"(panorama)与"圆形监狱"(panopticon)完美视觉权力结合的"摩天双子大楼",垂直内爆崩毁成零度废墟的灾难现场时,"天上飞的"整体性视觉掌控,最终跌落为"地上爬的"片面断裂认知。

后"9·11"事件的全球化想象,正在于想象全球化的困难度剧增,一旦丧失全面整体性的视觉制高点,安德森(Benedict Anderson)的"想象社群"(imagined communities)变得更加难以想象,詹明信(Fredric Jameson)的"认知绘图"(cognitive mapping)变得更加难以绘制。因而"9·11"事件所带来的视觉焦虑,不仅在于"看不见"恐怖主义的神出鬼没,"看不见"本·拉登的是生是死,更在于"看不见"因而无法掌控全球化流动上天下地、瞬息万变的动向与发展。但也只有在这种"视觉恋物主义"的失明焦虑中,"9·11"事件全球化"寓言"所呈现片段、碎裂、浮动的去中心化与去整体化,才变得如此的真实。

① Martin Jay, *Downcast Eyes* ,Berkeley: U of California P, 1993, 493—542.

全球化与中国人的主权观和人权观

周 琪

全球化给中国人的世界观带来了巨大的冲击,它正在改变中国人对一些国际组织的看法和处理国际问题的方法。但在国际关系领域里,全球化对中国人观念上的最大冲击恐怕莫过于中国人的主权观念和人权观念。

一、国际上对人权关注的增长

全球化的一个重要现象是人们对超越国界的人权的关注日益增长。当世界进入 21 世纪时,各国变得更加紧密地相互联系和相互依存。信息传播技术的飞速发展,信息流通速度的加快,使生活在不同国家中的人们能够很快了解另一个国家中发生的事情。许多国家中的人们强烈地感到,当种族灭绝、酷刑、对种族、民族、宗教和性别的歧视,以及其他违反人权的罪行在遥远的国度发生时,自己的政府应当做点儿什么。如果民主国家的政府面对波黑发生的对平民的暴行保持沉默,或在卢旺达发生种族清洗、尼日利亚军政府对反对派进行迫害时袖手旁观,它们会在自己国家的公众面前感到窘迫。即使在有些国家，政府只是在口头上讲人权，把它当做道德门面或同政敌斗争的工具，但是一旦建立了某些法律规范，这些规范最终会真正影响政府的政策。

第二次世界大战之前，国际法禁止任何国家在未获得另一个国家同意的情况下，干涉其领土范围内的事务，但是二次大战结束后，情况发生了变化，人权逐渐进入了外交政策、国际关系及有关理论的领域。一些西方学者甚至认为，《世界人权宣言》对威斯特伐利亚范式提出了挑战，因为这个范式把国际制度看作是建立在国家主权平等的水平的国际制度之上，用一位美国学者阿伦·罗萨斯（Allan Rosas）的话来说，“《世界人权宣言》关心的是国家和它自己人口之间的事务（垂直的方法），而不是国家间的事务；关心所有的人类，而不是一个既定国家的公民”，它是对普遍价值的声明和解释，而不是不同国家意志（利益）之间经过谈判的妥协。①

然而，冷战时期，尽管人权已经在国际上受到关注，但是冷战事实上阻止了联合国对严重侵犯人权的状况和人道主义危机采取有效的行动，因为任何这样的行动都有可能触及其中一个超级大国的利益和势力范围，因而会被另一个超级大国所阻止。不仅如此，虽然两个超级大国口头上都表示尊重人权，但实际上它们却为了意识形态的斗争不断对外进行军事干预，在对它们具有重要战略意义的国家中支持独裁政权，以此来维持和扩大自己的势力范围，从而在国际上限制了人权的改善。

虽然如此，国际上对人权的关注即使在冷战时期也还是呈逐渐增长的趋势。而到冷战结束之后的20世纪90年代，美苏两个超级大国之间的对抗不复存在，全球范围内东西方之间意识形态的斗争已经结束，国际关系不再以冷战中两个超级大国势力范围的划分和争夺为特

① Allan Rosas, “State Sovereignty and Human Rights Toward a Global Constitutional Project,” *Political Studies*, Vol. 43, Special Issues, 1995, *Politics and Human Rights*, ed. by David Beetham, p. 74.

征,这样,一些冷战之中曾被忽视的问题,如恐怖主义、武器控制、贩毒问题、移民问题,以及人权问题,便日益凸显出来,成为国际关系中的主要议题。虽然至今不干涉主权的原则仍然有效,但是在法律和实践方面出现了许多例外情况。在一些情况下,安理会能够作出决定授权进行人道主义干预,这些干预标志着一些划时代的变化。

特别值得注意的是,后冷战时期国际人权政治的一个重大变化是,一些过去明显的界限现在变得模糊了,如政治危机和人道主义危机的界限,国内政治动荡与对地区和国际和平的威胁之间的界限。冷战的结束使得像极端民族主义和宗教极端主义这样原先被压制的负面倾向得到了释放,它们所造成的不同种族和教派之间的争斗,甚至种族清洗,成为新的严重的人权问题。后冷战时期人类面临的当代威胁——核扩散、贩毒、恐怖主义、内战和破坏人权,虽然不同于冷战时期超级大国之间的核冲突,并没有直接威胁大多数国家的生存,也不一定是对国家安全的威胁(在对安全的威胁是来自军事威胁的传统意义上讲),但是正如美国具有权威性的国际战略研究所 1994—1995 年战略调查报告所说,这些"无形威胁"(amorphous threat)已在当代蔓延开来,它们不容易用直接的行动来抵挡或战胜,如果不加以制止,可能危及国内和国际稳定。① 人权问题主要源于国内,但却具有外溢的效果,因此可能影响国际关系的稳定。这样,在后冷战时期,人权不仅被看作是一个国家政治制度民主化的标准之一,而且越来越被看作是国际环境稳定问题的一部分。国际和国内的稳定常常互为条件,这使得越来越多的国家从国际稳定的角度来看待人权问题。

在后冷战时期,人道主义国际干预之所以受到特别重视的另一个重要原因是产生了一系列新形式的国内战争和人道主义危机。丹麦国际问题研究所 1999 年为丹麦外交部撰写的报告《人道主义国际干

---

① Rein Mullerson, *Human Rights Diplomacy*, London and New York: Routledge, 1997, p. 7.

预》,把冷战后国内战争的频繁发生归因于20世纪50年代和60年代非殖民化过程和90年代初南斯拉夫和苏联的解体导致的一系列新国家的诞生,认为许多这类新国家从内部合法性、效率和稳定性等方面来说非常脆弱。报告提出,1945年以后,一旦殖民地摆脱了殖民国家的统治,新的管理精英便很快在殖民地区域内得到承认,而不管其对这片土地的控制程度如何,更不用说维持其控制的可能性了。此外,当新的国家被交给国际承认时,国际社会的愿望是不改变殖民地领土的边界,这导致新的主权国家包含了完全相异的、不一定接受领土现状合法性和政权权威性的民族、种族集团和宗教社会。虽然冷战后的国际环境有所不同,但是这种模式在一定程度上也代表了冷战后国际社会承认前南斯拉夫和苏联各共和国时的特点。在这一背景下,即使用心良好的脆弱国家的政府试图提高社会政治的凝聚力,通过民主、人权和给予少数群体政治自主来提高其国内合法性,也会遇到极大的困难。因为虽然政治合法性可能是脆弱的国家获得长期的社会和政治凝聚力的前提条件,但在缺乏政治秩序的情况下,很难做到这一点。其结果可能造成中央政府和地方势力中心之间的武装冲突,甚至造成政治和社会秩序的全面崩溃。这种国家的内部冲突常常被人们称为"第三类战争"①。

这类战争的频繁发生导致1989年以后世界政治的一个引人注目的特征——国际上对武装冲突和人道主义危机的干预显著增多。一个明显的现象是,冷战刚一结束,安理会的决议和联合国在世界各地部署的维和部队就大大增加了。仅在1992年,联合国部署的维和部队就几乎增加了五倍,从年初的11 000人增加到年底的52 000人。蓝盔部队被派往伊拉克和科威特、萨尔瓦多、海地、西撒哈拉、安哥拉、

① 丹麦国际问题研究所的报告《人道主义国际干预》,第二章,周琪主编:《人权与外交——"人权与外交"国际研讨会论文集》,北京:时事出版社,2001。该报告的英文全文可以从该研究所的网站 www. dupi. dk 查到。

索马里、卢旺达、莫桑比克、柬埔寨、克罗地亚、马其顿和波斯尼亚。①在伊拉克侵略科威特之后，联合国在伊拉克北部建立了安全区，保护伊拉克库尔德族人不受伊拉克政府的侵害。在索马里的中央集权政治权威垮台之后，联合国组织了大规模的、军事化的人道主义救援使团，试图把成千上万的索马里人从饥荒和内战中解救出来。冷战时期，发生在布隆迪、东巴基斯坦、柬埔寨和乌干达的种族清洗，只得到了联合国的口头关注，后者很少对它们采取具体行动。但是分别建立于1991年和1994年的对前南斯拉夫和卢旺达的国际刑事法庭，改变了这一状况。1998年联合国通过的创建国际刑事法院的决议是一个更进一步的变化。

另一个现象是，联合国的“维持和平”行动日益同有争议的人道主义国际干预缠绕在一起。国际上认为，由于对和平和安全的威胁常常不是来自跨边界的攻击，而是来自国内暴力和不稳定，其影响可能超出国界，波及国际关系和其他国家，因此处理这些问题不能不强调人权。

冷战结束后国际上发生的一系列人道主义危机，刺激了国际社会为建立更多的国际条约或其他形式的国际手段而进行努力，并使国际法具有了更大的约束性。为此，不仅有关人权的现存条约、公约、宪章和声明等的数量之多，内容之广大大超过以往，而且那些执行机构的效率也越来越高，至少有比以往更多的国家承认了这些条约的效力及其解决问题的能力。

前联合国秘书长佩雷斯1991年时说，人们现在日益感到，不能把不干涉国家内部管辖权的原则视为可以大规模或系统地侵犯人权的保护性屏障。② 他的继任者加利1992年在《和平纲领》中说：“国家的

① 丹麦国际问题研究所的报告《人道主义国际干预》，第二章。

② Pérez de Cuéllar, J., *Report on the Work of the Organization from the Forty-fifth to the Forty-sixth Session of the General Assembly*, September 1991, DPI/1168-40923 (New York: UN Department of Public Information, 1991). 转引自李少军：《干涉与干涉主义》，周琪主编：《人权与外交——“人权与外交”国际研讨会论文集》，北京：时事出版社，2001。

根本主权和完整是取得任何国际共同进步的关键。但是,绝对和专属主权的时代已经过去;这种主权的理论也从来不符合事实。当今国家领导人的任务是了解这一点,设法平衡兼顾国内良好政治的需要与日益互相依存的世界的需要。”①2001 年联合国秘书长科菲·安南在其千年报告《我们民众》(*We, the People*)中说:“……如果人道主义干预确实是一种无法接受的对主权的攻击,那么我们应当如何对某个卢旺达、某个斯雷布雷尼察做出反应?应当如何对那些常常破坏所有关于我们共同人性的戒律的、严重的和系统的对人权的侵犯做出反应?……肯定没有一项法律原则,甚至是主权原则,可以掩护危害人类罪……武装干涉永远只是最后手段,但是面对大规模的屠杀,这一手段不能被放弃。”②这几任联合国秘书长都对绝对和专属主权的原则提出了质疑。

二、中国人的“人权”观念

人权是一个西方的概念,还是一个普遍的概念?这个问题在当今的学术界和政治界是一个争论不休的问题,对此人们莫衷一是,很难给出统一的答案。

不过,有一点人们似乎没有异议,那就是,现代形式的人权思想源于西方,因为西方社会的发展历程不仅为它的产生创造了条件,而且与它互为因果。杰克·唐纳利(Jack Donnelley)强调:“人权思想和实践起源于西方是一个简单的历史事实。人权最初出现于欧洲——被创造或被发现,并不是由于西方有更高的美德或洞察力,而是由于(无

① 布特罗斯·布特罗斯-加利:《和平纲领》,联合国,1992,第 9 页。

② International Commission on Intervention and State Sovereignty (ICISS): “Backgrounder,” Jun 2001.

论是好是坏）现代资本主义国家首先出现在那里。”①亨利·罗斯蒙特(Henry Rosemont)也认为，西方人权概念以及同它密切相关的个人自主和自由民主观念的兴起，同工业资本主义和首要是为了保护工业财产权利的法律制度的兴起相伴随。②

那么在西方之外的社会中是否也存在类似的关于权利的思想呢？一些研究者的答案是肯定的，他们甚至以日本和韩国等东亚国家可以完全接受西方式的人权观念、建立起西方式的民主制度为佐证。

但是，大多数研究者也都承认，无论非西方国家的思想传统中具有什么样的同西方人权思想相近的观念，例如等差之爱、尊长爱幼、恻隐之心等，在长期的历史演进中形成的西方人权理论，具有一个非西方国家历史上所不具有的、直到现在至少尚没有被绝大多数非西方国家完全接受的基本判断，它用麦基奇尼的话说就是：“人作为人具有国家和政府所不可侵犯的权利。”③日本学者浦部法穗把握住了问题的要点，他说：“一般来说，人权是被视为与国家的公权力关系相对应的国民权利来认识的。这种看法正是基于这样的理解：在近代社会，唯一有力量能够压迫个人作为人而生存的主体或权力，就是国家权力。在自律式的市民社会中，只要国家不过分地干预和介入的话，每个个人作为人而生存当然是可以确保的。正因为如此，所谓人的基本人权正是以禁止来自国家的干预、介入为内容的自由权为中心而构成的。”④

因此，当考虑中国传统思想中与人权有关的思想时，问题的关键在于要看它们如何看待个人权利同国家权力之间的关系。从这一意

① Jack Donnelly, “Human Rights and Asian Values: A Defense of ‘Western’ Universalism,” *The East Asian Challenge for Human Rights*, ed. by Joanne R. Bauer & Daniel A. Bell, New York: Cambridge University Press, 1999, p. 69.

② Wm. Theodore de Bary & Tu Weiming, eds., *Confucianism and Human Rights*, New York: Columbia University Press, 1998, p. 9.

③ 沈综灵、黄丹森主编：《西方人权学说》(上)，第483页。

④ 同上书(下)，第73页。

义上讲,像中国这样的非西方国家,不存在源自本土和本文化的人权观念。

例如在平等观念方面。平等观念是人权观念的基础,然而,虽然研究者们可以在中国古代思想家的论述中发现普通人道德平等的观念,例如在最具平等观念的孟子的思想中,但是在中国思想传统的发展中,这种观念却没有直接产生现代西方式的民主观念或人权思想。萨姆纳·B.特威斯(Sumner B. Twiss)指出,事实上,孟子讲得很清楚,虽然他认为统治者应当把人民的福利当做关心的重点,但是他并不期望人民积极参与政治过程,因为从事体力劳动的普通百姓缺乏教育、训练和必要的时间来充分了解管理事务的信息。①

在孔子的思想中,美德和责任是联系在一起的。统治者责任的含义是:他们具有权威或权利为了人类的利益而执行自己的责任。然而,在孔子关于社会成员之间相互责任的理论中,只有从其关于朋友关系的论述,才能发现平等关系的观念,并由此引申出个人权利基础的可能性(即使对于这一观点,一些中国学者也持有异议,他们认为,按照孔子的看法,兄要比弟高一等,朋友之间至少也有宾主的区别)。其原因在于,在孔子思想中"唯一缺少的东西是断言这些权利是他们政治认知的基础"②。

曾经研究过中国法律哲学的兰德尔·皮伦布姆(Randall Peerenboom)确信,孔子的思想可能在建立道德舆论和促进有利的习俗方面具有价值,但是它并不保护个人或少数群体免受专制者或多数群体的暴政。因为孔子思想中关于政治秩序的核心观念——礼,助长了社会和政治和谐的理想,它同在礼的基础上建立良好秩序的观点一起,加强了专制统治和社会一致性,而不是思想自由。此外,把"和谐"当做最高价值的孔子思想对思想自由是不利的,而后者对于保护个人人权

① Wm. Theodore de Bary & Tu Weiming, eds., *Confucianism and Human Rights*, p.8.

② Ibid., p.13.

和民主政治来说却是必不可少的。而且，礼虽然可能提醒人们重视道德和对其他人的义务，但是由于"礼代表了共同体的道德舆论，它迫使一个人必须在思想上同其他人保持一致"。皮伦布姆的结论是，孔子思想不可能产生民主、大众主权、民主因素和公民自由等。① 从这一角度讲，可以说"礼"是社会关系和国家同个人之间关系的规范，"礼治"意味着政治秩序和社会和谐要高于个人的自由和权利，为了实现前者，可以而且有必要约束甚至牺牲后者。

这一观点同对新儒学作过深入研究的复旦大学教授张庆熊的观点亦相吻合，他肯定地说，在孔子的思想中没有平等观念。孔子的基本思想是"正名"和"礼治"，他认为人在德行、智力和社会地位上都是有差别的，按名分摆正位置，各司其职，各行其能，社会就有序和太平。从"天下兴亡，匹夫有责"的要求来看，儒家在义务方面倒是讲平等的。②

在个人同国家的关系问题上，中国的传统理论把"天命"看作是上天授予的保持和谐、秩序和繁荣的权力。"天命"思想最初被提出的目的是要约束统治者，使其顺应天命，成为勤政爱民的明主，如果君主有违于天命，被统治者就有权推翻其统治建立新的统治。然而，"天命"思想在中国的政治实践中，很快就被重新塑造成为符合统治者需要的东西，成为论证其统治的合法性和借以巩固其统治的观念依据。从总体上来讲，"天命"思想所起的巩固统治的作用要远远大于削弱和颠覆它的作用。因此，从"天命"概念的角度来看，在中国，政治权力的目的不是"保护个人反对国家，而是使个人更有效地发挥功能来加强国家"。这种认识恰好同西方基本的人权观点背道而驰。为此 Lo Chung-Sho 认为，在中国，个人伦理和政治伦理强调通过忠孝来实现责任和形而上学的和谐，而且，"东亚社会作为一个整体，偏重的是个人

① Wm. Theodore de Bary & Tu Weiming eds., *Confucianism and Human Rights*, p. 21.
② 张庆熊教授在同作者讨论时表述的观点。

义务而不是权利"①。这一价值体系和社会关系同支撑国际人权规则的个人平等和个人自主不相和谐。②

关于这方面的差别,哈佛大学的杜维明教授也有类似的总结,他指出:"孔子思想强调的是平等而不是自由,同情而不是理性,礼教而不是法律,责任而不是权利,人际关系而不是个人主义,这些可能显得与启蒙运动的价值取向截然相反。毫不令人惊异的是,像李光耀和马哈蒂尔这样的政治领袖所提倡的'亚洲价值'常常激起西方的冷嘲热讽。"③

的确,在东亚社会,在关于人权的观点上,受到世界媒体最广泛报道的是新加坡资政李光耀和马来西亚总理马哈蒂尔的评论,他们提出的理由是经济发展和社会和谐应优先于"西方式的人权"。李光耀说,亚洲人几乎"不怀疑,在一个带有公共价值的社会中,社会利益优先于个人利益比美国的个人主义更适合于他们"④。而这在北美和西欧的人权团体看来,是以"亚洲价值"为幌子来为实行非民主的独裁控制机制辩护。

另一点也许可以作为中国传统政治思想的主流同西方的差异的反证。从长期的世界历史来看,政治制度的发展总是同主流政治思想的主张相一致的。西方政治思想的主流是从"自然法"延续下来的对自由、平等、民主和私人财产权的诉求,西方政治实践的演进也同其相一致,即政治运动倾向于把西方的政治制度推进到接近于关于民主制度的理想。它只在一个时期有例外,即民主制的起源时期,也即古代希腊时期,在这一时期,最有影响的思想家如柏拉图和亚里士多德关

---

① Jack Donnelly, "Human Rights and Asian Values: A Defense of 'Western' Universalism," *The East Asian Challenge for Human Rights*, ed. by Joanne R. Bauer & Daniel A. Bell, pp. 66—67.

② Ibid., p. 80.

③ Tu Weiming, "Implication of the Rise of 'Confucian' East Asia," *Multiple Modernities*, Journal of the American Academy of Arts and Sciences, Winter 2000, pp. 199—200.

④ Joanne R. Bauer & Daniel A. Bell, *The East Asian Challenge for Human Rights*, p. 6.

于理想政治制度的构想都同现行的民主制不一致。不过,在西方社会,从近代启蒙运动开始,启蒙思想家的思想就成为政治思想的主流,从那时起,社会政治运动潮流一直在推动西方国家的政治制度循着这些思想家所主张的方向发展。自然权利学说在18世纪盛行起来,并被付诸实践,它成为1776年美国《独立宣言》和1789年法国《人权宣言》的基础,并体现在1793年法国立宪会议的纲领中。“从希腊和罗马开始,经过中世纪,再经过洛克和卢梭,直到18世纪美国革命和法国革命,西方的重大政治事件都是在人的自然权利的名义下发生的。”①自然权利思想,也就是人权思想,推动了西方推翻封建王朝、建立资产阶级民主国家的广泛社会运动。至今,自由、民主、平等和私人财产权仍然是西方的基本价值观念,对此没有人会提出疑问。

不少研究中国思想史的学者认为,中国传统思想中不乏自由、平等和民主等思想的潜在因素或雏形,其集中体现是“仁”。但令人遗憾的是,这些在现代人看来极具价值的因素最终却未能发展成为可操作的制度层面的东西。也许确切的说法应当是,这些思想在制度层面上都采取了支持专制君主制合法性的形式,其集中体现就是“礼”。

澳大利亚学者安·肯特(Ann Kent)在研究了中国古代思想之后得出如下结论:无论中国的帝国历史或其共产主义阶段都无助于西方的自然权利思想。在这两个时期,共同体不容置疑的责任和个人对国家的责任都暗含了国家对人民的责任——维持稳定和保障基本的生存权利。保护个人不受国家侵犯意义上的人权或公民权并不存在。②

尽管如此,多数学者承认,现行的国际人权制度是从西方文化视角演化而来的这一事实,并不妨碍源自于西方的人权观念正在逐步被接受为一个普遍的观念,因为那些曾经培育出这种视角的西方社会的政治、经济、社会和法律的国内外条件,通过帝国主义的殖民化过程和

① 沈综灵、黄丹森主编:《西方人权学说》(下),第58页。

② Ann Kent, *China*, *The United Nations*, *and Human Rights*, *the Limits of Compliance* ,University of Pennsylvania Press, 1999, p. 28.

后殖民主义时期以西方工业国家为主导的国际经济政治制度而逐渐变得普遍化,虽然在这一过程中,以民族自决为内容的集体人权表现出同西方主流人权观念强烈的不和谐。随着经济和现代化的发展,越来越多的非西方国家意识到公民权利和政治权利的意义。正如一位马来西亚学者所说:"在东亚国家寻求经济功效和安全方面的根本改善,要求更大地,而不是更少地遵循宪法、法治和保护公民权利和政治权利。"①这其实也同时暗示了,尽管源自于西方的人权观念正在得到普遍的接受,但是西方和非西方国家在人权内容的优先位置上仍然存在着深刻的分歧。

三、经济和社会权利受到优先考虑

自近代以来,在西方的政治文化中个人主义始终占统治地位,至今个人主义仍然是西方的显著标志。② 它与非西方文化中盛行的集体主义形成了鲜明的对照。人权主张申明了西方自由主义的两个基本原则,第一个是,人类个人是最基本的道德单位,第二个是人类个人在道德上是平等的。这两个原则表达了对自由主义的平等主义的信奉。③

如今,在西方人权理论中,对于可以列为人权的权利虽有不同的划分方法,但基本上把它们划分为三个范畴。

1. 第一代人权是形成于美国和法国大革命时期的那些权利,其目

① Abduliahi A. An-Na'im, "The Cultrual Mediation of Human Rights: the Al-Arqam Case in Malaysia," *The East Asian Challenge for Human Rights*, ed. by Joanne R. Bauer & Daniel A. Bell, p. 152.

② 萨缪尔·亨廷顿:《文明的冲突,世界秩序的重建》,北京:新华出版社,1997,第62页。

③ Michael Freeman, "Are There Collective Human Rights?" *Political Studies*, Vol. 43, Special Issues, 1995, *Politics and Human Rights*, ed. by David Beetham, p. 23.

的是保护公民的自由免遭国家专横行为的侵犯。那些权利基本上就是国家权利法案所规定的公民权利和政治权利。它们被说成是“消极的权利”,因为它们要求国家行为受到限制。

2. 第二代人权形成于俄国革命时期,并得到了西方国家福利国家概念的配合。它们很大一部分属于经济、社会和文化权利,需要国家采取积极的行动。所以也可以称为“积极的权利”。

3. 第三代人权是对全球相互依存现象的一种回答。各国所面临的问题需要国家合作来加以解决,它们包括维持和平、保护环境以及促进发展。①

被称为“第三代人权”的“发展权”概念,通过联合国教科文组织前法律顾问卡雷尔·瓦萨克(Karel Vasak)而变得广为人知。

然而,虽然20世纪出现的社会主义运动和福利国家概念给人权增添了新的内容,即基本人权不仅包括政府不得侵犯的个人自由,而且包括政府应采取主动行动来实现的个人经济和社会权利,但时至今日,西方国家对“普遍”人权的理解仍然带有明显的“西欧印记:把个人自由抬高到集体的善之上;权利高于责任;公民自由和政治自由高于经济保护和社会保护”②。当西方国家提到人权时,首先想到的是公民权利和政治权利。当西方国家把促进人权纳入其外交政策目标时,它们关心的主要是言论自由和结社自由,遵守程序和免受国家侵扰的权利,而不是生存手段和基本健康照顾的权利。同样,侵犯人权是指国家制造的酷刑或政治失踪,而不是例如营养不良或可预防的疾病而导致的儿童死亡。③ 美国在此方面亦不例外,一个明显的例证是,在美国的对外援助法中(即规定以人权状况为条件来提供经济援

① 沈综灵、黄丹森主编:《西方人权学说》(下),第282页。

② David Beetham, “Introduction: Human Rights in the Study of Politics,” *Political Studies*, Vol. 43, Special Issues, 1995, *Politics and Human Rights*, ed. by David Beetham, p. 2.

③ David Beetham, “What Future for Economic and Social Rights?” *Political Studies*, Vol. 43, Special Issues, 1995, *Politics and Human Rights*, ed. by David Beetham, p. 42.

助和安全援助的法律），强调的是个人安全的权利，其次是公民自由和政治自由，而并没有明确提到经济和社会权利。① 对此，1993 年维也纳联合国人权大会的声明指出："令人震惊的事实是，总的来说，各国和国际组织继续容忍对经济、社会和文化权利的经常性破坏，如果是破坏公民权利和政治权利，便会有惊恐和愤怒的表示，并可能导致一致要求立即采取补救行动。事实上，尽管口头上没有这么说，但较之大规模地和直接地否定经济、社会和文化权利来说，对公民权利和政治权利的侵犯仍然被看作是更严重的和更明显不能忍受的。"②直至维也纳联合国人权大会，美国政府才正式接受了把发展权作为人权的组成部分的概念，而在此之前它一直加以拒绝。

与此相关的还有一个更广泛的问题，即后发展国家在走向现代化时，是应优先发展经济，还是优先扩大民主化的问题。在这个问题上，西方国家和非西方国家会有不同的认识。新加坡前总理李光耀一番话反映了后发展国家对优先发展经济的要求，他说，亚洲的政治领袖首先应当承担根除贫困的责任，"作为新加坡总理，我的首要任务是使我的国家摆脱贫困、无知和疾病造成的退化。因为正是可怕的贫困造成了对人类生命的如此忽视，其他的问题都是第二位的"③。

这样，在人权方面，西方国家重视公民权利和政治权利，而非西方国家由于其社会文化传统和价值观念的特点，重视的是经济权利和社会权利，以及发展权利。

至于像中国这样的既非西方的，又是社会主义的国家，更是具有这样做的双重背景。因为从理论上讲，西方国家最初在申明人权时，是把它们作为个人的和反国家，或者是反其他个人的权利而被提出

---

① Peter G. Brown and Douglas Maclean eds., *Human Rights and U. S. Foreign Policy, Principles and Applications*, Lexington and Toronto: D. C. Heath and Company, 1979, p. xx.

② Ibid., p. 41.

③ Joanne R. Bauer & Daniel A. Bell, *The East Asian Challenge for Human Rights*, p. 7.

的。但是,假定维护权利需要反对国家,那就是假定在国家利益和个人利益之间总是存在着对抗,而这同社会主义的需要国家来促进经济和社会权利的根本看法相悖。而且,在社会主义看来,权利应不仅是保护个人免受国家和其他个人侵扰的手段,它还是实现人的潜能的社会机制。①

四、中国人的主权观念

中国与西方国家之间在人权问题上还存在着另一个深刻分歧,即中国承认自己的人权状况还存在许多问题,需要努力改进,但是,它不愿看到西方国家尤其是美国对此横加指责,认为这是自己国家的事情,换言之是本国主权范围内的事情。于是这里就产生了主权观念同人权观念的对立。

说来具有讽刺意味的是,主权观念也是一个纯粹产生于西方的概念,而现在却被非西方国家运用来抵制西方国家在人权方面的干预。

从中世纪的基督教世界到现代国家制度的演进,有三个主要因素在相互起作用:政治结构、哲学思想和宗教体制。政治方面是领土国家的出现和巩固;哲学方面是主权理论的发展;宗教方面是宗教改革造成的基督教世界的分裂,因此欧内斯特·巴克(Ernest Barker)把13—18世纪的欧洲描述为从王国到国家的发展过程。②

近代主权思想的产生在西方始于16世纪的法国法学家让·博丹,他在其1576年发表的《国家论六卷集》中首次提出了主权概念,并

① Suan Mendus, "Human Rights in Political Theory," *Political Studies*, Vol. 43, Special Issues, 1995, *Politics and Human Rights*, ed. by David Beetham, p. 13.

② J. Bryan Hehir, "The Ethics of Intervention: Two Normative Traditions," *Human Rights and U. S. Foreign Policy*, *Principles and Applications*, ed., Peter G. Brown and Douglas Maclean, p. 131.

系统地阐述了国家主权。博丹在一个国家中所存在的各种具体权力中,如立法、行政和军事等,抽象出了主权的概念,并把它解释为绝对的、最高的、不受限制的、永恒的权力。他提出主权是国家的标志、国家的灵魂,是国家存在的原则,无论政府的形式如何变化,国家主权始终存在。博丹在国家中确定了最高权威。他指出,拥有最高权力的君主应当完全地和绝对地行使权力,不能从属于另一个人的命令,因为正是拥有最高权力的君主使法律成为绝对的。只有通过志愿的协议君主才能承担来自国外的责任。以此为开端,格劳秀斯、霍布斯、洛克、卢梭等一些人权理论的贡献者,进一步发展了主权理论。

主权具有两层含义:对内是最高权力,对外是独立权力。主权理论的第一层含义最初针对的是国家最高权力应掌握在谁手里的问题,如 M. 阿库斯特所说:"主权学说最初是作为对国家内部结构进行分析的企图出现的……之后,由于词义的转移,这个词不仅用来表示一国之内上级对下属的关系,而且用以表示一国的统治者或者国家本身对他国的关系。"①霍布斯、洛克、卢梭等从自己的政治哲学和政治主张出发,分别论证了神授君主主权、契约君主主权、议会主权、人民主权等理论。

中国历史上不乏对权力的论述,但是作为国家最高权力的抽象意义上的主权概念,却是中国所没有的,因为这个概念的产生需要以关于国家最高权力归属的争议为前提,而中国自周代以来,王权至上的社会秩序就已形成,并在秦始皇统一中国后得到了强化。② 君臣父子的社会秩序在大多数年代井然有序,在最高权力的归属上不存在争议。西周时期就已承认"溥天之下,莫非王土;率土之滨,莫非王臣"。世俗权力和神权之争从未真正发生过,正统的观念是"天人合一",君主受命于天,是"天"在下界的化身。

① M. 阿库斯特:《现代国际法概论》,北京:中国社会科学出版社,1981,第 18 页。

② 参见谢维扬《中国早期国家》,浙江:浙江人民出版社,1996,第七章,"中国早期国家的典型期:商朝和周朝"。

在西方，主权问题之所以成为争论的焦点，就是因为西方是一个多元化的社会，在进入中世纪以后，教会与国家、君主与贵族之间自始至终存在着最高权力之争。主权(sovereignty)一词的最初含义是君主，14世纪后西欧资本主义开始萌芽，到16—17世纪，西欧各国封建割据的状况已不再适应社会发展的需要，建立统一的国内市场成为经济发展的必要条件，造成国家内部混乱状态的宗教战争也需要得到制止，这样，确立和加强君主在其所辖范围内的最高权力，就成为必须。在这一过程中，王权战胜了神权，压制了贵族权力，并最终在专制君主制下达到了其权力的顶峰。随着君主获得了国内最高权力，sovereignty一词的含义也相应地转化为主权。17世纪专制君主制下的法国国王路易十四的一句名言“朕即国家”，是这一绝对权力的最好体现。

主权观念也逐渐具有了第二层含义——对外主权，即不受外部干涉独立自主地处理内部事务的权力。主权观念开始同民族国家的观念紧密地联系在一起，对国家(state)理论的探讨与对主权理论的探讨差不多是同步发展的。而在此之前，在中世纪基督教普世主义观念的支配下，人们看待一切事务并不是从自己的“民族”或“国家”出发，而是从基督教出发，不是把自己看作是法国人、德国人或意大利人，而是看作基督徒或异教徒。① 国家主权的思想在中世纪已在理论上臻于完善，外部主权的属性成为国家的明显标志。理论的潮流倾向于不断地抬高国家主权，结果是国家成为共同体所有共同利益和共同生活的独一无二的代表。② 对此作出重大贡献的正是格劳秀斯。他系统地论述了主权的对外性质，认为主权是国家的最高统治权，除了主权者本人的意志之外，主权的行动不可能被任何人的意志取消。在国与国的关系上不应以强力，而应以法律即国际法为基础，以此来确保各国

① 李宏图：《西欧近代民族主义思潮的研究——从启蒙运动到拿破仑时代》，上海：上海社会科学院出版社，1997，第24页。

② Otto Gierke, *Political Theories of the Middle Age*, Cambridge: Cambridge University Press, 1990, pp. 97, 98.

主权不受外来权力的干涉和侵犯。霍布斯也提出，统治者应有不受其他权力干涉的独立权力。洛克则论证道："如果君主或立法机关使人民屈从于外国的权力，这就一定改变了立法机关，因而也就是政府的解体。"①"当一个国王使自己屈从于另一个国王之下，并使他的王国受制于另一个国家的统辖权，他就因此丧失了其王位的性质，即在王国内仅次于上帝的至高无上的地位，并且背叛了人民。"②

对外主权概念的产生须以国际社会和一个以上的相互平等的国家的存在为前提，而这一点也是20世纪前西方所独具的特点。随着西欧各中央集权国家的建立，各国对自身利益的认识更加明确，国家之间的利益碰撞也日趋频繁。国王成为国家利益的象征和维护者。1648年签订的《威斯特伐利亚和约》是格劳秀斯的国际法理论的实际应用。王国之间的宗教猜忌和对抗使17世纪充满了战争，包括人类历史记载中最具毁灭性的内战和国际战争之一——30年战争(1618—1648)。这一大灾难导致欧洲的诸侯和君主们决定，必须打破暴力的循环，王国领土的完整必须不受干预。③ 欧洲各国在30年战争之后举行全欧会议制定了和约，和约在法律上确定了欧洲是由大量主权的、自由的、独立的国家所组成，它们都是不受任何上级权威或公共约束的主权国家，有权按照自己的法律行事，追求各自的政治利益，组织或解散同盟，选择战争或和平。《威斯特伐利亚和约》标志着近代欧洲主权国家体制的诞生，它成为此后国际体系的基本框架。

利奥·格罗斯(Leo Gross)对从中世纪的基督教世界向威斯特伐利亚制度过渡的后果作了如下评价：它没有预示一个真正的国家服从于国际法的国际社会的时代，而是导致了绝对国家的时代，唯恐失去其领土主权达到这样的程度，以致国际社会的思想几乎成了空洞的断

① 洛克：《政府论》，北京：商务出版社，1993，第131页。

② 同上书，第147页。

③ Richard Pierre Claude and Burns H. Weston, eds., *Human Rights in the World Community, Issues and Action*, Philadelphia: University of Pennsylvania Press, 1989, p.3.

语，国际法开始依赖于国家的意志，而国家更加关心保护和扩大它们的权力，而不是法治的建立。①

从此以后，在西方的国际社会中，以主权国家为主体的国际法律体系开始建立在各国之间平等和国家间条约具有神圣法律效力的基础之上。每一个主权国家都具有独立、平等的权利的观念，构成了不干涉他国内政原则的基础。

与西方国家形成鲜明对比的是，1840 年鸦片战争之前，在中国的古代历史文献中，很少包含关于我们今天所理解的“对外关系”的文字记载。因为中国自周朝以来，天子所控制的地域就被说成是“天下”，“周王相王室以尹天下”，周王是万邦的首领或统治者，周朝国家认为不存在与之对等的其他国家。② 此后，许多世纪以来，中国被视为一个“中央帝国”，其周边国家同它的关系实质上一直是从属关系（tributary），其他民族被当做蛮族对待。对外主权或国家间平等的概念在中国古代并不存在。这状况一直延续到近代才被打破，而且是通过帝国主义列强所强加的一系列不平等条约所打破的，其结果是，中国在国际上受到西方帝国主义列强的不平等对待。

然而，在以欧洲为中心的国际体系形成之初，在西方国家的眼中，它仅仅对它们才是有意义的，西方国家之间的平等和尊重国家间条约，并没有妨碍它们向亚洲、非洲和拉丁美洲野蛮地扩张和掠夺，也没有妨碍它们侵犯别国的主权，把那些在文明程度上曾经领先于它们的国家强行变为自己的殖民地或半殖民地。正是在这样的国际环境中，中华民族和其他非西方民族的主权意识开始觉醒，他们运用曾在西方各民族追求建立民族国家的过程中发挥重要作用的主权学说（西方的主权概念大约于 19 世纪末传入中国），在 20 世纪中叶先后争得了自

---

① J. Bryan Hehir, “The Ethics of Intervention: Two Normative Traditions,” *Human Rights and U. S. Foreign Policy*, *Principles and Applications*, ed. by Peter G. Brown and Douglas Maclean, p. 131.

② 谢维扬:《中国早期国家》，第 415 页。

己国家的独立自主。

此外,虽然“天下”观念(它其实也是中国传统的关于国家形成的观念)有助于维系中华民族在数千年历史演变中的疆域完整和民族统一,①但它另一方面也排斥了中国内部不同民族得到独立国家地位的可能性。这也就是为什么,在西方人如今看来如此“天经地义”的国家内部的民族自决权(他们认为它同承认殖民地的民族自决权和国家主权具有同等性质),很难在中国得到共鸣的重要原因之一。

回溯起来,有两个历史因素至今在中国形成自己关于国际关系的 mentality 时仍然非常重要,它们又相应地影响了中国当代外交政策决策。这两个因素是“中央帝国”(Middle Kingdom)和中国在近代史上所遭受的百年屈辱。这两个因素用英语中的一个表述方式讲,就是一个硬币的两面,正是由于作为中央帝国的长久历史和文化优越感,近代的百年屈辱才会如此深地刺痛中国人,当代的中国人才会对主权问题如此敏感。美国历史学家迈克尔·亨特(Michael Hunt)在其出色的论文《中国对外关系的历史视角》中说得很准确,对于像中国这样的古老民族来说,历史仍然非常重要。②

结 语

关于本文作者需要对一点作特别的强调:它的意图不在于对体现在主权和人权观念差异上的不同的西方和中国的思想和文化作优劣的评价,换言之,它是陈述性的,它意在从学术角度客观地分析为什么西方和中国两种单独看起来都自成一体的思想、政治和文化复合体

① 根据历史地理学家葛剑雄的研究,中国的版图(也即“天下”)始终集中在适宜农业的地区,在本质上从未扩大过,而且从秦统一到清没有发生大的变化。

② Michael Hunt, “Chinese Foreign Relations in Historical Perspective,” *China's Foreign Relations in the 1980s*, ed. by Hurry Harding, New Haven: Yale University Press, 1984, p. 40.

系,在一些问题上却有如此大的矛盾和如此难以沟通。而正是这些沟通的困难,造成了当今国际交往中的许多矛盾。

但是,有一点作者认为是无可置疑的,即无论中国人的主观愿望如何,在后冷战时期日益全球化的世界中,国际上对跨国界的人权的关注已经成为一个不可逆转的发展趋势。① 为此,我们有必要调整我们的观念,在维护中华民族群体利益的前提下,顺应这一发展趋势。当然我们在进行这一调整时,不能忽略这样一个问题:在现实的国际政治下,强国仍然可以利用人权为借口来实现自己的利益,而弱小国家却不可能(也无意)利用人权来干涉大国的内政。例如弱小国家不可能利用美国国内的种族歧视来强制美国采取措施。而且,弱小国家为了保护自身的利益,常常只能利用主权作为武器,而且是唯一的武器。

① 关于这一发展趋势的详细论述,可参见作者的另一篇文章:《人权——冷战后国际关系中的重要议题》,该论文曾获得中国社会科学院美国研究所2001年优秀论文奖,将于近期发表在《世界经济与政治》杂志上。

由伽达默尔与德里达的对话引出的思考：全球化进程中文明对话之可能性

商戈令

一、文明对话在“9·11”事件之后进一步显示了其重要性。同时，也给我们提出了新的问题：文明对话究竟能对当前的全球化世界提供何种建设性的贡献。换句话说，文明对话作为促进各文明间互相理解、互相协作、互相沟通，以至和平共进的途径和桥梁，可能性究竟有多大？文明对话可以促进理解，也应该导致和平，可具有反讽意味的是，对话也可以引起误解和冲突。不敢说“9·11”事件是由对话导致的现实后果，但是它至少令我们惊诧：为何文明对话提倡多年（不能说两种文化间没有理解），反会发生如此恶性的冲突事件？多年来一直关心文明对话理论和实践的发展，相信它是一条充满光明的道路，但同时也常常怀疑开辟此道之可能性。我把这种情形（心理的、理论的或现实的）称作反讽（irony），或“对话之反讽”（the irony of dialogue）。对话成了反讽，或者，对话本是反讽？

1981 年 4 月，伽达默尔与德里达在巴黎歌德学院由佛格忒（Philippe Forget)组织进行了一次对话。① 两位分别代表20世纪两个极有影响的哲学学派:哲学诠释学(hermeneutics)与解构主义(deconstruction)。伽达默尔先宣读了其论文《文本与诠释》(*Text and Interpretation*),提出语言的本质在于对话和理解,而通过对话达到理解的必要前提,是对话者须怀有向对方或他者所言开放的"良好意愿"(good will)。伽达默尔试图表明诠释学并非德里达所指责的"形而上学或逻各斯中心论的理论",因为诠释学从海德格尔以来就一直努力由传统形而上学中挣脱出来:将意义与文本,上下文,阅读,及读者的实存(being-in-the-world)历史地联系起来,从而摧垮(destruction)任何先验绝对的真理预设。德里达则没有正面回应,却把问题集中到伽达默尔所谓良好意愿上。他简单地问了三个问题(Three Questions to Hans-Georg Gadamer),都是围绕着良好意愿这个概念的。总的意思是,伽达默尔的良好意愿与康德之善良意志(good will)是同一个概念,将此意愿当成对话与理解之不可或缺的先决条件,便是将某种意愿预设为终极的或决定性的或无条件的"东西",就像康德将善良意志作为其道德形而上学的基础那样。此即形而上学的预设。因此诠释学根本未出形而上学窠臼。言下之意便是,你我是两条道上跑的车,根本无法对话。德里达虽未如此讲,但他从此再未讲话,包括对伽达默尔的回答。结果,就如佛格忒所描述的,他们的对话变成了一种"没有可能的辩论",或"非对话"(non-dialogue)。很显然,这次对话失败的主要责任在德里达,是他拒绝参与对话,他基本上采取了对作为对话伙伴的伽达默尔不予搭理的态度。当我看到这个文件时非常震惊。两个同出一家(尼采,胡塞尔及海德格尔),思想路数亦不胜接近且都主张多元主义的哲学家,相互对话都如此之不可能,遑论宗教间乃至文明间对话之可能性?特别令人费解的是德里达,一个提倡多元化和异质性,

---

① 这次会议文件汇集成《对话与解构,伽达默尔同德里达之对阵》一书。*Dialogue and Deconstruction—The Gadamer-Derrida Encounter*, edited by Diane P. Michelfelder & Richard E. Palmer, State University of New York Press, 1989.

反对排斥他者和他者性之西方霸权话语的后学大师,居然会对自身理论的他者表现出如此的不屑一顾。问题出在哪里?对我来说,上述事件的意义并不在于双方理论本身,而在于它迫使我们追问:对话作为一种论域、论说及实践,是否具有理论和现实的可能性?如果没有,那对话就会成为空话而失去意义;如果有,那么对话究竟能在什么样的条件下在全球化过程中产生积极影响?在此,我将近几年来的困惑和存疑提出来,供大家讨论。

二、伽达默尔和德里达的根本差异在于叛逆形而上学之彻底性上。前者认为语言是通过对话达到理解的中介或桥梁,语言和对话是传达或显现意义和真理的唯一途径,亦即海德格尔所谓“语言为在(Being)之居所”。后者则坚持语言仅仅是符号(sign),所谓意义或所指(signified)是不定的,共同的意义是不存在的,存在的只有迥异(difference)和线索(trace)。说到对话本身,前者认为希望理解他人并被他人理解的良好意愿是个必要条件,没有这样一个共同基础,对话是不可能的。而后者认为,如果形而上地预设某种意义或意愿作为对话的先决条件,就会不可避免地建构霸权话语,因此就不可能有真正的和平等的对话。对伽达默尔来说,良好意愿指的是对(词、文本、传统等)意义及其可理解性的承认与期待,尽管对于意义的诠释永远处于开放和相对的境地。这样他就自觉不自觉地重又回到了形而上学的旧地,其良好意愿亦与康德的善良意志在此重逢。尼采及其后现代追随者们的功绩,在于对传统真理与意义概念本身的追问及解构,从而揭示其专制保守的本质。他们认为,真理不是客观存在的,被给予的和有待人们去发现的东西,相反,它们不过是诸如暗喻之类的语词符号,是人基于其内在的权力意志的性质通过诠释规定或创造出来的(尼采)。因此,若不能从传统真理和意义(形而上学、逻各斯中心论、神学本体论)中解放出来,人们就不可能与文本或他者进行自由的、创造性的和实存本真的(authentic)交流和诠释。用德里达的话说,若不能解构所指(signified)的先在性和决定性,就不会有“能指(signifier)

的自由运动”。

回到对话,我们便会碰到这样的问题:谁来决定什么是良好意愿?谁来判定什么是真理或真正的意义?如果各方都坚信各自掌握着最高真理,又由谁来鉴定呢?如果各方都准备放弃自己而接受真理,谁能保证这种放弃不是一种被奴役被愚弄被消亡的事实。我曾这样问过 Leonard Swidler(当代宗教对话活跃分子之一),你们讲对话,将其他文化或宗教融合进来,声称上帝有许多面孔——佛祖、孔子、老子等等,这是比十字军进步了,但是你们仍然坚持上帝是最终真理不可动摇,这种心态与霸权主义有什么区别呢?你们为何不说佛祖有许多面孔而上帝是其中之一呢?他说,唔,这是一个很好的问题。从此便不愿理我了。这是一个典型的例子。所有宗教乃至文化传统都存在着同样的形上信仰与固执,并且大家都把此当成自我同一性和根源性确证的原型。放弃这种“绝对真理”是否可能?若不可能,对话如何成功?

假设大家都改变了传统形上或执著的真理观,按照德里达的意思,平等自由的对话便得以进行了。现在的问题是,如果意义仅是各人即兴所致,如果公婆各自有理,又有什么可对话的?即使大家公堂相对,也是各自说各自的话语或无所指之所指,互相根本无法沟通,谈何对话?从这一点讲,后现代主义在本质上有与对话的理念内在冲突,甚至否认对话的一面。德里达的表现实在是不足以见怪的。另一方面,如果大家都不再执著于自身传统和信仰,那么作为西方之外的他种文化不也就消亡了?所谓多元全球化不也就成了天方夜谭?这不正是典型的反讽吗?解构形而上学是要解构西方中心论,建立多元世界,而解构一旦完成,多元化乃至对话(多元才须对话)也同时被解构了。人们常常误解,认为后现代者比较开放,比较好讲话,其实不然,后现代主义是激进与保守的混合物,它可以导向进步,但更易为保守甚至原教旨主义所欢迎。后学在美国的盛行,就是一个明证。德里达与伽达默尔的对话,也是一个明证。

由此可见,形而上学与解构主义,一元论与多元论,本身都还存在着内在的含混不清和自相矛盾。表面上看,文明对话是全球化进程中不同社群和平共处共进合情合理的要求,但是一旦深入到哲学层面,问题就不那么简单了。对话进展的不顺利,乃至文明冲突的进一步加剧,是否与这种哲学基本观念之混乱有关呢?如果是,那么消除这种混乱是否可能?建立一种全球化背景下的新哲学观念是否必要?若是,可能性是否存在?若是,会是怎样一种东西?

三、从我的内心来说,我比较同意良好意愿的前提,如果没有人在乎是否被人理解或理解别人,对话就毫无意义。问题是怎样的一种意愿和怎样的一种理解,才能成为使对话真正在实践中有效展开的积极条件。伽达默尔在回答德里达问题时竭力否认其良好意愿与康德的善良意志毫无关系。我倒觉得,作为对话前提条件的良好意愿应该是一个伦理概念或要求。对话,尤其是与他者或他种文明的对话,本身就不是出于认知的要求,而是出于生存及其方式在全球化境况下如何安排的需要。这就是一种伦理的要求。大家显然都想过好日子,那么就照着这个方向去努力,最后通过不断地对话找出大家满意的方案,皆大欢喜。真理和意义的问题留给哲学家和科学家去争论,宗教信仰各自回家去关心。然而我发现,这种自由主义的良好意愿貌似合理简便,实际却很难推行。关键在于大家对好日子的理解和要求不尽相同。本·拉登就是见不得西方文明,他者的存在就是他不能过好日子的原因。那些所谓的人权底线,没有一个是能够让大家共同接受的。何况,人总是企图追求自身最大利益(经济的、政治的、宗教文化的),故大凡对话者还是以这些企图作为其"良好意愿"的。这样,文明对话常常就成了为各自现实利益服务的谈判,良好意愿就成了权力意志。最后的结果仍然是对抗、冲突和战争。所以,如果脱离利害计较的良好意愿(如康德的善良意志)不可能存在(我真希望它存在),文明对话就缺乏现实的可行性。相反,文明冲突只会在全球化的进程中愈演愈烈。我想,德里达对良好意愿的嘲弄,也许正是看到了其中的幼稚可笑吧。

回到伽达默尔，他认为对话是为了理解和解释那些凝聚在文本中人类对生活及生命的表达（意义）。唯有通过不断的对话，文本的真意才会不断地在理解和解释中显现出来。他的良好意愿明显地表现在他对理解（verstehen）的训诂中，他说，此字意为领会（comprehension），洞见（insight）和赏识（appreciation），理解不仅是了解，而且是同时赏识其对象。因此"善于理解是人类最根本的天赋，此天赋使人得以与他人共同生活，更重要的是，它是通过语言及谈话（conversation）的伙伴关系产生的。就此而论，诠释学的普遍性观点是毋庸置疑的"①。理解依赖语言亦即对话，若不信赖语言，也就是说，若不与其他学者和不同思想进行对话，任何概念都是无法帮助我们去理解事物的。② 这点，尤其从发生学的角度来看，是不错的。但是同时他又不得不看到，在对话和诠释的实施时，有的参与者总是带着各自的前理解或视界进入的，新的理解必须在双方视界通过对话而消失或融合（fusion of horizons）的时候才会产生。伽达默尔的想法是浪漫主义的，他认为通过对话和理解的展开，自然会有视界融合的效果。所以他认为理想的对话形式还是柏拉图继承的苏格拉底辩证方法，但这种辩证的对话是以假设对方愚蠢无知为前提的，是使对方在自相矛盾中自己理解真理的对话，如果用到文明对话中，谁来当傻子呢？

这种理想也许在某一文化或团体内部具有历史的或现实的有效性，因为每个文化和传统的承继和更新常常显示这样的内在要求。然而一旦扩大到文化或文明之间的范围，这种视界融合就会发生极大的困难。不同的传统、语言、信仰、观念及其所建构的视界在本质上就决定了其思维和理解方式的不同。尤其在形上或宗教的层面上，则更难以通约。首先，融合是以消失固有视界为条件的，问题是消失或融合

---

① 《对话与解构，伽达默尔同德里达之对阵》，第 21 页。

② 同上书，第 23 页。

到哪里去? 对于同一文本可以说是融合出新的理解和新的视界,那么在对话双方所持文本(传统)根本不同的情形下,新的理解和意义又从何而来? 这就引出了最常见的现象:那些存有良好意愿(如伽达默尔自己)的人们都愿意对话,但是坐下来常常是各说各的,大家都希望相互了解,但总也达不到融合的境界。因为所用文本、话语、语境根本不同,自然谈不上融合。其次,各人参与对话和理解的目的也不同,有的希望在全球化过程中人类共同进步共同幸福,有的愿意了解他者以了解自己,有的要和平,要公正,要稳定的世界环境。但是这些通常是些知识分子。更常见的理解他人的愿望,是建立在求生存、求扩张、求利益的基础上的。本·拉登并非不理解西方文化和传统,但他的理解是为了战胜西方世界。同样,所谓的东方主义,也不过是殖民主义的不同版本。人们常有一种想法,认为冲突来自不理解,对话促进理解,理解了就能沟通,沟通就能解决冲突。其实不然,理解了也可以加剧冲突,冲突也并非一定来自不理解。所谓知己知彼百战不殆,早就是兵家常识。战争双方都会努力去理解对方的,理解了就能更有效地打击敌方。故理解并非不重要,但理解并不必然导致视界融合。如何理解理解本身?

德里达则基本否认相互理解之可能。因为原本就不存在确定的意义或所指,所以刻意去寻求只能是白花力气。理解既然没有可能,对话不也就失去了意义。德里达对对话兴趣索然是不奇怪的。令人困惑的是,德里达这样一个后学大师,一贯反对欧洲中心论,反对任何形式的压迫和不平等,反对暴政和教条,支持被边缘化群体争取合理权益,却在对话问题和实践上如此消极,是什么道理?

也许这与后学的极端性有关,如果彻底否认共同性、普遍性、基础性、根源性等等,就会导向虚无主义或极端的自我中心论,最后使得他们要么变成自己反对的东西的同类,因为既然一切都是对错不定的,谁都没有批评的必要;要么变成一伙自我陶醉与自我放逐的玩家,对现实生活毫无积极的影响。如果尼采活过来的话,我想他会声称:后现代主义不过是传统衰颓的虚无主义发展到极端的表现罢了。另外，他们将人二分为我与他者，将同与异、一与多、所指与能指、全球与地方，绝对地对立起来（与他们竭力攻击的非此即彼 either/or 的思维方式完全相通），亦很难对全球化过程中的文明对话提供积极的和足够的资源。希望究竟在哪里？

四、以往的对话理论注重对话的实际目的（如和平共处等），注重对话伙伴之间的应有态度与姿态（如相互学习等），而对参与对话的主体本身，对这些主体本身的素质和特质却很少关心，似乎任何人任何文化只要能坐在一起，对话便能进行。其实，对话的有效与否，同对话的对象或伙伴是谁（对话主体）紧密相关。亦即是问：谁与谁的对话？

按照诠释学，文本的意义在很大程度上是由读者是谁来决定的。作者与读者是相互追寻而非随意搭配的。一封拙劣的情书，旁人觉得不堪入目，情人读来则美妙绝伦。亦即庄子所谓“瞽者无以与乎文章之观，聋者无以与乎钟鼓之声”。对话也是如此，如果对话伙伴不合适，便无法产生效果。如伽达默尔与德里达，就不是合适的对话伙伴。如果扩大到社群与社群、传统与传统、宗教与宗教，成为合适对话伙伴的难度则更大。

宗教间的问题尤为突出。宗教是建立在超经验的信仰之上的，这种信仰一方面要求对神和教义的绝对崇拜，另一方面又必须坚持唯我独尊。如果没有这两条，任何宗教的存在和发展都是不可想象的。历史地看，在某些宗教的内部还能进行一些有关教义解释和实践上的争辩和讨论，如中世纪神学的哲学争论和佛教的判教等。但是在不同的宗教之间，则不存在相互包容的可能（中国的佛教和道教，日本的神道与佛道也许属于极少的例外）。倘若承认上帝之外还有一个佛，除非佛是归上帝领导的，否则上帝至高无上的地位不就会动摇乃至取消？倘若允许无极/太极生二仪的说法并存，创世纪的真理岂不成了童话故事？倘若人性自然就是善的，那么基督为人类承担原罪而遇难的壮举不就显得有些多余？……可见，宗教之间的相互承认并不像国家之间那么简单。宗教间的相互承认会有自身毁灭的危险。尽管在历史上宗教传统之间并不缺乏相互交往乃至相互影响的事实,如唐宋以降的所谓儒道佛合流,然而相互承认对方教义真理性的实例却很难找到。即便中国的儒道佛合流也只是暗中所为,明者还是以相互批评、攻击乃至谩骂为主,因为三家的道统和教义总体上终究是要求相互排斥的,不然就会丧失其独立存在之理由。总的来说,宗教组织或派别作为对话伙伴是极其困难的。光有良好意愿是远远不够的,如果没有某种对宗教教义乃至整个宗教精神的重新诠释或全面改变,宗教对话产生实际效果的可能性便微乎其微。

另外,宗教从来就不是一个单纯信仰的精神现象,其产生与发展始终都是同社会民族政治经济利益掺和一气的。天国或彼岸世界的理想,总是现世利益和世俗追求的反映。宗教活动和冲突也总是与利益追求和冲突相关。只要世界上还存在不同的利益集团及其间的冲突,宗教的冲突便不会消失,以消除冲突为目的的宗教和文明对话便难以成功。

这就是为什么近年来宗教和文明对话总是雷声大雨点小的基本原因。对话成了知识分子的一相情愿,一旦让宗教领袖们坐在一起,对话就难以开展。这些领袖既要代表其教义和信仰,又要代表其民族或信徒们的实际利益,如何可能温良恭俭让地与他人伙伴相称,促膝而谈?中东最近的局势表明,以色列与巴勒斯坦之间不要说对话了,就是谈判都难以进行。谁都明白,这不是有无良好意愿或能否相互理解的问题,这是对话对象不合适的问题。双方都缺乏进行对话的素质和精神,缺乏对等或平等的地位和身份,故亦缺乏对话的可能性。

对话要求对话伙伴都具开放的心灵。如果事先假设对方错自己对,或者坚持对方理解不对,对话便无法进行。但是如果承认对方不错又会影响到自己的信仰。《圣经》早有定论:其他教义皆为异端;不信上帝者下地狱,等等。如果不将他种文化和宗教视为异端加以反对,便已然是叛教了。这种传统能否改变和开放?如今所谓多元化社会

（如美国），实际上是以现代工业文明的强势为基础的，它的所谓开放也是以其强势文化不可动摇为条件的。美国对他种文化传统的态度是容忍的。除开其民主自由的政治理想与移民国家的多民族特征之外，基督教的绝对强势也是一个重要原因。它对其他宗教组织的容忍是因为它们不对自己的强势构成威胁。对美国社会稍行观察，便能看到那种西方文化的优越感比比皆是。难怪如今最为开放的美国政府，一跑到国际舞台上，便有成为国际警察的危险，并常常变成最难对话的一方。开放看来也是有条件的。优势国家或团体容易相对开放和容忍，劣势方则会比较保守和固执，因为它们没有足够的自信和力量在开放的情势下保证自己的生存不受威胁。所以，文化经济等方面发展的不均衡，也是文化对话的障碍之一。

五、对话需要平等和开放的心灵，没有它们就不可能对话。问题在于，对那些不要平等、不讲道理的死脑筋们怎么处理？也与他们讲平等吗？或者，先消灭他们？

有没有绝对的平等？平等有没有标准？平等有无条件？宗教、文明之间有无平等？与谁平等？最后，平等是否就是自身目的？平等了又怎样？

不平等行吗？不平等就会有压迫，有专制，有奴役，而平等了则会有冲突，有惰性，有强弱智愚强行统一，最后不还是不平等？

自由呢？民主呢？和平呢？……饶恕呢？所有这些充满诗情画意的隐喻，究竟代表着什么样的现实意义呢？后现代主义已经从哲学和语言学上将它们解构了，是否还应该再进一步，将它们从我们的政治和社会理想中彻底解构呢？上帝死了，还是一切隐喻皆已死亡？如果不是，显然不是，那么，我们又将如何来激活这些隐喻，让其真正成为人类生命活动的确证？

也许我们忘记了，自由、平等、博爱的理想，是由革命和战争打下基础的。如今全球化情形下的文明对话，是否也要重新经历一场精神或思想的革命性转变呢？没有一个共同合理的基础，没有一个新的对自身和其他文明文化的认识和态度,对话有可能进行吗?即便是有可能,又能得出什么样的结果呢?就如伽达默尔与德里达的对话,根本就是没有结果的。也就是说,光靠善良意志来进行对话是远远不够的,对话需要对话参与者持有某种共同理念并服从一定的游戏规则。在当今世界的全球化潮流下,文明之间的对话是否也应该建立与之相应的新理念和游戏规则呢?

六、全球化这个不速之客的到来,使现代人感到束手无策。西方工业社会在结束殖民主义时代之后,继续其唯利是图的经济扩张活动,而科技的高速发展,又使得世界各个地区在这种发展的一体化过程中越陷越深。电脑、卫星、传媒、光缆、通讯等等,都已成了当代人类不可或缺的生存资源和基本条件。但是,西方世界并没有及时创立与这个信息时代相应的价值观念、哲学图景和宗教信念。启蒙运动对人性和理性的探索和呼唤,或者被凝固在自由主义的抽象平等层面,或者被后学无情解构而消散了。科技和经济的高度发展与道德价值及宗教精神的日趋保守,形成了一种十分畸形病态的对比。西方文明成功地完成了科技和经济的扩张,却真的不知如何弥补自身文明的分裂,更不了解如何对待他种文化与传统对于这种扩张的回应。美国在外交政策上的不一贯和自相矛盾,在阿富汗一面轰炸一面空投食品的尴尬举动,正是其精神文化空洞落后的如实写照。

所谓西方之外的文化呢?许多不发达国家,完全是不自觉地被卷进或带入全球化过程的。它们从未经历诸如文艺复兴、启蒙运动、民主革命这些思想文化的深刻变迁,完全是带着中世纪甚至更为古老的习俗与信仰来到信息时代的,因此不能不陷入深度的自我分裂与文化冲突之中。一方面,作为科技发展的被动的追随者和消费者,他们已经丧失了自己的同一性,另一方面,作为文化或宗教的他者,他们又无法在固有文化观念基础上融进当代的全球化潮流。进步与保守,追随与抵制,屈服与反抗,自卑与自尊,内在与内在的双重分裂,痛苦地强扭在一起。阿拉伯世界的自身分裂及其对西方世界的态度,便是最有代表性的例证。如今流行于西方的后现代主义和后殖民主义理论,不失为一种可贵的探索。然而非常可惜,他们的所谓文化多元和相对论,不但不能解决不发达地区的文化冲突和危机,反而更加剧了上述的分裂和混乱。

如果全球化的趋势是不可避免的,那么,避免文化冲突和危机的唯一前提,就是确立一种与全球化进程相适应的全球文明新理念。要使全球化进程中的文明对话取得切实有效的进展,就必须将这种新理念的建立作为文明间对话的首要目的。相互理解,相互学习,取长补短,都是为实现这个首要目的服务的手段。

我不知道这个新理念究竟是什么东西。但是我相信,这个新理念必然会是人类性的。没有人类共性为基本信念,对话便永远落不到实处。如果说20世纪是个强调差异或异质性为主导哲学的世纪,那么,21世纪便会是复归并重构人类共性的世纪。就此而论,全球化也许可以被视为一种福音,因为它已经成为人类作为类的存在的确证。

“子曰,有朋自远方来,不亦乐乎。”什么时候,远方的朋友变成了仇敌?什么时候,才能重新化敌为友?对话只能在朋友之间才能进行。再怎么解构,人类作为共同共通的家族是无法解构的,因为这不是个概念,不是一个词,而是事实。不管肤色如何,人皆有食色之性;不管菩萨是谁,人皆有信仰之要求;即便是凶恶的罪犯或恐怖分子,亦有常人的亲情仁爱之心……天下一家、四海之内皆兄弟的理想自古有之,如今能不能突破原有的狭隘民族界限,而成为全球化进程中的现实理念呢?孔子六十而化得耳顺之境。人类几千年的历史发展,是否也该进入耳顺之年了?唯耳顺之人,才能真正进行对话,才能经过对话完善自身,进入天人之际。

庄子说:“道者无分,分者成也,成者毁也。”彼我分则有成心,有成心便有争斗有是非,便不能休乎天钧。对话欲成,必去彼我之分与一曲之成心。如此才能通过对话以达道通为一之境界,并克服后学之限制。

儒家的仁道主义,庄子至通的境界,能否帮助建立一个新的对话和全球社会的共同原则?同样,儒家与道家能否突破自身狭隘的传统界限,与现代世界和其他文明融为一体?基督教、犹太教、佛教、伊斯兰教呢?伽达默尔、德里达呢?

马克思将人看作类的存在(species being),人与人再有差异,总还是人,总有人之为人的属性。文化、传统、宗教也一样,也是性相近,习相远而已。多年研究学习各种文化思想的重要心得,便是觉得人也好,文化也好,政治也好,宗教也好,根本没有太多的不同,尤其理论上是如此。真是"自其异者视之,肝胆楚越也;自其同者视之,万物皆一也"。也许现在已经到了超越后现代片面强调差异,重新强调人类共性的时候。在全球化的情势下,没有作为类的存在的自觉意识,对话,尤其是不同文明间的对话就是不可能的。如今的对话各方,基本都将自身同一性落实在特定的信仰、传统或民族上,类的本质被特殊的自我规定所掩盖,所遗忘了,从而使得彼此是非之争永无终结。如果大家先将自己看作人类的一员,然后才是基督徒、佛教徒、伊斯兰,然后才是中国人、犹太人、黑人、女人,对话和理解是否就会有了可能性的基础?

总之,这些问题如果得不到深入的反思和解答,一种人类性的视界或理念如果确立不起来,我想,任何形式的对话,都有可能像伽达默尔与德里达的对话那样,成为一种反讽。

2002 年春

在全球化过程中的海外华人离散社群：政治与文化公民权的分合

廖炳惠

近年来，针对全球化（globalization）的讨论，大多是以阿帕杜莱（Arjun Appadurai）所提出的“五大景观”为准（1996），也就是“移民、财经、影视、科技、理念”，其中“财经”、“影视”、“科技”备受注意，而“9·11”之后，愈来愈多学者触及中东美籍或日裔美籍移民的认同及其公民权问题，不过，大致仍以美国境内的移民及其处境为焦点，俨然全球化是以北美为中心。事实上，我们从16、17世纪，非洲、亚洲大量人口的移动漂泊，被拐骗贩卖为外来劳工（indentured laborers），便开始产生了全球化的离散社群（diasporic communities），而其中又以华人离散社群的研究亟待加强。本文拟就一、回顾离散与全球化之关系，谈其他族群离散经验对华人离散研究之启发；二、以李安的《卧虎藏龙》为切入点，来讨论目前华人离散研究之动向及其问题，也就是有关政治与文化公民权（political and cultural memberships）之争议及其幸存策略等层面，提出初探。

一、全球化与族群离散

“离散”(diaspora)这个词汇是来自希腊字根,希腊史学家苏西戴得士(Thucydides, 前460—前400年间)于《希腊邦联战争史》(*Peloponnesian War*,第二部,27)中,描述伊琴纳岛被雅典攻克后(前459),岛民被驱逐,到城邦外流浪的情况(Chalind and Rageau)。雅典人认为伊琴纳岛民协助斯巴达发动战争,因此有此灭绝惩罚,伊琴纳人民历经五十多年的离散,公元前405年才复国。另外,旧约圣经律法书(Deuteronomy 28:25)也提及犹太人(前586)从巴比伦遭到“强迫放逐”(galut),不过,较正式地以“漂泊”或“四散”(dispersal)来讨论犹太人的无以为家经验,则是在公元70年后,也就是罗马帝国征服、占领耶路撒冷,将犹太人赶出圣城,从此“流浪犹太人”的意象与“离散”便成为一特定族群的印记与创伤。

犹太人之外,最常使用“漂泊”这个词汇,而且不断以“回归漂泊”为其诉求的,主要是全球的非裔族群(Cohen; Mizroeff),其中又以*Diaspora*, *Transitions*这两种期刊为主导,并由英、美的非裔学者如吉尔洛伊(Paul Gilroy)等人,根据15世纪以来非洲黑人被绑架,贩卖到美洲、欧洲的奴隶买卖路线,提出跨大西洋的黑人网络(Black Atlantic)。吉尔洛伊通过音乐、文学及宗教仪式等面向,说明跨大西洋的黑人族群其实是与欧美主流形成所谓的“对抗现代论述”(counter modern discourse):“艺术,尤其以音乐与舞蹈形式的艺术,提供奴隶予以一种替代品,借此在农垦殖民政权之下,所无法拥有的形式政治自由,有其抒发创意,在奴役制度下,种种表达文化得以发展,继续以艺术形式,保存其远超过物质欲求的需求与愿望。迥异于启蒙运动所假定之艺术与生活的根本区隔,这些表达形式一再强调艺术与生活的维系,它们揭示艺术与社会生活其他面向彼此巩固。”(57)

据吉尔洛伊的说法,这种“抗拒现代”(或另类现代)的特殊美学,并非将艺术对象加以客观化或以理性评价,而是“在幸存奋斗的过程中,力争解放公民权,乃至终究的自主性,从中无以避免地要用主观方式,去思索艺术表演的模拟现实功能”(57),也就是将生命中的苦难与宗教仪式、音乐律动结合,通过灵歌、蓝调、爵士、击鼓、舞蹈等形式,表达出宗教传统与族人互动之间密切关联的政治文化及文化历史,就是这种特殊的艺术、生活方式(life forms)及其表达,在目前全球化的过程中显出其前所未见的力道,而且令主流文化产生极其暧昧的反应,上焉者如加拿大的温哥华,以多元文化为其号召,但不少欧美社会则不断以种族主义(如德国的新纳粹,美国的白种男人优越主义,法国最近的新移民排除法案),对弱裔族群进行日常生活中无以预期的骚扰或迫害,不断予以威胁。

自从“9·11”之后,排斥外来族群,以求族群关系的单纯化与国家安全的保障,乃是全球性的移民法措施,特别针对中东裔的访客、留学生及境内的留学生、境内的“住民外国人”(resident aliens)等,刻意抑制任何不正常形迹可疑的“恐怖”活动。在这种反恐怖主义的氛围之下,“文明冲突”所假定的固定族群文化及其行为模式又再受到强化,特别是亨廷顿所区隔的“西方及其他文明”,目前于布什的“追求自由、反恐怖”与“从事恐怖活动”两大阵营此一简单修辞中,获得进一步的政治与军事活动行动上之确认,俨然泾渭分明,毫无含混、灰色地带。史毕瓦克(Gayatri Spivak)最近在一篇文章里称布什是“西部蛮荒时期的男孩英雄”,将民主预设在“负责对立的可能性”上,以“道德上严肃的方式,去理解或想象另一边的想法……把每件事约化为黑或白……对分布各地的多元变化有所误解,想以封建之人的姿态,去掌握全球”(62,注12)。然而,在目前的全球反恐怖主义的呼吁之下,文化差异及族群政治仅仅是以“选边站”,或者“反恐怖主义或恐怖主义者”两者标签,遭到浓缩、挤压、抑制。

事实上,有关全球化的理论大半是以经济贸易及消费为主轴,而在文化经济的领域里,全球化也常是以“殖民”、“新殖民”等修正过的马克思政治经济观,去探讨世界新秩序,且不断复制“西方”或“非西方”(west vs. the rest)的对应框架,以至于有阿帕杜莱所说的“全球化为美国与学院中人焦虑的一个来源”:社会科学家担忧市场及不正规的生产会导致更多的价格不均,虽然在另一方面创出更大的财富;政治科学家害怕世界会真的变成没有疆界,他们所爱谈的题材——“国家”势必会消失;文化理论家所挂心的是全球同质化的同时是否仍有一些公平待遇的新可能性;史学家则拒绝全球化所发展的新历史变迁;学院里的每一个人则力避成为全球跨国公司的公关人员;而更普遍的不安是针对全球化资金流动所造成的不均发展、从劳力市场的落差到本地失业、工业升级不利、结构调适的问题等(Appadurai 2000:1—2)。

众所周知,“全球化”的理论早期是以跨国经济或资本(资讯)网络为准的“世界体系”(world system)、“网络社会”观,分别由瓦洛斯坦(Immanuel Wallerstein)、卡斯德尔士(Manuel Castells)提出,由于这种观点往往限定于欧美、日本为G7会员所投射出的“中心”(core),以至于将其他世界纳入“边缘”,无形之中又强化了发展逻辑及现有的社会秩序,晚近的学者纷纷呈现环球文化经济的差异及不均(Appadurai),出入两三个国家疆界的市民所形成的“远距民族主义”与其“不协都会文化观”(Anderson; Clifford; Derrida),或者把全球化视作是理想与本土文化的辩证(Robertson; Wilson),认为各地区的消费及文化生产是将跨国的商品、资讯、符码、风尚、生活方式等加以挪用,重新赋予意义。不过,这些学者的讨论常把全球化人口流动、漂泊的轴心放在北美(尤其美国),例如克利佛德(James Clifford)在他的《旅游/旅居》(*Routes*)书中,不断强调环球人口在全球化的过程中的旅行、移动,因为其运行途径及其旅居与居住(traveling-in-dwelling)之间的轨道(route),逐渐产生其漂浮不定的文化属性,将“本地与外来”之二元对立结构予以瓦解,进而形成“比较”与不协的都会文化(discrepant cosmopolitanisms)。然而,在他论及全球人口流离(diasporas)的重要章节里,犹太人于德国、黑人于英国、墨西哥人于美国始终是他的固定指坐标,虽在行文之中,提及华人社群的离散及其研究,但都以王爱华(Aihua Ong)所分析的北美华人"富于弹性的公民身份"(flexible citizenship),且主要集中在旧金山为主(257),也就是将其视野放在"太平洋圈的资本主义"此一脉络上,而未触及其他地区的华人离散社群。

事实上,针对海外华人社群是否构成"漂泊离散"之现象,学者各持不同意见,往往不是过分宽松运用此一名词,便是流于保守或谨慎,认为"离散"一词最好只用在犹太或非裔身上,如最近的 Brent H. Edwards,或较早的 *Diaspora* 期刊前几期所见,或王赓武在几篇文章中一再"质疑华人为离散社群"的看法。

全球化常与经济文化交流之加速所造成之"时空压缩"、"密切相连在电子传讯体系下"、"文化疆界在场与不在场之去除""文化帝国主义及其同质化倾向"等观念相提并论,而且近几年来则侧重地方之特殊性(见 Xavier and Rosaldo; Dirlik),强调新世界秩序中的个别差异及其可能性。不过,不管是从经济出发的"世界体系"(world system)或由资讯文化流通的观点去谈"环球与本土",全球化的问题大致是如阿帕杜莱所说,"只在世界的少数地方真正发生,因为会流动的就是几个区域",然而有关全球化华人的漂泊研究却一直限于北美或南洋为主,而且是从经济社会行为(Aihua Ong)、政治认同(王赓武)或儒家经济网(Weiming Tu)等观点切入,较少注意到视觉再现领域中所作的文化翻译及其问题。

二、何处是中华文化?

以最近在美国备受肯定而在华人世界(尤其中国内地、香港地区及南洋)引起非议的《卧虎藏龙》来说,一个值得注意的面向是何以这部电影在“中国性格”上会产生两极化的反应?似乎中国化愈深的人愈发现这部影片中的中国文化图像或商品物象,是采“自我东方化”的方式,将古代忠义的剑侠文类加以重新包装,只是在手法上配合电脑特殊效果,并无新意。以北大乐戴云的说法“这种世界在古代中国既不存在,现在也没有”,而香港城市大学的张隆溪更觉得影片中的中文“荒腔走板”,是对华人的玩笑。相较之下,香港大学比较文学系的阿巴士(Ackbar Abbas)则较为同情契入,但他是以模拟现实的城市及少女角色(章子怡饰)所代表的年轻E时代为其关键点,认为影片中受Matrix及科幻拟真片的影响,综合了各种剑侠、浪漫传奇文类,将之纳入同前的城市年轻族群文化,也就是“不喜教条,很快便厌烦,没耐性”。

北京及其他华人世界对李安的《卧虎藏龙》无法认同(在香港的票房少于美金200万,中国内地仅130万,且坐不到半),其反应迥异于台湾地区在文化民族主义的正面肯定,而且也与欧美的电影观众的欣赏程度大不相同,这些落差一方面道出全球化的架构无法说明各地的文化价值、美学领受、社会心理等机制的分殊,另一方面也体现出华人世界在政治、文化层面上的多重角力。这些问题对1. 全球化与同质化,2. 跨国文化与政治公民权的弹性组合,3. 华人文化经济区的精神传统共识,4. 漂离中心的华侨他们的“祖国想象”等均提出有趣而又错综的质疑。

首先,是同质化的问题。左派学者往往对全球化所激发的跨国资本与劳力剥削深感忧心,因为对“时空压缩”、“后现代空间与文化逻辑”、“文化交混”、“消费文化”等概念表示无法接受,如最近德里克(Arif Dirlik)主张以“地方”的特殊历史、文化记忆,去拒抗抽象化的“空间思维”,他说:“现代主义的霸权总是把各个地方加以边缘化,相对于此一趋势,我们主要的工作是将本土从全球的关系中挣脱,让它们不再彼此纠缠。地方并非以它们自己的立场,而是在全球的操纵脉络之中,必须被解释、防卫,如此一来,才能在问题被界定之前,便推出一种非平行的观点：如果全球只是本土或依各地之特定条件，而本土或地方根据即是全球，那该如何？"（24）德里克的见解是："跨国公司一直试图将其操作'去领土化'，不过，似乎有关国家认定的问题仍是主要因素，在中心、分公司的坐落上即可看出"（26），也就是"跨国是个资本的新理想"，但仍到处是"美国"公司、"日本"企业、"英国"出资、"荷兰"银行等。

然而，德里克只是对了一半，因为在这些所谓的"国家"公司或资金底下，其实已综合了各种来自各国（及各地或城市）的人才、财产、资讯、影视、意识、仪式，以《卧虎藏龙》来说，香港资助及大陆场景之外，也有来自新加坡的演员，而导演则是台湾地区的李安，但他目前定居美国。如此一来，所谓的"华人"或"美国华人"电影均不能够精准地描述这部电影所牵涉的跨地区人才、资金与影艺机制。事实上，德里克另一个未加以处理的全球化面向之一是政治与文化上的"国家认同"问题，也就是逐日分歧的政治与文化公民权，一个人可在另一个政治辖区（如美国），而却想象其故国文化（中国）及其江湖世界，并通过安德森（Benedict Anderson）所谓的"长途民族主义"，以电子传媒（传真、电话、网际网络、跨国媒体及报刊）去影响、组构、改变其文化认同的归属地。这种分歧在"9·11"之后，一些中东美籍的人士对阿开达（Al-Qa'ida）组织对美国的"恐怖"攻击，持宗教与文化上的同情态度，而在美国的华人学者（如加州大学的刘禾、李陀；宾州州立大学的刘康等联结中国内地北大、清华的师生），一起在网络上指责"美国帝国"的好战及其对第三世界政策之失误，均可看出政治上的公民权与文化上的公民权不一定会以某一特殊地方或国家作为根据，反而有时会在遥远的地方（或另一个国家），对想象的祖国、家园（imaginary homeland，以 Salmon Rushdie 的话来说），提出文化上的发明传统、认同叙事或论述实践，以便让某种特定的文化、历史观得以合理化，具体呈现为政治实体。安德森指出菲律宾在国外的劳工即以电汇资金、政治文化的形式，遥控总统选举及其新政局；以"伊兰网上咖啡屋"的拟真社团,来自伊兰的学者、知识分子也造成政治压力,不断以批评或实质参与的方式,对伊兰的政治、宗教发展理出修正意见,俨然构成另一个伊兰之外的放逐人士共和国(见 Naficy 1999:213—232)。从吉尔洛伊的讨论,我们也逐渐了解了跨大西洋,在北美、南美及英、法等地内黑人的通俗文化表达(含宗教、音乐、仪式等)所凝聚的"抵抗现代之网络"(networks of countermodernity),散布各地的黑人其实彼此汇整部落之宗教仪式、舞蹈及旋律,而创出蓝调、灵歌、Hiphop、爵士等,从群体劳动及奴役体制之中,找出相依为命的精神表达,进而影响主流文化,形成混血的新节奏、伦理、美学。准此,国家的政治公民权与某市民的文化公民权并不一定是吻合统一,也非以地方为根据(place-based),这种状况在全球化的人口流动、放逐、牵涉逐日频繁复杂的互动之下,更难以指定国家及地方为其基准,诚如安德森所说,官僚体制的人口普查资料及其统计数字,或如 *The Penguin Atlas of Diasporas* 所汇集的华人劳工及移民年表与数据,其实是在这些人大致维持其族群记忆及文化之特质的前提下,将这些来自各种背景、地方的人文视为不变的固定因素,以霍尔(Stuart Hall)的话来描述,只侧重这些移民、漂离者的"本质"(being),而没注意到这些与其他文化、历史、地理、人口的"衍变"过程(becoming)。

在探讨南洋"华侨史"的专著里,王赓武也倾向以落叶归根,向中央表示忠贞的思考方式,去强调"华人"的国族认同及其本质,因此他将明初到清末的海外移民看成是流离者(sojourners),只是经济上的因素促成他们到海外谋生,但终究是想回祖国,这个文化逻辑虽因中国内地与台湾地区未统一而让海外华侨产生认同危机,以至于获得自主性,但是随着中国内地的商机及政治的开放,返乡的热潮又再度涌现。王氏认为华人在外是"侨民",虽为了自保,取得另一个国家的公民权(如马来西亚或印尼、泰国的护照),但其文化认同则主要仍是中华民族,所以称不上是"漂泊离散"的族群。

在另一方面,以吉尔洛伊的思考架构为其理论根据,王爱华则提出华人及亚裔美国人跨太平洋所建立的“另类现代”(alternative modernity),以弱势族群彼此提携的方式,相互协助,构成主流之外的经济、生活、文化、医疗网络,且以另一种不甚明显的关系网络,凝聚象征与实质资本,形成所谓的“跨地区的华人帝国”(ungrounded Chinese empire),也就是跨国的华侨贸易网络,以她的说法,这些华人或亚裔美国人是带着双重或多重护照,出入于国家关口,虽有其家庭分裂、距离、适应上的问题,但是只要“靠近机场”,便可充分发挥其“太空人”的“弹性公民权”,获得最大的利益。她在《弹性公民权》一书中更举了许多例子,说明华人在不少地区经商时,总是以弹性之作为,对各地的现实政经情况作重新调整,因此有所谓的“新亚洲政权”在“亚洲伦理”之下,继续发挥其“家庭罗曼史”式的资本与政经控制网络。

若以《卧虎藏龙》来看,其实这种“亚洲伦理”或儒家伦理正在全球化的影响下,一方面被物化、巩固为忠贞侠义,复制为中华文化之特质,通过李慕白(周润发饰)师兄妹之间静默沉潜的情感伦理去传达,假借功夫江湖及中国图像(竹所象征的气节,剑所显出的道义,及服饰、语言的文化图像等),将东西方文明的差异加工包装为欧美观众乐于接受的性别、文化与影像幻想。另一方面,这种传统却由新一代,受全球化影响的年轻恋人所瓦解、重建。也因此,这部电影在全球化的视觉文化景观中呈现出两极的反应。这种转变在目前全球化中的华人离散景观里已成为逐渐明显的问题,而且也与其他族群的经历极其类似,可能是在这种情况下,《卧虎藏龙》能在欧美这些国家政治与文化公民权交会较劲的议题上,引起普遍共鸣,反而在“想象祖国”受挫。

参考文献

Abbas, Ackbar. “*Cinema, The City And The Cinematic.*” Paper presented at Thinking Beyond Hong Kong Conference, City U, Hong

Kong, 8—10, 2001.

Anderson, Benedict. *The Spectre of Comparisons: Nationalism, Southeast Asia and the World.* New York: Verso, 1998.

Appadurai, Arjun. *Modernity at Large.* Minneapolis: U of Minnesota P., 1986.

…, ed. *Globalization.* Public Culture 12, 1 (2000); ed. Durham: Duke UP, 2001.

Chan, Sucheng. *Asian Americans: An Interpretive History.* New York: Twayne, 1991.

Chalind, Gerard and Jean-Pierre Rageau. *The Penguin Atlas of Diasporas.* trans, A. M. Berrett. New York: Penguin, 1995.

Clifford, James. "*Diasporas.*" *Routes: Travel and Translation in the Late Twentieth Century.* Cambridge: Harvard UP, 1997, 244—277.

Cohen, Robin. *Global Diasporas: An Introduction.* Seattle: U of Washington P., 1997.

Derrida, Jacques. *Of Hospitality.* Trans. Rachel Bowlby. Stanford UP, 2000.

Dirlik, Arif. "*Place-Based Imagination: Globalism and the Politics Place.*" Place and Politics in Age of Globalization. Ed. Roxan Paa Zriak and Arif Dirlik, Durham: Duke UP, 2001, 15—51.

Edwards, Brent Hayes. "*The Uses of Diaspora.*" Social Text 66 (2001), 45—73.

Gilroy, Paul. *The Black Atlantic.* Cambridge: Harvard UP, 1993.

Mirzoeff, Nicholas, ed. *Diaspora and Visual Culture: Representing Africans and Jews.* New York: Routledge, 2000.

Naficy, Hamid. *An Accented Cinema: Exilic and Diasporic Filmmaking.* Princeton: Princeton UP, 2001.

…, ed. *Home, Exile, Homeland: Film, Media, and the Politics of*

Place. New York: Routledge, 1999.

Ong, Aihua. *Flexible Citizenship: The Cultural Logics of Transnationality*. Durham: Duke UP, 1999.

Said, Edward W. *Reflections on Exile*. Cambridge: Harvard UP, 2001.

Robert, Donald. *Globalization: Social Theory and Global Culture*. London: Sage, 1992.

Spivak, Gayatri C. "*Resident Alien.*" Relocating Postcolonialism. Ed. David Goldberg and Ato Quayson. Malden: Blackwell, 2002, 47—62.

Tu, Weiming, ed. *The Living Tree*. Berkeley: U of California P., 1994.

Wang, Gungwu. *The Chineseness of China: Selected Essays*. New York: Oxford University Press, 1991.

.... *The Chinese Overseas: From Earthbound China to the Quest for Autonomy*. Cambridge: Harvard UP, 2000.

Wallerstein, Immanuel. *The Modern World System*. New York: Academic P., 1974.

Wilson, Rob, and Wimal Dissanayake, ed. *The Global Local Cultural Dialectics*. Durham: Duke UP, 1996.

在对话中共同成长：后“9·11”世界的苏格拉底视角

[美] 斯蒂芬·儒

一、

近年来，我有幸能经常地参与中美人民之间增进相互理解的交流活动。我们已意识到增进人民与文化之间的交流也许可能是人类未来最大的希望所在。我们的交流工作是在这个基本视角之下展开的：上个世纪与本世纪显然不同，那时各国之间充斥着大量的矛盾冲突。本世纪应当是一个相互尊重、相互帮助以求共同发展的世纪。我们生活于不同的文化之中，但我们却共同居住在这个独一无二的星球上。将这一视角付诸实践的紧迫性和实际意义由于2001年的“9·11”事件及随之而来的反恐斗争的展开变得格外引人关注。

“对话”成了我们试图寻求的际会和交流的操作术语。这个术语表达上有些难度，因为它暗示人类相当发达的能力似乎能超越文化的界限。基于我在中国文化中的亲身经历，我将阐述三种不同角度的对话：1. 作为一个西方人，我在与中国人民的交流中受益匪浅，在学习丰富的中国文化过程中不断成长；2. 出乎意料的是，我在对话中找到了自己传统的新生；3. 对话的上述两方面引出了对话的第三个方面，这第三方面似乎有些难以说清，目前我姑且把它当成是我发现了作为一个世界公民及成熟的人应如何更加充实及富有信心地生活的方式。

在本文里，我试图向大家展示我如何重新运用苏格拉底的方法并以此作为生活和交流的源泉，包括作为对中国文化及中国人民的对话的丰富性的阐释的方法——实际上也是总体而言的跨文化对话的方法。同时，我将试图与大家一起分享我运用苏格拉底方法的历程，以及在此过程中产生的对话的魅力。最后，我会将在此过程中得到的新方法运用到对“9·11”后的世界及美国在这世界中的地位的研究中去。

二、

在我将要谈到的这种重新运用当中，“对话”是先于苏格拉底的。也就是说，我所运用的苏格拉底式的方法本身就是一个对话的成果；它是一个“被重新发现”的苏格拉底，一种只在遭遇到“他者”时才产生的苏格拉底式的欣赏和意识。这里有一种关键的无法避免的悖论，即只有通过与他人之间开放或成熟的关系才能实现对我自身传统及其价值的充分认识和利用。苏格拉底本人对此应当非常熟悉。

我并非一开始就得出这样的结论。我觉得有必要对我（们）获得这种对话能力的历程作些描述。我所谈的发展历程在多大程度上能被一般化或普遍化是一个重要的大问题。在后现代主义时代，我们常常羞于作普遍结论，但是“9·11”后的世界可能需要我们超越后现代主义的相对主义。按照休斯顿·史密斯的说法，“9·11”事件要求我们“走出后现代”①。也许这正是人类的一个新普遍主义、新启蒙时代

① Huston Smith, *Beyond the Post-modern Mind*, New York: Crossroad, 1982.

的开始。这当然也是我要与来自别的文化传统的人们一起讨论的课题。

显而易见,澄清后“9·11”世界的人类或者文化上的成熟是很重要的。原因大抵是,我们作为世界公民不可能要求任何人都放弃他们的宗教或传统,而是每个人必须努力达到文化的或是个人的(宗教的)成熟。不仅要容忍他人的观点,而且要虚心向他人学习(尽管不是所有的人,不是那些破坏人类新的、正在出现的融合了差异性和相似性的普遍性的人)。我们必须愿意学习并继续成长,承认我们现在的观点不是结论,承认我们和我们的文化都并不完美。非常明显,这是对人类提出的一个很高的要求。

我将简明地阐述我所经历的成长历程,并将其作为一个假设在对话中加以检验:为了在后传统世界中拥有成熟的交流能力,人类和文化的发展经历了三个基本阶段①:

1. 绝对主义/传统主义阶段:文化是封闭的,大多数人都被一个共同的形而上学体系封闭着。这一体系就是对生命、死亡、意义、价值、道德及公正的基本理解。这里“他者”是敌人,他们比我们要少,并且/或者是怪异的(用荣格的话来说,即我们自我“人格阴影”的投射)。文化层面的答案是既定的、终结性的和不容置疑的。

2. 相对主义阶段:发现他者的合理性及存在着不止一个“正确答案”的可能性。这一发现通常都伴随着“现代化”,消费价值观的灌输,以及特定的社会科学和心理学。这种特定的社会科学和心理学导致了可能使人的基本诉求倒退至以“权力意志”或自私自利为转移的

① 我对于人的发展的认识,曾受到以下著作的影响:James W. Fowler, *Stages of Faith: the Psychology of Human Development and the Quest for Meaning*, San Francisco: Harper & Row, 1981; Carol Gilligan, *In a Different Voice: Psychological Theory and Women's Development*, Cambridge, MA: Harvard, 1982; Lawrence Kohlberg, *The Philosophy of Moral Development: Moral Stages and the Idea of Justice*, San Francisco: Harper & Row, 1981; William Perry, *Forms of Intellectual and Moral Development in the College Years*, New York: Holt, Rinehart and Winston, 1968; Gail Sheehy, *Passages: Predictable Crises of Adult Life*, New York: Dutton, 1974。

最低级层次,像我们美国人常说的“不管怎么样”(我都要满足自己的私欲)。不同文化与人民之间就如何对付这种后传统/后殖民时代世界共有的过渡状态进行对话,不仅对个人意识,而且对于社会政策也会是有效的。

3. 对话阶段:出于对生存的愿望,出于对更高的价值和充实的人生的重新追求,具有向他人学习的能力并使这种学习帮助我们滋养自己的特性及“既确定又开放”的生活方式。①

回到与中国哲学及中国人民的对话细节上来,我可以说我学会了对西方文化的双重深度批判(比西方任何一类解构主义者或新保守主义者都更激烈)。在此过程中,我有幸得以接触中国经典的智慧源泉和中国人的生活实践。但更为重要的是,我也开始了以我过去无法设想的方式,既从实践上又从理智中跟我自身传统的丰富性联系起来了。

我想与人家一起分享自己的这一历程,它超出了传统意义上阅读苏格拉底的绝对主义方式,即将他主要作为后来柏拉图教条主义传统的文本基础。我的这一历程是从研究当前的相对主义开始的。当前的相对主义有两个极端,一种是站在解构主义的立场上进行简单批判,另一种是新保守主义将一切他们认为是“传统”的东西作为保护伞和潜在的武器,用以反对当前文化相对主义的颓废(其极端表现形式就是近年我们越来越熟悉的法西斯主义和狂热主义)。从这两难境地和处于这两者之间的相对主义的混乱出发,我想谈谈我重新应用苏格拉底方法的经验。这种重新运用具有一种矛盾的性格,它既要求我们有确定性,同时又要求我们承认自己的可错性,无论是对自己的过去还是未来;要求我们以开放的态度对待我们对话的对象,通过对话而相互促进各自的成长。

① 这个观点在我的*Rediscovering the West*, Albany, NY: SUNY Press, 1994 和*Living Philosophy*, Minneapolis, MN: Paragon House, forthcoming 中有更详尽的发挥。

三、

于是,我们的故事将在后传统、后绝对主义、后现代主义的相对主义舞台上开始展开:

20世纪出现了一种对西方哲学和文化的著名批判。正如杜维明所说:

> 西方知识精英在抛弃了空中花园和世界大同的幻想之后,转而被科学、技术和专业分工压得喘不过气来。他们如韦伯自己所承认的那样,与宗教领域完全隔膜。我们可以再加上一句,即他们也不关心那些属于特定地方的知识。①

但现在的问题比近代的、启蒙主义的倾向问题严重得多。那个倾向是多个世纪以来西方文化内部一直存在的内容的激化。从亚里士多德开始,西方人就执迷于追求确定性、抽象知识和客观论证。从一开始,就有一种脱离现实人生的强烈冲动,以期追寻纯粹的知性"第一原则"并保护这些原则。

随着笛卡儿和欧洲近代思想阶段的开始,知识与人生间的距离越拉越大。作为第一原则的心灵逐渐与作为有机生命的身体以及大地本身相分离。自我与社会演化成为孤独个体之间为了追逐"私利"而展开的竞争。衡量竞争的尺度是物质利益的多少和人们攫取、炫耀和消费的能力。与此同时,"心灵"变得越来越数字化,沦丧为用狭隘的尺度来算计个人"私利"的工具。以我们现在的眼光来看,不难理解为何西方

---

① Tu Weiming, "Epilogue: Human Rights as a Confucian Moral Discourse," in Wm. Theodore de Bary and Tu Weiming eds., *Confucianism and Human Rights*, New York: Columbia, 1985, p. 299.

近代史会以异化的主题告终，会弥漫着焦虑、反叛和存在主义的厌恶。

清楚而又直接地反映这一系列发展变化的主流哲学传统最终以19世纪和20世纪的分析语言哲学运动的狭隘和抽象告终。哲学从此失去了它在普通民众中的根基，失去了植根于人类生活的欢乐和伤悲，以至于一些哲学家开始谈论“哲学的终结”。

这一对西方哲学耳熟能详的批评的要点在于，在今天依然活跃的各种哲学形态中，以生命作为我们的存在形态来看，主导的力量已经显得过于理性化，过分以逻辑为中心，过度“男性化”，并且与我们共同享有的有血有肉的生活世界格格不入。哲学在有些时候甚至变得相当危险，例如马丁·海德格尔与纳粹的合作，或理查德·罗蒂的“诗化叙述”①的前后矛盾。

当前，哲学无疑已经变得具有“反思性”或有自我批判性。但怎样才是正确的方向或视角呢？超越相对主义阶段被视为今日西方哲学界的首要问题而被提上了议事日程。

在我所从事的追求哲学和西方文化的正面价值的工作中（按照约翰·杜威的说法，我的工作是在“重建哲学”），我发现自己需要暂时“离开”西方哲学一段时间，培养一种更加广阔的、多元文化的视角，并在一定程度上汲取其他文化的养料——对我而言，尤其是中国文化的养料。

我的许多西方同道们具有类似的经历。20世纪行将终了之时，分析哲学的要塞土崩瓦解了。随着数学绝对统治的分崩离析，种种文化优越观的烟消云散，严格区分“哲学”与“宗教”的需要变得可有可无，一个激动人心的、令人耳目一新的后传统时代在西方拉开了序幕。

在历史上，西方也曾与东方一样与世隔绝，尽管形式有所不同，但它最终还是向全世界敞开了大门，包括向东方哲学、女权主义和生态学开放。西方从此不再坚持标准答案只有一个，或者我们必须遵照某种固定

① Richard Rorty, *Contingency*, *Irony and Solidarity*, Cambridge: Cambridge University Press, 1989, p.53.

的知识框架(当然也包括只要拥有正确的教条就可以目空一切之类)。

起初,遭遇“他者”经常导致混乱、相对主义和玩世不恭。在充斥着机械和娱乐的世界之中,人类理想和对整体性的期冀普遍衰退了。可是,交流也可能在其他传统中发现我们自己传统中既已丧失的部分,并将它们重新定位以资利用。就拿与中国交流这个具体例子来说吧,西方人能从中国传统文化的精华那里,学习到如何在威廉·詹姆斯和杜维明所谓的在存在的“厚重”①之中坦荡自然。我们学习着如何接受既成的现实,安心接纳并体会那既有的一切的深度。我们学习如何珍惜幸福,如何以诚和信的态度去生活,并且与我们过去的状态相比,同时变得更简单,也变得更复杂。我们也在开始学习如何在“通”的状态中生活,如何对得起那作为馈赠的生命。通过这一切,我们获得了学会做人的全新的智慧,并通过它将那些品质在日常生活中体现出来。

当然,我们学习中国文化决不是要简单地变成中国人,尽管有些人一直试图这么做,而且它是这个时代一个典型的失败的对话方法——努力使自己跟他人等同。因为在交流的丰富性中还有另外一个重要的因素,那就是认同和利用我们自己传统的精华成分,这样,与他者的交流过程其实也是西方文化生命力的再一次实现。

四、

什么是西方文化的精华?是这个“重新被发现的”苏格拉底吗?

简单说来,有这样一种说法,认为哲学的起源及其能量存在于人

---

① 见 Tu Weiming 为倪培民和 Rowe 所著的《笔墨哲思游》(*Wandering: Brush and Pen in Philosophical Reflection*,上海和芝加哥:东方出版中心和 Art Media Resources 联合出版,2002)。一文也见 William James 在 *Essays in Radical Pluralism and a Pluralistic Universe*, New York: Dutton, 1971, p. 240 中所表达的有关需要改造哲学以理解实在的厚重层面的思想。

类彼此相遇、与时俱迁的实践过程中，在此过程中，我们抛弃自身的幻想和错误的认知，达到更高层次的认识和对生活的领悟，也就是说，认识到生活的“宗教层面”的存在并确认真实的自我。

苏格拉底在《申辩篇》中谈及“未经省察的人生”，其丰富深刻已述尽此意！他说：

> 我要告诉你们，必须每日讨论什么是善，不可有一日间断。你们还要讨论我所教导你们的，像我那样去省察自我及他人，人所能从事的最高事业不过如此，生命中缺少这种省察就是枉活一世。①

由此可见，“哲学”其实就是一种生活方式，它包括能够有意识地进行评价和选择的思考方式，但又决不仅此而已。哲学的生命力不仅在于形成正确的知识框架，而且在于它是一项致力于实践的事业。从我重新运用苏格拉底的方法这个角度看，我认为有生命力的哲学必须与三种实践的成分紧密结合起来，这在早期西方哲学的苏格拉底那里就已有了：讨论、奉献和思索或沉思。这几个成分缺一不可，否则就会出现典型的问题。西方历史上，每当奉献和沉思不被强调，单独的讨论部分几乎不可避免地流于浮泛空洞，而后被歪曲并滑向危险的唯理智主义。

乍一看来，“讨论”似乎是明显且简单的，然而，一旦认真考察这一成分，我们就会发现这种内在的理性实践的深度及复杂性。哲学是理性的、联想的、公共的，是“人所能从事的最高事业”。这使得“奉献”变得绝对必要，比如说为将世界建设得更加美好而共同努力奋斗，正如苏格拉底对雅典的奉献一样。② 个中原因不难了解，恰如柏拉图所

---

① Plato, "Socrates' Defense" 38a, in *The Collected Dialogues of Plato*, eds., Edith Hamilton and Huntington Cairns, Bollingen Series, no. 71, New York: Pantheon Books, 1985, p. 23.

② Ibid., 30b—31c, pp. 16—17.

指出的,社群的形式与个体的形式是没有区别的。哲学还需要“沉思”或思索这一层面,因为它们都是作为哲学之中心的人际遭遇和人际关系的前奏,同时也是在这一实践中发生的一切过程的综合。我们通过沉思就会发现,要想了解真正的自我仅有理智远远不够,因为它对沉默的依赖不亚于它对言语的依赖。沉思,包括用博爱与公正的方式对他者的当下沉思,是一种深沉的倾听,正如苏格拉底神秘的“伫立”以及他与他那“内在的呼唤”①的关系。

这样,哲学作为一种实践恰是与他者的对话,这个他者包括我的(介于能被客体化的一面与无法被描述的一面之间的)“自我”。对话不但使我们“认识你自己”,而且给我们带来真诚倾听他人的开放心胸。同时,从也许更加深刻的层次来说,哲学作为对话将我带到通的状态——让我认识到先前自以为明白的其实并不真正明白,然后彻悟苏格拉底“认识自己无知”的说法,并通过这种领悟与“内在的呼唤”或“预言的声音”联系起来,因为“这种呼唤长期伴随着我,每当我要在最微不足道的小事上犯错时它就反对我”②。

哲学的这种存在方式,以及与之一致的西方整个人文教育传统,决不仅仅关注知识,而且关注人的成长,以期将人的能力培育得既开放又肯定,并且能够充分地展现出来。哲学的这种存在方式珍视完美的人际关系,视民主社群高于一切。

诚如柏拉图所指出的,哲学既能改造个人又能改变社群,且从不以牺牲某一方面以保全另一方面——这与后来的西方历史和应运而生的社会政治思想常为了某一方面而牺牲另一方面大不相同(这些思想不是过分强调个人以致伤害社群,就是过分强调社群的形式而侵犯个人,极少能够同时强调二者的平衡关系)。也可以这么说,哲学的中心是平衡的关系,它是与我们自己、上帝、自然以及他人和谐共处的生

① Plato, “Symposium,” 220c—d, in *The Collected Dialogues of Plato*, p. 571; “Socrates' Defense,” 30d, 40a, pp. 17, 24.

② “Socrates' Defense,” 40a, p. 24.

命的基本品质。或者说，我们可以将哲学视为宽容的个性、温和的宗教、平衡的生态以及民主的社群。

或许应当声明跟苏格拉底有关的另一点：我所认可的对苏格拉底的诠释并不是唯一的！苏格拉底确实一直保持着一层神秘色彩（像西方文化中希伯来的耶稣一般），与其将其视为一套固定的思想，一种既成的说法，不如将其视为一个充满力量的资源。请注意，许多西方哲学学派，包括与我观点不一致的分析哲学，都将苏格拉底视为他们的哲学源头和灵感之源。其实将苏格拉底视为一个在逻辑推理和理性论辩上都无与伦比的大师并不太难。所以，从最真切的意义上说，苏格拉底不仅与对话"有关"，而且在西方文化中他简直就是对话本身。

五、

通过重新运用苏格拉底的方法，我们逐渐参与到我们这个时代杰出的宗教哲学家休斯顿·史密斯所谓的"作为世界宗教的哲学"①中来。西方哲学作为世界各大传统的转型实践的一个成员而成为关注的中心。

正如上面已经指出的那样，在我自己的中国哲学之旅以及"重新发现"苏格拉底的过程中，有几个非常重要的超越相对主义的发展阶段，通过这些阶段我们加入了"作为一个世界宗教的哲学"的队伍。首先，我们对史密斯和其他学者所称的"永恒哲学"②有了了解，即在人类所有伟大传统的最深层次上有着一种深刻且不可言说的共通性。我们有限的语言、文化只不过是在不同程度上赞美、表达和实践了人

① Huston Smith, "Western Philosophy as a Great Religion," in *Huston Smith: Essays on World Religion*, ed., M. Darrol Bryant, New York: Paragon House, 1992.

② Huston Smith, *Forgotten Truth: the Common Vision of the World's Religions*, San Francisco: Harper San Francisco, 1976.

类的这种共通性而已。我们对“客观性”或对绝对存在的经验,与其说来自“上面”,像传统时代的绝对主义那样,不如说来自“底层”。这意味着一种细微但具有决定意义的差异的存在:在传统的时代人们对绝对者的一元论经验来自于权威命令或文化传承,但与此相反,在我们这个后传统的时代,个人的带有普遍意义的经验则是直接从多元的根基上产生的。

深入发掘我们“自己”的传统并加以重新利用,这是第二阶段。发掘自己的传统就是要“回到”我们自己特定的、有限的发源地去。在第一阶段中,我们已经将其视为通往人类普遍共性的必由之路。在今天这个时代,无法达到第二阶段的失败通常表现为美学或社会学而非宗教学意义上的普遍主义。它倾慕我们在前一阶段发现的共通性,但又与任何一种使人谦卑的宗教实践保持距离。这种肤浅甚至错误的普遍主义游移盘桓于后现代相对主义和后面我们将要提到的真正的普遍主义之间。它所蕴藏的唯美主义的危险,在历史上,已经在从克尔恺郭尔到纳粹德国的唯美主义的信徒们和西方的东方主义那里得到充分的表现。

所以,我所描述的成长历程并非就没有危险。除了与我刚才提到的第一阶段相关的唯美主义的危险之外,还存在一种与第二阶段有关的危险,这就是反叛和狂热复旧的危险。理解“永恒哲学”的第一阶段是棘手且具有挑战意义的,有时可能会非常压抑甚至令人害怕。对它的一种回应是玩世不恭地退回自己的独特传统中去。它的基础是简单地寻求一个避身之处的需求,以躲避那在超越了绝对知识和确定性以后的生活的含混性,以及希望能够俯首于不容置疑的权威足下的愿望。“时代所召唤的人类”要求一种无所畏惧的勇气和不是盲目接受的信念,一种并非每时每刻都能轻易得到的支持和引导。

无论我们靠着怎么样有益的指导,如果我们能在唯美主义和狂热主义的双重危险之间走钢丝,我们就开始进入第三阶段——完整的宗教意义上的世界大同。这里有一个重要悖论,此前我将其描述为同时既开放又确定的矛盾，以及认识到人类最深沉的共通性就是我们都需要自我改造的实践。它的两难之处在于，达到这种新的普遍性的途径，或者说是通往“超越后现代”的新启蒙时代的大门，恰恰在于个体实践——通过杜维明所说的“区域性知识的全球化”①。通向真正成熟的世界大同的道路不是要像早先的欧洲启蒙主义那样“超越”或超然世外，而是要投身于那自己的传统及与其他不同传统的对话讨论的“深厚的”层面中去。甚至成为汉娜·阿伦特所谓的“差异的多样性是我们的共同性”②意义上的朋友。对我个人而言，在我和与我不同的传统共同参与改造自我和世界的实践过程中建立的对话关系对我的帮助是多方面的：它帮助我增长见识，得到鼓励和启示，同时也为我赢得必不可少的友谊。

在“作为世界宗教的哲学”里，我们可以更加全面地欣赏、实践并运用苏格拉底的方式。这其中包括接纳对苏格拉底的批评并理解他的能力的限制；我们在何处能找到苏格拉底的同情心和爱心，由此可以治愈那些质问他的人带有根本逻辑错误的自我中心主义？我们在哪里能够发现苏格拉底将他帮助他人明晰思路的过程运用在他自己身上？我们又在何处能得到那对于苏格拉底本人来说显然是极为重要的“神秘的”或沉思的成分相关的指引？

现在，基于我们在全球性的世界宗教背景下对苏格拉底遗产的确定的承继，我们获得了能够真正地成长、能够心胸开阔地向其他传统学习的能力。在新的启蒙成熟时，我们将成功地走出后现代时代，从此不再与无穷无尽的、解构主义的批判纠缠不清，也再不会被新保守主义的自卫性的断言所封闭。比如，中国与其他东方传统有助于我们理解并发展苏格拉底传统中的沉思部分，这样，我们就可以发现在柏

---

① Tu Weiming, “Implications of the Rise of Confucian East Asia,” in *Daedalus: Journal of the American Academy of Arts and Sciences*, Vol. 129, no. 1, Winter 2000.

② Hannah Arendt, *The Human Condition*, Chicago: University of Chicago Press, 1958, p. 176.

拉图的著作中被忽视和不曾发挥的部分并使之具体化。有了东方友人的帮助,过去意义模糊的篇章今天焕发出新的重要意义。请思考一下如下的说法吧:“要想真正熟悉并领悟苏格拉底式的实践,必须先经历漫长的对相关主题的学习,并且建立起一种长期的亲密关系,直到忽然之间,仿佛跳跃的火花猛地闪耀起来,彻悟在灵魂深处爆发,从此达到吾性自足。”①这可以说是东方意义上的“启蒙”吗?或者它只是我们这个时代必须关注的通往成熟的必经阶段?

六、

正如我在此文开头提出的,在后“9·11”世界中,使对话尽快发展成熟显得十分紧迫。我作为一个西方人和美国人,也许可以这样结束此文:运用我努力发掘的全新视角,不是用来研究中国或阿富汗文化,尽管这也是非常必要的,但主要还是运用到对我们自己文化的研究中。所以,我的结论是运用苏格拉底的视角有助于反思美国当前的社会状况。我的这项工作不仅得到西方和美国同道的合作,而且得到从事类似工作的研究儒家和道家思想的朋友们的支持。

从“9·11”恐怖事件及随后发生的一切来看,美国已经开始运用乔治·布什先生所称的“世界新秩序”的视角来看问题。

能够选取合理正确的视角是很不容易的,因为几乎整个美国文化都被这么一个拷问所包围:他们为什么如此仇恨我们?在又一个新千年中,如何回应这深层次的问题,伴随着试图以那真实却又捉摸不定的敌人——恐怖主义作为目标来回避那个问题的倾向,无疑已经成为美国最主要的威胁。

对于美国人民来说,如何定位美国在世界家庭中的位置,如何将

① Plato, “Letters,”241c—d, in *The Collected Dialogues of Plato*, p. 1589.

存在的问题表达清楚并转向一个更广阔的视野，无疑也是一个重要的挑战。这也是如何使自己跟世界的关系更加成熟的挑战。这要求美国认识到自己过去自以为是、高高在上、目中无人的傲慢态度。这种态度，连同美国人生活上过度的奢侈，以及多元文化中明显的相对主义和自暴自弃，是世界上其他民族仇视美国的主要原因。（当然，这些原因还应当包括贪婪、攫取、自私自利、自我标榜、对国际政治漠不关心、"精神麻木"以及大量倾销消费文化又美其名曰"援助你们"……）

美国的这种态度过去几乎完全是下意识的。在新的成长历程中，意识到这一点必然备感苦痛。毫无疑问，从过去的麻木不仁中苏醒过来是非常痛苦的。今天美国所处的历史阶段类似于一个人成长到某一关键时刻，逐渐开始意识到自我的存在，开始学会如何对自己给他人带来的限制和伤害负责。其实，这一成长的关键时刻似乎无论对于个人还是对国家和文化来说都是历史阶段的转折点。它是我们开始走向成熟的标志，从此我们学会平静地与过去的自我告别，抛弃长年累月的自我吹捧和谴责他人的自我辩解。

这一挑战无疑是严峻的，因为我们的自我辩解已经影响了人类历史太长时间，因为我们对"和平共处"觉得那么陌生和疏离，可是，只要我们仍旧企望一个和平与公正的未来，我们就要勇敢面对这一挑战。

自我尊重是我们这个时代通往成熟的必要条件。它不仅仅要求我们对自己过去所做的一切进行自我批判，而且要求我们继续保持和发扬我们为之奋斗的美好理想。在这一点上，美国是得天独厚的，而且对世界其他国家负有特殊的责任。这一危机的积极方面在于它更广泛更包容万象地体现了所谓"美国式开放社会"的理念：一个人类共和国，一种多样性的统一，一个多元共生的社会或世界。无论在国内还是国外，美国都应该反省自己在实践这一理念时的过错。当然，珍惜和体会既已取得的成就也是必要的。

美国应当抓住眼前这个机会，将处理国内不同文化的关系的理念推广到国与国之间的关系中去。与其他民族和文化团结一致，共同反击国内外的恐怖主义或狂热主义的威胁,也是一个能让我们发扬自己的传统的初衷的机会。美国甚至有可能在肯定其他民族和文化也拥有它们自己的优良传统并将其奉献给人类的未来的同时,发扬自己的传统中的最优秀的部分。这一点非常重要:在我们奉献自己优秀传统的同时,我们自己要对其他民族所奉献的优秀部分持开放的态度,并在学习中共同成长。比如,我们能从中国文化中学到很多关于如何培养平等的个性的修养方法,而这对民主社会的持续稳定发展非常重要。①

这种开放的态度带有矛盾的性质——它同时也是健康地弘扬我们自己的必要途径。它既能帮助美国解决国内的问题,又可以帮助我们更加完美地实现民主和成为世界公民的远大理想。

(温海明　译)

(倪培民　王庆泓　校)

---

① 倪培民在 *A Confucian's Call for Genuine Global Cultural Dialogues* 一文中表达了这样的观点:在儒家传统与西方的对话中,西方有民主的社会形式,但相对缺乏个人修炼(学)的层面以保证那在理智上把握的民主的理想。(西方缺乏 Mill 所说的民主所必须依赖的条件——“经过启蒙的个人利益”和“成熟的个人”)东方有着丰富的个人修炼的传统资源,但在如何将理想从政治生活的层面上予以落实却相对薄弱。

儒家文化与全球性的对话与和谐

[美]倪培民

“9·11”以后的世界要求全球各文化之间的对话进入一个新的、更实质性的阶段。显然,仅仅用“邪恶势力”之类的语言和军事力量的反击,无法从根本上解决问题。军事行动对于消除当下的威胁是必要的,但不能去除问题的根子。恐怖主义的真正根源是在观念和价值的冲突,在于以这些观念和价值为指导的行为方式,以及由这些行为而引起的仇恨。只要那些我们在电视新闻中看到的为“9·11”事件欢呼雀跃的妇女儿童仍然抱有他们的观念,同样的悲剧就会重演。恐怖主义的真正基地不是在阿富汗的群山里或伊拉克的沙漠中,而是在人的观念里。因此,这场战争的最终胜利,不是靠军事力量所能赢得的。它要从一种在性质上完全不同于军事行动的“战争”中去赢得——从文化和观念的交流、碰撞、检讨,从教育的普及和更新,从一个新的启蒙运动和各文化、宗教间的真正的对话中去赢得。

儒家传统在这个全球状况中处于怎样的地位?它对于解决文化间的冲突能作出什么贡献?对这些问题作出系统而严谨的研究和回答,是整个比较哲学、比较宗教学、国际政治学等等综合在一起才能达到的目标。但问题的重要性和迫切性迫使我们不得不在作具体细致的研究的同时,从大处作一些宏观的考察。本文就属于这样一种宏观考察的尝试，希望能就以上两个大问题提出一些看法和建议。

一、“同”与“和”

儒家的目标可以概括为“修身”和“齐家、治国、平天下”两个互相关联的方面（或曰内圣外王之道）。它对家、国、天下的关怀远远超出许多其他的宗教传统（如佛家和道家）。但正是在这方面，儒家受到的批评也最多。从五四运动以来，儒家不断地被作为中国大一统专制政治体制的文化理论根据来批判。但是如果我们把儒家奠基人所提供的理论资源和历代帝王政治以儒家的名义所行之实以及后人对儒学所作的各种诠释发挥区分开来，应当承认，在当今的全球状况中，儒家的基本精神代表了解决文化冲突的希望。它的复兴能为世界作出杰出的贡献，虽然这种复兴不可避免地要求儒家本身在发掘其理论资源的同时，作出现代化的转化。

儒家所谓的“齐”、“治”、“平”，可以说是同一状态的三种不同表达。它们都意味着一种和谐的有序性。尽管后来这种有序性被理解为长幼、尊卑、男女等等严格的等级制度，但显然儒家奠基人的本意不在于为社会上某些人提供专权统治另一些人的机制。孟子对于王道和霸道的区分就是显证。其“齐家、治国、平天下”是以“修身”为前提，而修身又是以仁义为内容的。对“齐”、“治”、“平”这种有序状态的更恰当的理解，应当用“和”字来概括。“和”不意味着“同”。孔子说：“君子和而不同，小人同而不和。”（《论语》，13. 22）“和”乃是不同成分的互利互助的共存状态，而不是同样成分的简单集合或共存。这个观念在《左传》中表达得十分清楚和生动。和谐好比一锅不同作料做成的羹，或不同音调组成的乐曲。“若以水济水，谁能食之？若琴瑟之专一，谁能听之？同之不可也如是。”（《左传·昭公二十年》）要在不同的成分所构成的集合中求同，就必然是将某些成分的独特性强加于别的成分之上，迫使其同化，而另一些成分则被迫放弃自己的独特性，以求生存。但在“和”的集合中，一个成分在与其他不同的成分共存时不是以牺牲自己的独特性为条件，恰恰相反，其独特性正是由于与其他成分的共存而得到充分的发挥，并且同时也使其他成分得以相映生辉。

当然，一锅羹里各种作料成分的和谐是基于这样一个条件的——这些作料成分之间不能有本质上的互相冲突。中国有句老话：“一粒老鼠屎坏了一锅粥。”仅仅是不同、独特，并不证明一个成分可以成为一个和谐整体的一部分，更不必说是一个有价值的组成部分了。因此孔子在原则问题上还是求同的。他说“道不同，不相为谋”（《论语》，15.40）。这个限定并不见得是孔子在对待多元化问题上的不彻底。说到底，“和”的原则无法与破坏和的成分和谐共存。美国风行的“政治正确运动”和对多元文化的提倡，实际上也有着这么一个限定。如果所谓政治上正确指的是不管什么内容的文化都应得到保护和发扬，那么反对多元文化的文化是否也应得到保护和发扬？

而且，光是各个成员间志同道合还不足以保证一个理想社会。一粒老鼠屎可以坏一锅粥，但一锅各种不同的屎也可以构成“和”，也可以使各自的臭气得到更加淋漓尽致的发挥。《礼记》中讲的“大道之行也，天下为公”，显然不能包括一锅屎的“公”。“9·11”的恐怖分子也难说不是为了某种“公”。所以问题又在于我们要达到哪种和谐，谁的为公。儒家的“为公”能否成为普世的公？孔孟之“道”能否成为普世的道？它所要求的志同道合与“和”所要求的多元性是否冲突？要回答这些问题，就必须涉及“和谐”和“公”的具体内容。不同的文化和宗教传统都有自己的“道”。如果它们都仅仅坚持“道不同，不相为谋”，都坚持自己的“公”的概念与“和”的前提，都要求其他各方认同其基本原则，而只允许无关紧要的方面的特殊性（例如是用刀叉还是用筷子吃饭之类），那么“同”与“和”的本质区分又何在？所以抽象地提倡多元文化的和谐是远远不够的，各文化传统仅仅要求别的文化在服从自己的基本信条的基础上才与之和谐共处也是不够的。各文化传统必须通过对话,通过对自己的传统和别的传统在对话过程中的批评和反思,才有可能达到真正的“和”。

二、开放性

对于“和”的可能性的探讨把我们引到了对话的可能性的问题。对此, Stephen Rowe 有一个很好的概括。他认为,对话只有在各方都采取“开放的肯定性”(Open definiteness)的态度时才有可能。① 所谓开放,指的是认识到自己的可错性,有限性,愿意倾听别人的想法,愿意努力去理解别人,并且在面对确实更有说服力的不同观点的时候,能够放弃自己原来的观点而接受新的观念。所谓肯定,是指有一个明确的立场和观点,并在没有充分的理由去否定它们以前,不随意地放弃这些立场和观点。

认识到自己的可错性是开放心态的最基本的规定。那些固执己见、自以为是的人是不会觉得有对话的必要的。他们也许会认真地听取别人的想法,但目的只是想如何去驳倒或说服对方,而不是为了探讨真理。麦金太尔(Alasdair MacIntyre)提出,与其他传统进行有益的对话的一个基本条件,“是设法由我们自己的立场出发,尽可能地将此(按指我们自己的观念)视为是最成问题的,而且是最易被对方击败的最软弱的系统。唯有当我们真正认识到这样一种可能性,即自己的观点最终会被我们的理性不得不抛弃的可能性,才能了解自己的观念或理论与实践探索的传统究竟拥有怎样的智识与道德资源,并同时了解对方传统可能拥有的智识与道德资源”②。

---

① Stephen Rowe, *Rediscovering the West*, SUNY Press, 1994, P. 93.

② Alasdair MacIntyre, “Incommensurability, Truth, and Conversation between Confucian and Aristotelians about the Virtues,” in Eliot Deutsch ed. *Culture and Modernity*, University of Hawaii Press, 1991, P. 121.

从理论上说，认识到人的可错性并不是什么了不起的事。且不说早在公元前几百年，中国的老子、孔子，古希腊的苏格拉底就已经都有了“知不知”的智慧，人类经过两千多年的哲学探讨，尤其是西方近代哲学的认识论转折和现代的语言学转折，这一点已经可以说是哲学界的普遍共识了，尽管和其他任何学术界相比哲学界是最少有共识的。这个道理的深刻性与其说是在理论上，不如说是在实践上。有许多人以为自己懂了这个道理，表现在行动上却只是指责别人不知自己的无知，以为自己能看到别人的不知自己的无知便是他高于别人之处。令人吃惊的是其中很多还是哲学界的人士。他们可以在理论上完全承认自己的可错性，但在行动上却忘记了苏格拉底的智慧的核心在于知道自己的无知。苏格拉底说自己是牛虻，这个比喻唯一不确切的地方是他不只叮别人。

这个道理对于那些自以为能确知神意的人尤为困难。许多人用尼采的名言“上帝死了”来描述后现代的世界。但这个说法显然要加上一些限定词。对相当多的人来说，精神性是死了，但对某种超验权威的盲目崇拜却顽固地活着。那些恐怖主义者也自以为是秉承了神的旨意。宗教界的人士常常说，那些恐怖事件是宗教极端分子的所作所为，是某些原教旨主义者片面或歪曲理解其宗教教义的结果。这种看法，用黑格尔的话来说，固然是“不错”，但尚未达到“真理”。所有的宗教文明都应当正视这样一个问题——为什么在某些宗教传统中更容易产生出极端分子和原教旨主义？为了维护自己的宗教传统的尊严，人们往往回避这样一个事实，那就是如果一个传统缺乏开放精神，不承认自己的可错性，或者是在这方面不彻底，这个传统就容易产生极端分子！还需要有一个很长的过程，才能使人们普遍认识到人无法用上帝全知全能的目光看待事物，认识到即便你的宗教的“圣经”是上帝的真理，这个圣经也是用人的有限语言，通过历史的和具体的文化传统中的人来记载，并只能通过可错的、人的理解去诠释，因而也是可错的。

传统儒家在这方面不像其他一些宗教文明那样背有沉重的包袱。正如杜维明在一个对话中所说，孔子是儒家思想的代表，但他既不是儒家价值的最高体现者，也不是儒家论说的创造者。他是述而不作的集大成者，是朝着儒家理想境界不断成全自己的实践者。① 他虽然敬畏天，并且自称在 50 岁时能知天命(《论语》,2.4)，还以“天生德于予”(《论语》,7.23)自命，但儒家的天不是超验的神，而是体现在世界之内的以“四时行焉，百物生焉”表现出来的自然法则(《论语》,17.19)，和以“民视民听”体现出来的社会趋势。② 孔子从来不把自己当做先知先觉的“教主”或者“天”的代言人。对超验的事物如鬼神、来世之类，孔子持非常谨慎而开放的态度。他承认鬼神存在的可能性。他在祭鬼神时，虔诚得就像鬼神就在场一样(《论语》,3.12)，但他又不断定有鬼神存在。他坦率地告诉他的弟子，“吾有知乎哉？无知也。有鄙夫问于我，空空如也。我叩其两端而竭焉”(《论语》,9.8)。他也不声称自己永远正确。他说“丘也幸，苟有过，人必知之”(《论语》,7.31)。据《晏子春秋》记载，孔子因晏婴“事三君而顺”疑其为人。晏子听说以后叹道，“以一心事三君者所以顺焉，以三心事一君者不顺焉。今未见婴之行而非其顺”，今后我对儒家恐怕也不能太抱怀疑态度了。孔子听说此言以后说：“君子过人以为友，不及人以为师。今丘失言于夫子，夫子讥之，是吾师也。”并派弟子宰我去代表自己向晏婴谢罪认过(《晏子春秋·外篇第八》)。这种坦承己过的行迹，身体力行地“过勿惮改”(《论语》,1.8)的自我更新精神，在其他宗教文明的主要代表人物中是鲜见的。而且，在传统儒家看来，这种开放的自我批判，不仅不是单纯的自我否定，而且正是更新自己，成就自己，是儒家所谓的“为己之学”的一部分。正因为儒家传统在本质上有

① 见哈佛燕京学社和三联书店主编的《儒家与自由主义》，北京：三联书店，2001，第 125 页。

② 关于儒家的“天”不是超验的这一点的论证，请参阅 Hall 和 Ames 合著的 *Thinking through Confucius*，第 204—208 页。

此开放精神，所以它的内部就很难产生出极端的原教旨主义来。①

三、肯定性

具有开放心态，承认自己的可错性，并不等于放弃自己的肯定性，也不等于只反省自己而不去帮助别人。当今的世界缺乏的不只是开放的精神，也缺乏肯定性。美国近20年来盛行的所谓“政治正确运动”(Politically Correct Movement)使许多人放弃了种族、性别和宗教上的歧视，接受和尊重多元化的事实，无疑具有巨大的积极作用，但它也带来了一种病态心理，以为要尊重别人就必须认为所有的文化价值体系都是同价的，没有优劣之分。“容忍”成了最高的德行。在美国1997年6月27日的《高教记事报》(*The Chronicle of Higher Education*)上并列发表了两篇文章。一篇是汉密尔顿学院(Hamilton College)的哲学教授Robert L. Simon写的。他指出在美国有一种日益增长的“绝对主义恐惧症”(Absolutophobia)——惧怕对任何哪怕是显而易见的罪恶作出道德判断。那些在越来越多元化的社会中成长起来的年轻人，由于接受了“仅仅因为别人与你不同，不等于他们比你更好或更坏”的观念，非常害怕被人说成是绝对主义。虽然Simon教授的学生们没人怀疑纳粹的种族灭绝暴行是个历史事实，但越来越多的学生拒绝对此作道德的谴责。有一个学生说：“我当然不喜欢纳粹，但谁能断言他们是不道德的?”另一篇文章的作者是帕萨地那城市学院(Pasadena City College)的作文老师Kay Haugaard。她说，在她20年的教学经历中，她一直引导学生讨论Shirley Jackson的经典短篇小说《抽签》(*The Lottery*)，从来没有学生对故事中那将无辜的人用乱石击毙的残

① 儒家主要经典中有关此题的其他主要论述还有很多，如“小人之过也必文”(《论语》,19.8)，“过而不改，是谓过矣”(《论语》,15.30)，“君子失诸正鹄，反求诸其身”(《中庸》,14章)，等等。

酷宗教礼仪是不道德的行为有任何异议。但在最近的一次讨论中她惊奇地发现,20 多个看上去智力正常的学生竟然没有一个能摆脱犹豫和困惑,站出来谴责活人献祭。一个 40 来岁的女学生问道:“这个仪式是他们的宗教的一部分吗?”“是的话又怎么样? 有什么不同呢?”当老师的反问道。“我也不知道,”学生回答说,“如果这个宗教是一个悠久的传统……”Kay Haugaard 简直不相信自己的耳朵。她写道:“那是一个温暖的夜晚,但我感到寒栗,彻骨的寒栗。”令人觉得可怕的是,如果人们变得毫无立场,对所有的事情都只能耸耸肩膀说一句“谁能断言什么是对的?”那么又有什么能制止纳粹暴行的重演? 1994 年发生在卢旺达的 80 万人被屠杀的种族灭绝暴行是否只有在发生到我们自己头上时才会引起我们的愤慨?

但平心而论,这些学生不会是完全是非不分、麻木不仁的冷血动物。他们的态度在一定程度上是出于谨慎的开放心态,生怕自己太过于自信,对自己不甚了解的其他文化价值体系作出贸然判断。但如果把开放理解为不能有自己的立场,对话也就没有了可能。对不容忍的容忍,只能导致对容忍的不容忍。另一方面,这些学生的态度也出于一种虽然幼稚,但又非常普遍地存在的逻辑混淆,即把尊重他人自由选择信念的权利等同于认可他们所选择的信念的正确性,把指出别人的错误等同于剥夺别人的信仰的权利。似乎对某种观点和行为的批判,就意味着对人权的侵犯。其实这两者毫无必然的联系。

由此而引起的“绝对主义恐惧症”既使人丧失了批评别的文化和价值体系的能力,也反过来成了自我封闭态度的保护机制——既然我的信念和价值体系只是与你的不同,没有优劣之分,那么我就应当认同我自己,为我的独特性感到骄傲。事实上美国的“政治正确运动”所提倡的一个口号“为自己的独特性感到骄傲”(To be proud of who you are),由于它本身的含混性,已经从认同自己的种族、性别等等天生的独特性扩展到文化价值上的独特性,并进而扩展到任何其他的独特性。

传统儒家的“和”,包括了对多元性的肯定,但又有“道不同,不相为谋”,“忠焉能勿诲乎”(《论语》,14.8)的确定性。孔子明确地指出,甚至对自己的君主或父母也不能唯命是从。孔子说:“昔万乘之国有争臣四人,则封疆不削;千乘之国有争臣三人,则社稷不危;百乘之家有争臣二人,则宗庙不毁。父有争子,不行无礼;士有争友,不为不义。故子从父,奚子孝?臣从君,奚臣贞?审其所以从之之为孝、之为贞也。”(《荀子·子道》)从商、周到后来历朝历代,像屈原、晏子、魏徵这样的谏臣都代表了以直言其君之恶为忠的传统。这种在道德理性面前的平等,而非绝对的平等的关系,虽然缺乏制度的保障,以致忠臣往往受害,但它所代表的确定性,作为对开放性的不可缺少的补充,是儒家可以为当今世界文明对话提供的重要资源。

四、方法

现代占统治地位的对话方法,是运用语言陈述、解释、假设、推论、反驳的论辩性的方法。作为其补充的,是法律制度和宗教道德律令的制约。但文明间的交往,或广义上的“对话”,并不仅限于语言的论辩性的运用。对法律或宗教上的某种外来的律令的服从,也不是最有效的维护和谐的方式。儒家的方法,主要是“克己复礼”。“一日克己复礼,天下归仁焉。”(《论语》,12.1)克己也是建立道德典范。“修己以敬”,“修己以安人”。“君子之德风,小人之德草。草上之风,必偃。”(《论语》,12.19)孔明之七擒孟获,就是这种以德服人、以德化人的典范。如果说开放性要求的是认识到自己的可错性,那么在与人对话的方法论上,要求的是先正己之身。“言忠信,行笃敬,虽蛮貊之邦行矣;言不忠信,行不笃敬,虽州里行乎哉?”(《论语》,15.6)道德的感召力往往大于理论的说服力。“其身正,不令而行;其身不正,虽令不从。”(《论语》,13.6)复礼是以礼节之。“礼之用,和为贵。先王之道,斯为美。小大由之。有所不行,知和而和,不以礼节之,亦不可行也。”(《论语》,1.12)此语极其明确地表明了儒家对于礼在达到“和”的目标上的作用和观点。

在中国历史上,礼对于各层统治者的制约力量是不容置辩的。而且,如果说民主是在程序上规定了个人自由表达意见的权利和基本程序,礼仪则能为意见的表达方式提供更具体的制约,从而能使人际的交往更容易达到和谐。一个承认民主权利却不知礼仪的人,可以在讨论会上滔滔不绝,使原则上有平等权利的其他参与者在实际上被剥夺了发言权,而且可以在自己讲完以后就一走了之,不听取别人的发言。这种行为一般说来并不违背民主的程序,但如此的交往和对话方式,显然不足以导致和谐。

David Wong 在他的《和谐、分离与民主之礼》一文中指出,要找到一系列为大家普遍承认的道德价值或“重合共识”是很困难的。因而以寻求重合共识为保证民主机制的唯一或主要战略是错误的。他提出,礼可以帮助我们在完全听任分离和以和谐的名义消灭健康的异议以及合理的不同意见这两个极端之间找到某种明智的平衡①(后者实际上确切地说是孔子所反对的“同”,而不是孔子所要达到的“和”)。礼仪要求参与者有与特定的礼仪相应的态度,而礼仪本身又可以唤醒、引起、提升和强化这些态度。“知和而和”之所以行不通,在于直接诉诸和谐缺少了那种可以唤起人们相互尊重的态度的力量。而这种尊重,又是人们愿意倾听、思考和重视其他参与者的意见,从而达成共识的必要前提。在礼仪活动中,理智是模糊的,没有推论性的语言介入,但情感的共振却有丰富的内容和意义。这些意义也许没有统一的正统解释,但正因此,它的开放性和模糊性可以将各种生活态度不同的人团结在一起。它使和谐有了一个超越理智共识的、情感上的基础。David Wong 意识到,礼仪的参与者必须对礼仪的内容有一定程度

① 见 Leroy Rouner 所编 *Civility*, University of Nortre Dame Press, 2000。

的认同,而且礼仪也可以被用来培养和加强其所代表的意识形态的统一性。但由于礼仪的意义主要是由行动承载的,所以其认同程度仍旧是模糊的,仍为各种不同的观点留有很大的空间。

某种程度的认同在礼仪中是不可或缺的。一个参加了佛教剃度仪式的人,在多大程度上认同佛教教义可以是非常模糊、开放的,但很难说一个仅仅是借此机会剃个光头的人是真正地参加了这个仪式,尽管他为了不出钱剃头而做了所有这个仪式规定他做的动作。礼所要求的对基本共识作出诠释方面的模糊性和开放性,说明它对于能为理性语言所概括的共识的要求的宽泛。理性原则总是"薄"的,抽象的。但礼所引起的感情上的共鸣是"厚"的,具体的。这种共鸣也是有内容的认同,所以模糊性并不等于贫乏性。但它却不是排斥了具体差异的同。这正是"和而不同"之和。其实树立道德典范,"修己以安人"的方法也具有这种模糊性和开放性,并且也具有达到"厚"的层面的认同感的效果。而且两者都是通过引起对象内在的共鸣而达到"和"的目的,这与通过外在的律令去规定人的行为方式有根本的区别。

当然,"克己复礼"也许不能完全解决问题。如果所有的人,所有的文化传统,价值体系的成员,都能持开放的态度而反躬自省,"见善则迁,有过则改"(《周易·益》),看到别人的过失"有则改之,无则加勉"(朱熹《四书集注·论语·学而》注语),都能被榜样的力量所感化,被恰当的礼仪所节制,当然很好。但不幸的是,事实上远非所有的人都能如此。《镜花缘》里有个"君子国",那里人人都是君子,市场上讨价还价都是"反着"来的——买者说,你这货如此之好,我怎么能只付这点钱?卖者则坚持道:你让我把这高价卖给你,岂非处我于不义?最后买卖双方也许同样会以一个合理的价格成交。那洽谈生意的过程会是十分友善的。可是这种交往方式只有在双方都是君子的基础上才有可能。若一方是君子,另一方是小人,则君子便常常让小人占了便宜(虽然这常常是因小失大之类的小便宜)。所以君子在与人交往时,还应当因人而异。必要时,对错误的言行,也可以"鸣鼓而攻之"

(《论语》,11.17)。只是这种批判也必须要有适当的方法。如孔子主张"攻其恶不攻其人"(《论语》,12.21),要对己严,对人宽,不要求全责备(《论语》,13.25),等等。

五、作为共同基础的人道

假设所有的国际社会成员都接受了"开放的肯定性",也都接受了"克己复礼"的基本方法,这样是否足以导致我们所希望的"和"了呢?还是不够。

为了说明这一点,我们假设有一个邪教,其教徒都相信他们的神乃是宇宙最高的主宰。他们认为人生乃是灵魂在身体中受囚禁的过程。他们宗教的目标就是要使大家都脱离这个囚笼进入天堂。他们相信这种解脱与两个条件相关——第一,在人世活得时间越长,此人的灵魂就越难进天堂;其次,帮助越多的人早进天堂,自己也就越容易进入天堂。所以该教的教徒们真诚地、又为己又为公地杀人和自杀。按照他们的标准,"9·11"的恐怖分子是英雄,他们的行为乃是度己度人的壮举。但这些教徒们也接受开放的肯定性的原则,愿意与其他宗教文明和价值体系进行对话,并愿意修己以为道德榜样,执礼以节制行为和沟通感情。

由于他们的宗教观念像许多其他宗教观念一样既无法证明也无法证伪,所以"开放的肯定性"不见得能让他们放弃自己的信念和立场。他们可以承认自己可能是错的,但没有被证伪之前,他们理直气壮地保持自己的"肯定性"。他们甚至可以用康德的道德律令来检验自己的信念——他们会觉得自己的准则完全可以普世化而不引起任何自相矛盾,也没有把人仅仅当成手段,因为他们的目的是帮助所有的人进入天堂。他们也可以用功利主义来检验自己的信念——他们会认为自己所做的是能导致最大多数人的最大幸福的善举。当然,他们的行为有强加于人的性质，但即便是号称世界上最为尊重个人自由选择的国家也在或多或少的程度上有出于保护个人的利益而强加于人的法律（如驾车必须系保险带的法律）。他们也可以“修己”以安人，如以公开的、从容的自杀为人作出表率，并运用种种宗教的仪式，把这种行为做得既庄严神圣，又像庆典一般鼓舞人心，使得一群群本来精神失落无着的青年如醉如痴，竞相效仿。

这个宗教之所以不能为我们所接受为“和”的家庭的成员，是因为它所缺乏的根本的东西——对人生的肯定。事实上，世界各国对邪教的判断，都把是否肯定人生的价值作为最基本的标准。世界各大宗教之所以被承认为有存在理由的宗教，正是在根本上它们都不违背承认人生的价值的原则，而其中有些宗教之所以比别的宗教更容易产生极端分子，与它们在肯定某种神性的同时在多大程度上仍然承认人生的价值有关系。

传统儒家在这一点上立场十分明确。《论语》中记载，季路问事鬼神。孔子曰：“未能事人，焉能事鬼？”（《论语》，11.12）这句话隐含着这样的前提：事鬼不应与事人相冲突。孔子从未考虑过鬼神的意愿是否要求我们去事人，或是相反，要求我们去害人、杀人。我想他会说，如果有这样的鬼神的话，他们不仅不值得我们去“事”，去“敬”，而且值得我们去“鸣鼓而攻之”。在《说苑·辨物》里有这样一段故事。子贡问孔子：死人有知无知也？孔子曰：“吾欲言死者有知也，恐孝子顺孙妨生以送死也；欲言无知，恐不孝子孙弃不葬也。赐欲知死人有知将无知也，死，徐自知之，犹未晚也。”①这个故事也显示孔子把人放在首位。不论死人有知无知，我们都要适当安葬死者。所以死者有知无知，灵魂有死无死，都与我们应当如何生活不相干。孔子上述最后一句话也可以读成：只要人是“志于道，据于德，依于仁”地去生活，那么死的时候就会无怨无悔。

① 见《孔子集语校补》，（清）孙星衍等辑，郭沂校补，山东：齐鲁书社，1998，第21页。

其他宗教传统一般来说对人生的肯定没有如此坚决。基督教、伊斯兰教、犹太教都肯定人生的价值,但它们都不把它置于对上帝的忠诚之上。然而只要它们承认人生的价值,儒家会愉快地与这些宗教传统和谐共处。虽然传统儒家对鬼神和来世抱怀疑态度,但它并不否认它们存在的可能。在这一点上它与有神论并不冲突。同时,它与无神论也没有冲突。

六、功法论的视角

但是关注现实的人生,而不肯定有超越的神或某种终极的存在,道德会不会失去依据?生命会不会失去意义?种种后现代思潮使人不安的重要原因之一就是它们那严重的相对主义和虚无主义倾向。世界被解除了"魔咒",变得没有了意义和内在的价值。但将神圣性奠基于日常的属人的生活之中,正是儒家能为人世的重新获取意义作出的最重要的贡献。从外在的超越的神意中寻求意义和善的根据,就总是难以摆脱两难境地——你接受上帝的旨意,乃是因为它们肯定了人生的价值,是善的,还是因为它们是出于上帝的旨意?如果是前者,则你心里必须先有一善的标准,有一价值的判断。如果是后者,则"为什么要服从神的旨意"就仍然是个问题,因为在不确定神是善的这个前提下,对神的崇拜就成了单纯的力量崇拜,而有力量不等于正确。这里困难不在于证明神的存在,而在于即使有神存在,对神的服从仍然有个出于什么动机的问题。

儒家思孟学派对善的根据问题的回答,为有神论者、无神论者和不可知论者提供了一个可以共同认可的基础。按照这一理论,人性本有善根。所以善的根据是内在的。历来对孟子人性论的理解多以为孟子的"性本善"只是存有论的陈述。于是有性究竟为善为恶或不善不恶的争论。但这种理解忽视了孟子人性论中的其他层次,如语义学的层次、价值认同的层次和功法论的层次。① 其语义学的层次是孟子对“人性”的定义，即人与草木禽兽不同之处为人性，而非如告子所说的“生之为性”，或如荀子所说的“不可学不可事而在人者”为性。他们对于人性善恶的不同结论，在很大程度上来自于他们不同的“人性”的定义。孟子之以人的恻隐之心、羞恶之心、辞让之心、是非之心这“四端”为人性，除了它们是人与草木禽兽不同之处以外，还出于他对人心中对此四端的深层的认同感的确认，以及对这些深层倾向弘扬之后所能达到的境界的确认和向往。通过这种价值的确认及其对“性”的语义学的规定，孟子实际上已经把“人皆有四端”从与“人皆有四体”(四肢)并列的经验观察命题的位置拔高到了人的本质规定的位置，以致它成了不可证伪的规定性命题。当一个人缺失四端中的任何一端时，此人被看成“非人也”(《孟子》,2:A6)，而不是对“人皆有四端”的否证。而这一价值认同，在很大程度上是出于功法论角度的考虑——即确认人性为善，有助于人们为善！② 所以它与其说是对事实的陈述，不如说是“伸此而抑彼”(朱熹语)的功法，是“启迪人向上之自信及努力”(钱穆语)的教诲，是“立人之道”(唐君毅语)。由于性乃天赋，又是人之为人的根据，因而弘扬此四端亦即达到天人合一，人性有了神圣的意义。尽人之性即尽天之性。这个学说不仅提供了有关善的根据，为何为善，以及如何消除“是然”和“应然”之间的鸿沟等等问题的有力的回答，而且，正是这种“天命在于斯”的信念，导致了儒家“人能弘道，非道弘人”的强烈的使命感、责任感和忧患意识，及“为天地立心，为生民立命，为往圣继绝学，为万世开太平”(张载语)的气魄和胸襟。由于四端人皆有之，所以“人皆可以为尧舜”。人的世界重新

① 本人在第十二届国际中国哲学大会中宣读的论文《作为功法的孟子人性论》对此几个层次有较详细的论述。

② 其最明显的证据是《孟子》里的这段话：“口之于味也，目之于色也，耳之于声也，鼻之于臭也，四肢之于安佚也，性也。有命焉，君子不谓性也。仁之于父子也，义之于君臣也，礼之于宾主也，智之于贤者也，圣人之于天道也，命也。有性焉，君子不谓命也。”(7B:24)

“魔咒化”了。

在世界文明对话中，孟子的人性论可以作为非常具有建设性的提议以供人们参考。但它不是儒家所能接受的唯一的理论。在儒家内部也有不同意见。有些有基督教背景的学者觉得荀子的学说对他们更有吸引力。荀子的人性本恶论与基督教的原罪说确实是更有共通性。从功法的角度看孟子的人性论，就可以比较它与性恶论的效果何者更佳。而且尽管在理论上这两者是对立的，在实践上，作为功法，也许它们各有利弊，甚至可能是互补的。如认为人性本恶，可以使人认识到有“正之”、“治之”的必要。这是一个需要专文讨论的问题。我这里想说明的是，以理论的对错（真伪）为对话和和谐的主要依据，就不可能达到孟子与荀子理论的和谐共存，但以功法论的角度去评价，则两者就不再是有我没他、有他没我的关系了。其实孔子和孟子最关心的是效果，是那“人道昌盛”（Human Flourishing）的和谐世界的实现。“夫子之言性与天道，不可得而闻也”（《论语》，5.13），很可能正是孔子在这方面有意为各学派留有充分余地。前引孔子对于死人有知无知问题的回答，也显示出当存有论的层面没有明确结论时，他的回答就完全是从效果（即功法论）的角度来考虑的。而孟子之所以坚持他的人性论，也主要是因为他认为它的效果最佳。

但无论是哪一派的儒家，他们的目标都是“在明明德，在亲民，在止于至善”（《大学》）。孔子本人虽然没有明确提出他的人性说，但他显然认为，为仁才是像人一样去生活。通过“明明德”以“亲民”，实现对人生的肯定，并寻求至善的最高理想境界，而不只是像康德那样仅仅寻求什么是道德上可以允许的，体现了儒家不仅寻求与别的文化的和平共处，而且期冀与别的文化的互惠互利互补互动的真正的和谐。在确定人生价值的基本原则和“人类昌盛”的最高目标的前提下，各文化传统即便在理论上有各种互相冲突，互不兼容，仍然可以在功法论的方面成为全世界文明之间和谐共处的有价值的成员。

以开放的肯定性为基本态度，以修己、复礼为基本方法，以对人生的价值的确认为基本立场,以“赞天地之化育”,“与天地参”(《中庸》,22 章)为理想境界,儒家为“和”的世界的实现提供了明确的基本原则内容,富有建设性的方法,并为世界各文化传统(包括儒家本身)留有讨论、交流、切磋,以及在这个过程中各自得到充分发挥的余地。基于以上的讨论和观察,我们可以说,儒家在当今世界状况中,虽然它不代表先进的武装力量,无法对恐怖主义实行军事打击,但它代表了可以最终赢得这场战争的真正胜利的希望。

东方合理主义的新理性：对西欧理性全球化的一种替换

[韩] 林泰胜

一、绪言

我们不再相信进步,也不再相信财富的积累可以保证幸福。我们也不再期望,单线性的文化分裂会带来生活的愉快。在人学的范畴里,脱离了所有由人支配人或由文化支配文化样式的进步概念能作为一种共生体性方式。如果这种方式能表示个体力量的最高价值和解放,那么进步性和后现代性的文化主义的课题可以概括为如下。西欧文化是当今近代产业体制和科技体制的全球化文化以及文化垄断主义或文化帝国主义,我们就应该通过对它全球化的强烈批评来恢复我们的生命,还应该通过文化力量的活跃来建构新的全球性"共生体(symbiosis)"。

经济的全球化(globalization of economy)和文化的分裂(fragmentation of cultures)这两种因素的配合支配着现代世界①,"统一(unifica-

① Alain Touraine, *Critique de la Modernité*; Soo-bohk Jung 等译,《现代性批判》,汉城:文艺出版社,1996,第7页。

tion)化趋向和分裂化(fragmentation)趋向成为当今生存的条件"①。我们的最大威胁,可能是来自开放的经济和与他人沟通不了的个体性之间的彻底分离。在此,如果我们梦想真实的全球文化,就应该追求对比的多样文化体验而不是注重划一。这是建立人和人或者人和自然的共生体的坚强而稳固的前提。

现代社会是由建立在理性主义基础上的实用理性规范维持的。可依据这种实用理性规范来建立的物质文明已经显露出它的不足,因此,我们需要新的文化价值规范,而这可能代替实用性和工具性的理性规范。走向新视域的转折点不是别的而是现代物质文明,或者就是基本上已到达临界点的理性至上主义。由此可知,如果把克服超越工具合理性作为我们的课题,对超理性的新发现可以说是一个有效的抉择。这就意味着,克服理性规范的文化规范体系应该是建立在超越理性基础上的新价值体系。西欧理性虽然不能放弃,但是我们应该通过舍弃工具合理性而采用启蒙性的批判性扬弃(Aufheben)来恢复感性和超理性。

以下将讨论作为取代后现代性的一个所谓古典性和偶然性的东方精神所能产生出的效果。

二、现代性的概念

理性是人类特有的理智的认识能力和价值规范。所谓理性主义,是一种对理性绝对肯定和信任的哲学观。理性主义主张:1. 人是理性生物,理性是人的本质;2. 理性也是世界的本质,不存在理性之外的世界;3. 理性是万能的上帝,依靠理性可以征服自然、创造理想的社会。②

① Kil-sung Park:《全球化:资本和文化的结构变动》,汉城:社会批评社,1996,第42页。

② 杨春时:《超越实践美学,建立超越美学》,载《社会科学战线》,长春,1994,第1期。

但是，由于人们对取代神性的理性的绝对信任，不顾近代启蒙运动的灿烂辉煌的战果，终于导致理性至上主义的产生。理性至上主义的特征如下：1. 盲目相信科学主义和技术万能主义；2. 发展指向的无限膨胀；3. 由对自然理法的否定把自然理解为支配的对象；4. 由于对人的知觉和思维能力的绝对信任而造成人类绝对主义（Human-absolutism）。这种理性至上主义就是一种历史人道主义，也就是说，它力图把支配自然和社会的人类提升到万物至上的地位。另一方面，它还始终把人类自身隶属于一个不断增长的无穷尽的欲望体系。①

实际上，理性主义作为一种进步思潮曾经创造了繁荣的古典社会（古希腊、罗马和古代中国），以后又曾把欧洲从中世纪宗教黑暗统治中拯救出来，并且推动人类进入近现代文明。但是，在现代社会，理性主义的局限性和缺陷却明显地显露出来，它的三个基本信条都受到了冲击。首先，人不仅是理性动物，非理性和超理性同样是人的重要本质。其次，世界也不仅仅是理性的世界，还存在着理性之外的世界。最后，理性也不再是自由女神。在现代社会，理性呈现出压迫性的一面，它束缚精神自由，令人难以忍受。② 在理性之上，还存在着超理性领域，它是人内在的自由要求，它是理性与非理性冲突的解决手段，是人的精神的升华，它指向超现实的彼岸世界。审美、艺术、哲学，甚至宗教都属于这个领域。超理性比理性更深刻地揭示了人的本质。总之，用理性并不能完全理解世界。

哈贝马斯（Habermas）决不抛弃现代性所保持的启蒙性，主张现代理性的优越性，他曾经说到："现代性展示出人类存在的普遍结构和人类行动的普遍规范，因此，它对普遍确实性的把握作了极大贡献。"③

---

① Jung-il Doh：《世界市民论》，汉城：庆熙大学出版局，1995，第 373 页。

② 杨春时：《超越实践美学，建立超越美学》。

③ H. Dreyfus and P. Rabinow, "What is Maturity? Habermas and Foucault on 'What is Enlightenment'," in D. C. Hoy (ed.), *Foucault: A Critical Reader*, Oxford, Blackwell, 1986（转引自 Barry Smart, *Postmodernity*, London & New York, Routledge, 1993；Kyu-hun Lee 等译，《后现代性的概念》，汉城：现代美学社，1995，第 106 页）。

但是,基于现代性的现代技术文明的危机已经具有威胁地球村的普遍意味。像海德格尔指出的那样,表现为西方形而上学完成的现代技术,毋庸置疑地实现了地球和人类的全盘西化。① 文化的、经济的、政治的现代性的本来面目,分解成性、消费、企业、民族,使合理性还原到所谓工具合理性和技术的剩余物。② 实际上把我们生活世界的殖民化,就是称作运转现代技术的逻辑的工具合理性。

那么,西方合理主义具有什么问题呢? 现在在后现代主义(post-modernism)的范畴里所提到的西方理性的主要缺陷是支配和划一化。简单地说,现代西方理性不是引进自由而平等的公民团结与和解,而是体现出把特定的人和理念绝对化的专制政治。西方理性的这种专制性支配,以科学和技术作为强大武器,根本不允许其他理性。而且,西方理性支配的就是基于道具性理性的划一化。③ 现在我们所自然而然地接受的理性,实际上是通过技术文明和资本主义的力量普遍化了的西方理性,而这种观点正在逐渐扩散开来。目前我们面对的理性缺乏和混乱,可以说就是由西方理性绝对化和划一性普遍化造成的。

三、对西欧理性的批判性扬弃

进化主义人类学认为,人类社会的进化是单线的,文明一定是从高级文化传给低级文化。从这种进化主义前提出发,传播主义人类学相信,人无论在哪个社会一定会听从同一法则,而且人必定向同一过程(现代西欧文明的方向)进化下去。④ 这两种观点或信念最终产生

① 转引自 Jin-woo Lee《对后现代主义的哲学的理解》,汉城:曙光社,1993,第 319 页。

② Touraine, *Critique de la Modernité*,第 136 页。

③ Jin-woo Lee:《理性死亡吗? ——后现代主义的哲学》,汉城:文艺出版社,1998,第 21 页。

④ 绫部恒雄编,《文化人类学 15の理论》,东京:中央公论社,1984;Jong-won Lee 译,《关于文化的 15 个理论》,富川, Ingansarang,1988,第 34—35 页。

了西欧中心主义。可是,依据这种西欧中心主义发展的现代社会的面貌又如何呢? 尼采曾经问过:现代世界是将要被消灭呢,还是继续发展下去?① 从环境或经验上看,它是否接近于消灭方向? 无论什么结果,我们至少应该面对这种令人沮丧的疑问。②

预示西方理性死亡的文化征兆到处出现。那些认为支配了自然就是彻底解放的人,没有想到对自然的征服的结果却是更多地破坏了人类生存的基础。③ 马克思曾经说到:"现代资产阶级社会,即引起强大生产和交换方法的社会,好像是那些不能控制依据自我咒语唤起的地下世界的力量的萨满似的。"④由此可知,西方的窘境就是由资产阶级社会本身处于文化的精疲力竭状态这一事实造成的。⑤

现代具有两种含义。一个是技术的现代性。这是以所谓技术进步和持续革新的假定形成的,作为一种物质性的因素,它是一种短暂性的现代性。另一个是解放的现代性(modernity of liberation),这是意识性的。它不是一时的而是永恒的,不是技术和无限富裕的现代性而是解放的、实质民主主义的、完美人性的以及中庸(moderation)的现代性。这是人类自由对于邪恶和无知势力的胜利。⑥ 后现代逻辑的目的就是,首先承认错误的现代性的结局,而后,指出它的目标不是"技术的现代性"而是真正"解放的现代性"。此时,该放弃的对象是"资本主义的现代性",而该继承的是在近代世界体制里历来追求的"解放

---

① F. Nietzsche, *The Will to Power*, New York, Vintage Books, 1968, p. 48.(转引自Smart, *Postmodernity*,第104页。)

② Smart, *Postmodernity*,第104—105页。

③ 参看Jin-woo Lee《道德的谈论》,汉城:文艺出版社,1997。

④ K. Marx and F. Engels, *The Communist Manifesto*(再引自Marshall Berman, *All That Is Solid Melts into Air: The Experience of Modernity*,1982; Ho-byung等译,《现代性的经验》,汉城:现代美学社,1994,第122页)。

⑤ Daniel Bell, *The Winding Passage: Essays and Sociological Journeys 1960—1980*, Cambridge, Massachusetts, 1980; Kyu-hwan Seo译,《信息社会和文化的未来》,汉城: Design House,1993,第284页。

⑥ 参看Immanuel Wallerstein, *After Liberalism*; Moon-ku Kang译,《自由主义以后》,汉城:当代,1996,第178—179页。

的理念”,但是,有一个前提,那就是支配“解放的现代性”的西欧中心、男性中心、理性中心框架的解体。①

对现代社会的不满态度,不应该扩展到反现代主义(anti-modernism),也不应该只停止于在新技术和消费世界面前所产生的不安心理。后现代概念所具有的非合理的感性主义和无政府主义的多元主义明显是该取消的,但是,抛弃理性主义并不意味着抛弃理性主义本身所具有的历史积累的合理性,而意味着建立更加成熟的、发展的、纯粹的理性主义,还可以说是扬弃性抉择,也就意味着把“辩证法的理性的功能”②重新作为一个最重要的能够判断真正合理性的标准。因此,后现代性的概念不是去现代性(de-modernity)而应该是后现代性(post-modernity)。为了克服所谓“作为零件的个体、作为传动装置的社会”③的理性至上主义或资本主义所具有的文化矛盾,后现代性的课题应该尽力找出新的“合理方法”,去改造全社会的整个系统,保证自然从技术中人从人的支配中得以最终解放。从此,解放的主体应该生产自我控制的伦理。这与反美学的或禁欲主义的伦理不同,又与反伦理的美学不同,而就是一种“伦理的美学”或“美学的伦理”的重构。④

西欧理性的精神基本上说是非常讲究批判的。它先从诡辩理性发展到柏拉图的理性,又发展到中世纪神性理性,最后发展到笛卡儿的近代理性,这个发展过程也就是不断进行批判的扬弃的过程,而这又源于“所有理性具有腐败的倾向,绝对理性确实绝对腐败”⑤的事

---

① Kwang-hyun Shim:《后现代的文化政治和文化研究》,汉城:文化科学社,1998,第18—19页。

② Murray Bookchin, *The Philosophy of Social Ecology*, Montreal, Black Rose Books, 1995; Soon-hong Moon 译,《社会生态论的哲学》,汉城: Sohl 出版社,1997,第17页。

③ 今村仁司:《近代性の构造:〈企て〉から〈试み〉へ》,东京,1996; Soo-jung Lee 译,《近代性的结构》,汉城:民音社,1999,第147页。

④ Kwang-hyun Shim:《后现代的文化政治和文化研究》,第20—22页。

⑤ Jin-woo Lee:《理性死亡吗?——后现代主义的哲学》,第15页。

实。由“去理性主义”构成的“新理性(neo-reason)”是依据对现有理性典范进行批判性扬弃的第二理性。

四、东方艺术精神的重新发现

那么,为什么我们要提到西方理性的死亡呢? 这个问题的内涵是:“西方理性的死亡能不能保证东方精神的复苏?”①作为挑战后现代主义的东方精神,它的复苏并不意味着单纯的东西对抗,而是意味着通过对现代西方合理主义的扬弃,通过可能的哲学性东西对话,探索新理性。东方精神在合理化的过程中,摆脱了传统文化的价值,因而引起了生活世界的贫穷化。西方合理主义的结果最后表现为自然的客观化和社会的非道德化。毋庸多言,前者产生生态性危机,而后者产生道德性危机。②

为了克服西方合理主义的自身矛盾,我们首先应该把合理性和生活世界联系在一起。我们还应该追求,把作为现代技术文明逻辑的工具合理性能够重新还原到生活世界的意味体系,即所谓“另一个思维”③。这就意味着我们需要另一个被西方合理主义排除而压迫的合理性典范的复原。后现代性逻辑所追求的另一个思维方式如下:“不再把自然客观化为与人类对抗的物质世界,而是认为在人和自然之间存在着有机关系;不再分离形势和方法,而是把方法规定在与追求目的的相关关系里;不再把人看作与自然对抗的顽固实体,而是把它理解为向世界开放的存在体。”④如果我们把东方精神当做所谓另一个

---

① 参看 Jin-woo Lee《对后现代主义的哲学的理解》,第 317—332 页。

② Jin-woo Lee:《对后现代主义的哲学的理解》,第 324 页。

③ Heidegger,“Nur noch ein Gott Kann uns retten. Spiegel-Gespräch mit Martin Heidegger am 23”(1966.6), in *Der Spiegel*,第 23 号(1976), p. 212.(转引自 Jin-woo Lee,《对后现代主义的哲学的理解》,第 329 页。)

④ Jin-woo Lee:《对后现代主义的哲学的理解》,第 329 页。

合理性的典范或另一个思维的抉择，那么，最有效的渠道可以说是“指向共存的和谐”这一特征，而它意味着在人和人之间或人和自然之间，消除它们之间的差异的同时又肯定了它们之间还存在的本质上和性格上的不同之处。有人认为，在天和地或人和自然之间的东方固有的和谐思想是为鼓舞科学探究而形成的。但是，东方精神历来关注的是，“如何在人类社会里实现和谐，如何把人生和道合在一起（不管道是儒家的还是道家的），最后如何使人类社会结合”①。

韦伯（M. Weber）曾经说过：“东方的合理主义与西方的合理主义都是以生活方式的合理化为目的的实践合理主义，但是，只有西方的合理主义被认为是合理性的典型，而东方的合理主义却被认为是非合理性东西。”②毋庸置疑，文化和生活的差异性使得互不相同的合理化模式得以存在。那么，西方和东方的合理主义有什么区别呢？对这两者的根本差异韦伯认为：“儒教合理主义意味着对世界适应，与此相反，清教合理主义意味着对世界的支配。”③人对自然的支配最终产生了人对人的支配，这是启蒙的辩证法。可是，如果基于这种说法，后现代性的逻辑将依靠和自然相配的东方思想，这是对极为反时代性的回避。我们该注意的事实是，如果东方合理主义把某种东西合理化，那么，具体对象是什么领域？具体方向是哪条道路？

既然是那样，另一个东方合理主义或东方艺术精神所具有的作为思维的有效性，从哪里对后现代性的讨论提出新的方向呢？这可概括为如下几点：

第一，西方合理主义所追求的统一性和整体性，实际上是指包括

---

① F. C. Copleston, *Philosophies and Cultures*; Jong-soo Ahn 译，《哲学与文化》，汉城：高丽苑，1994，第 104 页。

② M. Weber, *Die Protestantische Ethik und der Geist des Kapitalismus*, *Gesammelte Aufsätze zur Religionssoziologie I*, Tübingen, 1986, p. 11；转引自 Jin-woo Lee，《对后现代主义的哲学的理解》，第 329 页。

③ M. Weber，同上书，p. 534；转引自 Jin-woo Lee，《对后现代主义的哲学的理解》，第 330 页。

所有东西的“一个实体”,即上帝证明它们是正当的,但是被东方合理主义认为正当的统一性,是由多样关系形成的“关系的统一性”。儒、道两家对待融合的态度表现为对这种关系的统一性或者观点的多元性的接受。像阴阳论所描述的一样,你的存在成为我的存在的前提,成为一种相辅相成的对立因素。道家的道、儒家的仁、佛教的空都有一个共同的内涵,那就是支配世界关系的秩序不能规定为一个实体或一个名字。

第二,与西欧的主客二分思考不同,东方艺术精神追求主客不分,天人合一。众所周知,“主体和客体”分裂的前提是对一种认识论的信赖。而这意味着,人只要有意,他随时能探究世界的本质。与这种西方合理主义不同,东方合理主义否定所谓西方合理主义所主张的“主客体”分裂,而试图把世界内在化。东西美学历来都重视和谐。但是,与西方美学所重视的形式性和谐相反,东方美学所追求的内在和谐意味着“过犹不及”、“执其两端”或“矛盾的共存”等。这种理念使西方艺术建构集中于重在模仿或写实的再现美学,使东方艺术追求一种抒情和言志结合在一起的表现美学。由此可知,如果西方的美是“错彩镂金,雕缋满眼”的美,那么,东方的美可以说是“初发芙蓉,自然可爱”的美。如果西方美学是注重对普遍性和必然性的描写和类型的“典型”美学,那么东方美学就是以情(偶然性)和理(必然性)的统一为前提的“意境”或“心境”的美学。这种东方合理主义的内在化意味着,在人世间有叙述不了的即以理性认识不了的东西。换句话说,在世界里会存在不可能对象化、客观化的理念或超越性感性。从庄子蝴蝶梦的比喻①可知,东方合理主义通过内在体验放弃主体和客体的区别。庄子主张:“面对命定之必然,保养内心的宁静与和谐,并进

① “昔者,庄周梦为蝴蝶。栩栩然蝴蝶也。自喻适志与。不知周也。俄然觉,则蘧蘧然周也。不知周之梦为蝴蝶与,蝴蝶之梦为周与。周与蝴蝶,则必有分矣。此之谓物化。”(《庄子·齐物论》)庄子通过虚幻的形式接近了自由与必然相统一的原则。(刘笑敢:《庄子哲学及其演变》,北京:中国社会科学出版社,1988,第217页。)

而体验与万物同享春气之和煦的精神自由。”①这即是通过自我和非自我的同化过程确认作为“在世界里存在”的自我一体性(self-identity)。

第三,西欧思维模式的特点是追求逻辑分析和系统组织性,而东方思维模式则注重直观和体验。在这个意义上可以说东方思维能补充西方思维的缺点。西欧思维范式的另一个特点在于,他们认为只有世界的变革(即进步和进化)是有价值的。对此,道家的无为思想可以成为一种鉴戒。老子否定离开人生意味的“目的性和合理性”行为,从“无为”是不实现特定目的的事实看,它意味着行为不在。但是,通过与天地自然的道合一的行为,人和自然本质上达到一致,“无为”又是“无不为”。② 老子相信,人的本性之所以好斗,是因为法律和道德律束缚了人,而人要对此作出反应。进而,老子悟出了如下原理:“在人际关系里,强大力量却打败自己,所有行为产生反应,所有挑战引起应战。”③所以,在老子看来对付掠夺、暴政以及残杀的最好办法是不采取任何措施。老庄之所以使“自然的”野蛮人面对“矫揉造作的文明化”的人类,是因为他看出了产生利己主义的,使别人痛苦的冷漠的科学和文明的缺点。道家把文明看作恶,要求人类脱离文明,回归自然,献身于朴素而纯粹的真实的人生。道家的思想家主张:“人类不能因为政治上的目的或社会的利益而牺牲自己。”④从此可知,他们把人类理解为目的而不是手段。

第四,从所谓主观性和公共性结合的命题上看,东方艺术精神的合理主义能够弥补现代性的不足之处。合理化的出发点在于我们如

---

① 刘笑敢:《庄子哲学及其演变》,第215页。

② “道常无为,而无不为”(《老子》,第37章)。

③ H. Welch, *Taoism: The Parting of the Way*, Boston, Beacon Press, 1965; Chan-won Yoon 译,《老子与道教:道的分歧》,汉城:曙光社,1989,第40页。

④ V. A. Rubin, *Individual and State in Ancient China—Essays on Four Chinese Philosophers*, New York, Columbia University Press, 1976; Chul-gyu Lim 译,《个人和国家在中国》,汉城:现象与认识,1985,第157页。

何理解和解决人与人之间的不幸和痛苦。罗蒂(Rorty)说过:“人类的团结是以想象力完成的,在此,想象力就是把陌生人看作受苦同伴的一种能力。”①在此基础上,东方合理主义曾提出了如下方案:作为儒家思维范式基础的“上向—再归”结构意味着自己与他人的联结或主观性与公共性的结合。即在关系到个体和社会的定式上,孔孟的模式分为两个阶段:第一个阶段是从个人开始向社会或现实扩展,即“上向”;第二阶段是从社会再归于每个人的个人利益,即“再归”。承认所谓礼、仁和义的社会功能,是孔孟模式的基本观念。但并非到此为止,而是直到给各个人性注入儒家纲常所诱导的自发意识,这是儒家的特征。② 由此可以说:“西方合理主义由超越现实世界的神性秩序寻找合理性的模型,而依据神性的合理性企图变革现实世界。反之,东方的合理主义,通过把内在现实世界的秩序合理化,提出能够克服现实世界的矛盾的典范。如果西方合理主义是来世的超越主义,东方合理主义可以说是现世的超越主义。”③西方美学是以重视艺术思维和认识活动的“美真统一”为基础发展起来的。与此相反,东方美学历来重视艺术的伦理功能的“美善结合”。西方艺术之所以贫瘠、单调、激烈,就是因为它分开了主观性和公共性或者因为它认定主观性是比公共性优越的。如果我们能摒弃所谓艺术的绝对伦理化的教条主义,东方艺术所具有的主观性和公共性的结合传统,就能够弥补西方美学的这种缺点。

第五,西欧精神只考虑在所有人类活动中都存在的一种基本的两极性,即一体化(identification)和辨别化(discrimination),而特别注重对变化的欲求较强的辨别化。相对来说,东方精神没选择其中任何一

---

① R. Rorty, *Contingency*, *Irony and Solidarity*, Cambridge, Cambridge University Press, 1989; x vi(转引自 Smart, *Postmodernity*,第 121 页)。

② 林泰胜:《孔孟“时代理性”的社会哲学意义》,载《儒教思想研究》,第 9 辑,汉城,1977。

③ Jin-woo Lee:《对后现代主义的哲学的理解》,第 330 页。

个而是更为尊重对稳定化(stabilization)①的希望。吉尔茨(Geertz)曾经提到过“内卷化”(involution)概念,“根据吉尔茨的定义,内卷化是指一种社会或文化模式在某一发展阶段达到一种确定的形式后,便停滞不前或无法转化为另一种高级模式的现象”②。东方精神虽然有了陷入这种内卷化的危险,但是,在个体和个体或个体和集体之间,超时空的单一整体观念和依据心理认同的文化同质意识,不仅形成了外形的稳定而且增进了互相沟通的效率。无论如何这是一种正面作用。

西方理性不断追求对世界的合理支配,而东方精神却追求对世界的合理顺应。如果我们期望解除西方理性所追求的这种支配的自我矛盾,就应该转化到东方精神,并把它理论化、正当化。

五、小结:古典性和偶然性的复苏

最近迅速发展的政治、经济的全球化,迫使人文学科只把近代性或现代性看作重大指标。因此,我们所谓的精神文化的基础以及意向的古典性一直受到鄙视。虽然古典性不是我们生存的直接性精神食粮,但无论如何对这种似是而非的实性存在的不断追求是丰富我们精神的一种机制。我们应该把古典性继续设定为产生未来价值的一个重大指标。③ 对于建立在理性主义机制基础上的现代性,我们需要进行创造性扬弃。对克服、取代现代性的课题,古典性可以成为一个有

① 参看 E. Cassirer, *An Essay on Man—An Introduction to a Philosophy of Human Culture*, Yale University Press, New Haven, 1944;甘阳译,《人论》,上海:上海译文出版社,1986,第282页。

② 参看 Prasenjit Duara, *Culture, Power, and the State—Rural North China, 1900—1942*, Stanford University Press, 1988;王福明译,《文化、权力与国家——1900—1942年的华北农村》,南京:江苏人民出版社,1995,第66页。

③ 林泰胜:《古典性的全球化和现代性的中国化——彭锋,〈“兴”的研究〉》,汉城:东亚文化Forum,《东亚文化与思想》,第3号,1999。

效的方法。司马特(Smart)说过:“传统的共同体和生活方式之所以分解或瓦解,就是因为现代合理主义和现代制度冲击了传统习惯。”①由此可知,后现代性就意味着向以前现代性的回归,即对古典性的新的理解。古典性的核心内容是被现代理性压抑的感性。感性是与有理性内涵的机械性机制不同概念的人性。弗洛伊德曾经说过:“个体的自由不是文明的产物,个体自由最繁盛的时期却是在文明以前。”②在此如果我们把文明放回现代性,自由就可以说是人的感性的前提和结果。“文明以前的自由繁盛”照样包括古典性。

非理性主义对理性主义进行批判并逐渐脱离了理性主义,要建立心理本体或情感本体需要“无数的个体偶然性”的自由参与和奋斗性追求。在此,必然不是主宰偶然的,而偶然必产生必然。李泽厚曾经说过:“理性是人类存在和发展的基本。……它是一种形式、结构、能力。……它本身也成长变化,它本身也需要某种创造力来推动。这种创造力便来自个体感性的不可规范性。”③由此看出,作为感性的超理性可以弥补人文主义所具有的缺点。超理性可以发挥对理性主义的解毒作用。偶然性的重新发现又意味着古典性的恢复。

抉择未来的东方合理主义或东方艺术精神的特性是“感性(超理性)”和“偶然性(直觉或群众的潜力)”以及“古典性(原始的纯粹性以及超时空的普遍价值)”,而这三者的结合可以创造出“新的理性(新的合理性)”。要达到这个目的需要如下几种前提:第一,感性应该恢复对理性的优越地位;第二,偶然性应该恢复对必然性的优越地位;第三,古典性应该确保对现代性的优越地位;第四,主体性应该确保对客体性的优越地位。感性的恢复意味着,我们应该重新发挥与时空的扩大或与知觉和思维能力的膨胀对比的超越意识或直觉和顿悟的意识。

---

① Smart, *Postmodernity*,第99页。

② Bell, *The Winding Passage: Essays and Sociological Journeys 1960—1980*,第266页。

③ 李泽厚:《哲学答问录》,《我的哲学提纲》,台北:三民书局,1996,第179页。在此讲到的“个体感性的不可规范性”就可以说是与“必然性”相比的“偶然性”。

偶然性的恢复意味着人文主义对科学主义的优越。古典性的恢复意味着文化对文明的优越以及原始纯粹性的恢复。而主体性的恢复意味着个体性对集体性的优越。

后现代的基本动机是从集体性转换到多元性。但是,在从集体性转换到多元性的过程中,所谓“感性(超理性)+偶然性”的抉择会使多种个体脱离社会常轨,而这种转换又会产生道德相对主义或文化相对主义。这种道德败坏和相对主义可以成为对社会结合的重大威胁。唐代魏徵说过:“水能载舟,亦能覆舟。”在我们这个时代,古典性和偶然性就是漂浮的“水”。对东方合理主义的不断革新和精练,也是我们应该承担的课题。

参考文献

Alain Touraine, *Critique de la Modernité*, Soo-hohk Jung 等译,《现代性批判》,汉城:文艺出版社,1996。

Barry Smart, *Postmodernity*, London & New York, Routledge, 1993; Kyu-hun Lee 等译,《后现代性的概念》,汉城:现代美学社,1995。

Daniel Bell, *The Winding Passage: Essays and Sociological Journeys 1960—1980*, Cambridge, Massachusetts, 1980; Kyu-hwan Seo 译,《信息社会和文化的未来》,汉城: Design House, 1993。

E. Cassirer, *An Eesay on Man—An Introduction to a Philosophy of Human Culture*, Yale University Press, New Haven, 1944;甘阳译,《人论》,上海:上海译文出版社,1986。

F. C. Copleston, *Philosophies and Cultures*; Jong-soo Ahn 译,《哲学与文化》,汉城:高丽苑,1994。

H. Welch, *Taoism: The Parting of the Way*, Boston, Beacon Press, 1965; Chan-won Yoon 译,《老子与道教:道的分歧》,汉城:曙光

社,1989。

Immanuel Wallerstein, *After Liberalism*; Moon-ku Kang 译,《自由主义以后》,汉城:当代,1996。

Jin-woo Lee:《道德的谈论》,汉城:文艺出版社,1997。

Jin-woo Lee:《对后现代主义的哲学的理解》,汉城:曙光社,1993。

Jin-woo Lee:《理性死亡吗? ——后现代主义的哲学》,汉城:文艺出版社,1998。

Jung-il Doh:《世界市民论》,汉城:庆熙大学出版局,1995。

Kil-sung Park:《全球化:资本和文化的结构变动》,汉城:社会批评社,1996。

Kwang-hyun Shim:《后现代的文化政治和文化研究》,汉城:文化科学社,1998。

Marshall Berman, *All That Is Solid Melts into Air: The Experience of Modernity*,1982; Ho-byung 等译,《现代性的经验》,汉城:现代美学社,1994。

Murray Bookchin, *The Philosophy of Social Ecology*, Montreal, Black Rose Books, 1995; Soon-hong Moon 译,《社会生态论的哲学》,汉城:Sohl 出版社,1997。

Prasenjit Duara, *Culture, Power, and the State—Rural North China, 1900—1942*, Stanford University Press, 1988;王福明译,《文化、权力与国家——1900—1942 年的华北农村》,南京:江苏人民出版社,1995。

V. A. Rubin, *Individual and State in Ancient China—Essays on Four Chinese Philosophers*, New York, Columbia University Press, 1976; Chul-gyu Lim 译,《个人和国家在中国》,汉城:现象与认识,1985。

今村仁司:《近代性の构造:〈企て〉から〈试み〉へ》,东京,1996; Soo-jung Lee 译,《近代性的结构》,汉城:民音社,1999。

李泽厚:《哲学答问录》,《我的哲学提纲》,台北:三民书局,1996。

绫部恒雄编,《文化人类学 15の理论》,东京:中央公论社,1984;

Jong-won Lee 译,《关于文化的 15 个理论》,富川:Ingansarang,1988。

刘笑敢:《庄子哲学及其演变》,北京:中国社会科学出版社,1988。

杨春时:《超越实践美学,建立超越美学》,《社会科学战线》,长春,1994,第 1 期。

林泰胜:《古典性的全球化和现代性的中国化——彭锋,〈“兴”的研究〉》,汉城:东亚文化 Forum,《东亚文化与思想》,第 3 号,1999。

林泰胜:《孔孟“时代理性”的社会哲学意义》,载《儒教思想研究》,第 9 辑,汉城,1977。

儒学与杜威的实用主义:一种对话

[美]安乐哲

作为对话的一个很有前景的开始,我们或许受到这样一个事实的鼓舞:怀特海(A. N. Whitehead)这位自称是"美国"哲学家的人物,向他同父异母的兄弟说起过杜威(John Dewey),他说:"如果你想了解孔子,去读杜威;如果你想了解杜威,去读孔子。"①在《过程与实在》中,怀特海进一步指出,他的"有机主义哲学看起来更接近中国思想的某些流派"。可是,同样是这个怀特海,在其他地方也曾经宣称:在哲学活动中,有趣比真实更好。总结这两点来看,通过假定怀特海这种地位的哲学家会推荐我们将杜威和孔子加以串读(tandem reading),即便不是作为真理的资源,而是作为一种令人感兴趣的练习,我们或许都会受到鼓舞。然而,任何东西都不会比真理更为遥远。对于他与杜威和孔子所共享的那种过程性的感受性(process sensibilities),怀特海似乎多有忽略,并且,怀特海在事实上也显然没有考虑作为"实用主义者"的杜威和孔子。在怀特海看来,杜威和孔子都服膺于那种他所认为的天真的经验主义(naive empiri-

① 参见 Lucien Price 所编的《怀特海对话录》(*Dialogues of Alfred North Whitehead*, New York: Mentor Books,1954),第145页。

cism)，而除了最枯燥乏味的哲学探险之外，那种经验主义什么也没有排除。诚然，如果我们试图诉诸怀特海的权威，将他作为我们在此所进行的孔子与杜威之间对话的基础的话，我们便立足于最不可靠的根基之上。

事实上，在怀特海自身所处的时代，对怀特海的哲学同行以及对怀特海本人来说，在杜威与孔子之间进行比较的任何提示都似乎令人感到迷惑。但是，从我们目前的高度而言，我将论证：我们能够界定一套看起来毫无关系但实际上彼此相关的历史境况，多年之后，这种境况或许会得到权衡与考虑，并且，作为事后之见，或许还会被诠释为那样一种情况，即我们所期待的正是这样一种对话。在我们目前的世界中，是否正在发生显著的改变，这个世界能够将杜威的实用主义和儒家哲学富有成效地联系到一起吗？协力促成杜威的第二次中国之旅需要什么样的条件？在这一次，正如杜维明的“三期儒学”最终抵达了我们美国的海岸一样，杜威是否会赶上落潮，而不是遭遇到“五四”中国破坏性的旋涡呢？

当今之世，在宏观的国际层面，美中两国具有可以争辩的最为重要的政治、经济关系。尽管为明显的互利关系所驱动，由于缺乏深入的文化理解，这种日益复杂的关系仍然不仅是脆弱、不稳定的，而且在很大程度上是发展不够的。

如今，在我们高等学术的坐席中，西方哲学——几乎全部是欧洲哲学——构成世界范围内课程的主流。正如在波士顿、牛津、法兰克福和巴黎那样，这种情形在北京、东京、汉城和德里同样真实。如果土生土长的亚洲哲学和美国哲学在海外受到忽略，那么，在它们自己国家的文化中,它们也显然被边缘化了。[①] 詹姆斯(William James)在他吉福德讲座(Gifford lectures)的前言中曾经承认:"对我们美国人来说,聆听欧洲人谈话的哨音,似乎是正常的事情。"[②]当他这样说时,他几乎是正确的。除非他可以邀请亚洲人士成为阿伯丁的听众。

从太平洋的美国一边开始,在诠释学、后现代主义、新实用主义、新马克思主义、解构主义、女性主义哲学等等旗帜下,专业西方哲学内部的一场内在批判正在进行。这场批判有一个共同的目标,用索罗门(Robert Solomon)的话来说就是"超越的伪装"(the transcendental pretense),包括观念论、客观主义、总体叙事(the master narrative)和"所与的神秘"(the myth of the given)。当然,在杜威本人最终称之为"哲学的谬误"(the philosophical fallacy)这一幌子下,批判的正是同一个目标。"哲学的谬误"促成了杜威对观念论和实在论两方面的批判,杜威

---

① 诚如 Raymond Boisvert 在其《杜威:重新思考我们的时代》(*John Dewey: Rethinking Our Time*, Albany: SUNY Press, 1998)一书中所论:在20世纪初,美国哲学家不论在欧洲还是亚洲都享有荣誉,但不论是何种影响,都显然在二战之前烟消云散了。在美国本土,Harvey Townsend 在其《美国的哲学观念》(*Philosophical Ideas in the United States*, New York: The American Book Company, 1934)一书的第 1 页中指出了在他那个时代美国哲学的状况:

美国哲学在美洲是一个受到忽略的研究领域。之所以如此,至少在部分上归于对欧洲各种事物的歉意的敬重。爱默生(Emerson)和惠特曼(Whitman)呼吁美国人思考他们自己的思想,歌唱自己的歌曲,他们的呼吁仍然常常受到忽视。无法完全说服美国人,让他们知道他们有自己的灵魂。

在随后超过两代人中,这种偏见仍旧是显而易见的。在《剑桥西方哲学史》(1994)的前言中,当提到该书不同部分的作者时,主编 Anthony Kenny 指出:"所有作者都在受到英美传统的训练或从教于英美传统,在这个意义上,所有作者都属于英美的哲学风格。"但是,在该书的主体中却并没有提到美洲的思想,没有爱德华斯(Edwards)、爱默生、皮尔斯(Peirce)、詹姆斯(James),也没有杜威。有关美洲所提到的东西,只有在索引中出现的"美国革命与柏克"、"托马斯·潘恩"、"杰弗逊",并且,杰弗逊在正文中是作为"潘恩的朋友"出现的。明显的结论是:美国哲学,即使是接近英美传统的思想家们,在塑造西方思想特征的过程中并无实际的影响。委实,在美国,很少有本科生和研究生的研究项目能够使学生直接受到有关美国哲学的认真而持久的训练。美国的大学当前基本上是各种外国势力角逐的领地。

② 詹姆斯:《宗教经验种种》(*The Varieties of Religious Experience*, Cambridge, Mass: Harvard University Press, 1985),第1页。

批评的是这样一种假定:一个过程的结果就是这一过程的开端。①

以往10—15年来,尤其在美国国内(不仅仅在美国),我们见证了对古典实用主义兴趣的复活,这是以对美国哲学演变的深入复杂的各种研究的激增为标志的。在对这段历史的讲述中,一个重要的主题就是试图阐发杜威作为一个哲学家的维特根斯坦式的转向。这些数量众多的哲学传记的一个共同特征,似乎是努力把杜威的特点归为这样一种情形:将常见的语汇以一种极不寻常的方式加以运用。在一定程度上,这些当代的学者们正在讲述一个重要的新的故事,如今常见的这样一种宣称,即杜威的中国学生没有真正地理解他,或许可以扩展到将他如今的美国学生也包括在内。

直至晚近,专业的西方哲学仍然忽略亚洲哲学而怡然自若(更不用说非洲和伊斯兰传统了),对于这些传统是怎么回事,这些哲学依旧只不过有一些匆匆而过的印象,并不为其所动。这些哲学乞灵于这样的理由:那些思想流派并非真正的"哲学"。如此一来,职业产生了"比较哲学"这样一个术语。这是一个奇怪的范畴,它与其说是在哲学上得到论证,不如说在地域上得到说明。

但是,在"经典与多元文化主义争论"的脉络中,由一种在美国大学教育中推行"国际化"的明智需要所驱动,非西方的各种哲学传统已经不以人的意志为转移地对哲学系的课程构成一种显而易见的入侵。从来去匆匆的世界大会到檀香山比较哲学的小圈子再到波士顿儒家,比较哲学运动已经肩负重荷,并且在目前似乎是巨大的西西弗斯式的劳作(Sisyphean labor)中也已经取得了某些契机。对比较哲学运动来说,胜利仍旧是一个遥远的希望,但是,假如并且当胜利到来时,那将会是一场仁慈宽大的凯旋之舞,也就是说,在这场斗争中,成功也就是

---

① 杜威一早就看到,作为"哲学思维最为流行的谬误",就是忽略经验的历史的、发展的和情境化的方面。正如他所见到的,其中方法论的问题在于:"从赋予个别因素以意义的有机整体中抽象出某一个因素,并将这一因素设定为绝对",然后将这一个因素奉为"所有实在和知识的原因和根据"(John Dewey, *Early Works* 1:162)。有关历史、发展以及"哲学谬误"的脉络,参见J. E. Tiles:《杜威:哲学家系列的论证》(*Dewey: The Arguments of the Philosophers series*, London: Routledge, 1988),第19—24页。

将“比较哲学”这一极不自然的范畴从哲学词典中废除。

在中国一方,如今的中国不再满足于做世界的唐人街,而是正在经历着一场在其漫长历史上最大和最彻底的变革。一亿到两亿的流动人口——约占整个人口的20%——离开了乡村,正居住在城市中心,在新的中国寻求改善他们的生活。这种人口的不断迁移带来了离心的紧张以及社会失序的潜在状态。在这种条件下,中央政府的基本要求是维持社会秩序。这些问题为西方的大众传媒提供了攻击中国的理由,看起来,西方的大众传媒几乎总是在病理学的意义上致力于妖魔化中国以及中国所做的一切。

回到中国学术界,我们可以公平地说,虽然当代西方哲学忽略了中国,但自从严复将西方自由主义引至晚清以来,在将所有能够增强其竞争力的东西吸收到自身之中这个意义上来说,中国哲学一方面忠于自己的传统并具有活力,一方面又是具有吸收力并绝对是“比较性”的。现代新儒学运动中许多杰出人物像张君劢、方东美、唐君毅、牟宗三等,则从欧洲哲学主要是德国哲学中寻找标准,将中国第二序的思考(Chinese second thinking)论证为一种值得尊重的哲学传统。对于我们所期待的对话来说,重要的在于:在“五四”时代儒学与杜威最初的相遇中,儒学被新文化运动的知识分子们斥为阻塞中国动脉的血栓(plaque clotting the arteries of China),妨碍了对中国进入现代世界构成必要条件的那些新观念的鲜活的流通。而杜威则被当成了一副解毒药。①

① 1919年,杜威曾在其哥伦比亚大学的学生胡适和蒋梦麟处做客,胡适和蒋梦麟回国后都成为学界和新文化运动中的著名人物。大约有超过两年的时间,杜威在中国各地讲演,并受到当地出版界的格外关注。但是,在 *John Dewey: Lectures in China 1919—1920*(Honolulu: University Press of Hawaii, 1973)一书第13页中,Robert Clopton 和 Tsuin-chen Ou 指出:“在中国大学教师队伍的专业哲学家中,杜威并没有得到追随者,大多数中国哲学家们仍旧继续追随着他们从中得到训练的那些德国和法国的哲学流派。”鉴于艰难时世,杜威的观念显然被积极的听众更多地以对当前社会与政治的需要而非专业哲学的方式“误读”了。这样一种“误读”,人们只能假定杜威可以原谅,如果不是鼓励的话。参见顾红亮:《实用主义的误读:杜威哲学对中国现代哲学的影响》(上海:华东师范大学出版社,2000)。也参见张宝贵的《杜威与中国》(石家庄:河北人民出版社,2001)。

在当代中国哲学中,从早先的康德、黑格尔到当今的现象学、维特根斯坦尤其是海德格尔,西方哲学的成分具有显著的增长。在重要的程度上,从康德到海德格尔的兴趣转向,是由于被理解为与本土的思维方式有关而激发的,这表明儒学与杜威之间一种可能的对话是恰当的。事实上,20 世纪中叶中国主权的重建,以及过去 10—15 年来中国作为一支世界力量的稳步增长,正在给中国注入一种新生然而却十分重要的自觉,那就是:自身的文化传统是自我理解的一种重要资源,也是参与迟缓但如今却不可避免的全球化过程的一个平台。

虽然欧洲哲学对于哲学的活力来说一直是一种标准,但直至晚近,西方对中国哲学和文化的学术研究一直在很大程度上受到中国学者的忽略,中国学者觉得从外国学者对中国自己传统的反思中所获甚少。然而,以往 10—15 年来,负责传播和诠释中国传统的科班学者已经将他们最初的关注,从流落海外的中国学者对于文化讨论所必须作出的贡献,扩展到对于中国文化的西方诠释兴趣日增。在当今中国,翻译和探讨西方汉学具有繁荣的市场。

这一组互补和互渗的条件,为重新修正了的杜威实用主义与随着对传统的自尊自信而回复其卓越性的儒学之间的对话设定了场所。既然杜威的"实用主义"和"儒学"这两个术语都极富争议,因为其内涵具有丰富和多样的资源,而这些资源在相当程度上又界定了其本土主导和持久的文化感受力,①那么,在尝试于二者之间进行比较之前,我们首先应当考虑如何理解它们。

什么是儒学?在其他一些地方,我曾经论证说,对于儒学应持一种叙事性(narrative)而非分析性(analytical)的理解。② 简言之,以分

---

① 这一论断在文字上多有取于 Paul Thompson 和 Thomas Hilde 在他们所编《实用主义的乡土根源》(*The Agrarian Roots of Pragmatism*, Nashville: Vanderbilt University Press, 2000)以及费孝通《乡土中国》(Gary G. Hamilton and Wang Zheng 英译,Berkeley: University of California Press, 1992)中的论证。

② 《现代新儒学:对西方哲学的本土回应》(*New Confucianism: A Native Response to Western Philosophy*),载华诗平(音译)所编的《中国政治文化》(*Chinese Political Culture*, Armok, New York: M.E. Sharpe, 2001)。

析性的术语将问题构架为“儒学是什么”，易于将儒学本质化为一种特殊的意识形态，一种技术哲学，这种意识形态或技术哲学可以在细节和准确性的各种程度上被限定。“是什么”的问题可能更成功地导向一种系统哲学的尝试，在这种哲学中，我们可以追求在各种原则、理论和观念的语言中抽象出形式化与认知性的结构。但是，在评价一种根本就是审美性传统的内容与价值时，“什么”的问题顶多是第一步。那种审美性的传统将每一种境遇的独特性作为前提，并且，在那种传统中，礼仪化生活的目标是将注意力重新导向具体情感的层面。除了“什么”的问题之外，我们需要在方法之后追问更为重要的问题，那就是：在不断演化的中国文化的各种特定条件下，儒学如何历史性地发挥作用，以力图最大限度地利用既有的外部环境。

尽管我们可以选择去刻画“儒学”的特征，儒学却不只是任何一套特定的戒律或者在中国文化叙事不同历史阶段内部分别界定的罐装意识形态。儒学是一个社群的连续的叙事，是一种进行着的思想与生活之道的中心，不是一套可以抽离的学说或者对于一种特定信仰结构的信守。切近作为一种连续文化叙事的儒学，呈现给我们的是一种周而复始、连续不断并且始终随机应变的传统，从这一传统中，形成了她自身的价值和理路。对于我们来说，通过在特定的人物和事件之中引出相干的关联，使对于儒学的叙事性理解成为可能。儒学在相当程度上是传记性（biographical）和谱系性（genealogical）的，她是对一种构成性典范（formative models）的叙述。并且，在对中国哲学生命的反思中，我们直接意识到：对于这一传统存在性、实践性以及绝对是历史性的任何说明，都使她非常不同于当代西方脉络中“哲学家”研究“哲学”的那种形态。——那些作为“士”这一传统继承人的常常热情并且有时是勇敢的知识分子，提出他们自己有关人类价值和社会秩序的计划，对这种情形的概观，就是中国哲学。

如果我们以其自己的用语来看待杜威，叙事和分析——方法与意识形态——之间同样的区分可能会被引向这样一个问题，即“什么是杜威的实用主义?"Robert Westbrook 详细叙述了实用主义的早期批判是如何居高临下地将其攻击为一种明显带有美国特色的"将成未成的哲学系统"(would-be philosophical system),以及杜威是如何通过轻而易举地允许哲学观念与其所在的文化感受性之间的关系来加以回应的。① 在对于诸如"根本原则"、"价值系统"、"支配理论"或"核心信仰"这些观念的评估中,是无法找到美国人的感受性的。"感受性"这个用语最好在性情气质上被理解为参与、回应并塑造一个世界的微妙细腻的方式。感受性是各种积习(habits)的复合体,这一复合体既产生积习又是积习的产物,也促进了寓居于世界之中的那些特定的、个人的方式。文化的感受性不易通过对各种社会、经济或政治体制的分析来表达。这种感受性蕴藏在界定文化的那些杰出的情感、理念和信念之中。② 当然,罗蒂(Richard Rorty)提醒我们,尽管我们美国的感受性或许部分是以对理念的描述和分析为特征的,但它也许是最容易通过与诗学和文学相关的迂回(indirection)与兴发(evocation)的方式而达成的。

在个人的层面上,哲学家杜威一生提倡民主。在对民主的提倡中,杜威有关民主的理解以及他在促进社会理智(social intelligence)中

---

① Robert Westbrook:《杜威与美国的民主》(*John Dewey and American Democracy*, Ithaca: Cornell University Press, 1991),第147—149页。

② 在生前正在撰写的一部有关美国哲学史的手稿中,郝大维(David Hall)有意识地将爱德华斯(Jonathan Edwards)诠释为美国感受性的主要建筑师之一。在列举爱德华斯哲学反省的各个方面时,郝大维是这样开始的:他认为爱德华斯通过提出一种个性的模式,这种个性模式不依赖于以主体为中心的认知、行为,从而囊括了有关主体性和自我意识的现代问题性(modern problematic)的各种形式。事实上,作为实体性思维模式的替代物,在爱德华斯有关世界的过程性的视野中,主体的消解是一种发展的作用。此外,这种过程哲学是由一种倾向性的本体论(dispositional ontology)造就的,那种倾向性的本体论根据反应的倾向或积习来理解自然与超自然的过程,而反应的倾向或积习则在规范的意义上被认为是对于美的亲近或者回应。在爱德华斯看来,不论是神圣的领域还是人类的领域,美的沟通都是它们定义性的特征(defining feature)。对郝大维来说,由边缘到中心,通过诉诸一种过程性、倾向性的本体论以及美的活动和审美感受性,对于个体的去主体化(de-subjectification),使得爱德华斯有资格作为一位原创性的美国思想家。

所扮演的角色，恰恰是提倡那种他力图身体力行的圆满的、精神性的生活方式。当民主通过其特定成员的“平等性”与“个体性”具体而逐渐地形成时，民主就是繁荣社群(flourishing community)。这样来理解的话，哲学的恰当工作必须“放弃特别与终极实在相关的、或与作为整全的实在相关的所有意图”①。在这一方面，从芝加哥的脆弱地区到中国处于酝酿之中的革命，再到土耳其的教育改革，作为一个社会活动家的杜威，其漫长的生涯正是对他一生信守的完整阐释。杜威的信守，就是他事实上称为“哲学的再发现”的那种东西。

当哲学不再是处理哲学家们的问题的工具时，哲学就发现了自身，并且成为哲学家所培养的一种方法，为的是处理人的问题。

同样，在儒学传统中，哲学的“知”远不是对于处在日常世界之后的实在的某种优先接近，而是在调节现存条件以便“使一个可欲的世界变得真实”这种意义上试图“实现”一个世界。用更广义的用语来说，儒学是一种向善的唯美主义(meliorative aestheticism)，通过培养一种富有意义、互相沟通的人类社群，儒学关注于对世界的鉴赏，换言之，儒学赋予世界以价值。并且，作为这一过程中彼此沟通的基本层面，礼仪的卓越性向我们提示：实现这个世界的场所就是礼仪化的、具体的情感。通常而言，我们可以看到，许多中国哲学家的自我理解接近杜威这样的一种看法，即作为审慎与明智的承担者，哲学家致力于调整各种局面并改善人类的经验。

杜威有关圆满经验(consummatory experience)有一些特定的语汇，诸如“个性”、“平等”、“积习”、“人性”、“宗教性”等等，在以下我们对这些观念的探讨中，我们会发现，直到我们恢复那给个人成长和表达提供具体例证的显著的历史特性之前，杜威就仍然和儒家学者一样是含糊不清的。以孔子为例，他当然是圣人。但是，孔子最为历史所记住的，不仅是通过《论语》中所描绘的他的生活片段，而且还是由于同

① John Dewey, *Middle Works* 10:46.

样在《论语》中所描述的他在性情气质上一些特定的积习。对杜威来说也是同样，他自己的人生经验和心灵积习的修养，或许是其哲学深度的最佳尺度。①

在杜威的实用主义和儒学之间进行一场有利的对话所产生的共鸣是什么？在我早先与郝大维所合作的著作中，当然也包括这篇文章，最佳的尝试是进入某些有发展前途的领地去勘察并发动具有启发性的攻击，而不是力图"掩护阵地"。这就是说，我们会从儒家关系性和彻底脉络化的人的观念开始，那种关系性和彻底的脉络化，就是我们用"焦点和场域"(focus and field)这种语言所试图表达的一种被镶嵌性(embeddedness)。在《先贤的民主》第8—10章——"儒家民主：用语的矛盾"、"中国式的个体"和"沟通社群中礼仪的角色"——之中，我们将我们所要提示的东西总结为某种不可化约的社会性的儒家个人的感受性。尽管一些高水平的学者未必同意，但关于我们对如下这些观念的理解，却极少争议。这些观念包括："在个人、社群、政治和宇宙的修养的放射状范围内所获得的共生关系"，"通过礼仪化生活的修身过程"，"语言沟通与协调的中心性"，"经验的认知向度与情感向度的不可分割性"，"将心理解为一种行为意向而非理念与信仰的架构"，"作为一种关注信任而非真理的认识论"，"关联互渗(而非二元)的思维方式的普遍流行"，"对于实践中真实化的自我实现的追求"，"所有关系的亲和属性"，"家庭与孝顺的中心性"，"无所不包的和谐的高度价值"，"礼仪相对于法则的优先性"，"典范的作用"，"圣人作为高超沟通者的教导作用"，"注重人伦日用所表现的明智"，"肯定人性与神圣性之间的连续性"，等等。

---

① 代表性的人物"关注同样的问题"，对于基于这样一种未经批判的假定之上的"个体的理论和概念"所进行的"零零碎碎的"跨文化比较，G. E. R. Lloyd 的担忧是很恰当的。当我们往来于各种科学传统之间时，这种担忧是十分重要的，并且，当我们处理文化性的叙事和传记时，这种担忧依然是一种警觉性的考虑。参见 Lloyd：《对手与权威》(*Adversaries and Authorities*, Cambridge: Cambridge University Press, 1996)，第3—6页。

在这种将人的“生成”(becoming)作为一种公共“行为和事业”的模式之中,有许多东西听起来像是杜威。在杜威和儒学之间寻求比较的一个长处,就是可以尽量减少用西方哲学来格义儒学所产生的问题。直到现在,有关中国哲学的许多讨论都倾向于在西方哲学传统的框架和范畴之中来进行。而杜威重建哲学的尝试,则在很大程度上抛弃了专业哲学的技术性语汇,而偏爱使用日常语言,尽管有时是以非常特别的方式来使用的。

有一个例子是杜威“个性”的观念。“个性”不是现成给定的,而是在性质上来自于日常的人类经验。当杜威使用“经验”这一用语时,它不会被卷入到像“主观”、“客观”这一类我们所熟悉的二元对立的范畴。诚然,主客的不可分割性是杜威所理解为个体关系内在与构成性属性的一种功能。对杜威来说,情境化的经验优先于任何有关作用的抽象观念。像“生活”、“历史”和“文化”这些用语一样,经验既是人类机能与社会、自然以及文化环境之间互动的过程,也是那种互动的产物。

经验包括人们所做和所承受的东西,人们追求、热爱、相信和忍受的东西,也包括人们如何行为并承受他人的行为,以及人们行为、承受、愿望、享受、看到、相信、想象的方式。总之,包括所有那些处在经验之中的过程。① 对杜威来说,“个性”不是量的意义:它既不是一种先于社会的潜质(pre-social potential),也不是一种彼此孤立的离散性(isolating discreteness)。毋宁说,它是一个质的概念,来自于一个人对其所属社群的与众不同的贡献。个性是“我们在特殊性上有别于他人的那种东西的现实化”②,是那种只能发生于一个繁荣的公共生活脉络之中的东西的现实化。杜威指出:“个性不能反对交往(association)”,“正是通过交往,人们获得其个性;也正是通过交往,人们锻炼

① John Dewey, *Later Works* 1:18.

② John Dewey, *Outlines of a Critical Theory of Ethics* (1891), *Early Works* 3:304.

了其个性”。[1] 如此解释的个体不是一个“东西”(thing),而是一个“事件”(event),在有关特性、统一性、社会活动、关联性以及质的成就(qualitative achievement)的语言中,它是可以描述的。

在有关个人的这种社会性建构(social construction)中,杜威是如何的彻底呢?当然,杜威拒绝这样一种理念,即人完全外在于与他人的交往。但是,在这样一种主张上,即“除了那种维系一个人与他人关系的纽带之外,一个人是否就一无所有?”[2]杜威是否走得太远了呢?正如 James Campbell 所观察到的,这一段话很容易并常常被误解为一种对个性的否定。[3] 不过,正如我们通过杜威自发的个性(emergent individuality)这一观念所看到的,对杜威而言,说人具有不可化约的社会性,并不是要否定人的统一性、独特性和多样性。正相反,而恰恰是要肯定这些因素。

在对杜威以及人得以创造的社会过程这两者的解释中,Campbell 坚持了亚里士多德潜能与现实的语汇。他说:

> 杜威的论点并不仅仅是这样:当适当的条件具备时,作为潜能的东西就变成了现实,就像理解一粒种子长成一株植物那样。毋宁说,杜威的观点是这样的:缺乏社会的成分,一个人是不完整的,只有处在社会环境内部不断进行的生活历程之中,人才能够发展成为其所是的那种人,即群体中的个体成员、具有社会基础的自我。[4]

社群是如何使其中的人们获得成长的呢?杜威将关注的中心极

---

① “Lecture Notes: Political Philosophy, 1982,” p. 38, *Dewey Papers*.

② John Dewey, *Later Works* 7:323.

③ James Campbell:《理解杜威》(*Understanding John Dewey*, La Salle, IL: Open Court, 1995),第53—55页。

④ 同上书,第40页。

大地放在了语言和其他一些沟通话语的模式上(包括符号、象征、姿势和一些社会建制)。他说:

> 通过语言,一个人以潜在的行为界定了他自身。他扮演了许多角色,不是在生活连续不同的阶段,而是在同时代所制定的剧目之中。心灵正是这样形成的。①

对杜威来说,“心灵是一种为情感生命所接受的附加资产,是语言和沟通使其达到与其他生命存在有组织的互动”②。在对杜威自发心灵(emergent mind)观念所进行的反省之中,Westbrook 发现,“对生命存在来说,不是由于拥有心灵才拥有了语言,而是因为拥有语言才拥有了心灵”③。

这样看来,对杜威来说,心(heart-and-mind)是在世界的实现过程中被创造的。就像世界一样,心是动态的“生成”(becoming)而非静态的“存有”(being),并且,问题是我们如何使这一创造过程富有成果并充满乐趣。心和世界得以改变的方式不只是根据人的态度,而是在于真实的成长和生产及其所达至的高效和幸福。

杜威“平等”的观念同样是发人深省的。如我们所料,鉴于其质的“个性”观念,平等就是积极地参与各种形式的公共生活,这些公共生活容许人的所有独特能力都能有所贡献。Westbrook 评论说这有违于这一用语的通常意义,他认为杜威所提倡的平等“既非一种结果的平等,在那种结果中,每个人都可以和其他人一样,也不是社会资源的绝对平等的分配”④。而杜威则坚持认为:

---

① John Dewey, *Later Works* 1:135.

② John Dewey, *Experience and Nature*, p. 133.

③ Robert Westbrook:《杜威与美国的民主》,第 336 页。

④ 同上书,第 165 页。

> 由于现实有效的权利和要求是互动的产物，无法在人性最初和孤立的形成中找到，无论人性是道义意义还是心理学意义的，那么，仅仅消除障碍并不足够。①

如此理解的平等不是一种原初的所有，并且，杜威将一种非同寻常的诠释赋予了平等这个耳熟能详的用语。他坚持说：

> 平等并不意味着某种数学或物理学意义上的相等，根据那种相等，每一个因素都可以为其他另一种因素所替代。它意味着有效地注重每一个体的独特性，而不考虑物理和心理上的不平等。它不是一种自然的拥有，而是社群的结果，是当社群的行为受到其作为一个社群的特征而指导时所产生的结果。②

在诠释这一段时，Raymond Boisvert 强调了这样一个事实：对杜威来说，“平等是一种结果、一种成果，而不是一种原先就拥有的东西”。它是在奉献中成长起来的东西。此外，和自由一样，如果指的是离散而不相依赖的个人，平等就是没有意义的。并且，只有当“适当的社会互动发生时”，才能设想平等的重要性。的确，平等是对等（parity）而非同一性（identity）。用杜威自己的话来说，只有“建立一些基本的条件，通过并由于这些条件，每一个人能够成为他所能成为者”③，平等才能够产生。

此外，对于目的论的经典形式，杜威还提出了一种新颖的替代物。那种目的论需要一种手段/目的的不得已的专门语言。杜威关于理型（ideals）的观念取代了某些预定的设置，那些观念是一些抱负远大的理念，这些理念体现了为了社会行为的向善目标。当这些目标在重新

① John Dewey, *Later Works* 3:99.

② John Dewey, *Middle Works* 12:329—330.

③ John Dewey, *Later Works* 11:168. For Boisvert's discussion, see (1998):68—69.

形成各种条件的过程中发生作用时,它们便塑造并获得了自身的内容。[①] 正如 Campbell 所见:

> 对杜威来说,像正义、美或平等这样的理型,拥有人类生活中这些理型在“抽象”、“确定”或“间接”等意义上所要求的全部力量。通过诠释,杜威看到的问题是:提出某种有关完成、不变的存在的理型,这些理型不是处在有关饥饿与死亡的自然世界,避免了日常存在的问题和混乱。……我们的理型与生活的不断进行的过程相关,它们植根于各种特定的难题,并带来预期的解决。[②]

没有确定的理型,在杜威的世界中,意向如何引出行为呢?对杜威来说,不是理型本身作为目的来指导行为,而毋宁说是方向来自于圆满经验(consummatory experiences),在圆满经验之中,理型方才获得展示。并且,圆满经验自身是一种社会才智的共享表达(shared expression),这种社会才智应对着那些来自于沟通社群内部的各种独特境遇。

在过程哲学中,变化是不会被否定的。无情的暂时性(temporality)使任何完美或完成的观念失去了效力。经验的世界需要种种真实的偶然(contingency)和自发的可能(possibilities),这些偶然性和可能性始终使环境发生着改变。正是只有对于可能性的追求,使得目的内在于那获得目的的手段之中。

即使人性也不能脱离过程。在表达对于人性的理解时,杜威使用了穆勒(John Stuart Mill)的个人主义(individualism)作为陪衬。杜威大段地引用穆勒的话,而穆勒主张“社会的全部现象都是人性的现象”,那也就是说,“除了来自于并可能溶解于个体人性法则的那些东西之外,社会中的人并没有其他的特征”。尽管杜威对于穆勒将常人

---

① John Dewey, *The Political Writings* (Indianapolis: Hackett, 1993):87.

② James Campbell,《理解杜威》,第 152—153 页。

从权力专制中解放出来的动机表示欣赏,但杜威不愿意全然接受穆勒关于人的观念。对杜威来说,穆勒关于人的观念是所谓“哲学的谬误”的又一个例子。[①] 事实上,杜威希望扭转穆勒有关人与社会关系的假设。对杜威而言,讨论独立于特定社会条件的人性的固定结构不应当是一个开端,因为那种人性的固定结构“至少无法解释不同部落、家庭、人群之间的差别,换言之,它无法解释任何社会的状态”[②]。于是,杜威认为:

> 那种所断言的人性的不变性是不能够被承认的。因为尽管人性中某些特定的需求是经常的,但它们所产生的结果(由于文化包括科学、道德、宗教、艺术、工业、法律准则等等的现存状态)却反馈到人性最初的组成部分之中,将其塑造成了新的形式。这样一来,人性全部的模式就要得到修正。仅仅诉诸心理学的因素,以便既解释发生了什么,又制定有关应当发生什么的政策,这种做法的无效,对每一个人来说都是显而易见的。[③]

对杜威来说,人性是一种社会的成果,是一种运用社会性才智所可能取得的适应性的成功(adaptive success)。鉴于变化的现实,这种成功始终是暂时的,使我们作为一种不完全的生命存在,要始终面临着充满偶然性环境的全新挑战。并且,那种成功也是过程性和实用性的,“我们运用过去的经验去建构将来崭新与更好的自我”[④]。

---

① 引自杜威如下的论述:“人格、自我和主体性是与各种复杂组织化的互动相共生的最终功能,那些复杂的互动是机体性和社会性的。个人的个性则在更为简单的事件中具有其基础和条件。”(*Later Works* 1:162)并且,我们从中可以推知:作为一种有意识的理性存在优先或独立于进入各种社会关系,个体的人是这样构成的。对于那些持这种观点的人,杜威是将要指控他们犯有“哲学的谬误”的。

② John Dewey (1993):223.

③ John Dewey (1993):223—224.

④ John Dewey, *Middle Works* 12:134.

在对专制与民主的区分中,关于诸如"个性"和"平等"观念所表达的个人的向度(personal dimension)对于界定一种繁荣的民主的那种和谐是如何的重要,以及关于社会的各种生活形式(life-forms)如何是一种刺激和媒介,通过这种刺激和媒介,人格方才得以成就,杜威同样有着明确的认识。杜威指出:

> 一句话,民主意味着人格是最初与最终的实在。民主承认,只有当个体的人格在社会的客观形式中得以表现时,个体才能够通过学习而获得人格的完整意义。民主也承认,实现人格的主要动因和鼓励来自于社会。但同时,民主还或多或少坚持这样一种事实:无论如何的退化和脆弱,人格不能为了其他任何人而获得;无论如何的明智与有力,人格也不能通过其他任何人而获得。①

正如 Westbrook 所见,"对杜威来说,关键的一点在于:个人能力与环境之间的关系是某种双向的调节,而不是个人需要与力量对于固定环境的单方面适应"②。

为了在杜威有关人的观念和孔子之间寻求一种对比,我们需要一些儒家的语汇。并且,如果我们考虑到维特根斯坦所谓"我们语言的界限就是我们世界的界限",我们就需要更多的语言。③ 我们可以从"仁"开始,我们选择将"仁"翻译为"authoritative conduct"、"to act authoritatively"、"authoritative person"。"仁"是孔子所从事的最重要的工程,"仁"字在《论语》中出现了一百多次。"仁"字的写法很简单,根

---

① John Dewey, *Early Works* 1:244.

② Robert Westbrook:《杜威与美国的民主》,第 43 页。

③ 这种儒家词汇的解释,是对安乐哲和罗斯蒙特(Henry Rosemont, Jr.)《论语:一种哲学性的诠释》(*The Analects of Confucius: A Philosophical Translation*, New York: Ballantine, 1998)以及安乐哲和郝大维《切中伦常:〈中庸〉的翻译与哲学诠释》(*Focusing the Familiar: A Translation and Philosophical Interpretation of the Zhongyong*, Honolulu: University of Hawaii Press, 2001)二书词汇表中相关词汇的修订。

据《说文》,“仁”从“人”从“二”。这种语源学的分析强调了儒家这样的预设:一个人单单自己无法成就一个人。换言之,从我们出生开始,我们就具有不可化约的社会性。对此,芬格莱特(Herbert Fingarette)简明扼要地指出:“对孔子来说,除非至少有两个人,否则就没有人。”①

我们可以从甲骨文上获得的另一种对“仁”的解释是:“仁”字右边看起来似乎是“二”的偏旁,在早先其实是“上”,而“上”也写作“二”。② 这样一种解读将会表明一个人在成长为“仁者”的过程中不断增长的与众不同,因此,也就为一个人所在的社群与所要到来的世界之间设定了关联,所谓“仁者乐山”、“仁者寿”。

“仁”字最常见的翻译是“benevolence”、“goodness”和“humanity”,有时译作“human-heartedness”,个别情况下也会被笨拙的性别主义者译成“manhood-at-its-best”,对于将“仁”译成英文来说,虽然“benevolence”和“humanity”是更令人感到舒服的选择,但我们决定选择不那么优雅的“authoritative person”,却是经过审慎考虑的。首先,“仁”是一个人完整的人格体现,当一个人经过修养的认知的、审美的、道德的以及宗教的感受性在其礼仪化的角色和各种关系中得以表达时,这个人便达到了“仁”的境界。“仁”是一个人“多种自我的场域”(field of selves),是那些将一个人构成为一个坚决的社会人格各种有意义的关系的总和。“仁”不仅仅表现在“心”上,也表现在“身”上,即表现在一个人的姿态、行为举止和肢体语言上。因此,将“仁”翻译为“benevolence”,是在一种不依赖于以“心理”(psyche)观念来界定人类经验的传统中将其心理学化(psychologize)。以成人过程的复杂精微为代价,将一种道德的性情气质从许多种道德的性情气质中孤立出

① 芬格莱特:《〈论语〉中人性的音乐》(The Music of Humanity in the Conversations of Confucius),载《中国哲学杂志》(*Journal of Chinese Philosophy*)第10期,第217页。

② Bernhard Karlgren, *Grammata Serica Recensa*, Stockholm: Museum of Far Eastern Antiquities, 1950, 191.

来，那将使“仁”陷入枯竭的境地。

此外，“humanity”一词暗示着所有人都具备的一种共享的、本质的状态。然而，“仁”却来之不易。它是一项审美的工程，一种成就，某种完成的东西（《论语》，12:1）。人的存有（being）不是某种我们如今所是的东西，它是某种我们正在从事和成为的东西。对于把握成为一个人所意味的过程性和自发性，或许“人成”的观念是一个更为恰当的用语。它不是一种本质性的天赋潜能，而是一个人鉴于其原初条件与其自然、社会以及文化环境的相交而能够了解自身的产物。当然，作为各种构成性关系的中心，人具有最初的性情气质（《论语》，17:2）。但是，“仁”最重要的是使这些关系“生成”（growing）为对人类社群的活泼、强壮和健康的参与。

当孔子提到“仁”时，他常常被追问“仁”的含义为何，这一事实表明：孔子是为了自己的目的而重新创造了这一用语，并且，在孔子的对话中出现的那些“仁”字，其理解都不是那么轻松自在。可以证实，孔子所赋予“仁”的创造性的意义，在更早的古代文献中是不太常用和不太重要的用法。由于“仁”包含了一个特定的人的质的变化的含义，并且，只有关联于这个人生活的特殊、具体的状态，其含义才能够得以理解，因而“仁”字就变得更加意义不清。对“仁”来说，没有固定的程式、理型。“仁”是一种艺术的工作，是一个揭示的过程，而不是封闭、凝固的定义和复制。因此，我们用“authoritative person”来翻译“仁”，就是某种新的表达，并且，还可能激发以澄清为目标的类似的意愿。“Authoritative”意味着一个人通过在社群中成为仁者所表现的“权威”，这种“权威”是通过践行礼仪而在其身上体现出他自己的传统的价值与习俗。“Authoritative person”的卓越性与可见性，在孔子有关山的比喻中可以得到理解（《论语》，6:23）。山的沉静、庄严、灵性和连绵不断，使它成为地方文化与社群的象征，对于那些迷失了道路的人来说，山是一种意义的象征。

同时，成人之道也不是一种既成给定的东西（a given）。仁者（authoritative person)必须是“筑路者”(road-builder),是使自己所处时空条件下的文化“权威化”的参与者(《论语》,15:29)。就定义而言,遵守礼仪是一个内化的过程,即使传统真正成为他自己的东西,这一过程需要那使一个人在社群中得以定位的各种角色和关系的人格化。正是“仁”的这种创造性的方面,蕴涵在使其自己的社群变得具有权威的过程之中。另外,在自上而下组织严密和控制性的权威秩序以及自下而上的(bottom-up)和尊敬意义上的权威秩序之间进行对照也是有益的。对那些在其自己的人格建构中遵从并追求仁道的人来说,仁者是其仿效的典范,那些人很高兴承认仁者的成就,没有任何强迫。

在同杜威的比较中,第二个相关的儒家术语是“心”,它被翻译为“heart-and-mind”。汉字的“心”字是主动脉(心脏)被模仿的象形文字,与英文中的“heart”及其所具有的情感含义直接相关。我们翻译成“emotions”或“feelings”的汉字“情”是“心”的字形与“青”的发音的复合这一事实,证实了这种理解。事实上,有许多汉字(如果不是大部分的话)要求“情”以“心”为其构成要素。

但是,鉴于“心”常常被理解为“mind”,我们也应当警觉到仅仅将“心”翻译为“heart”的不充分性。有许多(如果不是大部分的话)指称不同思考模式的汉字在其字形构成上也有“心”。的确,在古代中国的文献中有很多段落在英文中是没有意义的,除非在“心”既有思考又有感受的意义上来理解。当然,关键在于:在古代中国人的世界观中,认知意义的“心”(mind)和情感意义的“心”(heart)是不可分离的。为了避免这种两分(dichotomy),我们宁可不太优雅地将“心”译作“heart-and-mind”,意在提醒我们自己:没有脱离情感的理性思考,任何粗糙的情感也都不乏认知的内容。

在古代中国人的世界观中,相对于实体和永恒,过程和变化具有优先性。因而,与人的身体有关,我们经常可以看到,生理学优先于解剖学,功能优先于处所。就此而言,我们或许有理由说:心意味着思维与情感,并且,在引申和比喻的意义上,心是将这些思维与情感的种种经验联系在一起的器官。

由于"情"规定着人们互动的质量，在早期儒家有关人的观念中，这种情感的恰当表达就是独一无二的重要价值。相对未经调节的经验本身居于情感事物之中，而那种情感事物当被化约为语言的认知结构时变得具有选择性和抽象性，在这个意义上，"情"就是"情实"之情，即"事物本身所是的那个样子"。正是对于情感经验的具体性(concreteness)，当怀特海发现"母亲能够在她们的心中斟酌许多语言无法表达的事情"时，他表示赞同。"情"之所以在《中庸》中呈现出特别的重要性，是由于其引人注目的角色，即适当的凝定的(focused)人的情感被认为包含有宇宙的秩序。正如《中庸》第一章在讨论人的情绪状态最后所作的结论："致中和，天地位焉。万物育焉。"

此外，对于理解人的共同创造性(co-creativity)本身那种非常情境化和远景化的属性，"情"是很重要的。因为人们是由他们的种种关系所构成的，并且，由于在经验由场域化的状态转变成聚焦化的状态的过程中，这些关系是被价值化的(valorized)，这些人们彼此之间创造性的互动便将他们的情感互相敞开。"情"的情感色彩和主体形式始终需要创造过程的那种独特的远景化轨迹。

最后一个我们打算简要探讨的儒家用语是"和"，习惯上常常翻译为"harmony"。就词源学来说，这个用语的意义与烹饪有关。"和"是将两种或更多的事物整合或掺和在一起的烹饪艺术，以至于这些不同的东西可以互相支持，同时又不丧失它们各自独特的风味。通观早期的文集，食物的准备就是在这个意义上诉诸优雅的"和"的光彩。如此理解的"和"既需要特定组成部分各自的统一性，也需要将这些组成部分有机地整合为一个更大的整体，在这个整体之中，统一性应当被理解为"在关系中动态地生成为(becoming)整体"，而不是静态地"作为(being)整体"。这种"和"的缔结(Signatory)是以特定成分的持久以及"和"的审美属性为标志的。"和"是一种优雅的秩序，它来自于各个内在相关的细目之间的互相协作，这种相互协作细化了每一细目对于整体统一性的贡献。

在《论语》中,“和”的这种意义被赞美为一种最高的文化成就。在此,根据每一个体对于所在的整个脉络的恰当的贡献来界定“和”的意义,就将“和”与单纯的一致(agreement)区别开来。家庭的比喻渗透了这一论题。有这样一种直觉:家庭是这样一种建制,其中,家庭成员在由“礼”和“义”所主导的互动中通常充分而毫无保留地对家庭这一团体有所奉献。家庭的比喻也受到了这种直觉的鼓舞。对家庭的这种信守要求人格完整的充分表达,既而成为最为有效地追求个人实现的存在脉络。《论语》中如下的两章文字最佳地表达了在各种礼仪化的生活形式以及公共和谐的个人贡献之间的不可分割。

> 礼之用,和为贵。先王之道,斯为美;小大由之。有所不行,知和而和,不以礼节之,亦不可行也。(《论语》,1:12)
>
> 颜渊问仁。子曰:“克己复礼为仁。一日克己复礼,天下归仁焉。为仁由己,而由人乎哉?”
>
> 颜渊曰:“请问其目。”子曰:“非礼勿视,非礼勿听,非礼勿言,非礼勿动。”(《论语》,12:1)

在《中庸》中,“和”的这种儒家意义在有关“中”的介绍中得到了进一步的说明。而“中”即是“聚焦于(‘中’)日常生活中切近与熟悉的事物(‘庸’)”。

我想要简要探讨的最后论题,是杜威有关宗教性的不乏争论的意义。在其生涯中很早的阶段,在有关“真理”的主张中,杜威拒绝作为建制化教条的传统“宗教”,那种宗教观是与同样使人误入歧途的现代科学观相并行的。然而,杜威坚持既保留“宗教”也保留“上帝”的名称,以便意味着:“人以既依赖又支持的方式与想象力感知的世界所形成的关联,其意义便是宇宙。”①

---

① John Dewey, *Later Works* 9:36.

在最近有关杜威的学术研究中,根据 Michael Eldridge《转化中的经验》一书所作的总结和诠释,关于杜威的宗教感受性,我们有着一系列互相分离甚至彼此冲突的解读。在整个解读范围的一端,有像 Jerome Soneson 和 Richard Bernstein 这样的学者,前者视杜威“在根本上是一个宗教思想家”,后者认为杜威有关“宗教态度和质量的论述”是其“整个哲学的顶点”。有这样一种立场,即试图解释并称赞杜威的独特之处却常常是误解了杜威“精神性的民主形式”,这种立场最为微妙的展示,大概要算是 Steven Rockefeller 从哲学性和宗教性角度所写的有关杜威的传记了。①

在整个解读范围的另一端,是令人感到失望的 Michael Eldridge 和 Alan Ryan,他们希望证明的是:杜威根本取消了宗教的意义。用 Ryan 的话来说:“事实上,我们可以怀疑,在缺乏杜威所希望抛弃的超自然信仰的情况下,是否可能具有宗教语汇的使用(use)。”②在乞灵于“世俗性”(secularity)和“人文主义”(humanism)的语言以挑战使用“宗教的”这一用语来描绘杜威思想的正当性时,Eldridge 坚持认为:“对杜威来说,‘理想目标与现实条件相统一这种明晰与热切的观念’所唤起的‘坚韧不拔的激情’(steady emotion)不必非要跨越一个很高的门槛

---

① 使 Rockefeller 的描述如此引人注目的东西,正是他自己对于过程性与创造性的宗教感受性的保留,这种宗教感受性显然是提出而非取消了有关终极意义的问题,该问题是一种宗教性的断言,对至少某些人(我们立刻会想到陀思妥耶夫斯基)来说,在应对个人存在的挑战以及我们作为现代人类所见证的失去心灵的恐惧(the mindless horrors)时,这种断言是必要的。参见 Steven Rockefeller:《杜威:宗教信仰和民主人道主义》(*John Dewey: Religious Faith and Democratic Humanism*, New York: Columbia University Press, 1991)。

② 见 Alan Ryan 的《杜威与美国自由主义的高潮》(*John Dewey and the High Tide of American Liberalism*, New York: Norton, 1995),第 274 页。除了自己强烈的确信之外,Eldridge 也非常善于复述所有的证据。例如,在 Sidney Hook 有关杜威使用“上帝”这一用语的理由的诸多回忆中,他征引了一种杜威式的反驳:“有关神圣、深刻和终极的情感联系,并没有理由应当向超自然主义者投降。”见 Michael Eldridge:《转化中的经验:杜威的文化工具主义》(*Transforming Experience: John Dewey's Cultural Instrumentalism*, Nashville: Vanderbilt University Press, 1998),第 155—156 页。

而被算作宗教性。"①

就像对"个性"、"平等"的使用那样，鉴于杜威对于"宗教性"(religious)的使用再次扭转了流行的智慧，这场争论并不令人感到惊奇。不是从那种给社会形式注入了宗教意义的神的观念开始，那种神性是作为真、善、美的终极仲裁者和保证者而存在的，杜威是从日常的社会实践开始的。当在意义上取得了一定程度的深度和广度，那些日常的社会实践便展示出一种宗教的感受性。这种宗教感受性来自于一个人对其所在的文明化了的人类社群的全部贡献，来自于一个人对自然界的敬畏。在晚年，对于作为经验的艺术，杜威会作出同样的论断，那就是：作为适当充满并提升所有人类活动的一种抱负，艺术远不止是人类经验排他性、专业化和建制化的部分。

看起来，使杜威远离世俗人文主义(secular humanism)的是这样两种东西：一是杜威不愿意将人性本身的一种不合格和通泛的观念作为崇拜的对象；再者就是杜威情境主义(contextualism)的彻底性(radicalness)。宗教性是圆满经验的一种质的可能性，在那种圆满经验中，"所运用的手段与所追求的目标同时内在于经验之中"②。虽然杜威特别地拒绝"无神论"(atheism)，因为无神论在人类的知性方面过于自命不凡，但是杜威的宗教感或许可以公平地被称之为"非神论的"(atheistic)。之所以如此，在于无须设定一种超自然的最高存有(supernatural supreme being)的存在。杜威指出：

---

① Michael Eldridge：《转化中的经验：杜威的文化工具主义》，第162页。如果以其通常的方式来理解，用"世俗"(secular)来描述杜威是对杜威的一种指控，我们可以设想杜威本人会拒绝这种指控。在其最弱的形式中，"世俗"一词也暗示着对于现世和人类自足性的一种强调，以及对于精神性和宗教性的一种漠视。作为神圣的对立面，在其较强的意义上，"世俗"甚至可能包含着一种宗教怀疑主义，这种怀疑主义试图将宗教性从市民与公共事物中排除出去。但是，Eldridge 所用的"世俗"一词，却意味着与"超自然主义"或"外自然主义"相对的"一种彻底的自然主义"，它是用来诠释杜威的思想包含着这样一种看法：人类经验及其整个历史都是内在于自然之中的，杜威显然会同意这样一种特征的刻画。

② 同上书，第170页。

作为知识的对象,自然可以作为永恒之善和生活准则的根源,因此,自然拥有犹太——基督教传统归之于上帝的所有特性和功能。①

事实上,尽管杜威很少在连续性的意义上指称上帝,但任何有关一种在时间上先在的、超越的根源的观念以及人类经验缔造者的观念,对于杜威式的实用主义来说都是一种诅咒。对于传统的宗教性,杜威的确想保留的是那种自然的虔敬(natural piety),即那种敬畏、惊叹和谦退之感。这种虔敬感排除了任何追求控制的企图,而是鼓励一种与环绕在我们周围的自然的复杂性相合作的态度。杜威对于"宗教性"观念的调整,在于他以创造性的角色(creative role)取代了建制化的崇拜(institutionalized worship)。那种创造性的角色是深思熟虑的人类活动在对繁荣社群的欣赏和喜悦的经验中所具有的。在 Rockefeller 对杜威"宗教人文主义"(religious humanism)的描述中,他从杜威《个人主义,新与旧》一书中征引了如下一段话,来证明世俗与神圣、个体与社群、社会之根与宗教之花之间的不可分割性。

宗教不是统一性的根源,其自身就是统一性的开花和结果。……只有通过成为那种达到统一性一定程度的社会的成员,那种被认为是宗教之本质的整全感(sense of wholeness)才能够建立和保持。②

无论我们申斥论辩的哪一方,换言之,尽管杜威拒绝了许多那些在传统的意义上被认为是宗教的东西,我们可以说杜威仍然具有深刻的宗教感;或者,我们也可以坚持认为杜威的确将孩子和洗澡水一起

① John Dewey, *Later Works* 4:45.

② Steven Rockefeller:《杜威:宗教信仰和民主人道主义》,第449页。

泼掉了，我要提出的却是这样一个问题，即一种儒家的视角在此是否能够有所贡献？有趣的是，在上一代人中，芬格莱特选择了“孔子：即凡而圣”作为他那本小书的题目，那本书在儒学研究方面产生了重大的影响。芬格莱特非常深入地论证说：正是人类经验的礼仪化，成为儒家世界中那种神圣的东西的源泉。①

此外，我们需要理解的是，在儒家哲学中作为一种艺术术语的“礼”要求哪些东西。“礼”在习惯上被翻译为“ritual”、“rites”、“customs”、“etiquette”、“propriety”、“morals”、“rules of proper behavior”以及“worship”。如果赋予恰当的脉络的话，这里的每一种翻译都可以间或表达“礼”的含义。但是，在古代的中文里，“礼”这个字带有以上这些翻译每一种用法的所有含义。这个复合字是一个表意文字，其含义是在祭坛上向先祖的神灵献上祭祀。这就向我们提示了这个用语所承担的深远的宗教意义。在《说文》中，“礼”被定义为“履”，意思是“踏于道上”，因而也意味着“品行”、“行为”。换言之，就其最狭窄的意义而言，“礼”就是“如何服侍神灵以带来好运”。对于“礼”的这种理解，是古代儒家感受性的一个标志。

我们选择将“礼”采取较为广义的理解，因而把“礼”翻译为“ritual propriety”。另外，这种翻译是一种审慎的选择。在形式的方面，“礼”是那些被注入了意义的角色、关系以及那些促进沟通并培养社群感的建制。所有形式上的行为构成了“礼”——包括饮食方式、祝贺和取予的方式、毕业典礼、婚丧嫁娶、恭敬的举止、祖先祭祀等等。“礼”是一种社会的语法，这种语法给每一个成员在家庭、社群和政治内部提供一个确定的定位。作为意义的存储，“礼”是代代相传的各种生活形式，这些生活形式使得个体能够分享恒久的价值，并使这些价值成为他们自己处境的财富。没有“礼”，一个人可能会忽略一位失去了亲人

① 芬格莱特：《孔子：即凡而圣》(*Confucius: The Secular as Sacred*, New York: Harper and Row, 1972)。该书中译本收入江苏人民出版社“海外中国研究丛书”。

的朋友,有了"礼",一个人便会受到敦促而走到那位朋友身边去安慰他。

在非形式尤其是个人的方面,充分参与一个由"礼"所组成的社群,需要通行的各种习俗、建制和价值的个人化。使得"礼"深深地不同于法律或规矩的东西,就是使传统成为自己所有之物的这样一种过程。拉丁文 proprius,意即"使某物成为自己所有的东西",给了我们一系列认知的表达,在翻译一些关键的哲学用语以掌握这种参与感时,这一系列认知的表达就很有帮助。"义"不是"righteousness"而是"appropriateness"、"a sense of what is fitting","正"不是"rectification"或"correct conduct",而是"proper conduct","政"不是"government"而是"governing properly","礼"也不止是"what is appropriate",而是"doing what is appropriate"。

像其他大多数儒家的观念一样,"礼"是从家庭开始的。在《中庸》第 20 章中,清楚地说明了"礼"的家庭根源:

> 亲亲之杀,尊贤之等,礼所生也。

如此所理解的"礼"是在人类社群内部聚集而成的,它规定着现在的人及其祖先之间恰当的关系(《中庸》,第 19 章),规定着社会、政治权威以及主导社会政治权威和被社会政治权威所主导的人们之间的恰当关系(《中庸》,第 20 章)。

或许,在孔子的世界中,理解"礼"的含义的最大障碍是我们自己的世界的一个熟悉的向度,以及我们充分意识到它所要求的东西。在英文中,"ritual"这个词常常是贬义的,暗示着屈从空洞而无意义的社会习俗。但是,对儒家文献的细致解读,却揭示了一种调节面部表情和体态的生活方式,揭示了一个世界,在这个世界中,生活是一种需要冷酷无情地关注细节的表演。尤为重要的是,这种由"礼"所构成的表演是从这样一种洞见开始的,即只有通过形式化的角色和行为所提供的规范，个人的净化(refinement)才是可能的。缺乏创造性的个人化(“仁”)的形式(“礼”)是强制性和非人化的；缺乏形式的个人表达则是随意甚至放肆的。只有通过形式(“礼”)与个人化(“仁”)的恰当结合，家庭与社群才能够得到自我调节和净化。

在阅读《论语》的过程中，我们往往易于忽略其中第9至第11篇的内容。在这几篇中，基本上都是描写作为历史人物的孔子的生活事件的。然而，恰恰是这几篇文字，通过最细微的体态、衣着的式样、步履的节拍、面部的表情、说话的声调甚至是呼吸的节奏，最大程度地展示了孔子这位士大夫是如何以其恰如其分的行为来参与朝廷的日常生活的。

> 入公门，鞠躬如也，如不容。
> 立不中门，行不履阈。
> 过位，色勃如也，足躩如也，其言似不足者。
> 摄齐升堂，鞠躬如也，屏气似不息者。
> 出，降一等，逞颜色，怡怡如也。
> 没阶，趋进，翼如也。
> 复其位，踧如也。(《论语》，10:4)

《论语》中的这段文字没有给我们提供那种规定的正式行为的教学问答，而是向我们展示了孔子这位具体历史人物奋力展现他对于礼仪生活的敏感这样一种形象，正是通过这样一种努力，孔子最终使自己成为整个文明的导师。

我们可以得出总结性的一点，这一点将“礼”与杜威“功能”和“调节”的观念更为直接地联系起来。那就是一个人自身的各种能力与其环境的各种条件之间相互适应的积极的关系。首先，就其定义而言，礼是被个人化并且情境化的。进而言之，作为既是施行(performance)同时又是言出即行的(performative)那样一种东西，“礼”在其自身的脉络中是具有完整意义并且拒绝被理性化或被解释的,在这种意义上,"礼"既是手段也是目的。"礼"的施行就是"礼"的含义所在。

最近,我为《儒家精神性》一书撰写了一篇论文,题目是"礼与古代儒家非神论的宗教性"。其中,我论证说:古代儒家一方面是非神论的(atheistic),一方面又具有深刻的宗教性。它是一种没有上帝(God)的宗教传统,是一种肯定精神性的宗教感受性,那种精神性来自具有灵性的人类经验本身。没有教会(家庭除外),没有祭坛(家里的祭坛除外),也没有教士。儒家称道这样一种方式,在这种方式中,人类成长和绵延的过程既为总体的意义(the meaning of the totality)所塑造,同时也参与总体意义的形成。这种总体的意义,就是我们在翻译《中庸》一书时所谓的"创造性"(creativity),这种创造性与基督教"无中生有"(creatio ex nihilo)的传统形成鲜明的对照。①

在这种类型的宗教性与大体上由西方文化叙事中宗教所界定的亚伯拉罕传统之间,有几项深刻的差异。并且,对我来说,这些差异与杜威"宗教的"用法至少在表面上具有一种共鸣。我在论文中论证说,和那种诉诸先验与外在的某种力量的终极意义的"崇拜"型的模式不同,施莱尔马赫(Schleiermacher)将那种外在崇拜称为"绝对的依赖"(absolute dependence),儒家的宗教经验本身就是繁荣社群的一种产物(product),在繁荣社群中,宗教生活的质量是公共生活质量的直接结果。正是这种以人为中心而不是以上帝为中心的宗教性,通过由真诚关注到礼仪这种过程而得以产生。并且,儒家的宗教性不是繁荣社群的根本与基础,而毋宁说是繁荣社群的内在属性和开花结果。

儒家宗教性明显不同于亚伯拉罕传统的第二个方面在于:儒家的宗教性既不是救赎性的(salvific),也不是末世论的(eschatological)。

① 杜维明发展了"无中生有"(creatio ex nihilo)与"天人合一观"(anthropocosmic vision)所主导的儒家世界连续性的创造之间的对照。这在杜氏著《儒家思想:创造性转化的自我》(*Confucian Thought: Self as Creative Transformation*, Albany: SUNY Press, 1985)一书中随处可见。

尽管儒家的宗教性也需要某种转化,但儒家宗教性所涉及的转化,首先或者说尤其是人伦日用之中的人类生活质量的转化,这种转化不仅升华了我们的日用伦常,而且进一步扩展到使整个世界富有魅力。当人类的情感被升华到高超的境界,当用枝条记事变成优美的书法和令人惊叹的青铜器图案,当粗野的体态(coarse gestures)净化成为礼仪的庄重节拍和舞蹈的振奋,当咕哝的干涉声转变为壮丽而绕梁不绝的美妙乐曲,当随意的结合转变成家庭长久而安心的温暖,宇宙就会益发的深广。正是这样一种转化形式——使日常的人伦日用变得优雅,似乎至少部分地提供了在某些超越的、超自然的诉求中所能够发现的神秘宗教性的另一种表达。

现在,至少对我来说,在杜威的语汇中,存在着丰富的内容与我所理解的那些定义古代儒家感受性的术语相互共鸣。这些彼此共鸣的词汇包括"experience"和"道"、"consummatory experience"、"democracy"和"和"、"personality, individuality, and equality"和"仁"、"religiousness"和"礼"、"processual human nature"和"人性"。并且,在更广的意义上来看,双方似乎还有许多会通之处:像人类经验不可化约的社会性、情境对于作用的优先性、有效沟通的核心重要性、替代了目的论的向善的连续性。当然,双方也有许多更为有趣的差异,这些差异既有内容上的不同,也有侧重点的不同。

那么,我们应当到哪里去寻找那些意味深长和富有成果的差别呢?

20世纪初,杜威聚焦儒学传统的方式之一是指出其缺乏"赛先生"(Science)。Robert Westbrook 声称:"杜威重建哲学家角色的努力的核心,是其对于哲学与科学关系的看法。"[①]在这一点上,Robert Westbrook 不乏同调。对于儒学传统,中国学者自己认为是弱点之一而杜威却认为可以成为西方传统一种补充的东西,是儒家某种"意志

① Robert Westbrook:《杜威与美国的民主》,第138页。

主义"(voluntarism)的倾向。这种"意志主义"夸大了人类意在转化世界的能力。李泽厚这位康德式的学者,是中国非常著名的社会批判理论家之一。当代有几位学者研究和诠释过李泽厚的著作,特别是莱顿的庄为莲(Woei Lien Chong)和顾昕以及宾州的刘康,他们都指出李泽厚拒绝"意志主义"——一种人的意志能够成就一切的思想。① "意志主义"并不新鲜,它来自于传统儒家的某种立场并与这种立场保持一致,这种立场就是:人类的实现靠的是未经调节的道德意志的转化性力量。李泽厚认为,对于道德意志的放纵的自信,要对当代中国从全盘西化到大跃进再到"文化大革命"这几次危机负责,那种放纵的自信是一种信仰,这种信仰很容易被理解成一种在意识形态的意义上驱动民众动乱的形象。②

简言之,这种论证就是:古代以来的儒家哲人承认在人类及其自然与超自然的环境之间存在着连续性,所谓"天人合一"。然而,这种连续性的性质却常常被误解为对于自然科学的损害。这种连续性不是主体与客体之间的连续性,而是既尊重集体的人类社群有效地转化其周遭环境的能力,同时也尊重自然界对于人化的抗拒,它为这样一种信念所支配,即道德主体相对于无限绵延的自然界拥有几乎绝对的转化力量。如此一来,这种态度就成为一种粗糙的主观主义。对于需要以科学技术中所包含的集体的人类努力来"人化"自然这种需要,对于在主体和客体之间建立一种富有成果的关系,李泽厚认为这种关系是人的自由的先决条件,而这种主观主义对此则持怀疑的态度。

对于我们所理解的儒家传统的弱点来说,杜威式的探索所要求的

---

① 在此,我得益于庄为莲的论文《中国思想中的人与人性:李泽厚论毛泽东意志主义的传统根源》,载 *China Information* Vol XI Nos 2/3 (Autumn/Winter 1996),并且,也是针对李泽厚和 Jane Cauvel 对张灏的回应。李泽厚和 Jane Cauvel 的论文见于 Tim Cheek 所编的《东西方哲学》有关该问题的专号。关于最近李泽厚研究的书目,参见庄为莲(1996):142—143n12。

② 在对狄百瑞《儒学的困境》一书的回应中,张灏得出了类似的结论。参见张灏在 *China Review International* Vol 1 No 1 (Spring 1994)中的论文。

科学性与经验性是一种纠正。儒学能够偿还这一帮助吗？另一方面，儒家坚持，作为达到醉人的人类经验的一种手段，礼仪化的生活能否为杜威宗教性的观念所借用，成为其充分的常规性补充，以便减轻 Ryan 和 Eldridge 的这样一种感觉，即杜威是否在使用着一种非常贫乏的宗教性的意义呢？儒家哲学宗教方面的核心及其对于礼仪化生活的注重，是否会构成杜威有关宗教性的质的理解的充分扩展，以便说服 Ryan 和 Eldridge，告诉他们存在一种可见的非神论的宗教性，这种宗教性确保了一种宗教的词汇，虽然这种词汇非常地不同于有神论的话语呢？对于这样一种"非神论"的宗教感受性，儒学能否提供一个足够强有力的例证，以便能够说服我们：虽然我们委实需要一种完全不同的语汇来表达这种经验，但我们通常认为具有宗教性的东西并没有穷尽那被合法地贴上"宗教的"标签的东西和各种可能的例证？

杜威指出，对于人类经验的沉浮兴衰，一种超越的诉求（transcendental appeal）并不能够提供太多的缓解和真正的宽慰：

> 即使有一千次的辩证阐释向我们说明：作为一个整体，生活是受到一种超越原则的规约，以便达到一种最终的无所不包的目标，然而，在具体情况下的正确和错误、健康与疾病、善与恶、希望与恐惧，将仍然不过是它们如今的所是和所在。①

可是，对于超越性来说，是否事实上需要付出代价呢？当自然的家庭和公共关系不被理解为与某种更高的超自然关系相竞争，与那种超自然的关系相分离、并依赖于那种超自然关系时，作为人类成长根本中心的家庭力量的作用，就可能会得到非常大的增强。换言之，当人们之间的关系从属于一种个人与崇拜的超越对象之间的关系时，无论这种从属关系会有怎样的利益，都是以家庭和社群的组织结构为代

① John Dewey, *Middle Works* 4:12.

价的。在礼仪化的生活中,正是从家庭的向外扩展中,每一个人自身才成为深刻的公共敬重、文化敬重并最终是宗教敬重的对象。除了在他们的日常生活经验中感受到强烈宗教性质所获得的成就,这些典范性的人格就成为其家庭和社群的祖先以及作为"天"的他们祖先遗产的捐赠者,"天"在非常广泛的意义上规定着中国文化。正是祖先和文化英雄们长久以来不断累积的精神方向,使得"天"的价值得以明确并富有意义。

我们可以界定某些具体的方式,在这些方式中,儒学与杜威实用主义之间的对话能够彼此丰富、相互取益。在一个更为一般的层面上,我敢说,大部分从事比较哲学的西方学者会认同这样一种看法:从事中国哲学的研究能够增强西方哲学的生命力。对于中国传统的理解和扩充,具有西方哲学训练的学生也常常会带来新颖的分析工具和崭新的视角。但是,好处是相互的。我们在《先贤的民主》中指出,"东方化"虽然迄今为止还是一个未经明言和未经承认的过程,但它已经是并且将继续是中美关系的一项题中之意。

如果我们相信存在着对话的基础,并且这种对话是互利的,那么,受到杜威和孔子双方所提供的社会行动主义(social activism)的各种模式的启发,我们又如何从一种学院的对话转向深厚的社会实践呢?

随着中国不可避免地走向民主的某种中国版本,本文讨论的真正价值也许在于其直接的当代相关性。无论在儒学还是在杜威的思想中,都缺乏对于自由民主的许多先决条件。当然,像自律的个性(autonomous individuality)、为在个体意义上理解的政治权利提供基础的数量的平等(quantitative equality)等等这些观念,对于有关繁荣社群的儒家和杜威两方面的眼光来说,都是一种诅咒。另一方面,在儒学和植根于杜威过程哲学中更为社群主义式的民主模式之间,却存在着共鸣。在哪里有人类自由的最大保障,不是由谈论权利所保障的权利,而是一种繁荣社群,在哪里自由就不是一种漫无限制的东西,而是自治(selfgovernance)的充分参与。在《先贤的民主》一书中,我们试图提出的问题是：中国的民主能否通过鼓励诉诸在古典儒学中无处不在的某种特定的"社群主义"而承担最佳的责任，或者还是要中国抛弃其文化的中心，而输入自由民主的西方观念呢？

（彭国翔　译）

附　录

通达民主未来的不同道路：杜威实用主义和儒家思想的对话

安乐哲(Roger T. Ames)：夏威夷大学哲学教授，《东西方哲学》编辑，曾与罗斯蒙特(H. Rosemont)教授合作翻译包括《论语》在内的中国古代经典(1998)。此外，他还与郝大维共同撰写了多部关于中国哲学和文化的著作，包括：《认识孔子》(1987)，《对中国的预期：关于中西文化叙事方式的思考》(1995)，《从中国人的角度看中西文化中的自我、真理和超越》(1997)，《切中伦常：〈中庸〉的翻译与哲学诠释》(2001)。最近，他承担了多项旨在带入现代观点和文化理解的研究项目，《死亡的民主：杜威、孔子和中国民主的希望》就是这个努力的产物。

安格尔(Stephen C. Angle)：威斯利安大学(Wesleyan University)哲学助理教授，耶鲁大学东亚研究系硕士，密歇根大学哲学博士。他的作品有：《人权和中国思想：一种跨文化研究》(2002)，《中国人权读物》(合著，2001)。其研究专长在自宋代到清代的儒家伦理学、政治学和心的哲学，以及传统与现代中国思想和各种西方哲学的相互影响。

伯斯容(John Berthrong)：曾在芝加哥大学学习汉学。1989 年后任波士顿大学神学院副院长，负责学术和行政事务；1990 年后任宗教传统对话研究所所长。其研究和教学领域主要集中在宗教间的对话。他的著作包括：《尽在天堂之下：儒家和基督教对话中的范式转换》（太阳出版社），《儒家之道的转型》（西方视野出版社），《关于创造性：胡适、怀特海和南乐山的比较研究》（太阳出版社），《儒家思想简介》（合著，2000）。伯斯容教授还与 M. E. 塔克合作编辑了《儒家思想和生态学》（哈佛大学出版社，1998）。

艾尔德里奇（Michael Eldridge）：在北卡罗来纳大学教授哲学。他在《转化中的经验：杜威的文化工具主义》（1998）一书中认为，杜威的目标是在使社会、政治乃至宗教实践理智化。1999 年，杜威研究中心接受他为当年的"民主与教育"研究人员。目前，他承担着为梯也姆斯出版社重印 20 世纪上半叶实用主义和宗教文丛的工作。他分别在耶鲁大学、哥伦比亚大学和佛罗里达大学获得学士、硕士和博士学位。

海克曼（Larry A. Hickman）：杜威研究中心主任，南伊利诺伊大学哲学教授。他著有《高阶谓词理论》（1980），《杜威的实用技术理论》（1990），《技术文化的哲学工具》（2001）。他主编的论文集有《作为人类事务的技术》（1990），《杜威读本》（1998），《杜威其人》（合编，1998），《杜威书信集》（第一卷，1871—1918 年；第二卷，1919—1939 年。1999 年和 2001 年）。海克曼教授还在教育、环境伦理、同性恋、中世纪逻辑、美国实用主义和电影评论等方面有广泛的论述。他是美国哲学发展协会的主席。

南乐山（Robert C. Neville）：波士顿大学技术学院院长，哲学、宗教学和技术理论教授。他是美国宗教研究院院长，国际中国哲学协会主席，美国形而上学学会主席。南乐山教授著有 17 部著作，包括：《波士顿儒学》（2000），《后现代性时代中的宗教》（即出）。他曾任太阳出版社哲学部分的主编(1979—1988年),《系统哲学》的主编(1979—1999年),《宗教研究》的主编(1979—1988年),《美国宗教研究院杂志》编委会成员。

洛克菲勒(Steven C. Rockefeller):佛蒙特州米都伯利学院(Middlebury College)宗教学终身教授,纽约市神学研究班神学硕士,哥伦比亚大学宗教哲学博士。著有《杜威:宗教信仰和民主人道主义》(1991)。合作编辑文集《精神和自然:为什么环境是一个宗教问题?》自1997—2000年,他担任《国际大地宪章》起草委员会主任。他是“大地宪章委员会”成员,联合国和平大学(在哥斯达黎加)理事会成员。他致力于慈善事业,是洛克菲勒兄弟基金会主席。

斯特劳斯(Virginia Straus):波士顿21世纪研究中心执行主任。该中心创建于1993年,其宗旨是促进学者和积极分子关于不同文化和宗教间共同价值的对话。斯特劳斯女士是一位公共政策方面的专家,她曾指导过由她参与创建的“先驱者研究所”(1987),该所是波士顿地方政策的思想库。她还曾在首都华盛顿工作9年,最初任众议院立法研究员,后又在财政部任金融分析师,最后在白宫任卡特总统的城镇政策助理。

萨利文(Shannon Sullivan):宾州大学哲学和妇女研究助理教授。其教学和研究领域包括女权理论,美国实用主义,大陆哲学和批判种族理论。她撰写的大量文章包括:《种族化的习惯:杜威论种族》(即出)。萨利文于2001年担任《思辨哲学杂志》实用主义和女权主义问题的特约编辑。她最近发表了《通过皮肤的生存:交流性的身体、实用主义和女权主义》(印第安纳大学出版社,2001)。近来在从事题为“种族、空间和地点:实用—女权主义者关于种族经验的反省”的研究。

塔克(Mary Evelyn Tucker):巴克奈尔大学(Bucknell University)宗教学教授,讲授世界宗教、亚洲宗教、宗教和生态学、宗教和自然。近来合作主持宗教和生态学论坛(FO2E)。从1996—1998年,她和她的丈夫约翰·格利姆还在哈佛大学世界宗教中心主持了十余次世界宗教和生态学会议。她著有《日本新儒学中的道德和精神修养》(太阳出版社,1989)。合作编辑的文集有《世界观点和生态学》(1994),《儒学和生态学》(1998)。塔克教授目前还与杜维明教授合作编辑《儒家精神》(二卷本),该书被列入十字路口(Crossroad)出版社"世界精神"文库。

杜维明:1981年起在哈佛任中国历史和哲学教授,现为哈佛燕京学社社长。他在许多公共领域卓有建树:在中国文学和哲学研究所担任中国学院咨询委员会主席,世界经济论坛研究员。他还是联合国秘书长主持的文明对话项目资深人士小组的成员,新加坡中国遗产中心董事会成员。2001年荣获第9届国际退溪研究奖。他还是中国多所大学的客座教授,包括北京大学、南开大学、南京大学和中山大学。

除上述与会者外,哈佛大学燕京学社的几位研究生和访问学者也参加了会议:卢惠林、江怡、李河、大卫·马西斯和臧力强。

一、三位学者从儒学角度评议安乐哲论文

杜维明

杜维明教授着重讨论了安乐哲文章中的关系性主题。他解释说,该论题使我们可以把人的不同境况和生存条件看作人性的不同维度。他说:"这正是我们成为具体的、活生生的人类的真正原因。"彻底的成人之道"唯有诉诸人的唯一的、特有的合作创造性"(co-creativity)。基于这一观点,对话方案的要义便在于"重视具体的关系性、社会角色以

及学习成人之道的特定方式”。

他解释说:“我们面临的挑战在于,要把我们的具体实在变为自我实现的手段或资源。要了解我们决不可能彻底跨越在‘我们所是’和‘我们能是’之间存在的鸿沟。无论你如何努力,这里总存在着进一步改善的余地。”

不过,杜教授还指出,关系性主题不仅涉及人与人的关系,因为人必须把自己安置在世界中,安置在宇宙秩序中。他说:“人的本性是宇宙性的。我们不会通过超越我们的大地、身体、家庭或共同体而成为精神性的。我们的精神性本质在于我们是这个宇宙过程的共同参与者。”

在儒家传统看来,杜教授指出,无论是个体的还是群体的人,都是天的合作者。对大地、身体、家庭和共同体的改造是天德的体现。即使我们是大地上的存在者,我们的生存却负载着另一层面的意义。“这正是中国的天道人成的观念。”

他进一步阐发儒家思想说,我们要理解在我们的根源性和宇宙观的挑战之间存在的互动关系,后者蕴涵着一种宗教含义。为此,他论述了由不同的同心圆构成的“人类形态学”理论:最小的同心圆是自我,然后是家庭、共同体,最后是“那个不可还原为社会境况的意义维度”——宇宙。这种形态学说意味着人与宇宙的“合作关系”,它使我们在充分意识人类的破坏性潜力的前提下明确我们的伦理责任。

“将我们的结构性限制因素(尤其是种族、性别、年龄、民族、阶层和信仰等)转化为自我实现的手段。我们之所以成为应当成为的存在,并非因为我们超越了这种特殊性,而是因为我们使这些特殊性得到转化。”

最后,杜教授指出,作为“人道”的“仁”,不能像安乐哲那样简单地理解为那种“具有权威性的人”,它还包含着人通过上述互动而进行创造和自我实现的含义。由于“自我一向被理解为关系性的中心”,我们就更需要强调,自我的充分实现有赖于与宇宙秩序的关系。

安格尔

安格尔关注的是安乐哲在其文章中提出的关于儒家学说的定义。他认为，在作为"一种活生生的当代哲学课题"的儒学与作为一种历史实在的儒家思想之间存在着一种相关性。他认为，我们需要以"灵活的、开放的方式来思考"儒家思想。他接着告诫说："必须避免使儒家思想变为我们自己的虚构，它必须有某种历史依据。"

安格尔认为，通过考察从 11 世纪到 19 世纪末新儒家传统对形成于公元前 6 世纪到 3 世纪的古典儒家文本的补充，我们可以发现儒家思想的叙述随时代而扩展。比如，在 18 世纪的哲学家戴震那里，对"自我"的反省成为一个相关性主题。由这个主题可以衍生出关于人和其他事物的全部关系，由此或许可以引出关于"自爱"（self-love）概念的全部叙述。

他进一步提出"谁可以代表儒家共同体"的问题：为了使儒家思想成为关于生活的活生生的和相关的叙述，就必须有某个团体继续叙述这个故事并使它得到发展。"我们不能把这个共同体等同于中国人或把儒家思想等同于中国人的思想。"它在中国以外也可以成为重要的观念。它可以同那些不认同儒家思想的人进行对话。

最后，安格尔还谈到了人权问题。他认为，必须将法律或权威所赋予的权利与"我们应当享有的、根源于实践要求并先于法律赋予的那种权利"区别开来。

塔克

塔克教授赞同安乐哲和郝大维的如下观点：应当避免通过翻译而把儒家思想与基督教的解释混为一谈。她认为，这个观点将对正在进行的东西方对话产生潜移默化的影响，它"为我们进入与中国的对话提供了全新手段"。

基于 30 年旅居东亚的经历，她发现那里的人"是在一种复杂的交互义务和责任网络中以一种极为不同的方式完善着自己和协调着人的关系”。她问到:面临西方的“后现代困境”,我们应当从这种社群主义的、儒家思想熏陶的东方社会中学习什么?这些内容大概包括:

1. 它的社群主义伦理学和关系理论;

2. 它的家庭结构和亲属关系;

3. 它的教育观念和旨在增益个人和公共利益的政治秩序;

4. 一种不同的宗教存在方式。

就“文明对话”而言,塔克教授认为“大地宪章”体现了目前时代迫切需要的“整体性视野”。而安乐哲的文章则“提供了一种解释语言”,“并再度激活儒家思想,使之成为一种活性资源”。

塔克教授指出,英语的翻译常常不能准确表达中文经典中那种流动的意趣。如安乐哲对“仁”的翻译突出了其“具有权威性的行为”或“具有权威性的人”(authoritative conduct or authoritative person)的含义,但在她看来,这里没有表达出它是一个“成人”的过程的思想。而后者正是新儒家传统所强调的东西:“仁”同时是个人和宇宙的德。

(一)安乐哲教授的回应

他说,我完全赞同杜维明教授在开发儒家传统的宗教含义方面所作的长期努力。他通过列举中西绘画差异指出,山水画“把人的体验提高到这样一种境界,即我们可以从中欣赏宇宙的神妙”。而在西方风景画中,人常常被表现为全部创造物中的主体或客体。他由此提出“绘画作者是谁”的问题。在他看来,“人为宇宙之心,宇宙之灵”。他说,“假定不把上帝视为真、善、美的最高所有者的超越观念,那么,生活就是人的产品。那些创造了这些产品的人就可以上升为意义境界的表达者”。

针对安格尔的评论,安乐哲回应说,他意识到叙述对于拓展传统的重要意义。他也同意不能把儒家思想等同于中国人的思想,因为波士顿儒学就是一个极好的例证。他由此提出,传统以及儒家思想宛如

“一道溪水”，它们具有“兼容并蓄”的特性。因此，没有必要将中国人的自我理解与儒家思想等同起来。

对于塔克教授提出的不能将基督教翻译与儒家思想混同的问题，安乐哲教授指出，这里存在着单纯从世俗化角度理解儒家思想的危险。“我们孜孜以求的是找到一种语汇以表达出儒家思想中深厚的宗教性内涵。这里包含着一种维特根斯坦的取向：如果我们的语言的界限就是我们的世界的界限，我们便需要更多的语言。”因此，将“仁”翻译为“具有权威性的人”，其目的是让人们“学习‘仁’的含义”。

（二）自由讨论

艾尔德里奇教授反对在对儒家思想和杜威思想进行比较时将“杜威思想平面化”。他说：“如果你想从杜威的观念中解放出来，你就必须更像杜威，那样就会从中看到更加丰富的内容。”

海克曼教授同意艾尔德里奇教授的看法，并认为杜威的世界观念比儒学学者所理解的还要丰富。他描述杜威的宗教观念说：“在杜威看来，我们可以在诗的直观、审美模仿和神秘体验中，更强烈地感受到在任何经验中出现的‘全体’(all)的含义。”

洛克菲勒教授也强调，应当更多地理解杜威思想中的宗教内涵。杜威“不仅仅是一个人道主义者，还是一个哲学自然主义者，过程哲学家。他把作为整体的自然视为人的经验和活动的更大背景”。他指出：“杜威相信‘任何经验都在整体之中，区别只在于关注角度的改变’。”一种关于更大整体之存在的神秘体验包含着一种情感的沟通，它可以给人们带来关于统一体和宁静的感受，并有助于培养对自然的虔诚和杜威所说的“体验的宗教特性”。

南乐山教授认为，杜威的“全体”概念与儒家的“天”的观念有所不同：人与天间或会有不和谐，但杜威的“全体”概念便避免了这种可能性。此外，“天”是规范性的，而“全体”并不必然是规范的。关于宗教性的解释，他指出：1. 安乐哲是在权威性的扩展和人的关系存在等意义上涉及宗教性意义的;2. 杜维明则是在根源性的自我和宇宙的辩证联系中开展宗教含义向度的。与之相比,杜威则属于第三种类型,他强调宗教性,为的是实施对话行为。南乐山最后的结论是:“我们需要某种在上的或超越的东西,以补充儒家思想和杜威传统。”

塔克教授指出,我们需要强调人对环境的感受性和对宇宙的共鸣能力。

萨利文指出,杜威认为,为了获得真正的变化,世界必须经常等待前人的死亡。她的问题是:“变化是以何种方式发生在不同传统中的?”对此,塔克教授插话说,传统的连续性是十分重要的。祖先和未来世代的“相互依存”是儒家思想的重要内容。

杜维明教授认为,儒家的智慧在于它是一种“去知未知”的能力。前人累积的智慧为我们的交流和生存意义提供了方向和基础。“礼”的意义就在于使后人分享前人的智慧。“个体的经验是暂时的,儒家的‘现世’观念与古老的智慧是不可分离的。”他补充说,杜威曾经建议中国学者以他的“实用”方法来面对和解决中国的问题,但他“对当时中国的理解也暴露出局限性”。

南乐山教授说:“在杜威看来,关于过去的历史总是关于现在的历史。”他以“平台”这个隐喻来解释杜威关于过去以及社会变化之可能性的思想。“当杜威放弃了基础观念后,平台的观念出现了。我们站在这些平台上来建设未来。”

安乐哲教授认为,以上讨论涉及出新性(novelty)与连续性、不确定性与问题解决方案之间的对立。儒家的“着眼于人伦日用”观念与“自发创造性”观念有关,但它与英语世界中的“随机性”没有什么关系。“出新性总是自发地呈现于人类经验之中。”“正是由于我们对传统的参与,由于人的天性与行为,我们才能够把大量机遇变成自发性创造。”因此,儒家思想与杜威思想的最大区别恐怕在于它一向“维护传统的权威”,而不在于它否认人类经验中的任何出新性、自发性和创造性。

二、三位学者从杜威思想的角度评议安乐哲论文

洛克菲勒

洛克菲勒教授着重讨论杜威哲学与儒家世界观的融通点与差异。就天地概念而言，他说，儒家思想中的“天”是一个统一的和唯一的理想境界，它在杜威那里可以被表述为“神圣”(the divine)的维度。此外，杜威思想中也包含着儒家所说的那种自然的和现实的“地”的维度。但杜威否认任何将理想的和现实的存在视为一个永恒整体的观念。他认为真实的理想无非是自然世界的各种实在可能性。因此，理想的与现实的、神圣的与自然的之间的连续性，就是理想的现实化过程。

洛克菲勒还认为，杜威思想中关于自我与共同体之间的相互依存关系和有机联系观念与儒家思想相当一致。儒家思想中的同心圆范式，即强调自我、家庭、地方共同体、国家乃至宇宙的相互依存关系，象征性地表达了杜威的这样一种思想，即应当把人的所属意识和认同意识扩展到更广泛、更多样的共同体，扩展到某种更全面的共同价值领域，从而使人获得“终极幸福”和“一种具有宗教性质的体验”。

洛克菲勒进一步指出，杜威宗教理论的核心是宗教信仰观念，其实质是把包含心灵和意志的全部自我与一种统一的理想境界结合起来，从而使自我不断调整与世界的关系，并使人获得关于统一体、和平与生存意义的意识。出于这种信念，杜威反对将宗教生活与日常生活分裂的二元论，致力于将基督教精神与民主精神统一起来。在教会制度逐渐衰落的时代，杜威认为民主精神表现为一种最高的道德理想。它给个体的生活提供了发展空间，又给所有社会和制度性存在提供了指南。在他看来，对所有民主社会来说，道德评价的实验方法是最基本的指导手段。在道德评价中，同情和批判性反省具有重要的地位。

基于这种了解，洛克菲勒教授不同意安乐哲的这样一种观点：杜

威反对自主的个体性观念。他指出,这种理解可能导致对杜威的某种误解,他忽略了杜威的这样一种信念,即“心灵的自由”、“道德自主性”对一个健康的民主社会是至关重要的。

萨利文

萨利文教授的基本问题是:怎样理解儒家的“礼”与杜威的“个人自由”或“变化的自由”的观念的关系?

她指出,英语对“礼”的翻译总包含着一种贬义化倾向,即将它理解为某种强加给人的限制,而“我的实验是要借助杜威的‘习惯’概念来理解‘礼’”。她指出,文化犹如个体,也具有好的和坏的习惯,“习惯是结构性的”,“它为不同个体、制度和文化提供了稳定的形式”。

萨利文教授将“礼”和“习惯”理解为人们“介入世界的模式”,这两个概念都反对将人与社会分离开来。在杜威看来,“结构和自由不是分庭抗礼的关系”。真正的自由只有在结构中才能确立。习惯像“礼”一样构成了日常生活的结构。因此,她认为,不应该把“礼”视为“变化或自由的对立物”。她赞同安乐哲文章的这样一个论述:“儒家‘礼’的观念蕴涵广泛,它包含从言谈举止到角色和关系,再到个人对社会和政治制度的态度等各种内容。这是儒家文化的决定性特征。”

她最后指出,虽然“礼”在实际上并不必然地导致自由,但“如果自由是建立在那种使人的生活成为可能的结构中,我们就应当把‘礼’理解为使自由得以产生的条件。它提供了塑造人的目的并积极介入到世间生活的力量。这样,‘礼’有助于人成为自由”。

艾尔德里奇

艾尔德里奇基本认同安乐哲关于杜威思想可以对中国的发展产生积极影响的看法,但他同时提醒说,这不应当是“一种生活方式的输入”。为说明这一点,他特意介绍了杜威在哥伦比亚大学的同事小兰达尔(John Herman Randall Jr.)在一部著作中讲述的故事,那里谈到杜威的两个学生在回到各自国家——中国和印度——后的不同命运。

他的中国弟子(即胡适)从杜威著作中得到了这样的启示,即为了把科学思想运用于对一个新社会的创造,就“必须彻底忘掉中国的过去”。而其印度弟子虽然也有志于反省文化和社会,但却从杜威的方法中引出这样的见解:应当通过对传统文化的批判性审视,“以不断反省的方式改善”这种文化。“他对印度精神的解释旨在说明,这种精神可以经受得起科学的批判。”艾尔德里奇教授认为,这位印度弟子根据杜威的科学方法处理自己“文化遗产”的方式,显然更符合杜威的精神。因为杜威的兴趣不在于“破坏”,而在于“重建”。按照小兰达尔的说法:“他(印度弟子)知道批判需要在传统的基础上进行。”

艾尔德里奇还谈到另外一个故事:在1939年美国哲学联合会的一次会议上,杜威的另一个同事蒙太古赞扬杜威“毕生致力于将理智实践化”,而杜威当场表示异议说,他一向追求的是“将实践理智化”。艾尔德里奇以这个故事告诫人们,应当把握杜威方法的灵活性以及他的观念的具体性特性。他说:“人们必须从任何既定社会的实践入手,以探讨使该社会得到改善的方式。”

最后,艾尔德里奇指出:“杜威的方法要求人们根据事物的要求来追问某一活动的手段和目的问题。当事情顺利发展时,没有必要进行这种追问。而当问题出现时,我们应当追问的是怎样能使我们的活动更加理智。”这对于儒家中国的民主化,对于中国反省自己的文化和社会变革,应当是一种适宜的方法。

(一)安乐哲教授的回应

关于儒家概念与英语的互译问题,安乐哲教授认为,语言在中西文化对话中的确是一个重要挑战。洛克菲勒教授强调杜威思想中的“自主性”概念,并认为它与儒家关于不可还原的社会自我的概念是平行的,对此,安乐哲教授指出:“如果我们谈论的是一种唯一性的个体而不是一种孤立的个体,那是可以的。但即使这样,我们依然对包含着‘自主性’含义的那个自我观念感到担心。”

针对萨利文教授试图在儒家的“礼”和杜威的“习惯”之间找到共鸣的“实验”，安乐哲教授表示他同意这里存在着一个“共同的基础”。他进一步补充说：在儒家看来，“一个人所以成为典范，那是因为他凭借‘礼’或‘习惯’可以把普通的事情做得尽善尽美”。然而，他认为杜威的“习惯”与儒家的“模范”或“圣人”观念还是有某种不同。“这涉及权威和自由的观念。圣贤是一种权威，它在美国文化中是一向受到怀疑的。”

安乐哲教授对艾尔德里奇的看法给予了肯定的回应。他指出，杜威关于科学的和企业的问题解决方法在中国过去15年中日益流行。“你可以毫不费力地用杜威来解释中国今天所发生的变化。”

（二）自由讨论

安格尔指出，安乐哲认为“信赖传统”是对杜威“对理想的信仰”的最切近翻译，这是值得质疑的。在他看来，杜威真正要强调的是“对可能性的承诺”或“对某种典范的信赖”。这里的关键在于，“这种典范并非外在的、等待我们去发现的东西”。和谐的典范是可以由我们人类变为实在的东西。

艾尔德里奇认为，洛克菲勒对杜威“对理想的信仰”的解释，与杜威的著作《公共信仰》有一些出入。他指出，对杜威信仰观念的理解必然要涉及“理想与现实的积极联系”这一点。“正是活动才造成改变，杜威为此感到欢欣鼓舞。”这方面的例子包括：甘地为印度独立所做的工作，美国民权运动，妇女运动以及历史上的其他导致历史变化的运动。他认为，“对理想的信仰”这个表达与杜威的思想相去甚远，它设置了一种主客体的对立。

洛克菲勒对此回应说：“对杜威而言，信仰的客体就是理想。信仰的目的是鼓舞和引导人们参加到将理想与现实结合起来的过程。这是作为哲学家和改革家的杜威的核心思想。”

塔克教授再次把讨论焦点集中在杜威思想对当代中国的可能影响这一话题上。她问到：“用杜威思想来理解儒家，这对当代中国面临的各种挑战究竟有什么意义？”

杜维明教授指出，杜威的实用工具主义与中国传统的整体观相去甚远。就信仰一事而言，他指出，在儒家看来，“特定的信仰并非简单地表现为某种习惯形态，而且表现为一种探究万物、人和外部世界的内在形态的能力。这种内在形态不仅涉及人与共同体的关系，而且远及宇宙原则”。

他还谈到创造性与实践的关系：“在任何‘礼’的行为中总包含着创造性。”他接着提出 embodiment（体现或体知）这个词来描述“礼”的活动所包含的重复性和更新性，它们表达着心智的情感和认知含义。“礼不单是我们已经习得的东西，认知也不是技能的普遍化。人们必须克服理解的主观化倾向，必须走向社会和自然去发现它们的互动关系，发现那种与更广泛意义上的内在相关性有关的形态的意义。”因此，教育就成为“带来新生命的”启蒙过程。

三、南乐山教授的总评

南乐山教授认为，以上讨论表明，杜威实用主义和儒家思想之间存在着相当多的互补领域。在这些领域中，两者并非完全一致，但却具有相互理解的空间。进而言之，讨论中还出现了一些既非儒家思想也非杜威思想的新内容，这些内容都与翻译等语言学问题有关。“这种对话正在创造新的语汇。”他接着对互补性内容作了如下概括：

1. 杜威致力于阐发旨在找到问题解决方案的工具主义观念，而儒家思想则着重从过去的智慧资源中获取解决当今问题的答案，二者之间存在着某种紧张关系。

2. 具体的特殊性这一意识并非儒家所独有，它也是西方思想的"深层主题"。当我们说个体根源于共同的或普遍的实在和经验时，我们需了解，这种个体自我和个体化的意志是如何存在的，它们是如何获得共同表达的。

3. 关于道德，杜威的道德理论着重关注那种变动不居的、在特定关系中得到界定的、具有政治策略含义的理想存在。而儒家思想则强调作为社会深层结构的礼的意义，它是各种政治策略的当然前提。

4. 就宗教性而言，杜威思想中的宗教是现实和理想的统一体。而儒家思想则强调"个人在世界中存在"的含义。南乐山指出，这里存在着走向集权主义的危险。

5. 关于自主性和根源性的对立，南乐山指出，杜威思想和儒家思想"都试图表明，自主性既不否定自由，也不否定根源性"，但它们在面对权威问题时都表现出一定的理论困难。权威问题是杜威实用主义和儒家思想应当给予解决的问题。

6. 就过程哲学而言，南乐山问到："如果我们的目标是促进中国的民主化以及改善美国的民主制度，那么我们是否需要一种过程指向的政治哲学呢？或者，我们同时还需要一种关于自然的哲学？"儒家思想一向包含着自然哲学，但那并不是与科学相关的自然哲学。杜威对自然哲学有很大贡献，但他缺乏一种"技术性的宇宙观"。

在作了上述概括之后，南乐山还指出，本次讨论还忽略了两个重要问题：

1. 如何应对一些"极端的他者"，这些他者虽然与杜威和儒家思想的讨论没有直接关系，但它们的确存在于其他文化或阶层之中。

2. 关于民主制度本身的权力与权威问题。

对总评的讨论

对南乐山教授所作总评的讨论，主要集中在三个方面：1. 无论杜威哲学还是儒家思想，都未能充分表达今日世界所需要的自然哲学；

2. 两个传统中的宗教性含义问题;3. 两个传统均不足以处理民主制度中的权力和权威问题。

海克曼教授首先提到自然哲学问题。他说,南乐山所问的问题是:“自然之中什么最宝贵?”该问题蕴涵着杜威所拒斥的看法:自然固有价值。他解释说:“某物具有价值的意识根源于认识活动。”由此才产生了杜威的工具主义观念。南乐山的更大问题在于将政治哲学和自然哲学“错误地二分开来”,但“杜威会让你把两者混合起来”。

南乐山教授对此回应说,在儒家传统看来,“自然确实包含着可以确认的固有价值”。他进一步告诫说,如果没有一种对“取消价值的科学”进行批判的自然哲学,儒家思想以及杜威哲学关于人性的诉求在当今科技文化时代都不可避免地陷入边缘境地。

洛克菲勒教授谈到杜威的宗教思想,他特别强调杜威关于“体验的宗教特性”概念源出于这样一种意识,即“自我与世界关系的调整是一个深层的和不断持续的过程”。“如果你实现了和谐,你就会具有并陶醉于杜威所说的宗教性体验。”

安乐哲教授指出,英文中的“宗教”一词与儒家思想的理解不同:前者是上帝中心的信仰体系,而后者则以人为中心。因此,“宗教性是人们在分有体验时所获得的特性”。

海克曼教授在讨论民主制度中的权力和权威这个话题时指出,杜威相信,“民主制的信念存在于人们创造目标和方法的经验能力之中,这种能力可以使新的经验获得一种有序性的丰富”。他接着指出儒家社会中的礼所具有的某些局限性,并进一步指出,杜威工具主义观念可以鼓舞人们为问题解决寻求更多的新手段,从而避免“个体与社会的分裂”这类陈旧的观念。

杜维明教授提到公民社会正在中国出现。各公共阶层在实现互动的同时,又与这个社会的中心或国家具有某种关系。“你不可能想象在一个可持续的民主社会不存在这个向度。”对儒家来说,社会中的“身份”差异是个现实存在,但各阶层之间的极端差异,如某些阶层之于另一些阶层的特权地位,是一个十分难以解决的问题。因此,他认为中国的民主化进程需要“一整套全新价值”,杜威的工具主义观念或许可以为不同阶层之间的健康合作提供一些资源。

最后,杜维明教授特别强调对话的重要意义。他援引一份题为《超越对立》(*Crossing the Divide*)的联合国报告说:

> 这样的对话决不是一种说服或压服对方的技巧。它将通过分享对方的价值而建立相互理解并共同创造一种全新的生活意义。要进行文明对话,我们需要搁置这样一些欲望,如急于向对方兜售自己的观念,试图说服他者接受我们的信仰,设法使他者赞同我们的意见,为了让他者同意我们珍视的真理和信赖我们的根深蒂固的信念而处心积虑地设计我们的行动步骤,等等。反之,我们的目的是要学到未知的东西,倾听不同的声音,向不同的视野开放,反省我们自己的预设,分享真知灼见,发现彼此心领神会的领域并为人类繁荣开辟出最佳路径。

四、安乐哲教授的最后陈述

安乐哲教授指出:“对话的先决条件是意识到不同传统的自足性。”比如,中国传统中有“礼”(civility)的精神但却没有公民社会(civil society)。关于中国的未来,他指出,“儒家传统向来具有兼容并蓄的能力。一种儒家意义的民主社会的出现具有现实可能,但它必须是从中国的历史生长出来的东西”。

安乐哲教授接着指出,美国文化可以成为中国发展的一个资源。但美国民主制度具有自己的局限性,儒家传统可以对这种民主制度的改进提供有益的内容。

我们总是习惯于把美国文化看作一种“教师爷文化”，认为现代性就等于西方化。这是美国社会的一种病态意识。我们对作为目的的自由怀有一种宗教性的信念，它可以被表达为个体性、自主性、孤立性、自外性、无愧感乃至最终的暴力性，所有这一切构成了一个彼此相关的整体。而儒家传统中的“礼”是一种强有力的观念，无论我们对它如何翻译，也无论它怎样难于进入西方文化，它对于我们的观念转变都具有潜在的影响力。我本人的兴趣在于，开发中国传统中的资源以丰富美国的经验。这种对话将会丰富双方的传统，看不到这一点，我们就是一个输家。

（李河 译）

杜威眼中的中国

——文明对话的一个个案

刘 昶

美国著名哲学家教育家杜威于1919年5月至1921年8月在中国做了为期两年的讲学访问。这短短的两年是中国现代史中极为重要的起承转合时期。而他的到达和离开又巧遇现代中国的两个里程碑的事件。1919年5月4日,杜威到达中国的第四天,震惊中外的五四运动爆发。1921年7月23日,杜威离开中国的前10天,中国共产党在上海建党。有机会在这样一个历史风暴眼中实地观察中国,杜威对中国的看法不仅可以帮助我们了解当时的中国,也可以帮助我们了解杜威这样一个当代美国文化和西方文化的代表人物是怎样认识和了解处在历史转折期的中国的。杜威对中国的观察中有很多真知灼见,但也有一些惊人的失误。分析这些看法还可以帮助我们认识文明对话和交流时的比较优势和可能出现的盲点。

杜威访华概况

杜威一生到过许多国家访问讲学,但这次中国之行是他逗留时间最长的一次出国访问。他于1919年5月1日抵达上海,1921年8月2

日离开青岛，在中国整整住了两年零三个月。这期间，他访问了 11 个省份，几十个城市，做了无数次讲演，会见了许多政学商界人士。除了讲演、旅行和访谈外，杜威还笔耕不辍，撰写和发表了许多学术和时事评论文字，其中有关中国观感的就有 20 多篇。回美国后，杜威还继续对中国问题发表意见，陆续又有十多篇论述中国的文章问世。直到 1923 年初，在发表了对罗素《中国的问题》的一篇短评后，他的中国热才冷却下来，很少再对中国问题发表意见（Levine，2001）。本文的讨论主要是根据他在 1919—1923 年这段时间内发表的这些文章。

论五四运动

杜威甫抵中国，震惊中外的五四运动就爆发了。这场运动不仅改写了中国政治，也改变了西方人士对中国的观感。杜威密切地关注着这场运动的进展，并迅速对其作了高度评价。他说，这场运动是中国学生第一次在政治生活中展示其组织起来的力量。如果这种政府体制外的组织能够坚持下去并在将来发挥建设性的作用，那么，1919 年 5 月 4 日就标志着新时代的黎明。而中国的将来正取决于这个如果（MW11：190—191）。不仅如此，杜威对中国学生运动的威力也十分惊奇，这对他是一种全新的体验。在当时的世界上像五四运动这样整个民族国家被青年学生迅速动员起来的情况也是非常少见的。没有任何其他国家像中国那样，道德和知识分子的力量可以在几个星期内如此迅速而和平地影响和改变一个国家（同上）。杜威还指出这场运动也改变了外国观察家对中国的看法，打破了那种认为中国本身已无可救药，只能靠外力来拯救的观念。他驳斥当时日本报纸上充斥的谣言说五四运动是外人特别是美国人所挑动，甚至用金钱支持的，正确地强调了这纯粹是一场自发的民族运动（MW11：191）。

但是杜威并没有毫无保留地赞赏学生的一切行为。他说从西方人所熟悉的法制社会的角度来看,学生的许多行为是严重的违法犯罪,比如殴打官员、焚烧民宅,等等。再比如学生在抵制日货的运动中把商家的日货拿到大街上当场焚烧而不给商家任何赔偿。这些都侵犯了他人的生命财产。杜威说这种无视法律和公共秩序的做法并不是学生们的发明,而是根植于中国传统的国民行为方式。公众舆论包括知识界的领袖不仅没有谴责学生的这种违法行为,反而要求政府释放被捕的学生。这些都是西方人所难以理解和认同的。不过杜威倒是颇能同情地理解这种现象,他说中国人对政府和政府官员所操纵的法律制度有着根深蒂固的不信任。与其遵从政府的法律,他们更相信通过自己的社区和团体来解决纷争(MW12:41—42)。

中国落后之根源

随着五四政治运动退潮,也随着对中国观察的深入,杜威对中国的负面现象有了更多的认识和了解。他说一个人在中国待的时间越长,中国落后之根源的问题就会越困扰他,而要回答这个问题也显得更困难。在来到中国的一年后,他发表了题为“什么使中国落后”的文章。他说,人们对中国的落后有各种各样的解释,这些解释大都只触及了问题的症状,而没有找到问题的症结。他说许多人把中国的落后归结于中国人的保守,但实际上中国人的保守主义是需要加以解释的现象,而不是对中国落后的解释。杜威说虽然没有单一的原因可以完全解释中国的落后,但中国人心理文化和行为上的许多特点都是长期以来人口过度稠密的产物(MW12:52—53)。人与人之间过分拥挤的长期相处造成了中国人消极、麻木、保守和重面子。因为过分拥挤的环境给变革留下的空间极其有限,人口过剩使大多数人挣扎在死亡线上,任何些微的变动都可能破坏现存的脆弱平衡和秩序,造成社会的动荡(MW12:53)。所以变革常常使情况更糟,更令人沮丧。这使人们对改革心存疑忌,侧目而视。改革者遭遇的常常不是积极的反抗,而是整个社会的消极和麻木。许多改革的努力正是为这种消极麻木所吞噬(MW12:55)。在这样的社会里,保守成了一种美德。甚至许多西方人在中国待久了,也或多或少养成了这样的态度(MW12:54)。杜威认为要改变中国,首先要改变这样的生存环境。而唯一能从根本上改变这种环境的是发展现代工业(MW12:59)。

新文化运动

杜威在中国的两年正是新旧文化激烈交战的时期,也是新文化运动发生重大转折的时期。他以极大的兴趣注视着这场运动的发展,并热情赞扬新文化运动给中国带来的新气象和新希望。他很快认识到五四学生爱国运动是新文化运动的产物。在五四运动半年以后,杜威在《学生反叛的续篇》一文中写道,新文化运动颠覆了中国人的文化优越感,使许多人、特别是青年学生认识到西方的理念和制度比西方的炮舰和蒸汽机更为重要。五四运动表面上是一场政治运动,但实际上是青年学生试图按西方理念来改造中国(MW12:26—27)。

随着时间的推演和认识的深入,杜威在离开中国的前夕对新文化运动有了更深刻的认识,并且充分注意到了新文化运动正在出现的重大转折。他在发表于1921年7月的《中国的新文化》一文中说,他和一个中国朋友的讨论使他相信新文化运动是近代中国回应西方挑战的第三个阶段。在第一个阶段中国试图采用西方的坚船利炮来自强,这种努力以中国的甲午战败而告终。在第二个阶段人们希望通过改变政治制度来拯救中国,但是辛亥革命并未带来真正的民主共和。政治革命的失败迫使人们从中国人的道德文化和思想方法上寻找原因,于是有了对西方回应的第三个阶段,新文化运动(MW13:108—110)。新文化运动的倡导者和推动者们相信中国的复兴必须经由政治变革以外的途径。真正的政治改革只可能发生在思想文化变革之后，是思想文化变革的果实。

杜威敏锐地观察到正在进行的新文化运动有两个主导倾向，一是人们相信文化变革是其他一切改革的先导；二是主张运动的领导权应回到持典型中国文化态度的人手中，而反对由只知道照搬西方或日本之方法的人来领导。杜威说这看起来与新文化运动批评中国传统强调学习西方的态度十分矛盾，但实际上恰好反映了新文化运动中人的心态与中国文化传统的契合。因为认为精神道德因素优先于所有其他因素正是中国本土的观念。孔子的核心观点正在于相信理念、知识的绝对优先以及教育对传播理念的重要（MW13:114）。

杜威相信新文化运动为中国的未来打造了最坚实的基础，也为中国的未来指明了方向。不过他告诫中国青年学生在追求知识时不要一味地求新，沉湎于学理和主义之争，而应该把更多的精力和注意力放在研究具体的社会和经济问题上，比如币制改革，财政和税收，外债和国际财团等等（MW12:119,120）。①

论布尔什维克主义在中国

作为美国和西方知识界的权威，杜威对中国的看法自然会引起美国政府部门的重视。1920 年底美国派往北京负责情报收集的 Drysdale 上校向正在北京的杜威咨询他对布尔什维克主义在中国的影响的看法。杜威于 12 月 1 日写成了《布尔什维克主义在中国》的秘密报告。Drysdale 上校立即将此报告发回美国国务院。在 Drysdale 上校的报告中他称杜威博士对这个问题作过专门的研究并与中国的激进人

① 杜威的弟子胡适在杜威之前就发表了少谈些主义，多讨论些问题的观点。作为实用主义哲学的大师，杜威绝对会认同这实际而渐进的看法，而不需要自己的弟子来影响他。

士有直接的接触,没有人比他更适合来报告对这个问题的看法(Drysdale, December 1, 1920)。

那么,杜威在报告中说了什么呢?因为这个报告是作为秘密情报收集存档的,除了有关人士外,当时没有人知晓报告的内容。直到50年后有关档案解密,杜威的报告才得以公之于世。① 50年以后来看杜威的报告,他的结论实在叫人吃惊,因为他认为布尔什维克主义在中国并没有很大影响力,它不是一个值得重视和担忧的问题。他争论说中国没有发生社会革命的物质条件。首先,在中国,农民占人口的90%,而农民向来十分保守。当时华北正在遭受严重的饥荒,但农民并没有起来造反。所以中国比世界上任何一个国家都更少布尔什维克主义的危险。其次,现代工业在中国才刚刚起步,而且都集中在通商口岸。产业工人数量有限,他们刚开始组织工会,但他们关心的主要是增加工资,而不是政治问题。再次,学生和知识分子虽然十分激进,但他们当中并没有真正的布尔什维克分子。他们想变革,但没有变革的物质力量。他们激进只是停留在思想文化层面,很少付诸实际的组织行动。杜威的结论是使布尔什维克主义得以发生的社会和经济状况在中国并不具备。他还自信地说随便挑10个中国知识分子或在中国居住的外国人都会给你相同的结论(MW12:253—255)。

任何一个对中国现代史有点常识的人都会知道,中国共产党就在杜威离开中国前夕成立。几年之间就成为一股重大的政治势力,并不断成长壮大,虽几经挫折,但最终取得了胜利。杜威的报告写于中共建党前半年多。虽然他不可能预知半年后中共的秘密建党,但他没能预测到中国政治这一重大的未来走向,没有预测到中国会发生如此天

① 虽然杜威的报告50年以后才解密公开,但他在当时公开发表的其他文章中也多次表达了相同的看法,尽管没有这份报告那样系统。比如他说在他访问过的9个省中,他没有看到俄国影响的丝毫痕迹(MW13:115)。虽然马克思的学说在学生和知识分子当中受到广泛讨论,但就中国目前的工业发展程度来说,马克思与中国并不比柏拉图与中国更相关切(MW12:26)。

翻地覆的革命，实在不能不说是他对中国问题认识上的一个败笔。

论联邦主义

杜威不看好布尔什维克主义，即马克思主义/共产主义在中国的影响，却相信军阀统治下四分五裂的中国正在走向联邦主义。杜威逗留中国期间正值军阀混战国家分裂，但杜威认为在许多动荡冲突和无意义的纷争的表象之下，有一个确定的趋势正在出现，即联邦主义的趋势。他断言虽然目前各省正走向独立自治，但在不久的将来各相对独立的省份会逐步联合起来形成一个联邦制的国家（MW13：150）。杜威强调联邦制最符合中国的国情。因为中国疆域辽阔，人口众多，各地情况千差万别，再加上交通和通讯的困难，要从一个遥远的中心来实施有效的治理是不可能的。自秦王朝统一中国以来，中国从来就没有一个真正有效的中央集权的政府，专制帝国是以不干预地方才得以生存的。杜威认为只有美国人由于他们自己的传统和实际状况能很自然地理解中国的这个发展趋势，日本人和英国人都无法真正理解这一趋势（MW13：152）。

杜威对中国政治发展趋势和走向的这一看法再一次和后来的历史相忤。我们知道，当时代表中国进步势力的两大政治力量，国民党和共产党，都以打倒军阀、结束割据、重建强大的中央政权为改造中国的先决条件。1924 年初两党为铲除军阀统治重新统一中国而建立统一战线，并于 1926 年发动统一中国的北伐战争。1928 年以蒋介石为首的国民党终于完成了北伐，在南京重建了中央政府，并不遗余力地继续铲除地方势力。共产党在 1949 年推翻国民党政权后建起了空前统一和高度中央集权的政治体制。杜威所预言的以地方自治为基础的联邦主义根本就没有出现，他对中国未来政治走向的预测再次发生重大失误。

解读杜威:文明对话中的比较优势和盲点

作为西方知识界的权威,杜威站在西方文明的立场对中国的许多观察确实有独到之处。他的文章大都是为美国读者而写的,主要发表在美国的报章杂志上,其目的是帮助美国公众了解中国,这种情况更强化了他从美国及西方制度和文化的立场来解读中国的现象。这种外来者的立场确实有其优势,它帮助杜威看到了中国人习以为常不假思索的许多现象。他对五四运动和新文化运动的一些分析和观察,以及对它们在中国现代历史上的多重意义的理解和肯定,显然是比较西方社会而得出的结论。比如他对知识分子在中国社会的精神领导地位格外强调,因为这与西方社会相比十分突出。再比如他非常重视五四运动在推动大众的政治参与和政府体制外民间组织发展上所起的作用,和对中国传统政治生活的突破,因为大众参与和市民社会的发展是西方政治发展的主要线索,也是西方政治观察的一个重要视角。另外他对学生运动中偏激和违法的行为的讨论揭示了中西法律文化和传统的差别。特别是他认为新文化运动所标榜的理念与中国传统文化精神之间存在某种契合,这一观察更是开了林毓生所著《中国意识的危机》的先声。因为林著的中心论点就是新文化运动所强调的"整体性"反传统体现的正是中国传统的思维方式。

但是,杜威对中国的这些精彩观察并不能掩盖他对中国未来政治走向的预测上的重大失误。虽然杜威不是中国问题专家,我们不能对他有不切实际的期望,但他的预测与历史实际的差距还是太大了。这种失误首先是由于他对中国的了解毕竟太有限。虽然他有两年多时间在中国实地观察,他的工作并不是研究中国,他没有时间和精力去对中国社会进行深入的了解。他的访问和交流局限于城市和知识阶层,虽然这期间和其后他写了许多关于中国的文字,但讨论的主要是政治、文化和外交,很少涉及中国经济和底层社会,几乎没有讨论过农村、农业和农民。当时的中国是一个农业社会,人口的绝大多数是农民,离开了对农村和农民的了解,要对中国作准确的预测显然是很困难的。即使是他了解最多的中国知识分子,他指出他们特别是其中的年轻群体的激进,也看到知识分子在中国社会中享有的尊崇地位,但他还是无法真正了解中国知识分子的政治潜力。他说中国农民虽然生活悲惨,却非常保守,中国知识分子虽然激进,却没有变革社会的物质力量。他就是没有看到和想象到,激进的知识分子和绝望的农民一旦结合起来会在中国形成怎样惊天动地的局面。虽然这个认识上的盲点和他对中国的有限了解相关,但这在很大程度上也是由他的西方和美国的文化背景和立场造成的。在西方和美国传统和现实中,知识分子从来没有享有过如中国知识分子那样的尊崇地位,也没有中国知识分子那么强烈的历史使命感,知识分子与底层社会联手来推翻现存统治的情形更是十分罕见。这样的文化历史经验很可能局限了杜威从这个角度去思考中国政治的未来走向,造成了他政治预测上的重大失误。

相反杜威相信中国会和美国一样通过地方自治走向政治联邦,他的美国经验使他对中国人的民族主义和大一统主义缺乏足够的认识,再次误导了他对中国未来的预测。中国疆域辽阔、地方差异巨大虽然使中国地方与中央的政治格局与美国的联邦制度颇有些相似,但中国的政治生态和政治文化传统却与美国的相去甚远。且不说传统时代的夷夏之防如何强化了中国人的大一统信念和中华文化的优越感,近代以来列强的欺凌环伺更使中国人的民族主义上升到空前的高度,人们痛感国家的积贫积弱,亟盼重建强大统一的国家来抵御外侮振兴中华。在这样的政治生态和政治文化中,地方自治和联邦主义显然无法主导中国政治的走向,除非中国外部的政治生态发生根本的变化。其实杜威也多少意识到这些,所以他在讨论中国的联邦主义时说列强对中国的干涉是对中国实现联邦主义的最大威胁。而要帮助中国建立地方自治基础上的联邦制度，国际社会应对中国采取不干涉主义，各列强应该袖起它们的双手，给中国以时间。他甚至建议国际社会对中国实行某种程度的国际托管（MW13:154—155）。这样的主张不仅在当时的列强中（特别是日本）行不通，恐怕在民族主义高扬的中国更是行不通吧！杜威对中国国内高涨的民族主义和国际上列强特别是日本对中国的野心估计不足，他对中国后来政治走向的预测出现重大失误也就不足为奇了。

参考文献

Drysdale:"Bolshevism in China, Service Report," from Peking, China, December 1, 1920. (National Archives Microfilm Publication M329, Roll 71).

Levine, Barbara: *Chronology of John Dewey's Life and Work*. 2001. http://www.siu.edu/—deweyctr/

MW11: *The Middle Works of John Dewey*, Vol. 11, 1918—1919. Carbondale: Southern Illinois University Press.

MW12: *The Middle Works of John Dewey*, Vol. 12, 1920. Carbondale: Southern Illinois University Press.

MW13: *The Middle Works of John Dewey*, Vol. 13, 1921—1922. Carbondale: Southern Illinois University Press.

出版后记

感谢江苏教育出版社，这本让我们和读者苦等了两年的书，现在终于面世了。为此，有必要在原来的“编者手记”基础上，再写个后记，作一交代。

早在“9·11”事件前，我们就确定了本辑的专题“全球化与文明对话”。

“全球化”这一概念，自上个世纪70年代由“媒体学之父”麦克卢汉提出，至今已近40年。最近20年，由于国际政治格局的改变，新的网络、通讯技术的广泛应用，全球化作为一个现实的经济运动、社会运动、文化运动已经蓬勃开展，不可阻挡。在这个过程中，一方面是跨国公司和国家权力结合，有效地整合资源市场、劳动力市场、消费市场，创造出空前的经济效益；另一方面，在全球经济整合的过程中，引发了政治、文化、宗教、意识形态方面的尖锐冲突，而且愈演愈烈。全球化过程的每一个成功，可以说，无论是间接还是直接都或多或少地带着血腥气，既来自它的拥护者，也来自他的反对派。

如何化解这些冲突，让全球化健康开展，造福人类？或者，这些冲突根本就无法化解，全球化在本质上就是个灾难？或者，全球化就是最大的福音，不惜单边主义的流血牺牲，也要无条件地推广？这些分歧不只是国家权力和意识形态所建构的政治立场的对立，同样也是学术界在政治、社会、历史、哲学领域中理论上的分歧辩难。尤其是福山、亨廷顿等人的论说发表后,更使这些争论成为20世纪末期国际学术界最重要的领域。

我们主张通过文明对话化解文明冲突,增加相互了解,寻求理解和合作的更大空间,使各大文明传统都能成为创造人类繁荣未来的源头活水。尽管,的确有人对这种努力矜持地保留着看法。但是我们至今没有看到还有比这更合理的选择。联合国也是基于这个立场推出了"文明对话年"的主题项目。

中国有伟大悠久的文明传统,使这份资源加入文明对话的主流,最重要的是依赖于中国知识群体的文化自觉。我们邀请欧洲、北美的一些专家学者为本辑撰稿,是希望把这个论域涉及的主要论点呈现出来,吸引更多的学者关心这一课题。假如,由于中国学者的介入,使这个论域超越局限于基督教和伊斯兰的狭窄局面,展现更广阔的天地,调动更丰富的资源,更有效地造福人类,这是我们所期待的。

在我们组稿编辑的过程中,"9·11"发生了,媒体把举世震惊的悲惨场面传遍了世界。几个星期后,我在废墟现场,目睹那利爪獠牙般的残筋断梁直刺青天,我意识到:这个世界到了一个生死攸关的抉择的时刻。在这个突然降临的关键时刻,我们这本专辑的意义和分量毫无疑问地被加重了。我们的责任要求我们尽快地完成这部书稿。当时的中国出现了面对"9·11"的"百花齐放",悲悼伤怀者有之,幸灾乐祸者有之,喝彩叫好、愤忿痛斥浑而存之,当然也有清醒冷静的声音。我们调整增加了一部分针对"9·11"进行反思的文稿,很快将书稿送到了出版社。我们期望宣泄情绪的"百花齐放"能转变成理性探讨的百家争鸣,希望对国际格局的变化和人类未来能有深入的思考,尤其是在这个复杂变幻的多事岁月,正在崛起的中国应当扮演什么角色能有清醒健康的认识。

现在,经过江苏教育出版社的努力,这本书终于得见天日。我要再次感谢他们让这个不仅没有过时反而日益重要的课题展现在读者的面前。也希望我们能够精诚合作，为国内学术界引进更多海外的学术资源，促进中外学术的交流和繁荣。

2004 年 4 月于哈佛